대만 박물관 산책

대만 박물관 산책

초판 1쇄 발행 2026년 1월 9일

지은이 류영하
펴낸이 권경옥
펴낸곳 해피북미디어
등록 2009년 9월 25일 제2017-000001호
주소 부산광역시 동래구 우장춘로68번길 22
전화 051-555-9684 | 팩스 051-507-7543
전자우편 bookskko@gmail.com

ISBN 979-11-94977-13-1 03910

대만
박물관
산책

38개 박물관으로 읽는
대만의 역사와 정체성

류영하
지음

해피북
미디어

유전자와 환경이 정체성을 구성한다면,
안동 하회와 봉화 법전 즉 경상북도 북부문화가
아버지 류시연(柳時涓), 어머니 강선주(姜先珠)를 생산했다.
평생 법도(法度)라는 명분을 추구해온 삶이었다.
두뇌과학과 사회심리학을 공부하면서,
나는 내 몸속의 토착지향 유전자와
유목민 같은 내 환경을 매순간 의식한다.

일러두기

중국어는 기본적으로 국립국어원의 외래어 표기법을 따랐다. 신해혁명(1911년) 이전의 인명은 한국어음으로, 이후는 중국어음으로 표기했다. 더불어 독자의 이해와 무엇보다도 가독성을 위해 아래와 같은 원칙을 만들었다.

1. 원세개(袁世凱), 손문(孫文) 등 신해혁명 전후로 활동한, 시기적으로 애매한 인물들의 경우, 한국어 한자음으로 통일했다.

2. 그 밖의 인명과 지명 등 고유명사는 중국어음으로 통일했다. 예외적으로 신문/신문사 이름이나 성황묘(城隍廟), 객가어(客家語), 보통화(普通話), 복건성(福建省), 광동성(廣東省), 민남인(閩南人), 객가인(客家人) 등과 같은 고유명사는 가독성과 빠른 이해를 돕기 위해 한국어음으로 표기했다.

3. 이소룡(李小龍) 등과 같이 한국에 이미 널리 소개된 유명인의 경우에도 그 경향을 존중했다.

4. 주강(珠江), 장저우인(漳州人), 촨저우인(泉州人)과 같은 조합의 단어는, 빠른 이해와 현지에서의 활용을 위해 앞의 (고유)명사는 중국어음으로 하고, 뒤의 일반명사는 한국어음으로 달았다.

본문 내 출처 표기 되지 않은 사진은 모두 필자가 촬영한 것이다.

서문

박물관은 정답일까? 박물관을 믿어도 될까?

매번 박물관을 참관할 때마다 내 머릿속에는 질문들이 떠올랐다. 박물관의 스토리는 사실일까? 어디까지가 사실이고, 어디가 소설일까?

사상가 리쩌허우(李澤厚)는 어떤 역사든 모두 당대사이고, 모두 당대의 권력담론에 의해 구성된 것이라고 했다. 텍스트도 사람이 쓴 것이고, 심지어 각종 실물이나 유적도 후세 사람들이 서로 다르게 해석한다는 것이다. 역사의 기록이라는 것이 얼마나 요물인가 하면 당(唐) 태종 이세민(李世民)부터 청(淸) 건륭(乾隆) 황제까지 사실을 삭제하고 고치는 일을 했다.[1]

박물관을 보면서 그 나라와 그 사회를 생각한다.

사회 구성원은 어떤 박물관을 만들어내야 할까? '건강한' 박물관을 보면서 자라야 '건강한' 문화적 유전자(밈, Meme)가 생산될 것이고, 그 유전자는 다시 '건강한' 박물관을 만들어낼 것

---

1   리쩌허우 지음, 황희경 옮김, 『역사본체론』(들녘, 2004년 12월), 46쪽.

이다. 대만 박물관의 현재는 대만인들의 '건강한' 유전자가 만들어낸 것이다. 결론적으로 대만의 박물관은 다양하고 포용적인 '스토리'를 전시한다. 대만이라는 '건강한' 현상은 대만 박물관의 결과물이다.

누군가 나를 교육시키려 할 때 불편했던 기억이 있다. 학교에서, 집에서, 교과서에서, 교장의 훈시 속에서, 박물관에서, 나는 내내 불편했다. 그들은 언제나 내가 부족하고, 틀렸고, 알아야 하고, 잊지 말아야 한다고 했다. 대만 박물관에는 꾸짖음도, 정답 강요도 없다. 그저 '과거에 이런 일이 있었단다. 그래! 이런 일이 있었단다.' '그럼 재미나게 놀다 가거라' 하는 듯하다.

대만인들은 왜 친절한가?

그 대답을 찾기 위해 『대만 산책』(이숲, 2022)을 썼다. 그런데 책을 쓰는 도중에 조금 더 깊이 들어가서 더 많은 이야기를 하고 싶을 때가 많았다. 그럴 때마다 남은 이야기를 다른 원고지에 옮기기 시작했다. 언제나 그렇듯이 하나의 끝은 또 다른 시작임이 분명하다.

대만은 내 생각보다 훨씬 컸다. 대만, 대만사회 그리고 대만인들이 한국인인 내게 던지는 문제는 크고도 컸다. 조금 더 공부하고 조금 더 깊이 생각해서 언젠가는 대만에 관한 두 번째 책을 내고 싶었다. 그런 점에서 이 책은 『대만 산책』의 후속편이라고 할 수 있다.

연구년이었지만 코로나 상황 때문에 움직이지 못하다가, 상황이 끝나가던 2022년 10월부터 2023년 2월까지 대만의 박물관을 마음먹고 돌아보기 시작했다. 다시 2023년 여름과 겨울방학 내내 다녔다. 그리고 2024년 여름방학을 대만 박물관 탐방에 바쳤다. 지나고 보니 운동화 두세 켤레를 대만에 선물한 셈이다.

하지만 이 책의 출발시점을 따져본다면 2019년까지 거슬러 올라가야 한다. 대만에서 동아시아 각국의 정체성을 분석하는 수업을 하면서 박물관에 다니고, 대만역사 관련 책을 모으고 읽었다. 물론 대만에 체류하는 동안 매일 보수성향의 『중국시보(中國時報)』, 『연합보(聯合報)』, 진보 성향의 『자유시보(自由時報)』 등을 챙겨보면서 최근 이슈를 따라잡으려 노력했다.

이 책의 분석대상은 대만 주요 박물관의 서사, 오브제, 팸플릿 등이다. 특별히 대만의 역사문화와 관련된, 즉 대만정체성을 파악할 수 있는 박물관을 골랐다. 박물관의 순서는 선사시대부터 현대까지 역사연결을 염두에 두고 배치했다. 마무리하고 보니 결국 대만의 역사관련 박물관의 서사를 통한 대만정체성 읽기 작업이었다.

대만 주요 박물관의 서사를 어떻게 책 한 권에 다 담을 수 있을까? 하는 회의가 들 때마다, 코끼리를 냉장고에 넣는 방법을 떠올렸다. 먼저 냉장고 문을 열고, 그다음에 코끼리를 넣고, 문을 닫으면 된다. 국립칭화대학(國立淸華大學) 대만문학연구소(台灣文學硏究所) 박사반의 황빙장(黃炳彰)은 박물관 몇 군데를 추천해주고, 동행해주고, 의견을 제시해주었다. 덕분에 코끼리를 조금 가볍게 들었다.

2025년 7월 대만 국립칭화대학에서 류영하

차례

4장　대만 박물관, 근현대사를 기록하다

5장　대만 박물관, 대만 정체성을 말하다

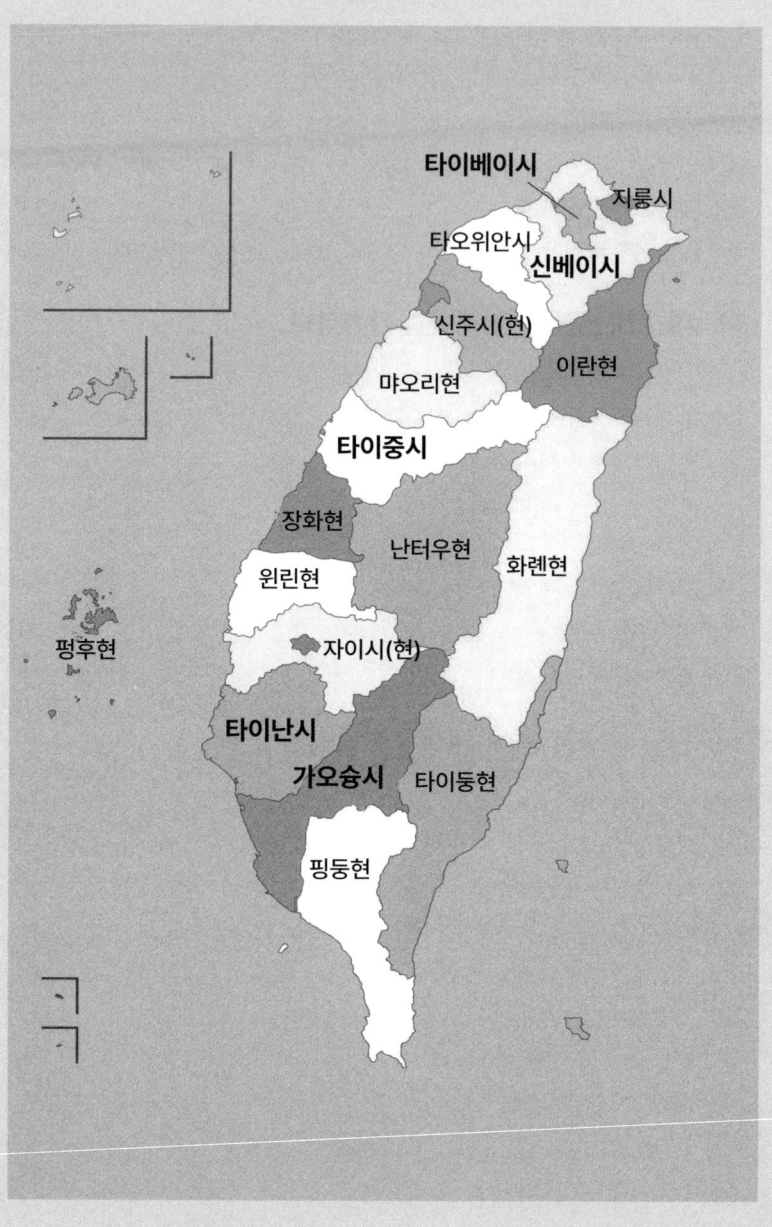

지역별 박물관 구분

타이베이

'228' 국가기념관
국립 고궁박물원
국립 국부기념관
국립 대만박물관 철도부원구
국립 대만대학 의학 인문박물관
국립 대만대학 인류학박물관
국립 대만박물관
국립 역사박물관
국립 중정기념당
국사관
대만 신문화운동 기념관
순이 대만 원주민박물관
스린 관저
우정 박물관
장징궈 치하이 문화원구
중앙연구원 후스기념관
중화민국 총통부
창룽 해사박물관
타이베이 '228' 기념관
타이베이 탐색관
타이베이시 객가문화 주제공원
할머니의 집- 평화와 여성 인권관

신베이

국가 인권박물관
국립 대만도서관
신베이 시립 단수이 고적박물관

타이난

국립 대만문학관
국립 대만역사 박물관
국정 고적 타이난 지방법원-
  사법박물관
타이난 시립박물관 자오바녠 사건
  기념원구
타이난 시립박물관

타이둥

국립 대만 선사문화 박물관

가오슝

가오슝시 전쟁과 평화 기념공원 주제관
쥐잉 군사구역 스토리관

화렌

화렌현 고고박물관

이란

란양 박물관
이란 설치기념관

난터우

국사관 대만 문헌관

먀오리

대만 객가문화관

대만 박물관,
원주민을
기억하다

1장

화롄현 고고박물관
花蓮縣考古博物館

花蓮縣壽豐鄉市場1號
화롄현 서우펑샹 시장 1호

세상에서 제일 행복한 사람은 누구일까? 자기 일을 하고 있는 사람일 것이다. 그 자리는 아무도 대신할 수 없다고 생각될 만큼 그들은 열심히 일한다. 딱 제자리에서 일하고 있는 사람을 보면 나도 덩달아 기분이 좋아진다.

인생은 선택의 총합이다. 사람은 하루에 3만 번 이상의 선택을 한다고 한다. 그렇다면 현재의 '나'는 수많은 선택의 결과물인 것이다. 현재의 '나'에 만족하는 사람도, 불만인 사람도 있지만, 지금의 '나'는 내 의식과 무의식이 함께 작용한 선택의 결과물이 분명하다. 사람뿐 아니라 지역과 국가의 현재도, 구성원들이 장기간 선택해온 결과물이다.

'제자리'에서 일하는 사람들

대만에서는 '제자리'에서 일하고 있는 듯한 사람들을 자주 만난다. 화롄 고고박물관의 원멍웨이(溫孟威) 관장도 마찬가지였다. 그는 예절과 성실함을 모두 갖춘 사람이었다. 박물관 입구에서 우리 일행을 기다리고 있었고, 직접 박물관을 소개해주었다. 관장실에서 두 시간가량 대화해 본 결과, 그는 사명감은 물론 관련 지식도 풍부하게 갖춘 전문가였다.

박물관에 들어서면서 깜짝 놀랐다. 그저 그런 '시골' 박물관일 것이라는 내 예상이 단번에 깨졌던 것이다. 사실 친구 왕위팅(王鈺婷) 교수가 박물관을 안배해 놓았다는 말을 듣고, 내심 시골에 있는 박물관을 꼭 방문할 필요가 있을까 했다. 하지만 고고박물관은 시골에 있으면서도 하나의 완벽한 박물관이라는 아우라를 손색없이 뿜어내고 있었다. 대만 곳곳에서 만나는 빈틈없는 이미지 중의 하나였기에, 아름다운 추억으로 남아 있다. 고고박물관은 주변의 맛집 지도까지 제작해두고 관람객들에게 배포하고 있었다. 박물관이 지역사회와 함께하고 싶다는 의지일 것이다.

대만원주민은 어디에서 왔을까?

대만에는 원주민이 있다. 대만섬에서 '원래'부터 거주해오던 사람들이다. 이제는 민족으로의 정체성을 인정하자는 의미에서 '원주민족'[1]으로 불린다. 나는 대만인들과 대화할 때 그들의 조상을 물어보는 것을 빠뜨리지 않는다. 중국대륙에서 왔다고 대답하는 사람도, 차이잉원(蔡英文) 총통처럼 자신의 할머니가 원주민이라고 대답하는 사람도 있다. 나는 이제 대만인들을 보면 얼굴형과 피부색과 체격으로 그가 원주민 혈통인지 아닌지 가늠한다. 누가 보아도 단박에 원주민임을 알 수 있는 사람이

---

1   이 책에서는 독자의 이해를 우선하여 그냥 '원주민'으로 표기할 것이다.

있고, 절반쯤의 혈통으로 보이는 사람이 있고, 아예 동아시아인 즉 한족처럼 보이는 사람도 있다.

인류학자 린마리(林媽利)에 의하면, 현재 85%의 대만인이 대만원주민의 유전자를 지니고 있다. 그렇다면 대만인들 역시 혼혈 즉 '잡종'이라고 할 수 있다. 원주민과 원주민 아님을 구분하는 것 자체가 무의하다고 할 수 있다.

하지만 상황은 그렇게 녹록하지 않다. 스스로 원주민이라고 주장하는 사람도 많지만, 자신은 절대 아니라고 생각하는 사람도 많기 때문이다. 대만인들과 대화해보면 원주민에 대해 여전히 타자화 경향을 가진 사람이 많다. 혈통적으로 아무리 많이 '혼합'되었다고 하지만, 심리적으로 받아들일 수 없는 부분이 분명히 있다. '나는 누구인가?' 하는 정체성 인식은 이렇게 복잡하고 어렵다.

대만원주민과 대만정체성

대만원주민 근원에 대한 논쟁은 양안관계 즉 중국-대만 사이 정체성 갈등과 직접적인 관계가 있다. '대만다움' 또는 '대만인다움'이라는 정체성과 밀접한 관련이 있는 중요한 이슈이다. 중국과의 통일(통합)에 관심 있는 사람들은 당연히 대만원주민들의 조상이 대륙에서 건너왔다는 가능성을 크게 본다. 반면에 지금의 대만정체성을 강조하고 싶은 사람들은 '대만 발생설'에 무게를 둔다. 원주민이 중국대륙에서 건너왔다면, 양안이 통일해야 한다고 주장하는 중국정부의 주장이 어느 정도 힘을 얻게 된다.

대만의 선사시대

대만원주민은 '남도어계(南島語系, Austronesian Languages)'
로서 대만섬의 선인들이고, 필리핀, 인도네시아, 말레이반도 등
동남아를 비롯한 태평양 지역 폴리네시아 원주민의 조상이라는
학설이 있다. 대만이 중국과 영원히 분리되어 따로 '대만공화국'
으로 독립해야 한다는 주장에 보탬이 된다.

그날 화렌 고고박물관 관장과의 대화 주제 역시 대만섬에
는 언제부터 인류가 정착했을까? 그들은 어디에서 왔을까? 하
는 것이었다. 이 문제를 계속 따져서 관장을 한동안 괴롭혔
다. 관장은 옥(玉)을 들어 설명했다. 구석기시대는 5만 년 전부
터 5천 년 전으로 잡고 있다. 신석기시대 초기(5500~4500년 전)
부터 옥도끼, 끌 유형의 그릇 등을 사용했다. 신석기 중기·말기
(4500~2300년 전)에 이르러 옥기 종류가 점점 증가했다. 장식품
등이 대만섬의 해외무역 권역 즉 필리핀에서 발견되고 있는 것
을 보면, 당시 이미 바다로 왕래했음을 알 수 있다고 했다. 철기
시대에 들어서고 유리문화가 발달하면서 옥기 생산량은 급감했
다고 한다.

화렌 고고박물관의 선사시대 전시실은 구석기, 신석기(조기 중
기), 신석기시대(만기), 옥기시대 등으로 구성되어 있다. 박물관
의 팸플릿에 의하면 '남도(南島)' 전시실은 남도종족의 시각으로
대양문화를 이해하고, 세계사의 각도에서 남도와 다른 문화의
만남을 인식하는 것을 목적으로 하고 있다. 고고박물관의 목표
는 다음과 같다.

1. 화롄의 고고발굴을 통하여, 지금으로부터 5천 년 전부터 1천 년 전의 문화적인 의미를 탐색해보자!
2. 몇 차례 발견된 유물을 통하여, 선사시대 인류의 정신과 생활을 재현해보자!

박물관은 장묘나 거석문화 그리고 선사시대 음식, 옥기 등 유물들을 통해서 화롄의 선사시대를 우리 눈앞에 재현해 내고 있음을 자랑하고 있다.

원주민은 어떻게 정의될까?

관장에게 대만인 신분증에 원주민 표시가 되어 있는지 또 원주민은 어떻게 구분되고 인정받는지에 대한 질문을 계속했다. 그것이 우선 규정되어야 각종 혜택을 받을 수 있기 때문이다. 그렇다면 하나 이상의 관문을 통과해야만 혜택을 받을 수 있다는 말이다. 그 신분도 획득의 대상이지 그냥 부여되는 것만은 아닌 것이다. 2023년 11월에는 한 원주민이 소송을 통해서 자신의 이름을 찾았다. 신분증의 한자 이름을 영어 알파벳으로 바꾸어달라고 한 것이다. 중국어로는 자신들의 발음을 정확하게 표현하기 어렵다는 이유였다. 자신의 이름을 찾은 첫 번째 사례가 되었다.

현재 2천 3백만 정도인 대만인구 중에서 원주민으로 등록된 사람은 17개 부족 60만 명 정도라고 한다. 3%에 미치지 못한다. 그렇다면 '나는 원주민이야' 하면 원주민으로 등록될 수 있을까? 관장에게 원주민은 누가 어떻게 규정하느냐고 물었다. 부모 중 한 명만 원주민이어도 원주민으로 인정받을 수 있다고 했다. 다시 물었다. 당신이 그 같은 경우라면 원주민이 되기를 원하는가? 그렇다는 대답이었다. 세금혜택은 물론이고, 입학이나 취업 등에서 주어지는 각종 특혜 때문이다.

원주민과 국가

대만의 원주민들은 그 존재를 다시 인정받고 있다. 헌법에서도 정당의 구호에서도 살아나고 있다. 이제 국가는 원주민들에게 특혜를 준다. 각종 시험에서 10%의 가산점을 주고, 원주민 언어 자격증이 있을 경우 점수를 더 받는다. 각종 세금우대는 물론, 대학입학 할 때는 정원 외로 입학할 수 있다. 그러나 이제는 도시화된 삶을 살고 있는 그들에게 왜 특혜를 주느냐? 하는 것이 쟁점이 되기도 한다.

17~18세기까지만 해도 대만 서부지역의 원주민 부락은 120개, 한족 부락은 65개 정도였다. 그때까지만 해도 원주민이 주류였던 것이다. 하지만 아메리카 인디언처럼 똑같이 비주류화되었고, 주류에 의해 속고 다치고 죽었다. 다시 평원에서 밀려나 산으로 쫓겨나고 다시 더 높은 곳으로 올라가야만 했다. 따라서 지금까지 대만정체성과 대만원주민 정체성은 일정 부분 긴장관계에 있다.

대만섬의 주인

대만땅을 원래 주인인 그들에게 돌려주어야 할까? 그들은 지금도 돌려달라는 투쟁을 하고 있음에랴. 타이베이시 중심에 국립 대만박물관이 있는데, '228 평화공원'과 함께한다. 아니

'228' 평화공원을 구성하는 여러 공간 중에 국립 대만박물관이 있다. 2023년 1월, 그곳을 지나가는데 원주민이 텐트 시위를 하고 있었다. 텐트 주위로 "땅을 돌려달라"라고 적힌 플래카드가 여러 개 걸려 있었다. 대만이라는 땅을 원주민인 자신들에게 돌려달라는 것이다. 지금까지도 '대만의 주인은 누구인가' 하는 것이 살아 있는 쟁점이라는 것을 알 수 있었다.

원래 미국 땅의 주인은 인디언이고, 인디언의 정체성을 여전히 지키고 있는 사람들이 있다. 자신들이 미국의 주인임을 주장하는 인디언이 아직 남아 있다. 하와이의 원주민들은 관광수입으로 잘사는 것도 싫으니 그냥 예전 살던 모습대로 살게 해달라고 한다. 모두 자신의 '다름'과 '차이'를 인정해달라는 외침이다.

초기 선교사 맥케이(George L. Mackay)의 회고록에 의하면, 당시 이미 다수였던 한족은 원주민을 천시하고 물물교역으로 속이고 재산과 토지를 빼앗았다. 원주민들은 글을 몰랐으니 구두계약과 정식계약서가 다름을 확인할 길도 없었다. 요즘 원주민들이 토지 반환운동을 전개하는 근거도 여기에 있다. 속고 팔았으니 계약은 원천무효가 된다. 그러니 땅을 돌려달라는 것이다.

대만인들의 원죄의식

내가 보기에 60여만 명으로 집계되고 있는 원주민의 존재는 대만인, 특히 주류 한족들에게 원죄의식을 부여하는 장치이다. 대만인들과 대화할 때 그들로부터 가해자로서의 원죄의식을 느낀다. 우리가 그들의 땅을 빼앗았고, 그 땅위에서 살고 있다는, 땅의 주인이 따로 있다는 부채의식이다. 어쩌면 원주민 몫으로 따로 보장된 여섯 석의 의석이 주류의 부채의식 일단을 보여주는 것이다. 하나 분명한 것은 대만인들의 의식 속에는 '우리'와 다른 '그들'이 '우리'와 함께 살고 있고, '우리'는 '그들'과 더불어 잘 살아야 한다는 염원이 작동하고 있다.

'228 평화공원'에서 텐트를 치고 '원주민에게 땅을 돌려달라'라는 시위를 하던 가수 파나이 쿠스이(Panai Kusui)가 집으로 돌아갔다. 2024년 4월, 『파나이 집으로 돌아가다』[2]라는 책을 냈다. 그는 "국가가 얼마나 원주민 권익을 무시하는지 알리기 위해" 2,644일, 모두 7년이라는 시간을 길바닥에서 보냈다.

'땅을 돌려달라'는 이유

사실 '땅을 돌려달라'는 시위는 그것을 정말 실현시키겠다는 의지보다는 소수로서의 대만원주민이 처한 현실을 알아달라는 외침일 것이다. 제도적으로 우대받고 있다고 하지만 사회약자로서 영원히 주류사회에 편입할 수 없다는 '소외'에 대한 저항이 아닐까?

텔레비전의 원주민 전용 채널을 보면 원주민들이 자신의 문화, 언어 등 전통을 지키게 위해 얼마나 애쓰고 있는지 알 수 있다. 원주민 정체성을 지켜주기 위한 주류사회의 노력도 계속되고 있다. 그런 점에서 대만 곳곳의 박물관에게 높은 점수를 주고 싶다. 소수의 역사도 부정하지 않고 기록하고, 심지어 한족 자신들의 과오까지 감추지 않고 전시하고 있기 때문이다.

---

2   巴奈 · 徐璐 著, 『巴奈回家』

국립 대만 선사문화 박물관
國立台灣史前文化博物館

台東縣台東市豐田里博物館路1號
타이둥현 타이둥시 펑텐리 보우관로 1호

어느 날 박사반 학생이 회심의 문자를 보내왔다. 이 박물관만 큼은 꼭 가봐야 한다는 내용이었다. 대만원주민의 기원에 관한 중요한 증거이기 때문이라는 것이다. 선사문화 박물관과 그 옆에 있는 '베이난 문화(卑南文化)' 유적지 공원은 당대 '대만다움' 이나 '남도어족 대만중심'설의 중요한 공간이라는 설명이었다. 하지만 나는 이미 이곳을 다녀온 뒤라서 이미 가보았다고 큰소 리쳤다. 그가 머쓱해하는 이모티콘을 보내온 것이 기억난다.

정체성과 집단기억

흔히 정체성이라고 불리는 '무엇다움'은 최근 학계에서 중요 하게 다루어지는 개념이다. 그 '다름'과 '차이'가 정체성인데, 그 것이 어떤 때는 전쟁의 구실이 되기도 하고 평화의 동기가 되기 도 한다. 우선 '너'와 '나'는 다르다는 것을 인식하고 인정해야 갈등의 실마리가 풀린다. 앞에서도 언급했듯이 원주민의 '다름' 과 '차이' 즉 원주민의 정체성 문제는 대만역사를 알기 위해서는 반드시 통과해야만 되는 관문이다.

국립 대만역사 박물관장 장룽즈(張隆志)는 박물관학 학자들의 문제의식이 "역사는 어떻게 대중과 만나야 할까?", "역사적인 쟁점은 어떻게 공연·전시되어야 할까?"에 있다고 했다. 대만의 박물관들을 탐색하면서 그들의 중점적인 서사, 즉 스토리에 주목했다. 박물관의 서사는 적어도 자신들이 보여주고 싶은 것일 테고, 후대에게 남기고 싶은 것임은 분명할 것이기 때문이다. 박물관은 집단기억을 간직하는 곳이고, 집단기억이야말로 그 집단의 정체성과 다르지 않다. 그 사람의 현재가 선택의 결과물이듯, 그 사회의 현재 역시 고비고비 맞이한 선택의 결과물이다.

현재 대만의 주류이자 다수인 한족은 소수인 대만원주민을 어떻게 서술하고 있을까 궁금했다. 그것도 선사시대 대만의 토착원주민부터 지금까지의 원주민에 대해 가장 완벽하게 정리하고 있다는 박물관이었다. '국립'이라는 두 글자는 나의 호기심을 크게 자극했다. 대만이라는 '국가'는 원주민들과 어떤 모습으로 동거하고 있을까? 원주민의 '다름'과 '차이'는 어떻게 해석되고 있을까? 이 박물관만을 보기 위해서라도 타이둥(台東)을 방문해야 한다. 타이둥은 대만섬의 동남쪽에 위치하고 있어 접근하기에 조금 어렵다.

대륙사관(大陸史觀), 남도사관(南島史觀), 대만사관(台灣史觀)

'대륙사관'은 대만원주민의 선조가 대륙에서 건너왔다는 것이다. 대만이 3만 년~2만 년 전에 대륙과 분리되었고, 따라서 대만은 대륙과 불가분의 관계가 있다는 뜻이다. 현재 중국정부의 논리에 완전히 부합된다.

'남도사관'은 대만이 태평양에 분포된 '남도어족(오스트로네시안)'의 발원지라는 학설이다. 대만이 태평양 도서지역에 흩어져 사는 모든 '남도어족'의 출발점이라는 것이다. 기원전 3천 년 전부터 대만에 터전을 잡았다고 한다. 하지만 원주민들에게 문자가 없었기에 자세한 역사는 알 수 없는데, 그들의 도구를 살펴보면 청동기-철기문화까지 발전했음을 알 수 있다.

'대만사관'은 1624~2024년으로 4백 년의 역사만을 보는 것이다. 네덜란드 식민으로부터 역사시대로 진입하였으니, 그 이전의 역사는 중요하지 않다는 것이다. 4백 년 동안 대만만의 독특한 문화를 창조하여 왔기에, 이미 대륙과는 완전하게 다른 '대만다움'을 갖추었다는 것이다.

스밍(史明)의 『대만인 4백년사(台灣人四百年史)』는 '대만민족' 의식이라는 관점에서 서술된 첫 번째 책이었다. 1960년대 출판되었으나 계엄시기에는 줄곧 금서였다. 통일을 지향했던 국민당정부에게는 대만정체성의 확산이 달갑지 않았던 것이다. 2024년은 대만 역사가 시작된 지 4백 주년이 되는 해로 각종 기념활동이 끊이지 않았다.

대만 원향설(台灣原鄕說)

대만원주민은 5~6천 년 전에 남쪽의 태평양 도서로 이동했다. 남도민족은 북쪽으로는 대만, 남쪽으로는 뉴질랜드, 동쪽으로는 태평양 동쪽의 이스터섬, 서쪽으로는 아프리카의 동쪽의 거대한 섬인 마다가스카르 등에 분포한다. 대만을 거쳐 폴리네시아 각지로 흩어졌다고 본다.

이것이 대만이 남도민족의 고향이라는 '대만 원향설(台灣原鄕說)'이다. 환경청장을 지낸 웨이궈옌(魏國彦)은 대만은 해양문명과 대륙문명이 만들어냈으며 태평양의 문호이자 남도어족이 재출발한 '신원향(新原鄕)'이라고 했다. 동시에 인류대역사 신경계의 유동축이라고 본다.

대만동부 원주민의 경우, 유전적으로 말레이(Malay) 종족의 특징을 보여준다. 그들은 필리핀의 거주민과 같은 유전자를 가지고 있다. 게다가 원주민들이 사용하는 언어는 '남도어계'로서 인도네시아, 말레이시아, 필리핀 등이 이에 속한다. 뉴질랜드 원주민의 언어에는 대만원주민이 사용하는 단어와 똑같은 것들이 많다. 대만동쪽 섬에 사는 원주민들은 필리핀의 타갈로그어를 절반은 이해한다고 한다.

아시아대륙과 대만

이제 박물관의 전시를 살펴보자. 대만 선사문화 박물관은 "3만년 동안 대만이라는 이 땅에 거주해온 사람들의 스토리"라는 제목으로 시작하고 있다. '대만의 구석기시대'라는 제목의 설명문에 의하면,

1. 3만 년 전 대만해협의 해수면이 낮아져 아시아대륙과 연결되었다.
2. 아시아대륙 동쪽연안의 사람들이 타제석기 기술을 가지고
3. 수렵물과 적당한 환경을 찾아서, 속속 대만으로 건너왔다.
4. 그들은 수렵과 채집 위주로 생활했다.

빙하기가 끝나고 대만은 해수에 포위되었고, 6천 년 전에는 사람들은 배를 타고 대만으로 건너왔다. 아시아 대륙 남쪽 연해에서 대만으로 넘어왔다. 쌀, 좁쌀 재배와 도기 제작기술을 가지고 왔으며, 마제석기와 옥 장식품을 사용했다. 어로, 수렵, 채집 외에도 농경과 자원이용에 대한 지식을 가지고 있었고 이 문화는 점차 대만 전체로 확산되었다.

2천 년 전에는 대만섬 안팎으로 사람들의 접촉이 빈번하였고, 금속 가공기술이 들어와서 철기시대를 열었다. 17세기 초에는 서방 식민자와 중국 한족이 대만으로 이주해 와서 역사시대의 서막을 열었다는 설명이 이어지고 있다. 원주민들에게는 문화 충격을 주기도 했다는 설명도 보인다.

1. 항해기술의 발전으로 부단히 새로운 문화를 들여왔다.
2. 사람들의 '접촉'과 '왕래', '전승'과 '변천'으로 상이하면서도 융합된 독특한 대만문화를 형성했다.

대만은 3만 년 전부터 새로운 문화와 지속적으로 접촉하고, 끊임없이 왕래했다. 이 흐름은 지금까지도 이어지고 있는데, 이것이 대만의 '다름'이고 '다움'이다. 중국에서 전래된 '빗살무늬 토기 문화'[1]를 보여주는 그래픽 동영상이 흥미로웠다. 여러 가지 빗살무늬 토기를 제작하는 과정을 이해하기 쉽게 보여주고

---

1   繩紋紅陶文化

있는 것이 인상적이었다. 신베이 시립 13행 박물관(新北市立十三行博物館)에는 철기시대 문화에 대한 전시가 잘 되어 있다.

원주민과 수렵

선사문화 박물관의 전시실 한쪽 벽에 "원주민의 수렵 문화권 헌법소원"에 대한 지원운동 관련 플래카드가 붙어 있었다. 원주민들이 '사제총'으로 야생의 보호동물을 사냥해서 '물의'를 일으키는 경우가 종종 발생했다. 지금도 산속 부락에 사는 원주민의 수렵문화가 사회쟁점으로 떠오른 것이다. 2021년에는 '사제총'에 대한 명확한 규정을 만들어서 원주민들이 합법적으로 수렵행위를 할 수 있도록 해야 한다는 판결이 있었다.

정부의 '원주민족 위원회'에서는 부락과 수렵인 조직에서 총기를 관리하고 안전교육을 하는 등의 초안을 마련했다. 하지만 '대만원주민족정책협회(台灣原住民族政策協會)' 등의 원주민 조직에서는 정부의 조치가 교육과 관리를 부락에 떠넘기는 행위로서 현실을 모르는 처사라고 비판했다. 원주민들의 입장은 자신들은 전통적으로 자연보호와 동물보호를 해왔음을 알아달라는 것이다. 스스로 완전하게 관리할 수 있는 능력이 있다는 것이다. 다수인 한족과 소수인 원주민의 대립이기도 하고, 동시에 전통문화와 현재문화의 충돌이기도 하다.

사냥으로 살아오던 전통문화를 중시할 것인가? 동물보호가 절대진리처럼 인식되는 현재 문화를 중시할 것인가? 수렵권이 중요한가? 동물보호가 우선인가? 쉽지 않은 주제이지만, 이제 전통 쪽으로 무게 추가 기울고 있다. 대만인들의 여론은 원주민은 전통대로 야생동물을 사냥해도 된다는 데까지 나아갔다.

쟁점을 다루는 자세

이런 쟁점으로부터 대만인들은 한층 더 깊게 사고하는 법을 배운다. 대만이 부러운 이유는 이런 사회적 쟁점들이 '쟁점'으로 대우받고 있는 점이다. 대만인들의 의식 속에서 '쟁점'은 살아 있다. 대만인들은 "이것은 쟁점이야"라는 말을 많이 한다. 결론 도출이 쉽지 않다는 뜻이다. 그런 인식만으로도 사회는 그만큼의 갈등을 줄일 수 있다. 쓸데없이 에너지 낭비를 하지 않는다는 말이다.

쟁점은 하루아침에 졸속으로 결정할 수도 없고, 결정되어서도 안 되는 것이다. 국민 모두에게 충분히 전달되고 논의가 무르익어서 마침내 자연스럽게 합의에 이르도록 해야 한다. 세계적으로 동물보호가 지상과제가 되어가는 흐름 속에서도, 사회적 약자인 원주민의 전통이 중시되어야 한다는 반론이 제기된다. 야생동물이라도 함부로 사냥하면 미개인으로 취급받는 세상에서, 원주민의 전통을 인정해야 한다는 사회적인 합의를 얻었다는 점은 시사하는 바가 매우 크다.

'바른 이름(正名)' 찾기- 원주민족(原住民族)

전시실에 "국가 인정, 자아 긍정"이라는 제목의 설명문이 보인다.

1. 1980년부터 원주민의 권리운동이 시작되었고,

2. 그들은 정명(正名), 자치, 토지를 돌려달라는 등 3대 요구를 했다.

3. 2000년 대에는 과거 학계 종족 분류의 정의가 도전을 받고, 종족의 주체의식과 문화적인 함의가 존중받기 시작했다.

4. 정부가 정명부여를 진행했으며, 전문조직을 설치하고, 법제화를 시도하여 국가가 원주민을 인정했다.

5. 새로운 동반자 관계를 건립했으며, 역사 불의에 사과하고, 그들을 존중하는 태도를 보여주었다.

6. 선순환 구조를 지속하려면 피차 존중해야 더불어 사는 미래로 나아갈 수 있다.

원주민은 청대부터 일제시대[2]까지 '번(番)'이라는 이름으로 호명되었다. '번'은 오랑캐나 이민족을 가리킬 때 사용하는 용어이다. 게다가 그들을 '생번(生番)'과 '숙번(熟番)'으로 나누어서 불렀다. '생번(生番)'의 '생(生)'은 생소하다는 뜻이다. '생번'의 반대는 '숙번(熟番)'이다. 이때 '숙(熟)'은 우리의 풍속과 가르침에 '익숙해진(熟)' 존재이다. 순전히 '우리' 즉 주류인 한족의 기준으로 그들을 나누었던 것이다.

원주민 권리 찾기 운동은 1980년대 민주화시기와 맞물려 전개되었다. 1984년 원주민족 권리 촉진회가 결성되어 '전통이름 회복, 전통지명 회복, 토지 반환' 등을 요구해 오고 있다.

2 　이 책에서는 현장감을 살리기 위해서 '일본 점거 시기', '일본 통치 시기', '일본시대' 등 각지의 박물관이 사용하는 대로 표기할 것이다.

다수와 소수

이렇게 대만의 박물관들은 다수가 소수에 가한 고통에 대해 회피하지 않고 사실 그대로 서술하고 있다. 주류인 한족과 비주류인 원주민의 관계 진전에 대한 고백이자, 한족으로서는 자기반성문이다. 네덜란드, 청(淸), 일본, 국민당정부 등 식민과 피식민의 지배관계는 여러 번 바뀌었다. 하지만 원주민은 언제나 비주류에 소수였다. 그때마다 원주민들은 다른 이름으로 정의되고, 호명되었다.

1956년부터 네 차례에 걸쳐 평지 원주민 즉 '핑푸족(平埔族)'의 호적등록을 받았다. 원주민들의 마음은 매우 복잡했다. 할 수도 없고, 그렇다고 안 할 수도 없는 그런 엉거주춤한 상태였다. 등록하는 것이 좋을까? 안 하는 것이 좋을까? 우리에게 국가는 필요한가? 등록을 하면 더욱 차별을 받지 않을까? 하는 것이 원주민들의 생각이었다. 즉 국가에의 동화, 국가의 교화, 주류 사회의 차별 등에 대한 우려 때문에 등록을 원하지 않았던 것이다.

1994년 8월, 헌법 개정으로 '산지 동포'는 다시 '원주민족(原住民族)'이라는 이름을 얻게 되었다. 원주민이라는 이름이 어딘가 원래 거주하는 사람의 뜻인데, 어딘가 부족한 소수라는 의미로 변질되었다. 따라서 그들을 하나의 당당한 정체성을 지닌 '민족'으로 호명하자는 것이다. 1994년 리덩후이(李登輝) 총통이 대만 전통민족이라는 의미의 '원주민족'을 처음 사용했다. 1997년에는 '원주민족'이 민남인(閩南人)[3], 객가인(客家人)[4], 외성인(外

---

3 복건성 남쪽 지방의 사람이라는 의미로, 지금 대만의 주체 세력이다.
4 한족으로서 주로 광동성에서 건너온 소수 종족이다.

省人)[5] 등과 함께 대만의 '4대 종족'으로 헌법에 명시되었다.

국가와 국민

원주민들에게 국가는 무엇일까? 원래 국가 없이 살아오던 원주민들에게 국가는 필요한 것일까? 대만은 '임자 없는 땅'이었다. 아니 국가 개념이 따로 없는 땅이었다. 국가권력과 원주민들의 관계를 알 수 있는 사건이 있다. 바로 '목단사(牡丹社) 사건'이다. 중국과 일본의 거래에서 대만원주민들의 애매한 위치가 잘 드러난다.

1871년 청(淸)과 일본은 상호협력을 도모하는 〈청일 수호 조규(淸日修好條規)〉를 체결했다. 그런데 바로 그해 지금 일본령 오키나와인 류큐(琉球) 왕국의 선박이 표류하여 대만에 상륙했고, 상호소통이 안 되어 선원들 대다수(54명)가 원주민들에게 살해당하는 사건이 발생했다. 일본 정부는 청 정부에 류큐인을 살해한 원주민 처벌을 요구했다.

이에 청 정부는 살해된 사람은 "일본인이 아니라 류큐인이고, 류큐는 청의 번속국(藩屬國)"이라고 반박했다. "류큐와 대만 이 두 섬은 모두 우리 청조 영토"에 속해 있다. 따라서 "우리가 처리할 문제이며, 나름의 조치를 취했다. 왜 귀국이 이 일에 관여하는가?"라고 따져 물었다. 이에 일본 정부는 "류큐를 오랫동안 보호했기에 일본인이나 마찬가지"라고 응수했다.

청 정부는 다시 "포르투칼령인 마카오에서 일본인이 연루된

---

5 국민당정부와 함께 건너온 2백만 정도의 군대와 그 가족을 가리킨다.

사건이 발생한다면 자신들은 관여할 수 없다."라고 했다. 부언하기를 "조선은 비록 속국이지만 내정과 외교에 관여하지 않는다."라고 했다. 청대까지 조선, 베트남, 류큐 등은 중국의 번속국으로 정기적으로 조공을 해야 했다. 청은 "조선이 청의 번속국이듯 류큐도 마찬가지, 즉 일본이 관여할 일이 아니라고 하면서, 큰 문제가 없다."라고 대응했다.

'화외지민(化外之民)'

게다가 한걸음 더 나아가 대만원주민 즉 살인자는 "모두 생번(生番)[6]이기에 교화의 범위 밖에 있고, 모두 다스리기 힘들다."라고 했다. "일본의 아이누, 미국의 인디언은 모두 왕의 교화에 따르지 않는다. 만국에 늘 있는 일이다."라고 설명했다.

즉 대만의 원주민은 우리 중국의 풍속과 가르침을 잘 모르는 존재라서 우리도 관여할 수 없다는 의미였다. 청대에 몽골과 티베트, 신강(新疆) 등을 관할하는 기구인 '이번원(理藩院)'이 있었다. '이번원'은 1639년에 설치되었고, 대만섬은 1683년 관할대상으로 편입되었다. 하지만 목단사 사건이 발생한 1874년까지만 해도 대만섬의 절반 즉 원주민 지역은 직접적인 관리 대상이 아니었던 것이다.

대만섬은 강희제(1683년) 때 중국땅으로 복속되었다. 하지만 대만섬 가운데를 남북으로 가로지르는 선을 하나 그어서 절반만 통치했다. 이름하여 '애용선(隘勇線)'이다. 서쪽 평원은 청 정

---

6   번(番)은 변경의 각 소수민족이나 외국에 대한 호칭이다. 이체자로 번(蕃), 번(藩)이 있다.

부가 관리를 파견하는 청의 행정력이 미치는 곳이었고, 동쪽은 각각의 원주민 부족들이 살아오던 방식을 보장해 주었다.

일본은 다시 그동안 문제를 일으킨 생번(生番)을 처벌한 적이 있는가라는 질문을 했다. 이에 청조는 대만 '생번(生番)'은 '화외지민(化外之民)' 즉 '왕화(王化)'를 따르지 않기 때문에 통치의 대상이 아니라고 답했다. 화(化)는 변화의 화(化)이자 됨(化)의 화(化)이니, 화외(化外)의 의미는 '변화되지 않은(化外)' 존재인 것이다. 당연히 이 화(化) 즉 변화의 주체는 한족이며, 객체는 원주민이 된다. '화외지민'은 상대가 궁극적으로 '화(化)'되어야 할 존재라는 의미이기에, 매우 패권적이며 전근대적인 개념이다.

'왕화(王化)'도 마찬가지인데, 왕(王)의 가르침(化) 즉 왕의 말(王化)이다. 대만원주민들은 '왕의 말을 듣지 않는 존재'라는 것이다. 일본 정부는 이 말을 청조와 대만원주민은 관계가 없는 것으로 해석했고, 1874년 대만원주민들에게 보복을 했다. 이것이 바로 '목단사(牡丹社) 사건'이다. '목단'이라는 부락을 위주로 보복했기에 이렇게 부른다. 이 사건 이후 청 정부도 긴장하여 황제의 전권을 행사하는 흠차대신(欽差大臣)으로 심보정(沈保楨)을 파견해서 대만섬 건설과 국방을 염두에 두고 제도를 정비했다.

내 운명을 결정하는 타자들

조상 대대로 대만섬에 살고 있는 원주민의 운명을 왜 중국과 일본이 논의할까? 대만원주민들은 국가라는 체제 없이, 말이 통하는 종족들끼리, 따로 수백 개의 부락을 이루어, 수천 년 동안 살아왔다. 전시실에 "누구를 위해 전쟁을 했을까?" 하는 제목의 설명문이 보였다.

1. 대만 근대사 중의 남도어족은 각기 다른 '국가'를 위해 전쟁터로 나갔다.
2. 원래 부락을 지키던 전사에서 해안을 순시하고, 탄약을 운반하는 일꾼으로, 다시 열악한 원시림에서 매복하는 일본병으로 변신했다.
3. 중국의 내전에 말려들어 떠돌아다니는 군인으로 전락했다.
4. 국가를 위해서 상상하기 힘든 먼 곳까지 가서 희생당한 영령들은 정권이 전환되는 틈에 끼여서 흔적도 없이 사라졌다.

애매한 위치의 원주민을 설명하는 것이지만, 어쩌면 다양한 식민을 경험한 '대만인'들의 신세를 한탄하고 있는 듯하다. 원주민은 대만의 주인이지만 그들은 '힘센' 주류에 의해 언제나 이용당했다. 일본 제국주의는 대동아전쟁에 당시 대만원주민 15만 명 중 2만 명을 동원했다. 대만 전체인구를 놓고 보면 일본은 패전까지 8만 명을, 군속까지 치면 12만 명을 동원했는데 그중 3만 명이 사망했다. 원주민들 또 대만인들은 누구를 위해서 전쟁터에 나갔을까? 누구를 위한 죽음이었을까? 그것을 박물관이 대신해서 물어주고 있다.

동결된 원주민의 이미지

박물관은 애용선(隘勇線)과 토우선(土牛線)[7]이라는 이름으로

---

7   대청제국이 정식으로 대만을 복속하기 이전부터 내려오던 한족과 원주민의 영토경계선이다.

표시된, 다수와 소수의 경계를 시각적으로 보여주고 있다. 이제 그 경계선은 더 이상 우리의 눈에 보이지 않는다. 하지만 대만사회 곳곳에 여전히 상존하고 있음을 나는 친구들의 눈동자를 통해 자주 느꼈다.

민주화가 진행된 1980년대부터 원주민 인권운동이 전개되었다. 하지만 한동안 그 운동을 비판하는 목소리도 적지 않았다. 그 운동이 도리어 원주민을 "과거라는 시간에 동결하고 있다." 라는 것이었다. 원주민을 지속적으로 타자화 하는 것을 조심하자는 것이다. 즉 국가 역사박물관에서는 주류인 한족의 역사를 전시하고, 원주민은 자연사 박물관이나 민족학 박물관, 인류학 박물관에 '진짜와 똑같은'[8] 상태로 있는 것을 보여주는데, 그것이 도리어 주류인 한족에게 세련된 '근대' 이미지를 부여하고 있다는 것이다.

최근 대만에서 초등학교의 이름이 바뀌고 있다. 달관(達觀) 초등학교에서 '보우마'[9] 초등학교로, 박애(博愛) 초등학교에서 '더푸란'[10] 초등학교로, 학교의 소재지가 원주민 부락과 관계 있기 때문이다. 이렇게 조금씩 변화하고 있다.

베이난 유적 공원

대만 선사문화 박물관의 부속기관인 '베이난 유적 공원(卑南遺址公園)'은 꼭 한번 가봐야 할 곳이다. 석곽묘들이 한 곳에 모여

---

8   중국어로는 '原直性'이라고 표현했고, 영어로는 'authenticity'로 되어 있다.
9   博屋瑪
10   德芙蘭

있다. 선사인들의 공동묘지를 발굴해서 발굴 당시 모습 그대로 관람객들에게 보여주고 있다. 유리바닥 밑으로 발굴 당시 모습을 '원형' 그대로 잘 볼 수 있다. 원래 모습을 보존하기 위해 애쓰는 대만인들의 내공을 다시 한번 알게 되었다. 이른바 '베이난 문화(卑南文化)'는 신석기 후기 문화다. 석곽묘에는 신분에 따라 옥장식품과 생활도구 등 각종 배장품이 함께 매장되어 있었다.

베이난 유적공원의 석곽묘군

국립 대만대학 인류학박물관
國立台灣大學人類學博物館

台北市大安區羅斯福路四段一號
타이베이시 다안구 뤄쓰푸로 4단 1호

　작지만 가장 알찬 박물관은 어디일까? 대만의 여러 원주민들을 일목요연하게 정리해 놓은 박물관이 있다. 대만의 주인이 원주민이라는 것을 확인해주는 박물관은 바로 국립 대만대학 인류학박물관이다. 대만 여행을 준비하는 한국인들에게 대만대학을 구경하라는 말을 자주 한다. 대학은 물론 지하철 '공관(公館)'[1]역과 '구팅(古亭)'역[2] 주변에 함께 형성된 상권은 이상적이다. 대학과 시장, 상가, 서점, 식당 등과 거주공간이 함께 어우러져 있다.

　대만대학은 주변 동네를 포함해서 하나의 거대한 '인문 공간'이다. '살아 있는 박물관'으로 보아도 될 것 같다. 한때 1백 개가 넘었다는 서점만 해도 여전히 2~30개가 영업 중이다. 카페와 식당이 골목골목에 있고, 학교 바로 앞에는 전통시장도 있다. 대만대학은 맛집과 서점으로 포위되어 있다.

1　台灣大學站
2　국립대만사범대학(國立台灣師範大學) 일대

고적의 활성화

대만 곳곳에 '고적(古蹟) 활화(活化)'라는 글귀가 붙어 있었다. 한국어로는 '고적의 활성화' 또는 '살아 있는 고적'이 될 것이다. 활성화라는 말보다 더 적당한 어휘를 찾기 어려웠다. 대만 전체적으로 이곳저곳을 '활성화'시키려는 노력이 돋보였다. 전통시장을, 동네를, 고적을, 일제시대 건축물을, 박물관 등을 활성화시키기 위해 노력하고 있다. 옛날 흔적을 없애지 않고 보존하고, 활성화시키고자 하는 노력이 마냥 부러웠다.

대만인들은 전통 상업거리인 타이베이 디화가(迪化街)를 활성화시켰다는 사실을 자랑하고 싶어 한다. 일본 통치시기 담배공장인 '송산(松山)'[3]과 술 공장인 '화산(華山)'[4] 지역을 리모델링하여 마침내 큰 이익을 창출하고 있다는 점을 중점 홍보하고 있다. 송산과 화산은 이제 세계적인 명소가 되었다. 금싸라기 같은 도심에 거대한 놀이터라니, 매번 부럽다. 동네마다 하나씩 있는 작은 전통시장이 잘 돌아가고 있고, 각종 창작 굿즈를 파는 주말 벼룩시장에 사람들이 몰려든다.

다시 대만대학으로 돌아오자. 키 큰 야자수가 즐비한 도로가 바로 대만대학의 상징인 '야자림 대로'[5]이다. 인류학박물관이 있는 교사관(校史館) 건물 자체가 박물관이다. 이제 곧 1백 살이 되는 교사관 건물에 들어서면 오래 되어서 빤질빤질하게 된 계단회랑이 눈에 들어온다. 손으로 그 감촉을 즐기면서 2층으로

---

3 松山文創園區
4 華山1914文創園區
5 椰林大道

올라서면, 학교 역사박물관인 '교사관'이 반갑게 다가온다.

박물관의 기념품가게

왼쪽에는 기념품가게가 있다. 여기를 먼저 들를 것인가, 나중에 들를 것인가, 언제나 고민이다. 나는 홍콩 역사박물관을 분석한 책『중국 민족주의와 홍콩 본토주의』에서 박물관의 기념품가게 역시 박물관의 중요한 기능 중의 하나라고 말한 적이 있다. 기념품가게는 박물관 전시의 연장선상에 있다.

박물관의 기능이 교육용이든 아니든 기념품가게에 전시된 굿즈는 박물관의 수준은 물론 박물관이 자랑하고 싶은 것이 무엇인지를 알게 해준다. 그런 점에서 어느 박물관에 가든 기념품점은 반드시 살펴보아야 한다. 대만대학 교사관의 기념품가게에는 대만대학 출판사가 발행한 주요도서들이 전시 판매되고 있다. 기념 티셔츠, 노트, 문구류 등 학교가 만들어서 팔 수 있는 모든 기념품도 한자리에 모여 있다. 대만인들의 아이디어 창작 수준과 방향을 한눈에 볼 수 있다.

원주민에 대한 인류학적 접근

교사관 안쪽에 대만대학 인류학박물관이 있다. 작은 박물관이지만, 매우 알찬 느낌을 준다. 박물관은 큰 공간이 필요할 것이라는 편견에 반발한다.

대만원주민에 대한 연구는 일본 통치시기(1895~1945)에 시작되었다고 할 수 있다. 세계적으로 식민과 인류학(원주민 연구)은 뗄 수 없는 관계에 있다. 원주민은 일본 통치시기에도 '동화(同

化)', '교화(教化)' 또는 '근대화'되어야 할 대상으로 전락했다. 당연히 어릴 때부터의 '교화'는 앞으로 무한히 변화될 가능성 때문에 놓칠 수 없다. 일본은 근대화된 선진국가로서의 이미지를 원주민들에게 심어주어야 할 필요가 있었다. 산지 원주민과 평지 원주민으로 나뉘어졌고, 원주민 아동 교육기관인 '번동교육소(蕃童教育所)'가 설립되었다.

전시되는 원주민

대만대학 인류학과의 중요성을 알 수 있는 스토리가 있다. 1933년 일본 식민치하 대만원주민들의 최대 저항사건이 터진다. '무사(霧社) 사건'이다. 6개 부락 1천 명 이상의 원주민이 몰살당할 정도로 참혹했다. 당시 지도자 모나루도(Mona Rudo)의 유해가 사건 3년 뒤에 고향의 깊은 산속 동굴에서 발견되었다. 이듬해인 1934년 그의 고향 난터우(南投)에서 개최된 전람회에 전시되었다가, 대만대학 토속 인종학연구실로 옮겨졌다. 다시 대만대학 의대 해부학교실로 갔다가, 마지막으로 대학의 고고인류학과에서 보존했다. 마침내 1973년이 되어서야 유골은 고향인 '무사'로 돌아와 안장될 수 있었다. 그와 부족의 스토리는 소설, 드라마, 영화 등에 자주 등장하고 있다.

당시 일본인 학자들의 인식을 엿볼 수 있는 재미있는 사건이 하나 있다. 1903년 일본 오사카에서 박람회가 열렸다. 말은 '권업(勸業)' 즉 산업진흥을 위한 박람회였지만, 내용은 만국박람회를 흉내 내고 있어 제국주의적 사고를 그대로 드러냈다. 도쿄제국대학의 인류학자 쓰보이 쇼고로(坪井正五郎) 교수의 건의로 설치된 학술인류관에는 중국인을 비롯 아이누인, 오키나와인, 조선인, 자바인, 아프리카인 등 32명의 남녀가 평소 생활하는 모습 그대로 '전시'되었다.

'전시된' 중국인 중에는 전족을 했거나 아편을 피우는 여성도 있었다. 당연히 중국 지식인들의 항의가 잇따랐다. 우선 중국인이 전족과 아편으로 이미지화된 것에 불만이었다. 하지만 그들은 의외로 중국인을 대만원주민과 한 공간에 전시한 사실에 분노했다. 대만원주민에 대한 한족의 우월 의식을 알 수 있는 대목이다.

대만의 모든 박물관에는 대만원주민의 스토리가—반드시라고 해도 될 만큼—빠지지 않고 전시되고 있다. 원주민에 대한 한족의 책임감이자 부채의식의 결과로 보인다. 원래 주인에 대한 당연한 대접이라고 할 수 있겠다. 하지만 앞에서 말했던 것처럼, 박물관에 원주민 스토리를 지나치게 강조함으로써 오히려 그들을 타자화하는 것은 아닌지 하는 우려도 있다. 그들을 동물원에 가두어버리는 것과 같다는 것이다.

원주민과 정체성

대만대학 인류학박물관의 장점은 16개 원주민족의 의복과 장식품, 생활도구들을 한자리에 모아놓았다는 점이다. 전시 유리창 너머 보이는 부족 간 복식은 무늬와 색깔 그리고 문양이 각기 달랐다. 한번은 어느 박물관에서 '루카이족' 복식전시를 하길래 사진을 찍어서 루카이족 친구에게 보낸 적이 있다. 그런데 그 친구가 이 옷은 '루카이족(魯凱族, Drekai)'의 것이 아니고, 옆

동네에 거주하는 '파이완족
(排灣族, Paiwan)'의 것이라
고 정정을 해주었다. 두 종
족은 대만남부 고산지역의
이웃사촌인데 본인들이 아
니면 알기 어려운 차이라고
했다.

2022년에는 원주민 신분
법 2조가 위헌이라는 판결
이 나왔다. 원주민에 대한
정의 즉 산지와 평지 원주
민만을 포괄한다는 내용에

국립 대만대학 인류학박물관에 전시된
원주민 의복과 생활 도구

대한 위헌 판결이었다. 더불어 모든 남도어족을 '원주민족'에 포
함시켜야 한다고 했다. 이에 따라 한 개의 원주민 종족이 더 인
정을 받아 이제 17개 원주민이 되었다.

대학과 원주민 언어

2023년 10월, 대만대학 문학원 어느 강의실의 시간표를 살펴
보고 놀란 적이 있다. 원주민의 하나인 아메이족(阿美族, Yami)
의 언어구조와 문화에 대한 수업이었다. 또 다른 부족인 파이완
족 언어 수업이 각각 일주일에 세 시간 배정되어 있었다. 놀람이
이어졌다. 원주민에 대한 공부가 정식으로 대학 커리큘럼에까
지 등장했을 줄은 몰랐기 때문이다. 대만인들이 대만이라는 국
가 내에서 다민족과 다문화를 직접 체험하고 있음을 알 수 있는

현장이었다. 민족과 문화가 단일하다는 신화에 세뇌되어 온 우리 한국인과는 매우 다른 환경인 것이다.

순이 대만원주민 박물관
順益台灣原住民博物館

台北市士林區至善路 2 段282號
타이베이시 스린구 즈산로 2단 282호

고궁박물원 가는 길에 같이 가면 좋을 위치에 있다. 아니다. 고궁박물원에는 볼 것이 너무 많으니 하루 종일 머무는 것이 좋고, 순이 원주민 박물관은 따로 날을 잡아 가는 것도 좋겠다. 하루밖에 시간이 없다면, 오전 오후로 나누어 두 개의 박물관을 보는 것도 가능하다. 거리가 2백 미터 정도로 가깝다.

순이 원주민 박물관의 버스 정류장에 내리는 순간 제대로 찾아왔구나 하게 된다. 정류장의 꾸밈새부터 남달리 예쁘다. 바로 앞이 원주민 박물관이다. 대만의 이런 점이 특별히 인상 깊다. 정류장의 외양이 천편일률적이지 않다는 것이다. 대만은 맨홀 뚜껑조차도 예쁜 그림으로 장식되어 있어 보는 사람을 한번 웃게 만든다. 당연히 대만인들의 내공에서 나오는 장난기인 것이다. 나는 건조한 도시보다는 장난기가 곳곳에서 묻어나는 대만의 도시가 좋다.

유위(有為)와 무위(無為)

순이 대만원주민 박물관은 1994년에 개관되었다. 건물부터 눈에 쏘옥 들어오고, 실내도 매우 쾌적하다. 사립 박물관이 대부분 그러하듯 재벌인 린칭푸(林淸富) 선생이 평생 모은 원주민 관련 소장품을 기증하여 출범했다.

사회적 가치창출이야말로 인간의 궁극적인 목표가 되어야 한다. 내가 번 돈으로 나, 내 자식, 내 부모를 챙기는 것도 나름 의미가 있다. 하지만 우리는 그런 사람을 부러워하지만 존경하지는 않는다. 사회적인 존경을 받으려면 사회적인 가치를 창출할 수 있어야 한다. '하는 것이 없음'의 '무위(無為)'를 주장하는 노자(老子)보다 '하는 것이 있음'의 '유위(有為)'를 강조하는 공자(孔子)가 더 존경받는 까닭이다.

박물관 설립자 린칭푸 선생도 그런 사람이었다. 일찌감치부터 원주민 문화보존에 관심을 두고 그들의 생활용품과 예술작품을 수집, 소장하기 시작했다. 원주민들의 그림에 관심 있는 사람은 '순이 대만원주민 박물관-미술 분관'을 찾아보아도 좋겠다. 린 선생이 평생 수집한—대만정체성을 보여주는—그림 4백여 점을 소장하고 있다.

박물관의 4대 임무

흔히 소장, 연구, 전시, 교육 등을 박물관의 4대 임무라고 한다. 구체적으로 시각문화사, 사회문화사, 물질문화사, 일상생활 문화사 등을 담는 그릇으로서 박물관은 다시 성별, 연령, 정치, 경제, 종교, 사회주장 등을 어떻게 담을 것인가를 고민해야 한다. 즉 '소통 플랫폼으로서 박물관'의 중요성이 나날이 확대되고 있다.

순이 대만원주민 박물관은 4층(지하 포함)인데, 아래와 같이 구성되어 있다.

> 지하 1층: 신앙과 제례- 제례 전시구, 원주민의 범신 신앙
> 1층: 사람과 자연 환경- 남도민족과 대만원주민, 원주민 생활 백태, 원주민음악 감상, 기념품점
> 2층: 생활과 도구- 도기, 악기, 조각, 수식, 어로수렵 문화, 농업문화, 음주문화
> 3층: 복식과 문화- 직조 문화, 장식품, 직조기(베틀)

이 밖에도 로비에는 따로 원주민음악 감상 코너가 있다. 다양한 음반이 준비되어 있어 원주민음악에 관심 있는 사람들에게 매력적인 공간이다. 하지만 원주민 대학원생은 이 박물관의 치명적인 약점으로 '땅을 돌려달라'는 등 오늘날 원주민들의 요구사항을 조금도 반영하지 않고 있다는 점을 들었다. 원주민들이 어떻게 타자화되었고 주변화되었는지에 대한 검토가 없다는 것이다.

원주민을 이해한다는 것

순이 원주민박물관에서 가장 인상 깊었던 것은 지하에 있는 원주민의 '상제(上帝)' 신앙을 다룬 애니미즘이었다. 역사학자 리숴(李碩)는 『상나라 정벌(翦商)』에서 '상제'라는 개념은 각종

'사람머리 사냥(獵首)' 사진과 설명

자연신과 존귀한 사망자의 영혼 즉 조상신령이라고 정의했다. 조상이 상제이고, 상제는 자연신이니, 조상은 자연신이 되는 것이다. 대만원주민들의 기독교 비율이 매우 높은데, 조상신과 상제 그리고 하느님으로 이어지는 연결고리가 보인다.

지하 1층에서는 소문으로만 듣던 원주민들의 '사람머리 사냥(獵首)' 결과물 사진을 볼 수 있다. 원주민들은 조상들에게 제사를 지내거나 축제를 준비할 때, 다른 부족의 머리를 사냥해 오는 습속이 있었다. 다른 박물관에서는 그 사진만큼은 회피하고 있지만, 여기에서는 리얼한 사진을 여과 없이 보여주고 있다.

원주민들의 '사람머리 사냥' 습속을 살펴보면 배우는 게 많다. '오늘 우리'의 기준으로 보면, 당연히 절대 해서는 안 되는 일이다. 하지만 역사는 '그때 그들의' 기준으로 볼 필요가 있다. 일본

통치시기 일본총독부는 서구화의 첨병 노릇을 도맡아 했던 것도 사실이다. 원주민들의 전통적인 제사를 금지시켰다. 게다가 일본인 목사들은 원주민 부락을 찾아다니면서 전도를 했다. 기독교 전도와 더불어 진행된 죽음에 대한 인식과 장례의식의 변화 등은 대만원주민들의 삶을 송두리째 전복시켰다. 일본인들은—원주민들의 인두(人頭) 사냥을 표적해서—'사람 만들기' 즉 교화에 나섰다. 원주민들의 인두사냥을 금지하고 불법화한 것은, 원주민들의 자존심을 빼앗고 주체성을 송두리째 흔들어 버린 행위였기에, 두고두고 원한을 샀다.

원주민들의 '사람머리 사냥'은 각 부족 간의 경쟁이 빚어낸 습속이다. 척박한 환경에서 한 사람이라도 없어져야 '나' 또는 '우리'의 생존 가능성이 높아진다. '사람머리 사냥'은 원주민들 나름대로 고민한 명분과 실리찾기의 결과물이었다.

우리는 흔히 '다름'과 '차이'를 인정하자고 하지만 실제로 그것을 인정하는 데는 매우 인색하다. 그런 측면에서 대만인들은 이해능력 확장을 위한—원주민이라는—'학교'를 하나 더 가지고 있는 셈이다. 이 밖에도 원주민문화 관련하여 타이베이 베이터우(北投)에 있는 케타갈란 문화관(凱達格蘭文化館, Ketagalan Center)과 타이베이 우라이(烏來)에 있는 민족 박물관(烏來泰雅民族博物館, Wulai Atayal Museum)을 추천하고 싶다.

란양박물관
蘭陽博物館

宜蘭縣頭城鎮靑雲路三段750號
이란현 터우청진 칭윈로 3단 750호

대만에서 가장 인상 깊은 박물관은 어디인가? 내가 대만의 박물관을 보고 다니는 것을 아는 대만인들이 자주 묻는 질문이었다. '란양박물관'은 이런 질문에 대한 답변으로 손색이 없다. 건물도 멋지고, 전시물도 알차고, 근처 동네도 아기자기 볼 것이 많다. 그런데 대만의 박물관은 우선 검색을 통해 휴관일이 언제인지 알아보고 방문하는 것이 좋다. 란양박물관의 경우 수요일에 휴관한다.

란양박물관은 대만동부 이란현(宜蘭縣) 토청(頭城)에 있다. 타이베이역에서 기차로 한 시간 조금 넘게 걸리는 여정이어서 여행하기에 적당하다. 떠나기 전 식사를 하고 싶다면 타이베이 기차역사 2층으로 올라가면 된다. 모든 대만 맛집의 분점이 한자리에 모여 있다. 지방여행을 떠날 때 나는 주로 '딤섬세계(點心世界)'에서 자장면(炸醬麵)과 군만두(鍋貼)를 먹고 출발한다.

'애매한' 평화

타이베이역에서 토청역까지 가는 내내 이쪽저쪽으로 펼쳐지는 경치가 아름답다. 왼쪽으로는 쌀농사를 짓는 논이 끝없이 이어지면서 곧 바다가 보이기 시작한다. 이란(宜蘭)은 대만 3대 곡창지대의 하나이다. 오른쪽으로는 저 멀리 4천 미터가 넘는 고산들이 줄지어 병풍처럼 다가온다. 아마 저 산 아래 어디엔가 거대한 지하 군사요새가 있을 것이다. 화롄(花蓮)에서 만난 공군 조종사는 공중에서 비행연습을 할 때 저 아래로 눈 덮인 산이 보인다고 했다.

대만인들도 한국인들과 마찬가지로 전쟁 가능성을 의식하면서 살아간다. 이것이 대만 발전을 저해하는 가장 큰 요인인지도 모른다. 기회만 되면 미국 등 해외로 이주하려 하거나, 이중국적을 소지한 사람들이 많다고 한다. 하지만 나는 오히려 지금의 '애매한' 상태가 바로 진정한 평화시대라고 그들을 위로한다.

인류 역사를 살펴보면 전쟁은 언제나 '완전하고도' '항구적인' 평화를 얻겠다는 명분으로 시작되었다. 우리는 지금의 '애매한' 상태야말로 가장 완벽한 균형이라는 것을 자주 망각한다. 친구관계도, 부부관계도, 부자관계도, 국가관계도, '애매함'을 '완전함'으로 바꾸고자 할 때 그 관계는 깨어지게 되어 있다.

토청역 올드타운

란양박물관은 이란 기차역 직전 토청역에서 내려 택시를 타고 2~3분이면 된다. 걷기에는 조금 애매한 거리여서 택시를 타는 것이 좋다. 토청역을 나오면서 선택을 해야 한다. 역전마을

토청역사

을 먼저 볼 것인지, 란양박물관에 다녀와서 볼 것인지 말이다. 시장하다면 우선 역앞 골목을 둘러보면서 눈에 들어오는 간식거리로 요기를 하는 것도 좋겠다. 란양박물관도 중요하지만, 토청역 앞 동네[1]는 대만의 올드타운 구조를 살필 수 있는 중요한 공간이다. 당시 쌀을 싣고 나르던 항구의 번영을 짐작할 수 있는 마을이니 만큼 시간을 충분히 내서 천천히 돌아보기를 추천한다.

택시를 타고 란양박물관으로 갔다. 택시를 타면 기사에게 늘 이런저런 질문을 던진다. 택시기사들과의 대화에서 교과서보다 박물관보다 더 큰 가르침을 얻을 때가 있다. (내 말투로 짐작건대) 일본인이냐, 대륙에서 왔느냐, 해외 화교냐 등의 질문부터, 한국인이 대하는 '삼성전자'와 대만인이 대하는 'TSMC(台積電)'를 비교하다 보면 어느새 박물관에 도착한다. 나처럼 나이 든 한국인이 이곳 박물관에 오는 것은 처음 보았다고 했다. 이곳에 오는 한국인들은 대부분 젊은이들이란다.

---

1   頭城老街

한족과 원주민의 관계- 한족의 땅 뺏기

란양박물관에서는 한족들의 개간 역사를 볼 수 있다. 이른바 한족들은 논과 밭농사의 달인이다. 어른들로부터 한반도에 들어온 화교들이 채소농사를 정말 잘 짓더라는 말을 들은 적이 있다. 채소의 종류도 다양하고 철철이 신선한 채소를 잘 길러내더란다. 일반적으로 양자강(揚子江) 이남 출신이라면 논농사를 잘 지을 것이고, 이북 출신이라면 밭농사에 달인일 것이다.

앞서 말했듯이 타이베이역을 출발하면 곧 왼쪽에 논들이 나타난다. 직사각형의 논들은 하늘과 바다와 함께 어우러져 아름다운 그림처럼 보인다. 흔히 농사를 잘 짓는 한족들이 각고의 노력으로 '개발한' 곳이라고 한다. 역사는 이렇게 왜곡된다. 개발한 곳이라는 말에는 어폐가 있다. 그 전에는 '주인이 없는 노는 땅이었나' 하는 항의성 질문이 바로 따라온다.

물론 주인이 있었다. '핑푸족'이라는 평지 원주민들이었다. 그들은 이미 쌀농사를 짓고 있었다. 네덜란드인들이 스페인인들로부터 대만북부를 빼앗은 이후 이란에 가서 원주민들으로부터 쌀을 구매했다는 기록이 남아 있는 것을 보면, 쌀농사의 원조는 원주민들이 분명하다. 당시 북부의 최대 항구인 지룽(基隆)에는 이미 관개용 저수지가 있었다.

도랑을 밭으로 만들다- 한족의 개간

박물관 전시실의 "도랑을 밭으로 만들다- 한족의 개간" 제목에는 이런 설명이 붙어 있다.

1. 수전(水田) 경작은 중국 남방 한족의 주요 경제모델이다. 벼농사
   는 반드시 계절과 벼 생장에 따라 관개를 해야 한다.
2. 도랑개척은 농지개간의 선결조건이다. 따라서 수자원을 확보하는
   권력이 치부를 하게 된다.
3. 저수지 및 수로구역과 개척로는 일치하는데, 한족이 **개발한**(인용
   자가 짙게 처리) 이란지역 특징 중 하나이다.
4. 개척범위 확대와 한족 우세지위가 확립됨에 따라 비옥한 이란지
   역은 많은 자본가를 끌어들였기에 청대인 가경(嘉慶) 17년(1812
   년)에 관청이 설치되고, 수리사업이 발전했다.

한족이 개발했다고? 이민 온 한족들은 농사 지을 땅이 필요했
고, 평지 원주민들로부터 구입하는 수밖에 없었다. 아니, 절반
은 사고, 절반은 속였다. 아니다. 절반은 속였고, 절반은 빼앗았
다는 말이 정확할 것이다. 땅 뺏기에는 각종 속임수가 동원되었
다. 심지어 돼지나 술 등으로 교환하는 속임수를 쓰기도 했다.
원주민 작가 왈리스 노칸(Walis Nokan)은 타이중(台中) 지방지
를 완독했는데, 한족의 개간역사만 보일 뿐 원주민의 퇴각역사
는 전혀 찾아볼 수 없었다고 했다. 한족 중심의 역사서술을 비
판한 것이다. 원주민의 시각으로 보면, 개간이 아닌 약탈의 역
사이다. 역사는 어떻게 기록되어야 할까? 개간과 약탈 두 가지
시각을 모두 분명하게 밝혀주어야 한다는 것이 내 지론이다. 후
대에게 공평하고 공정한 시각을 길러주어야 하기 때문이다.
땅을 '뺏기' 위한 '합법적인' 방법도 있었다. 한족들은 자신들
처럼 사는 원주민을 '익숙하다'는 의미의 '숙번'이라고 불렀고,

아직 우리처럼 살지 못하는 원주민을 '생소하다'는 의미의 '생번'으로 불렀다. '교화된 원주민' 즉 '숙번'에게 국가는 납세, 부역을 강제했다. 게다가 한족 중심의 학당에 입교시켰고, 한족과 통혼을 장려했다.

『아큐정전』의 아큐

'나한각(羅漢脚)'이라는 말이 있다. '사원의 나한전 처마 아래에서 자는 발'이라는 뜻이다. 집도 절도 없는 신세로 대륙에서 바다를 건너온, 아무것도 가진 것 없는 빈털터리 가난뱅이를 말한다. 대만에서의 반역을 걱정한 청 정부의 규제로 혈혈단신 남자 혼자 올 수밖에 없었다. 한마디로 '거지'인데, 그들은 허드레 일꾼으로 생존할 수밖에 없었다. 집이 없어 마을 입구의 성황당에서 자는, 루쉰(魯迅)의 대표작인 『아큐정전』에 나오는 아큐와 똑같은 신세였다.

'나한각'이라고 불리는 그들이 단번에 신세를 바꾸는 방법은 딱 하나, 평지 원주민 여자와 결혼하는 것이었다. 평지 원주민은 모계사회인데, 원주민 여자와 결혼하면 땅도 따라온다. 원주민들은 '통혼(通婚)' 외에도, 성씨를 하사하는 '사성(賜姓)', 한족의 이름으로 개명을 요구한 '개명(改名)' 등의 과정을 통해 한화(漢化)되었다.

일제시대에 이미 평지 원주민은 한족과 똑같은 일반행정으로 관리되었다. 지금의 원주민들은 두 개의 이름 즉 원주민 이름과 한족 이름을 모두 가지고 있다. 이들 중 상당 비율이 현재 대만의 주류인 본성인, 즉 일치감치 도래한 '한족'으로 분류된다.

한족들의 원죄의식

란양박물관의 서사에서도 대만인들의 원죄의식이 보인다. 살짝살짝 편견을 드러내고 있지만, 대만의 주류이자 박물관의 서사 주체인 한족은 최대한 있는 그대로의 사실을 전시하여 그들의 원죄를 용서받고자 한다.

박물관의 전시물 중에 원주민이 한자를 모르기에 수인(手印)으로 서명을 대신했다는 사진이 첨부되어 있다. 자세한 내용을 모르고 서명했다는 주장이 지금까지 계속되고 있다. 한족이 주인 없는 땅을 개간하려면 정부로부터 개간허가증을 받아야 했다. 원주민의 땅은 원주민과의 거래를 통해서 빌리거나 사들였다. 하지만 이 과정에서 글자를 모르는 원주민들을 속여, 약속과는 다른 내용이 계약서에 들어가는 일이 비일비재했다. 한족인 관리도 그들과 한통속이었기에 원주민들은 따로 하소연할 곳도 없었다.

땅을 빼앗긴 원주민들은 점점 더 높은 산으로 올라갈 수밖에 없었다. 내 선택이 아니라 핍박받아 올라간 것이기에 원주민들은 '고산족(高山族)'이라는 말을 싫어한다. 한족들의 '약탈'로 인해 원주민들은 삶의 터전을 잃어버렸다. 한족의 '개간'이 많아지는 만큼 원주민들의 땅은 줄어들었다.

원래 청 정부는 한족과 원주민의 분규를 방지하기 위해 대만 섬을 동서로 나누었다. 평지인 서쪽은 한족, 산지 위주인 동쪽은 원주민의 지역으로 했다. 상대 구역을 침범할 때는 곤장 1백 대와 옥살이 3년이라는 법률이 적용되었다. 하지만 한족은 수적

우위를 앞세워 계속 밀어붙였다.

란양박물관의 자랑

팸플릿의 설명에 의하면, 란양박물관은 1990년대 이란현(宜蘭縣) 정부가 '생태박물관' 개념으로 아래와 같은 취지로 만들었다.

1. 전체 현을 하나의 박물관으로,
2. 란양박물관을 이란을 인식하는 창구로,
3. 이란의 자연과 인문환경을 보존하고 수호한다.
4. 이란의 연구자원을 통합하고, 동태적인 학습공간을 만든다.

박물관에는 선사시대 유적부터 시작해서 소장품이 매우 풍부하다. 1980년 이후 인근에서 5대 유적지가 발견되었는데, 1백만 건이 넘는 선사시대 문물이 발굴되었다. 고고문물 외에도 8천 건이 넘는 대만 초기 도자기를 소장하고 있다.

대만 토종 연극

이란현이 자랑하는 무형문화재로는 '거자이시(歌仔戲)'라는 음악극이 있다. 란양평원에서 발원한 대만의 토종 연극이다. 20세기 초 이란에서 시작되었다고 알려져 있다. 1992년에는 첫 번째 공립 '거자이시' 극단인 '란양 연극단'이 설립되었다. 대만 전통연극에 관심 있는 사람들에게 마찬가지로 이란현 문화부에 소속되어 있는 '대만 연극관'을 추천한다. 첫 번째로 생긴 공립 지방연극 박물관이다.

2024년 2월 〈1624년〉이라는 제목의 대형 음악 무대극 '거자이시'가 무대에 올랐다. '국성야(國姓爺)'[2]라고 불리는 정성공(鄭成功)이 태어난 해이자, 대만과 네덜란드가 만나는 해이자, 대항해시대 세계와 만나는 해였다. 문화부가 기획한 대형 서사시였다. 17세기 동아시아 대항해사 스토리는 대만원주민과 한족, 유럽인, 일본인 등이 대만에서 복잡한 무역 네트워크를 만들어내는 실제상황을 그려냈다.

문화부는 홍보 팸플릿에서 "역사가 없으면 국가도 없고, 역사적 맥락은 이 땅에 대한 사람들의 애착근거가 된다."라고 말했다. 정부는 이렇게 틈틈이 역사와 국가를 홍보한다. 다시 생각해보니 지금의 집권당이 진보계열인 민진당이다. '역사의식'은 정체성 정치를 좋아하는 민진당이 수시로 동원하는 매우 중요한 득표수단이다.

박물관과 지역특산물

란양박물관 전시를 다 보았다고 해서 바로 나오는 것은 안 될 말이다. 1층의 널찍한 매점에서 밖으로 바다(대만 동해)를 바라보면, 이 지역을 상징하는 거북산섬 즉 '구이산도(龜山島)'가 보인다. 예전 걸어 다닐 때 타이베이에서 직선거리로 산을 통과하면, 이곳까지 2박 3일이 걸렸다고 한다. 그때 산꼭대기에서 멀리 '구이산도'가 보이면 이제 다 왔구나 하고 한숨을 내쉬었다고 한다.

---

2   나라에서 성과 이름을 하사받은 인물이라는 뜻으로, 주로 민간에서 부르는 호칭이다.

란양박물관 전경

　매점에서 바다를 보면서, 지역특산품인 대파가 들어간 크래커
와 소프트 아이스크림을 맛보면 좋겠다. 박물관이 지역특산물
판매를 겸하고 있었다. 지역사회와의 완벽한 조화가 아닐까? 이
곳의 기념품가게도 꼭 둘러보기 바란다. 지역과 박물관을 소개
하는 책과 자료가 풍성하다. 기념품의 다양함을 보면서, 새로운
가치를 창출하고자 하는 대만인들의 노력과 정성을 짐작하게
된다. 그래서 나는 란양박물관을 제일 좋은 박물관이라고 생각
한다.

이란 설치기념관
宜蘭設治紀念館

宜蘭市舊城南路力行3巷3號
이란시 주청난로 리싱 3항 3호

'설치(設治)'라는 두 글자를 보는 순간 그 의미를 알 듯하다. '통치기관을 설립했다'는 의미가 아닐까? 그렇다면 누가 언제 했을까, 중국일까, 일본일까라는 생각이 들면서, 대만의 다양한 역사가 오버랩된다.

명(明) 태조의 명령에 따라, 중국에 거주하는 색목인(色目人)[1] 은 반드시 중국인과 결혼해야 했다. 인위적으로 '한족으로 만들기' 즉 '한화(漢化)' 작업의 일환이었다. 혼인을 통한 대내외 안정은 역사적으로 매우 오래된 중원의 정책이었다. 대륙북방의 안정을 꾀하기 위해 공주와 궁녀를 '오랑캐' 두목에게 시집보낸 스토리가 한둘이 아니다. 물론 중원의 오랑캐 개념은 통치지역의 확대와 역사에 따라 부단히 변화해 왔다.

초기 부족국가 체제에서 하남성(河南省)이 중원(中原)이라면, 중원지역 확대에 따라 주변 '오랑캐'의 개념 역시 확대되었다.

---

1   터키, 이란, 아라비아인 등을 포함하여 외국인을 통칭한다.

권력으로부터 너무 멀어서 통치할 수 없는 지역이 마지막 오랑캐로 남게 되는 것이다. 중원에서 볼 때 대만은 '말썽' 부리지만 않는다면 굳이 제국으로 편입시켜야 할 이유를 찾지 못했던 지역이었다. 중원에서 보는 대만은 너무 멀고 쓸모없어 청대에 이르러서야 제국으로 편입되었다.

청(淸)의 영토로 편입

1812년이니까 청 가경(嘉慶) 17년이다. 청 정부는 대만 동쪽에 카발란(kavalan)[2] '청(廳)'을 설치했다. 이렇게 해서 이란지역은 국가라는 조직의 통치범주에 들어갔다. 기념관의 팸플릿에는 '청'이 설치됨으로서 "역사발전에 진입했다."라고 서술되어 있다. 내 눈은 또다시 그 자리에 멈추고 나아가지를 못했다.

발전이라고? 우리는 왜 '발전'이라는 말을 이렇게 쉽게 쓰는 걸까? 국가에 소속되는 것은 발전인가? 그 이전에는 발전을 못하다가, '청'이 설치되었기 때문에 발전했다는 말인가? 이른바 '청' 즉 정부기관 설치 이전의 역사가 송두리째 부정되는 느낌을 지울 수 없다.

우리 두뇌에 '국가'와 '발전'이라는 개념이 얼마나 크게 각인되어 있는가를 알 수 있다. 알게 모르게 우리는 '국가'를 떠나서는 살 수 없고, 또 발전해야 한다는 논리에 세뇌되어 있는 것이다. 국가는 진리인가? 사실 국가도 지역도 하나의 옷일 뿐이다. 맞으면 입고, 안 맞으면 벗을 수 있는 옷이다. 이 옷을 벗으면 저

---

2   동부지역 평지 원주민 종족의 이름이다.

옷이 있다. 이 국가를 떠나면 저 국가가 나를 맞이한다. '발전'이라는 용어도 언제나 도시화와 상업화로 상징된다. 흔히 도시가 커질수록 우리는 '발전'했다는 말을 자주 한다.

한족(漢族)으로 만들기- '한화(漢化)'

1680년대 강희제는 국내외 반청세력이 일으킨 '삼번의 난(三藩之亂)'[3]을 평정하고 대만을 복속했다. 1684년 청조는 오랫동안 내려오던 '해금정책'을 해제했다. 무역제도에 중대한 변화가 생겼고, 이로써 번속국의 조공을 받고 왕과 세자를 책봉하는 '종번제도(宗藩制度)'[4]의 다원화 속도도 빨라졌다.

청제국은 대만을 211년간 통치하고 '발전'시켰다. 한족의 이민은 청나라가 대만을 통치한 전반 108년 동안은 엄격히 금지되었다. 1875년이 되어서야 개방되었다. 더불어 평지 원주민은 한족화 즉 '한화'되어 원주민들의 삶은 송두리째 바뀌었다. 자신들의 언어도 잃어버리게 되고 중국인 흉내 즉 변발도, 심지어 전족까지도 하게 되었던 것이다.

변발은 강제되기도 했지만 전족은 강제되지 않았다. 여기에서 문화의 의미를 다시 한 번 더 생각하게 된다. 원주민의 '한화'는 원주민에 대한 한족의 강제만으로는 설명이 되지 않는다. 그것은 이른바 선진국 문화였던 것이다. 문화적 유전자는 이렇게 무서운 것이다. 그것이 선진적이라고 여기는 순간 대세로서 당위가 된다.

---

3 강희 초기인 1673년 오삼계(吳三桂)가 일으킨 난으로 강남 6성을 차지한 적도 있다.
4 중국을 중심으로 한 중국고대의 국제질서, 종주국과 번속국의 관계를 말한다.

우리가 악습 중의 악습이라고 알고 있는 전족도, 그것이 당시 상류층의 문화로 인식되고 있었다는 점을 놓치지 말아야 한다. 지금 세계적으로 유행하고 있는 문신은 누가 하라고 강제하는 것이 아니다. 문신 그것이 유행이기 때문에, 특히 이른바 선진국의 유행이기에 그것을 좇아 문신을 하는 것이다. 전족도 마찬가지였다. 그것이 대국 즉 선진국 문화였기 때문이다.

정체성의 분화

한족은 선진, 원주민은 후진이라는 이분법적 사고에 노출되면서 원주민들의 정체성은 파괴되고 분화되기 시작했다. '나다움'이라는 정체성은 때로는 부정적으로, 때로는 긍정적으로 작용한다. 정체성은 구성원 모두의 안전을 지켜주기도 하고 수구 기득권의 방패가 되기도 한다.

한족의 이민은 전통적인 원주민 사회를 송두리째 흔들었다. 대만원주민들의 부락조직, 경제산업, 언어문화와 정체성에 심각한 타격을 주었다. 게다가 이해관계 때문에 원주민들은 분열되었고, 이제 스스로를 부정하고 폄하하는 시간이 도래했다.

뿐만 아니라 대만에서 발생한 반역을 평정하는 데 원주민이 주동적으로 또는 피동적으로 참여하고 동원되었다. 그 대가로 황제로부터 '그 의가 가상하다'라는 의미의 '가의(嘉義)'라는 이름을 하사받기도 했다. 지금 자이시(嘉義市) 이름의 유래다. 원주민들은 이제 당당한 제국의 '신민(臣民)'으로의 자존심을 획득하게 된 것이다.

과거가 중요할까, 미래가 중요할까

설치 기념관의 입장권에 "과거를 붙잡아두고, 미래를 배양하자"[5]라는 글귀가 보였다. 과거는 어떻게 처리해야 할까? 흔히 과거를 잊지 말자, 역사를 잊지 말자고 한다. 넬슨 만델라 대통령은 "과거는 여는 게 아니고 닫는 것이다. 미래를 여는 것이다."라고 말했다. 나는 과거는 미래를 여는 용도에만 적용되어야 한다고 생각한다.

"과거를 붙잡아두자."라는 입장권의 구호는 유적과 유물에 대한 대만인들의 다짐이다. 유물과 유적을 보존해야 한다는 말이다. 대만인들은 그 다짐에 충실하다. 대만 곳곳을 다니면서 가장 부러운 점의 하나는 과거를 보존하자는 그 다짐을 실제로 지키고 있는 것이었다. 그들은 유적 원래의 모습을 최대한 간직하고자 한다. 그것이 복원이나 보수의 제일원칙임이 문외한인 내 눈에도 잘 보였다.

비교할 수 있는 능력

팸플릿은 1895년 일본이 대만을 접수한 사실을 설명하고 있다. 이란은 한족의 무장대항과 국가의 근대화건설, 태평양전쟁 시기의 사회불안이라는 3개 단계를 경험했다. 무장대항, 근대화, 태평양전쟁 등 어쩌면 일본 식민지배에 대한 정확한 해석일 것이다. 대만인들은 일본점령에 저항했지만, 일본이 추진한 근대화에는 긍정적이었다.

5   留住歷史 孕育未來

'설치 기념관'의 팸플릿은 2백 년 동안 각기 다른 정권이 오늘날의 이란을 모델링했다고 부언하고 있다. 각기 다른 정권은 청 제국과 일본식민 그리고 국민당정부를 지칭하는 것이다. 4백 년의 역사라면 다시 네덜란드를 더하면 될 것이다. 대만인들은 그렇게 다양한 통치를 체험했다. 다양한 체험은 비교할 수 있는 능력을 길러준다. 비교해보면 현실적인 해결책이 나온다. 과거와 현재를 비교하고, 이 식민과 저 식민을 비교하고, 이 권력과 저 권력을 비교할 수 있는 능력이야말로 미래발전의 중요한 자산이다. 내가 보기에 비교 능력이야말로 '똑똑한' 대만인의 필요충분조건이다.

이런 식민과 저런 식민

대만이 자랑하는 세계적인 카발란 위스키는 동부 이란현(宜蘭縣)의 평지 원주민 중 하나인 카발란(噶瑪蘭, Kavalan)족의 이름을 본딴 것이다. 위스키 제조공장이 그 지역에 있다.

팸플릿에서는 이란의 역사를 네 단계 즉 설치(設治) 이전 시기, 청치(淸治) 시기, 일치(日治) 시기, 국민당정부의 국부(國府) 시기 등으로 나눈다.

1. 대략 3~4천 년 전부터 인류가 거주하고 있었다.
2. 1796년 한족 오사(吳沙)가 개간하러 들어왔다.
3. 1810년에 성을 쌓기 시작했으며, 1812년에 정식으로 카발란청이 출범했다.
4. 1875년에 이란현으로 행정제도가 개편되었고, 1895년에 일본

군이 들어왔다.

역사학자 렌헝(連横)은 『대만통사(台灣通史)』에서 이렇게 서술하고 있다.

1. 오사는 원대한 뜻을 품고, 강인한 백성들과 함께
2. 초록이 무성하며 들짐승이 우글거리는
3. 황량한 지역에 깊숙이 들어가 날씨와 맹수, 야만과 싸웠다.
4. 용감하게 전진하고, 어떤 어려운 상황이나 난관에도 굴하지 않았다.[6]

내 눈은 다시 '한족', '오사(吳沙)'라는 글자에서 멈춘다. '난양 박물관'에서도 같은 이름이 눈에 띈 것을 보면, 박물관 측에게는 '한족'이라는 사실이 매우 중요한 기호임을 알 수 있다. 박물관의 서사주체가 한족이라는 말이다.

한족 이민자들이 대만 동부로 이주하는 과정에서 지도자 역할을 한 '오사' 스토리는 지금도 초중등 교과서에 등장하고 있다. 개척자로서, 지역 발전에 기여한 인물로, 문화적 상징으로 그를 기리는 행사도 개최되며, 도로명 등에서도 그의 이름은 빠지지 않는다. 앞에서 언급한 토청역 마을은 그가 무리를 데리고 처음 정착한 곳으로, 그는 원주민인 핑푸족과의 충돌을 조절하고 개간을 지휘했다. 그가 살던 집은 그의 공적을 기리는 오사기념관

---

6   連横, 『台灣通史』, 「드디어 만나는 대만사」, 113쪽에서 재인용.

이란 올드타운 전경을 보여주는 전시물

(吳沙紀念館)으로 보존되고 있다.

박물관의 서사는 당대권력의 구현이라는 점에서, 지금 대만의 권력자는 한족이 분명하다. 한족에게는 '한족'이 들어와서 이란 평원을 '개간'했다는 점이 중요한 것이다. 미국에 사는 흑인들에게 백인 예수와 백인 일색인 천사들의 모습은 흑인들이 타자임을 보여주는 증거이다. 미국에서와 마찬가지로 대만에서의 백인은 한족이고, 흑인은 원주민이다. 원주민들은 이렇게 타자화되었고, 되고 있다.

대만과 일본식 근대화

현재의 '이란 설치기념관'은 첫 번째 일본인 청장이 지은 관사로, 1906년에 완성되었다. 일본식 목조와 서양식이 혼합된 것으로 당시 가장 보편적인 주택구조였다. 1997년에 리모델링되어 청대 이래 이란지역의 역사를 전시하고 있다. 대만에서 일본식과 서양식이 결합된 건축양식의 건물을 볼 때마다 일본식 통치, 나아가서 일본식 근대화를 떠올린다.

일본 통치 50년 동안 대만은 일본식 근대화가 적용되었다. 일본은 자신들의 근대화 방식과 비결을 대만에 적용하기 위해 혼신의 노력을 기울였다. 대만 통치를 정말 잘해서 세계만방에 자랑하고 싶었다. 그것만이 자신들의 이념, 즉 아시아를 벗어나 유럽으로 들어가고자 한 '탈아입구(脫亞入歐)'의 근대화 노력을 인정받는 방법의 하나라고 여겼다. 전쟁이나 식민경험조차 서구를 모방하여 자신들의 근대화 능력을 확인받고 싶었던 것이다. 따라서 일본이 서구로부터 배운 경험과 기술을 고스란히 적용하고 구현하려는 흔적이 대만에 남아 있다.

전리품으로서 대만은—일본식 근대화의 결과물로서 얻은 대만은—일본이 근대화를 다시 구현해 볼 수 있는 새로운 시험무대였다. 대만은 매우 적절한 공간이었고, 일본도 식민지 경영을 이렇게 잘할 수 있다는 것을 보여 주고 싶었던 것이다. 어쩌면 서구적인 근대화의 지각생으로서의 '자격지심'이었다.

신베이 시립 단수이 고적박물관
新北市立淡水古蹟博物館

新北市淡水區中正路一段6巷32之2號
신베이시 단수이구 중정로 1단 6항 32의 2호

'단수이 고적박물관'은 타이베이 교외에 있지만 전철이 있어 접근성이 좋다. 흔히 홍마오성(紅毛城)으로 불린다. 건축물 자체가 박물관이다. 멀리 바다와 강이 보이고, 빨간 벽돌의 건축물이 매력적인 곳으로 한국인들도 많이 찾는다. 대만영화 〈말할 수 없는 비밀〉의 촬영지이기에 한국의 젊은이들이 많이 찾는다고 한다.

입장권에는 '신베이(新北) 시립 단수이 고적박물관'이라고 되어 있다. 신베이시는 타이베이시에서 분리되어 나온 위성도시인데, 행정구역만 나누어졌을 뿐 한국의 경기도처럼 수도와 일체가 된 상태이다. 단수이는 전철노선의 종착역이니 역에 내려 사람들을 따라 버스를 타면 금세 '홍마오성'에 도착한다. 인근에 있는 맥케이 목사가 세운 첫 번째 교회 '옥스퍼드 칼리지'[1]만을 보고자 한다면 입장권은 필요 없다.

---

1   Oxford College. 真理大學 내에 있다.

단수이와 '훙마오성(紅毛城)'

단수이는 타이베이 시민들이 바람 쏘이러 가는 곳이다. 주말이면 사람이 많이 모인다. '단수이(淡水)'는 정말 담수다. 담수는 해수가 아니라는 말이다. 그냥 일반명사로서 '강'인데, 이것이 고유명사가 되었다.

'훙마오성'은 1628년 대만북부를 통치했던 스페인이 최초로 쌓은 성이다. 1644년 네덜란드가 스페인을 몰아내고 성을 다시 쌓았다. 1683년부터 청이 관할하기 시작했고, 1724년 청 정부가 보수하면서 성문 네 개를 새로 만들었다. 단수이는 1858년 '톈진조약(天津條約)'으로 개항되었다. 1862년(同治元年)에 정식으로 세관이 개설되고, 통상이 시작되었다. 단수이와 더불어 지룽, 안핑(安平=台南), 가오슝(高雄)도 개항을 했다.

어떻게 보면, '아편전쟁'이 대만의 여러 항구를 개방시켜 새로운 환경을 만들어낸 것이다. 그렇다면 전쟁이라는 '어긋난', '비틀린' 인간의 행위는 이전의 정체성을 파괴할 뿐만 아니라 새로운 정체성의 생성을 위한 수단이 된다. 국가와 사회의 정체성을 송두리째 재편시킨다는 점에서 '혁명'의 역할과 같은 것이다.

네덜란드는 훙마오성을 감옥으로 사용했다. 잘 보존되어 있어 지금도 감옥 체험을 할 수 있다. 여러 국가의 관할을 거친 만큼 축성 방법도 매우 다양해서 그 부분을 중점 설명해주고 있다. 남아 있는 몇 문의 대포가 당시 이 '성'의 중요성을 짐작하게 해준다.

1867년 영국정부가 영사관으로 사용하기 시작하면서 그 옆에 관저를 다시 지었다. 태평양전쟁 기간 일본이 영국과 미국에게 선전포고를 하면서 폐쇄되었다가, 전후 영국에게 돌려주었다. 대륙이 공산화되면서 영국은 1950년 중화인민공화국과 단교하였고, 1972년 중국과 수교하면서 다시 폐쇄되었다. 미국 등이 사용하다가 1980년 대만정부에 귀속되면서 국정 고적이 되었다.

무역항구 단수이와 올드타운[2]

앞에서 말한 바와 같이 제2차 아편전쟁이 마무리되는 톈진조약으로 개항되면서 단수이는 비약적으로 번성했다. 대만이 자랑하는 우룽차(烏龍茶) 등으로 세계 30개국 이상과 통상을 했는데, 19세기 중엽에 대만은 이미 세계와 만나고 있었다.

더불어 타이베이의 다다오청(大稻埕)은 순식간에 농업지구에서 상업지구로 바뀌었고, 대만과 대륙 그리고 대만 남북무역의 거점이 되었다. 다다오청 부두에서 여객선을 타면 당시 강을 오르내리는 기분을 체험할 수 있다. 부두 옆 디화가에 가면 그 당시 상가들이 고스란히 보존되어 있을 뿐만 아니라 지금도 활기차게 영업을 하고 있다.

단수이 올드타운은 매우 매력적인 관광지이다. 큰 강이 옆에 있어 경치가 좋을뿐더러 산책로를 따라 맛집들이 즐비하다. 게다가 배를 타고 강을 건너가서 해산물을 먹고 올 수도 있다. 올드타운의 입구에는 단수이의 상징이라고 할 수 있는, 캐나다에

2   淡水老街

진리대학 내 옥스퍼드 칼리지 앞의
맥케이 목사 흉상

서 전도하러 온 맥케이 목사(George Leslie Mackay, 1844~1901)의 동상이 서 있다. 그가 의료행위를 했던 '후웨이 의관(滬尾醫官)'도 있다. 현재 대만에 몇 개 있는 '맥케이 기념 병원(馬偕紀念醫院)'의 전신이다. 이밖에도 '청수 조사궁(清水祖師宮)'과 '단수이 예배당(淡水禮拜堂)'이 유명하다. 1872년에 단수이에 상륙한 맥케이는 전도의 일환으로 마굿간을 빌려 의료행위를 시작했다. 학질 특효약인 키니네로 일약 유명해지고 환자들이 줄을 섰다고 한다.

단수이도 고도 '루강(鹿港)' 등 대만 서해안의 다른 항구처럼 강의 퇴적물 때문에 수심이 얕아지면서 '몰락'의 수순을 밟게 되었다. 대만을 접수한 일본은 대외무역 창구로서의 항구 기능을 수심이 깊은 '지룽'으로 옮겼다.

'붉은 머리털의 인간(紅毛人)'

원주민은 네덜란드인을 '홍모인(紅毛人)'이라고 불렀다. 원주민들이 보기에 우선 네덜란드인들은 머리카락도 수염도 붉었다. '붉은 털의 인간(紅毛人)'이라는 말로 '그들'과 '우리'의 다름을 인식했다.

그렇다면 '붉은 털의 인간'들의 눈에는 대만원주민들이 어떻게 보였을까? 네덜란드에서 온 최초의 목사에 의하면, 대만원주민들은 우선 '충실'하고 '선량'했으며 손님을 좋아했다. '충실하고 선량하다'는 표현은 주인이 하인에게 하는 말의 다름 아니다. 동등한 관계에서 나오는 말이 아니다. 대상을 상하관계나 종속관계로 인식하는 화법이다.

사람은 다르다. 사람이 다른 이유는 두뇌구조가 다르기 때문이다. 두뇌구조가 바로 그 사람의 정체성이다. 네덜란드 목사의 말에서 '부림'과 '부림을 당하는' 관계망을 쉽게 눈치 챌 수 있다. 경제적으로 착취와 피착취 형태로 신분관계가 성립되었다. 더불어 정체성을 바꾸는 '세뇌'가 강요되기 시작했다. 너의 생각은 '틀린' 것이니 그것을 버리고 내 생각을 받아들여야 한다는 것이다.

'그러므로 너희는 가서 모든 민족을 제자로 삼으라'
(마태복음 28장 19절)

알다시피 서구 선교사들은 중국을 향해 오랫동안 집요하게 선교 허용을 요구했다. 이에 청의 옹정제는 '당신들에게 라마교를 받으라면 받겠는가' 하고 교황에게 편지를 보내어 꾸짖은 적이 있다. 네덜란드 동인도회사 소속의 선교사 역시 하느님의 뜻으로 북위 22도에 위치한 대만에 그리스도의 복음을 전하기 위해 왔다는 기록을 남기고 있다.

네덜란드인들은 우리가 문명이고 우리가 합리이니 '우리와 똑같이 생각하고 살아라' 하는 명분을 앞세운 사람들이었다. 대만인들이 절을 포함 각종 사원을 짓는 것을 허락하지 않았다. 대만인들은 신상(神像)을 집에 두고 전통을 이어가는 수밖에 없었다. 정체성 충돌은 강요로부터 출발한다. 언제 어디서나 충돌은 '너'는 '나'와 똑같아져야 한다는 생각과 함께한다.

기독교와 원주민

원주민들이 존경하는 조상신 '상제(上帝)'는 '하느님'이라는 이름으로 불리어야 했다. 이제 대만원주민은 자신들의 정체성을 부정하는 기나긴 노정에 노출되었다. 앞으로 원주민들의 삶과 생각은 네덜란드인들에 의해 '맞다', '틀리다'로 재단될 것이었다.

17세기 네덜란드 선교사들은 성경을 가르치기 위해 알파벳으로 원주민 성경을 만들었다. 그들은 원주민들에게 알파벳을 가르쳤다. 정복자들은 원주민 지역을 네 개로 나누고, 선출된 원주민 장로가 관리하게 했다. 하지만 모든 지역에 정무사와 전도사를 파견하여 기독교를 전도하기 위해 노력했다.

1659년에 타이난(台南) 지역의 원주민 부락인, 신항사(新港社)의 주민 83%가 신자였다는 통계가 있다. 지금도 원주민들의 기독교신자 비율은 70% 이상으로 집계되고 있다. '비정상적으로' 높은 비율의 배경에 대해 이런저런 연구방법으로 다양하게 접근하고 있다. 기독교는 원주민들의 전통적인 세계관을 파괴하는 동시에, 새로운 대안으로 등장했다. 나는 원주민들의 자연숭배 또는 상제(上帝) 신앙이 기독교의 유일신에 쉽게 다가가는 통로가 되었다고 생각한다.

한편 원주민들은 알파벳을 배운 덕분에 좁쌀 한 되, 사슴가죽 한 장에 얼마라는 기록을 남기게 되었다. 금전거래와 토지거래 계약서도 알파벳으로 작성할 수 있게 되었다. 이른바 역사시대로 들어선 것이다. 지금도 원주민들은 '모어(母語)'를 배울 때 알파벳을 사용한다. 네덜란드인들의 공로인가? 이른바 '근대'는 이렇게 타자로부터 혁명적으로 주어지기도 한다.

정체성과 정체성의 조우

캐나다 목사 맥케이는 전도를 위해 1872년 타이베이 북동쪽의 단수이 입구에 상륙했다. 대만북부는 캐나다 장로교회가, 대만남부는 영국 장로교회가 각각 선교를 했다. 맥케이의 일기에 당시 대만의 한족사회가 언급되어 있다.

1. 교육을 중시하지만 과거제도의 시험내용, 형식, 규칙 등이 번잡하고 복잡하다.
2. 과거응시를 위한 공부 때문에 젊은이들이 체력을 소모하고, 건강을 해치고 있다.
3. 일단 합격하면 일약 변신하지만 서민들의 공공교육은 결핍되어 있다.

맥케이는 하루 1백 개씩 대만어 단어를 암기했다. 3개월 만에 주류 한족언어인 대만어(台灣語)[3]로 소통이 가능했다. 자신의 생

3   민남어(閩南語)

각을 전달하는 데 불편함이 없었다고 한다.

정체성의 타협

단수이 '고적박물관' 바로 옆에 기독교 계열인 진리대학(真理大學)이 있고, 대학 입구에 맥케이가 지은 교회 '옥스퍼드 칼리지'가 있다. 물론 맥케이가 대만여인과 결혼해서 아들딸 낳고 살림을 했던 건물도 대학 내에 고스란히 남아 있다. 그가 캐나다의 고향인 옥스퍼드에서 모금을 해서 지은 '옥스퍼드 칼리지'는 역사전시관으로 운영되고 있는데, 대만에서의 초기 기독교 전도역사에 대해 잘 정리되어 있다. 1백 수십 년 전 맥케이는 교회를 지으면서 불교식 '탑' 형태의 장식물을 지붕 위 몇 곳에 올렸다. 외래종교인 기독교가 대만종교와 타협을 시도하는 장면이자, 거부감을 최대한 줄이려고 한 노력의 일환으로 보인다. 종교나 정치나 지역이나 정체성과 정체성의 만남에는 이런 타협이 필요하다. 이렇게 한발씩 서로 물러서야 모두가 행복해진다.

명분과 실리의 대만기독교

타이베이 지하철 쌍롄(雙連)역에 맥케이 병원[4]이 있다. 그 앞에 맥케이가 우산 쓰고 가방 들고 왕진 나가는 모습의 동상이 있다. 병원 측은 이 장면 하나로 그를 표현하였고, 그의 아우라는 이렇게 우리에게 전달되고 있다. 병원 측은 목사보다는 아픈 사람을 고쳐주는 의사로서의 이미지를 보여주고 싶은 것이다.

---

4   馬偕醫院

종합병원인 '맥케이 기념병원'은 지금도 맥케이의 인술을 펼치고 있다.

초기 선교사들은 원주민들 손에 많이 죽었다. 원주민들은 다른 정체성의 침입을 막았다. 수많은 전도사가 원주민들에게 희생을 당한 이후에야 맥케이는 타협점을 찾았다. 그가 찾은 정답은 명분에 실리를 싣자는 것이었다. 아니 실리를 앞세우는 것이었다.

맥케이는 치아를 뽑는 목사로 유명했다. 치아가 아프면 뽑는 것이 최고의 처방인 시절이었다. 2만 1천 개 이상을 뽑았다고 한다. 물론 예배의식의 일환으로 치아를 뽑았다. 오래전 교회에서 클래식 연주가 열린다는 초대를 받고 간 적이 있다. 하지만 연주만 하는 것이 아니고, 예배 중간에 연주를 하는 것이었다. 이렇게 맥케이도 치아를 치료해준다고 하고, 예배를 주관했다.

대만 인구 조사(2021년 기준)로 볼 때 개신교는 5.5%, 천주교는 1.4%[5]를 점유하고 있다. 종교 비율로 따지면, 2%도 안 되는 대만기독교는 어떻게 보면 매우 적절한 비중을 차지하고 있다. 하지만 비율에 비해 그 영향력은 상당히 큰 편이다. 장제스(蔣介石)부터 리덩후이(李登輝) 등 국가지도자들 대부분이 기독교 신자였다. 대만기독교는 소수지만 사회적으로 여전히 매우 긍정적인 이미지를 생산해내고 있다.

5   한국은 2023년 기준 각각 20%, 11%였다.

2부

대만 박물관, 역사를 수용하다

生我育我劬勞，親恩慈光貫古今
It was laborious to give birth to me and raise me, your parental
kindness shines through all time

性靜情逸
A quiet and easy disposition

愛．感謝．與祝福
Love, gratitude, and blessings

국립 역사박물관
國立歷史博物館

台北市中正區南海路49號
타이베이시 중정구 난하이로 49호

　대만박물관이 아니고, '역사'박물관이다. 나는 한동안 대만박물관과 역사박물관을 구분하지 못했다. 대만박물관은 국립중앙박물관이고, 대만 역사박물관은 대한민국역사박물관에 해당한다. 그런데 '대만'이라는 국호가 없이, 그냥 국립 역사박물관이 따로 있다. 무엇이 어떻게 다를까? 여기에 중화민국 즉 대만의 아픔이 있다. 중국 즉 대륙에서의 역사를 포괄하는 박물관이다. 대만인이 보편적인 '중국인'이라는 사실과 대륙을 포기하지 않았다는 의지를 보여주는 공간이다.

　생각해보니 국립 역사박물관을 방문한 적이 있다. 국립칭화대학에서 동아시아 박물관의 스토리를 분석하는 수업을 하면서 대학원생들과 박물관 측이 작은 세미나를 개최한 적이 있다. 그런데 당시 내부 수리 중이라 전시물을 구경할 수는 없었다. 내부 수리에 6년이라는 시간이 흘렀다. 보물이 많은 곳이고 큰 건물이기 때문에 그만큼의 시간이 더 걸렸을 것이다.

　대만을 살펴보면서 대만인들의 신중함 또는 성실함을 자주 느꼈다. 일제시대 건축된 작은 집 하나 수리하는 데 2~3년씩 걸리는 걸 보면서 작은 일에도 최선을 다한다는 생각을 했다. 대만에 갈 때마다 역사박물관의 재오픈 여부를 확인했다. 그렇게 6년이라는 시간이 흘렀다.

국립 역사박물관은 국민당정부가 대만으로 이동한 이후, 첫 번째로 출범시킨 공공 박물관이라는 타이틀을 가지고 있다. 팸플릿에 따르면 건물 전신은 '일본 통치시기(日治時期)' 영빈관이었다. 나중에는 총독부 상품전시관으로 사용되었다. 1956년 박물관이 개관한 이후 1958년부터 중국 궁전양식으로 조금씩 증축되고 개축되어 오늘에 이르고 있다. 개관 당시는 '국립 역사문물 미술관'이라는 이름이었다.

건국고등학교와 장제스 동상

국립 역사박물관으로 다가가다 보면 일대가 심상치 않다는 것을 곧 깨닫게 된다. '228' 국가기념관이 나타나고 곧 건국고교(建國高級中學)가 보인다. 1898년 일본총독부에 의해 개교된 이후 지금까지 명실공히 대만 최고 명문 고등학교이다. 내 눈에 빨간 벽돌로 지은 아름다운 '홍루(紅樓)'가 들어왔다. 수위에게 양해를 구하고 문화재인 본관 건물을 안팎으로 둘러보았다.

알고 보니 본관은 1909년에 완공되었는데, 총독부 소속 곤도 주로(近藤十郎)의 작품이다. 그는 이 밖에도 지금까지 관광객의 사랑을 받고 있는 서문(西門)의 홍루와 여전히 사용되고 있는 대만대학 의대 병원(臺大醫院)을 설계했다.

학교 입구의 고색창연한 본관 앞에 장제스의 동상이 서 있다.

한때 모든 공립학교는 물론 전국 곳곳에 깔려 있던 장제스의 동상은 민주화의식의 확산과 더불어 철거되고 있다. 줄어드는 추세이지만, 2022년 통계로 수도 타이베이 소재 학교에는 아직 51개가 남아 있다. 정부에서는 철거비용까지 제공하지만 장제스 동상의 존폐에 대해 따로 지침을 내리지 않고 각 학교의 재량에 맡긴다고 한다. 정권 마음대로 하지 않고 학교에 부여하는 이런 재량도 돋보인다.

건국고교가 동상을 유지하기로 결정한 이유는 우선 교육과정에서 교재로 사용하고, 나아가서 장제스의 '시비공과(是非功過)'에 대해 학생들의 토론을 유도하기 위해서라고 한다. 역사를 대하는 대만사회의 유전자와 환경을 다시 확인하게 된다. 대만학생들은 역사 현실을 통해서 시비와 공과를 토론한다. 적어도 강요되거나 주입되지는 않는 것이다.

역사 콤플렉스

역사박물관의 한쪽 벽면에 "여러분과 함께 걸어온 황금세월"이라는 제목으로 박물관 역사를 소개하고 있다. 박물관 전시역사를 대만, 중국, 세계의 주요역사와 연결시켜 간단하게 설명하고 있다. 중국과 대만 즉 양안관계에 대한 독자들의 이해를 돕기 위해 주요사항만 간략하게 정리하기로 한다.

개관 첫 번째 전시 주제는 "5천 년의 중국 역사문화"라는 제목이었다. 제목에서 이미 대륙을 잃고 대만으로 후퇴해 온 국민당 정부의 콤플렉스를 알 수 있을 것 같다. 여전히 '우리'에게 정통성이 있다는 외침이 느껴지는 전시제목이다.

중국 하남박물관(河南博物館)이 소장하고 있던 중원지역 문물과 일본 제국주의가 패망하고 떠나면서 남긴 문물 등으로 구성했던 전시물은 지금도 이 박물관의 주춧돌이다. 국립 고궁박물원 소장품들이 궁중귀족들의 보물이라고 한다면, 이곳은 일반인들의 생활과 관련된 보물이 많다. 6만여 개를 소장하고 있다고 한다.

'국민교육' 기관

박물관 벽면에 게시된 설명에 따르면, 1950년에는 한국전쟁이 발발했다. 그와 동시에 중국공산당의 위협으로부터 대만을 보호하기 위한 미국의 군사, 경제 원조가 시작되었다. 이름하여 '미국 원조시대'가 열렸다. 1954년부터 1960년까지 장제스 총통의 지시로 '남해 학원(南海學園)' 계획이 진행되었다. 미국 스미소니언 박물관 체제를 모방해서 박물관군을 건설하기로 한 것이다. 타이베이 식물원 내에 국립 역사박물관, 국립 대만 예술교육관, 국립 교육방송, 국립 교육자료관, 국립 대만 과학교육관 등이 속속 들어섰다.

이런 기관의 설립 역시 장제스 총통과 국민당정부의 대륙 콤플렉스를 반영하고 있다. 그들은 공산당과의 전쟁에서 패배한 이유를 선정선동에서 밀렸기 때문이라고 판단했다. 이에 '국민교육'에 박차를 가하는 정책을 추진했고 이는 국가이데올로기 교육의 현장이다.

'중국인'을 위한 역사

박물관 벽면에 아래 내용이 시기별로 정리되어 있다.

1. 1965년에 미국의 경제원조가 중단되었다.
2. 박물관에서는 '베이징원인(北京猿人)' 두개골 모형전시회를 열었다.
3. 1966~76년, 중국에서는 문화대혁명이 전개되었는데,
4. 1967년 중화민국 정부는 중국의 문화대혁명 발발에 대응하기 위해 '중화 문화 부흥 운동'을 전개했다.
5. 1971년 중화인민공화국이 유엔에 가입하고 상임이사국이 되면서 중화민국은 유엔에서 탈퇴했다.
6. 1989년에 베이징에서 '64사건'이 발생했고, 개혁개방 이후 대륙으로의 친지방문이 시작되었고 박물관에서 관련 사진전을 열었다.
7. 2000년에는 국민당에서 민진당으로, 대만 역사상 처음으로 정당 교체가 이루어졌다.
8. 1992년에는 대륙위원회가 '하나의 중국을 목표로, 통일을 지향한다'라는 '92공식(92共識)-이하 상술 예정'을 제안했다.
9. 2000년에는 '병마용(兵馬俑)-진(秦) 문화 특별전'을 했다. 84일 동안 105만 명을 동원했다.

중화인민공화국과 대만의 역사박물관은 다른 공간에서 같은 정체성을 지향하고 있다. 역사박물관의 '역사'는 대만만의 역사를 추구하는 것이 아니고, 국립 고궁박물원과 마찬가지로 중국-홍콩-대만 전체 '중국'의 역사를 지향하기 때문이다.

고궁박물원이나 역사박물관을 찾는 사람들은 보편적인 중국

인이라는 자부심에 근거한 같은 정체성을 지녔다. 고궁박물원의 유물은 관람객 자신이 중국인이라는 사실을 만끽하는 장치이다. 이때 양안 즉 중국과 대만의 차이는 없어지고, 이 순간만큼은 통일된 상태가 된다. 양안이 문화적으로 모두 '중국인'이 되는 것이다. 이때만큼은 대만정체성을 강조하는 사람들도 모두 '중국인'이다.

대만의 문화적 유전자

드디어 2024년 2월 21일, 귀국을 하루 앞둔 시점에 국립 역사박물관이 재오픈 한다는 기사를 보았다. 멀리서부터 매우 아름다운 건물이 보이기 시작한다. 그런데 박물관 입구에서 도교식 제사가 거행되고 있었다. 도사복장을 한 주례와 함께 20~30명의 직원이 각각 향을 들고 사방을 향해 배례를 하고 있었다. 보는 순간 이것이 무엇일까 하면서 얼떨떨한 기분이 들었고, 머릿속이 복잡해졌다.

이것이 아무나 볼 수 없는 대만의 '속살'이 아닐까? 공공기관에서 종교의식이라니. 관장 개인의 생각일까? 참가자들은 거부감 없이 참석했을까? 강제가 아닐까? 강제라기에는 한 사람 한 사람 매우 진지한 태도로 참여하고 있었다. 각종 매체에서도 취재경쟁에 나서고 있었다. 나처럼 일찍 온 관람객들은 박물관 입구에서 진행되고 있는 제사를 구경하면서, 박물관 직원의 인터뷰 장면을 지켜보고 있었다.

박물관 관람을 마치고 바로 박사반 연구생에게 문자를 보냈다. 공공기관에서 도교식 의례라니 자주 있는 일인가? 그렇다는 답변이었다. 책임자가 결정하면 모두들 자연스럽게 따르는 것이 관행처럼 이어지고 있다는 설명이었다. 전통문화가 생생하게 살아 있고, 구성원들이 그 분위기에 동의하는 사회인 것이다. 거꾸로 보면 동의하지 않을 경우 소외되고 배척된다는 의미도 된다.

국립 역사박물관의 도교식 제사 장면

국립박물관은 믿을 수 있을까?

사마천(司馬遷)이 『사기(史記)』를 쓰기로 마음먹으면서 '구천인지제(究天人之際), 통고금지변(通古今之變)'[1]이라고 한 것은 서사에 대한 욕심이다. 그는 알고 있었다. 쓰지 않으면 역사는 없어진다는 것을. 그렇다면 서술해야 할 과거는 서술되어야만 하는데, 문제는 '어떻게'일 것이다. 잘못된 과거는 잘못된 서사로부터 생성되는 것이니까 차라리 서술되지 않은 편이 나을 수도 있다.

다시 말하지만 나는 박물관을 의심의 눈초리로 보는 사람이다. 승자가 역사를 기록하듯이, 권력자가 박물관의 스토리를 결정하는 법이다. 학교와 마찬가지로 박물관이라는 곳은 '우리'를

---

1   하늘과 인간의 관계를 탐구하고, 과거와 현재의 변화를 관통하고 싶다는 의미.

어디로 데리고 가겠다고 '작심한' 공간이다. 무언가를 알려야 하고, 누군가를 선양해야 하는 것이다. 그렇다면 세상에 완전하게 '순수한' 박물관은 존재할 수 없다.

국립 역사박물관은 새로 시작하면서, '역사상상'의 '공공예술'이라는 제목으로 몇 가지 기획전시를 준비했다. 팸플릿에는 세 가지 목표가 제시되어 있다.

첫째, 역사는 너와 나에 관한 스토리라는 것을 인식하는 것.
둘째, 역사를 통해 선인의 지혜를 얻고, 자아를 발굴한다는 것.
셋째, 역사박물관과 같이 역사가 무엇인지를 상상하고, 다원가치를 창조하자는 것.

박물관은 관객의 정서는 물론이고 사유방식까지 자신들의 신념대로 끌고 가려는 시도를 하고 있다. 박물관의 주체가 의도하는 바는 무엇일까? 그가 지향하는 세계관은 무엇일까? 박물관의 세계관은 무엇일까? 그는 분명히 확고한 신념에 바탕을 두고 '우리'를 그 어떤 곳으로 데리고 가야 하는 사명감에 불타고 있는지도 모른다. 그것이 그가 믿는 '계몽'일 것이다. 하지만 박물관은 자신들이 전달하고자 하는 그 스토리 자체가 바로 계몽의 대상일 수도 있음을 간과하는 경우도 많다.

역사박물관의 사명

국립 역사박물관은 이른바 박물관의 '원죄' 즉 '세뇌'와 '주입'이 예비된 공간임을 잘 알고 있다. 따라서 역사박물관의 사명을 세 가지로 제시하면서 스스로를 경계하고 있다. "역사는 너와 나에 관한 스토리라는 것을 인식하는 것", "역사를 통해 선인의 지혜를 얻고 자아를 발굴한다는 것", "역사박물관과 같이 역사가 무엇인지를 상상하고, 다원가치를 창조하자는 것" 등이다. 다시 내 식으로 정리하면 이렇게 된다.

1. 역사는 '너'만의 스토리도 아니고, '나'만의 스토리도 아니다. '너'와 '나'의 스토리가 되어야 한다. 다른 입장에서도 바라볼 수 있어야 한다.
2. 역사를 통해 지혜를 얻어야 한다. 역사는 지혜를 얻는 대상이고, 그것이 역사의 가치인 것이다. 그것은 궁극적으로 자아 즉 '내가 누구인가'를 발굴하는 것을 목표로 한다.
3. 역사를 같이 상상하고, 다원가치를 창조한다. 타임머신을 타고 '그때 그곳'으로 이동하는 것이다. 나를 그 시간으로 보내보는 것이다. '그때 그곳'에서 나는 어떻게 할까? 어떤 선택을 할까? 그런 상상을 하다 보면 '단일한' 답이 아니라, '다원한' 답을 떠올릴 수밖에 없는 것이다.

이데올로기와 역사박물관

홍콩 역사박물관이 '중화인민공화국'과 '중화민족'이라는 이데올로기를 선양하는 공간이었다면, 대만의 역사박물관들은 객관적인 역사적 '사실'에 충실한 공간이다. 물론 그 객관적인 사실조차 보는 사람에 따라 의도가 숨어 있는 장치일 수 있다. 그런 점에서 박물관의 스토리는 분명한 기준이 필요할 것이다.

일반적으로 박물관은 국가주의와 민족주의를 세뇌하는 교육의 장으로서 기능한다. 대만의 박물관들이 유달리 편안한 이유는 관객을 어디로 데리고 가겠다는 의지가 보이지 않기 때문이다. 보인다고 하더라도 그 의지가 매우 약하다. 이것은 대만 전체가 보여주는 편안함과 연결될 수 있을 것이다. 하지만 국립역사박물관은 관람객들과 문제의식을 공유하고 싶어 한다.

　역사박물관의 전람실 중 하나인 '역사마을'에서는 "역사서사를 위한 새로운 방법을 모색해보고", "당대 사회공동체에 대한 여러 가지 상상에 대응해 보자"는 문구로 관람객들의 문제의식을 자극하고 있다. 지하에는 "누가 역사를 쓰는가?"라는 제목으로 정체성을 인식하는 행위예술이 전시되고 있었다.

　박물관의 광장에는 "회고는 위험한 것인가?- 강산을 돌려다오(還我河山)"라는 작품이 전시되고 있다. 본래 '우리의 강산(영토)을 우리에게 돌려달라'는 구호는 송(宋)의 명장 악비(岳飛)가 금(金)에 빼앗긴 영토를 되찾겠다는 의지를 다지기 위해 외쳤던 유명한 휘호에서 비롯되었다. 국민당 정부는 언젠가는 공산당에게 빼앗긴 대륙을 수복하겠다는 강력한 의지를 표현하기 위해 이 구호를 널리 사용했다. 국립 역사박물관의 위상과 의의를 다시 짐작할 수 있는 구호이다.

　역사박물관이나 중정기념당을 가기 위해서는 지하철 중정기념당역에서 내려야 한다. 역에서 올라오면 바로 앞에 남문시장(南門市場)이 있는데, 그곳에 있는 모든 점포가 맛집이다. 대만의 모든 먹거리가 한자리에 모여 있다. 2층에 있는 우육면과 자장면집도 유명하다.

장징궈 치하이 문화원구
經國七海文化園區

台北市中山區北安路301號
타이베이시 중산구 베이안로 301호

장징궈(蔣經國)는 장제스의 아들이다. 대만의 6·7대(1978~1988
년) 총통이었다. 부친인 장제스와 달리 그는 친민, 애민, 청렴의
이미지로 남아 있다. 하지만 그 역시 부친과 마찬가지로 총통의
자리에서 서거했다. 누구는 이것부터 마음에 들지 않아 절대 용
서할 수 없다고 할 것이고, 누구는 그 당시 상황에서는 그럴 수
밖에 없었을 것이라고 이해한다.

총통으로서 그의 업적은 경제발전과 민주화로 평가되고 있
다. 실리인 경제발전과 명분인 민주화 모두를 이루어냈으니, 그
에 대한 평가가 나쁠 리 없다. 장징궈는 두 마리 토끼를 한꺼번
에 잡은 셈이다. 그렇다면 그는 지금 대만의 자부심 즉 대만정
체성의 기초를 다진 지도자가 된다.

미해군 7함대와 대만

'장징궈 치하이 문화원구(經國七海文化園區)'는 그의 관저와

'장징궈 총통 도서관'[1], 공원, 식당 등으로 구성되어 있다. 1950년대에 지어진 치하이 관저는 일제시대에 만들어진 인공 호숫가에 있다. 원래 대만해협을 지키는 미해군 7함대 사령관의 휴가용 숙소로 세워졌다. 그래서 '치하이(七海)'라는 이름이 붙었다. 장징궈는 이 관저에 거주하며 국방부장관, 행정원장, 총통 임무를 수행했다.

2022년 1월 문화원구의 개막식에서 민진당의 차이잉원(蔡英文) 총통은, 그는 "대만을 굳건히 보호"하였고, 당시 "반공(反共)은 국민의 공통된 인식"이었다고 했다. 국민당의 마잉주(馬英九) 전 총통은, 그는 "권위주의 출신이지만 권위주의를 종식시켰다."라고 평가했다.

장징궈와 소련

장징궈는 1925년부터 1937년까지 12년 동안 소련에서 공부하고 일했다. 손문의 제안으로 '국공합작' 과정에서 탄생된 모스크바 중산대학(中山大學)에서 마르크스레닌주의 교육을 받았다. 소련에서 그는 상대적으로 유화적인 트로츠키와 부하린의 사상에 심취하여 반스탈린 활동을 하기도 했다. 이후 '트로츠키파'로 분류되어 고생했다. 장징궈는 당시 학우였던 덩샤오핑(鄧小平)과 같이 산책하고 러시아어 공부를 했다는 기록이 남아 있을 정도로 친하게 지냈다. 이 인연은 두 사람 모두 양안의 최고 지도자가 된 시점에 중국공산당의 통일방안인 '일국양제(一國兩

[1]   蔣經國總統圖書館

生我育我劬勞，親恩慈光貫古今
It was laborious to give birth to me and raise me, your parental
kindness shines through all time

性靜情逸
A quiet and easy disposition

愛 感謝 與祝福
Love, gratitude, and blessings

장징궈 총통 부부

制)'로 이어지게 된다.

1927년 4월 12일, 중국현대사를 가르는 '412' 사건이 발생했다. 장제스가 수백 명의 좌파를 도륙하고 숙청한 사건인데, 이후 민심이 빠르게 중국공산당 쪽으로 기울게 된 역사적인 전환점이 되었다. 장징궈는 모스크바의 공개연설에서 부친인 장제스를 맹렬하게 비난했고, 며칠 후 장제스는 부자관계 단절을 발표했다.

1927년 중산대학을 졸업하고 귀국 요청을 했으나 소련당국에 의해 거절당했다. 인질로서의 가능성을 둔 것이라고 짐작된다. 이후 장제스는 중국공산당의 인질교환 제의에 응하지 않았다. 공사 분명한 장제스의 성격을 보여주는 장면이었다. 장징궈는 1935년 기계 제조공장 노동자 시절, 그에게 유일하게 친절했던 소련여자와 결혼했다. 이후 장제스는 며느리에게 장팡량(蔣方良)[2]이라는 중국이름을 지어주었다. 1936년에 장징궈의 소련 공산당 입당이 허가되었다.

서안사변(西安事變)과 귀국

1936년 12월 12일, 장제스가 내전보다 '항일우선'을 요구하는 장쉐량(張學良)에게 감금되는 '서안사변'이 발생했고, 장징궈는 스탈린에게 귀국을 요구하는 편지를 보냈다. 1937년 3월, 귀국이 허락되었고, 귀국인사를 할 때 스탈린은 그에게 권총을 선물하기도 했다. 귀국한 그에게 장제스는 두문불출 독서와 서예 연습을 권했다.

특히『증국번가서(曾國藩家書)』와『왕양명전집(王陽明全集)』을 특정하여 공부하라고 한 것을 보면, 장제스가 증국번과 왕양명 두 사람을 얼마나 숭배하는지 알 수 있다. 장징궈는 소련 회상과 일기를 정리하여 부친에게 보고하고 미국 중앙정보국에도 전달했다. 이 기록들은 이후 출판되었다. 귀국 이후 그는 마르크스주의를 포기하고 일생 동안 삼민주의(三民主義)를 신봉하게 되었다. 1938년 육군준장 계급장을 달고 군인으로서 공직생활을 시작했다. 중국국민당에 입당했으며, 이후 부친 장제스의 주

---

2   장팡량 여사는 향수를 달래기 위해 타이베이의 명성카페(明星咖啡館)를 자주 찾았다. 러시아식 음식과 디저트를 판다.

위에서 중국현대사를 고스란히 경험했다.

미국과의 단교

1978년 12월 16일 새벽 두 시, 주중(주타이베이) 미국대사는 장징궈 총통에게 긴급 면담을 요구했다. 미국은 1979년 1월 1일부로 중화인민공화국(중국)과 수교하고 중화민국(대만)과 단교한다는 내용을 전했다. 이때부터 장징궈 총통은 두 달 이상 먹고 자는 것을 제대로 못할 만큼 분노하였으며 고통스러워했다. 많은 양의 수면제를 복용하고서도 잠을 제대로 자지 못했다.

그의 일기에는 '공비(共匪)' 즉 중국공산당을 인정하고 수교를 하다니, "미국정부의 행태가 이해되지 않는다."라는 내용이 이어졌다. 일기에는 고통, 비애, 수치, 만감이 교차한다는 등의 글귀로 가득하다. 미국정부에 대해서도 "가증스럽고, 괘씸하고, 불쌍하고, 가엾다."라고 했다. 2월 15일 일기에는 미국에 사무처를 개설하는데, "부끄럽고 욕된다. 언제 설욕할지 모르겠다."라고 쓰고 있다.

미국은 1979년 대만과 단교하는 동시에 「대만관계법」에 의거, 대만에 미국의 대사관격인 '북미 사무 협조 위원회(CCNAA)'를 설립하였다. 「대만관계법」 40주년을 맞이한 2019년 위원회의 이름을 '대만 미국 사무 위원회(TCUSA)'으로 바꾸었다. 차이잉원 총통은 이제야 '북미'가 '미국'으로 구체화되고, '대만'이라는 이름이 정식으로 '미국'과 대등하게 들어가게 되었다고 설명했다.

후계자 양성

관저 전시실에는 "대만 근대화의 추동자"[3]라는 큰 글귀가 보였다. 기념관의 서사 주체는 그를 이렇게 평가하고 있고, 또 이렇게 평가받고 싶은 의지를 드러내고 있다. 장징궈는 대만의 경제기적을 이루어냈다. 그는 외성인이든 본성인이든 인재를 가리지 않고 선발하여 권력기구를 연소화, 본토화, 전문화했다고 평가받는다. 그중 대표적인 인물이 바로 그를 이어서 총통에 오른 대만 출신의 리덩후이 총통이다. 장징궈는 남북고속도로를 개통했고, 전국에 걸쳐 철도를 촘촘하게 연결했으며, 철강과 조선 등 중공업을 육성하고, 원자력발전소를 건설했다.

경제성장과 더불어 민주화 요구도 봇물처럼 터져 나오기 시작했다. 경제성장과 불가분의 관계인 것처럼 보이는 사고도 많았는데, 1984년 74명이 사망한 탄광사고가 대표적인 경우라고 할 수 있다. 희생자 74명 중 72명이 원주민이었다는 것은 시사하는 바가 크다. 탄광 참사는 그해 '대만 원주민 권리 촉진회'가 출범하는 계기가 되었다.

대륙 친지방문 허용

1978년 장징궈는 '3불(不)'정책을 발표했다. 중국공산당과는 '불접촉, 불담판, 불타협'한다는 원칙이다. 미국 매체와 인터뷰하면서 "중국공산당과 접촉하는 것은 자살행위이다. 우리는 그렇게 멍청하지 않다."라는 말을 한 적도 있다. 중국공산당을 잘

3   台灣現代化的推手

알고 오랫동안 그들과 접촉해본 경험에서 얻은 결론일 것이다.

장징궈의 '3불'정책에 대응하여 1979년 중국공산당은 양안의 우편 왕래(通郵), 통상(通商), 통항(通航) 등 '3통(通)'을 제안했다. 양안교류를 확대하자는 것이었다. 특히 1983년 중국 최고지도자 덩샤오핑은 대만과의 '일국양제'를 제안했다.

통일하더라도 대만의 자본주의 제도는 보장될 것이며, 당정군(黨政軍)도 스스로 관리하고 사법독립도 보장되며 심지어 군대를 그대로 보유하는 것도 가능하다고 했다. 중국공산당이 대만과의 통일(통합)을 얼마나 중시하는지 알 수 있다. 하지만 '일국양제'가 먼저 적용된 홍콩의 경우로 볼 때, '일국양제'의 참뜻이 훼손된 것도 사실이다. 1987년이 되어서야 장징궈는 대만인들의 대륙 친지방문을 허용했다.

계엄 해제와 민주화

장징궈는 1987년 7월에는 38년 동안 지속되어오던 계엄을 해제했다. 야당인 민주진보당의 출범을 허가하고, 언론 자유를 허용했다. 국민당정부는 이제는 긴장을 좀 풀어도 된다는 생각이었을 것이고, 동시에 대륙을 반드시 수복해야겠다는 절치부심을 버렸다는 해석도 가능할 것이다. 계엄의 필요성에 대해서 정부와 민간의 시각은 극과 극의 편차를 보일 것이다. 누구에게는 매우 위험하게 판단되는 상황일지라도 누구에게는 그저 태평성대로 인식되기도 한다.

뿐만 아니라 국가를 지킨다는 명분으로 무장한 기득권의 위기의식은, 시민들에게는 그 상황을 이용하여 자신의 이익을 지키는 구차한 행위로 보이기도 한다. 계엄이 해제되자마자 기다렸다는 듯이 민주화에 대한 요구는 우후죽순처럼 빠르게 올라오기 시작했다.

1979년 12월 1일 국제인권일, 서슬 퍼런 계엄치하에 가오슝에서 잡지 『메이리도(美麗島)』 구성원을 중심으로 민주화 시위를 벌였다. '228' 이후 최대 규모였다. 군사재판에서 시위 주동자 스밍더(施明德)는 사형판결을 받았으나 미국 카터 정부의 개입으로 무기형으로 감형되었다. 관련하여 152명이 체포되었는데 이들이 현재 민진당의 핵심인물들이다.

급격한 정체성 변화

1986년 9월 28일 민진당이 창당되었고, 1987년 1월 1일에는 언론검열이 해제되고, 1987년 7월 15일에는 계엄이 해제되었다. 1988년 1월 31일에는 장징궈 총통이 사망했다.

1989년에는 대만 인구가 2천만을 돌파했다. 30년 전의 두 배가 되었다. 30년간 GDP는 1백 배 성장했다. 장기적으로 억압된 대만 본토문화와 소수 종족 등의 문제가 수면 위로 부상했다. 1980년대부터 사회적으로 시민 저항 행동이 확대되었다. 민진당이 출범하고 나서 '대만독립'에 대한 기대는 더욱 확산되었다.

1990년 5월 20일, 첫 직선총통인 리덩후이가 제8대 총통으로 취임했으며, 당일 『메이리도』 사건 관련 특사령을 내렸다. 2000년에는 대만역사상 처음으로 국민당이 아닌 야당인 민진당이 집권했다.

분신자살과 대만 독립

1988년은 대만 민주화 역사의 원년이라고 할 수 있다. '대만 독립'을 요구하는 '신국가운동'이 시작되었다. 정난룽(鄭南榕)과 황화(黃華) 두 사람은 여기저기에서 '대만독립'의 당위성을 주장하는 연설을 했다.

그들은 1988년 12월 10일 자 『자유시대 주간(自由時代週刊)』에 「대만공화국 신헌법 초안」을 실었다. 정난룽은 법원으로부터 반란의 혐의가 있다는 경고를 받고 1989년 1월부터 잡지사에서 스스로 구금상태로 들어갔다가, 4월 당국의 연행시도에 분신자살로 대응했다. 황화는 반란죄로 10년형을 선고받고 '대만공화국 만세'를 외쳤다. 그들의 궁극적인 목표는 '대만독립'이었던 것이다.

중화민국과 대만

관저 전시실에는 "나는 중국인이자, 동시에 대만인이다"[4]라는 큰 글자의 제목이 보였다. 중국 정체성도 중요하고, 대만 정체성도 중요하다는 말이다. 장징궈 총통은 자신이 대만에서 이미 수십 년을 살았기 때문에, 스스로 대만인이라고 자주 언급했다. 바야흐로 대만사회 내 정체성의 갈등과 충돌이 시작되고 있음을 간접적으로 보여주는 담론이다.

대륙에서 건너온 외성인들은 '중국'에 연연하고, 외성인들로부터 상처를 받은 본성인인 대만인들은 '대만'에 연연한다. 외성

---

4   我是中國人, 也是台灣人

인들은 그래도 우리는 모두 '중국인'이라는 정서가 강하지만, 지금 대만의 민주와 자유가 소중한 대만인들에게는 중국은 그저 골치아픈 공산당일 뿐이다.

1911년 10월 10일, 대청제국이 그 시효를 끝내고 '중화민국'이라는 이름으로 전환된 날이다. 대만의 정식국호는 중화민국이다. 1911년 신해혁명의 성공으로 탄생한 공화국의 법통을 이어받고 있다. 적어도 중화민국 즉 지금의 대만정부는 그렇게 주장하고 있다.

신분증과 전근대

대만사회의 쟁점 중 하나는 신분증에 박힌 중화민국 국기이다. 국기를 지울 것인가? 그냥 둘 것인가? 국기는 국가의 정체성을 대표하는 이미지이다. 하지만 대만독립파는 중화민국 국기 때문에 대만의 정체성이 방해받고 있다고 생각한다. 대만만의 정체성이 강조되고 부각되어야 할 신분증에 중화민국 국기라니 '말도 안 되는' 것이다. 그래서 중화민국 국기에 불만인 것이다. 헌법에 규정된 중화민국의 영토는 대륙까지 포괄하기 때문이다. 대만독립을 주장하는 사람들에게, 그냥 대만섬만 대만이고 싶은 것이다. 중화민국은 주권 독립 국가인가? 『중국시보』의 주장은 아래와 같다.

1. 중화민국 대만은 정부일 뿐, 국가는 아니다.
2. 미국의 입장에서는 중화민국이 중국을 대표하는 것은 인정할 수 없지만,

3. 중화민국 정부가 대만에 존재함을 인정하고 있다.

4. 이것은 미국을 위시한 국제의 장기적인 원칙이다.

대만인들의 신분증에 또 하나 이상한 점은 기혼자의 경우 배우자의 이름이 표기되어 있다는 것이다. '이상하다'라고 표현한 이유는, 2019년 아시아에서 최초로 동성애 결혼을 합법화할 정도로 '앞서가는' 대만사회에 대한 기대 때문이다. 그만큼 '진보적인' 공동체에서 신분증에 결혼여부를 밝혀놓다니 매우 '보수적인' 행태가 아닐 수 없다. 하기야 간통죄도 2020년에서야 폐지된 것을 보면, 대만사회의 주류의식은 '전통적인' 유교임을 알 수 있다.

신해혁명(辛亥革命) 110주년

2021년 10월 10일은 신해혁명 110주년이 되는 날이었다. 이 날도 중국정부는 어김없이 통일이라는 자신의 신념을 대만에게 요구했다. 중국공산당의 시진핑 주석은 "완전한 조국통일이라는 역사적 임무는 반드시 실현해야 하고, 틀림없이 실현될 수 있다."라고 했다. 또 "평화적인 방식의 조국통일은 대만을 포함한 중화민족 전체 이익에 가장 부합한다."라고 말했다.

이에 대해 대만의 차이잉원 총통은 "현상유지가 우리의 주장"이라고 했다. 게다가 "현상이 일방적으로 바뀌는 것을 막기 위해 가능한 모든 조치를 하겠다."라고 했다. 한쪽은 통일을, 다른 한쪽에서는 독립을 주장하고 있는 것이다.

대만사회의 분화

대만사회는 이제 네 개의 정체성이 충돌하고 있다고 한다. 누구는 대만독립이라는 '명분'이 중요하고, 누구는 경제적인 '실리'가 중요하다. 그래서 '중국을 원수처럼 생각하는(仇中)', '중국은 반대하는(反中)', '중국을 방어하는(防中)', '중국에 경도되는(傾中)' 사람으로 나누어진다.

인질이 인질범들에게 동화되어 그들에게 동조하는 현상을 '스톡홀름 증후군(Stockholm Syndrome)'이라고 한다. 민진당을 지지하는 『자유시보(自由時報)』는 2024년 1월 대선 직전에 '스톡홀름 증후군'이라는 사설을 실어 중국에 관대한 국민당과 민중당을 비판했다.

민진당은 자신들이 대만출로를 부단히 확장시켜 왔다고 자랑했다. 국민당은 '중화민국'을 찾아오자고 하면서 '대만독립'과 '일국양제'를 반대한다고 했고, 궁극적으로 양안평화를 원한다고 했다. 결국 특별한 정책대결이 아니고, 서로 말꼬리를 잡는 선거전이었다. 중국이나 시진핑을 믿느냐? 아니냐? 하는 필요 없는 명분이 선거전을 지배했다. 명분과 명분은 상호자극하면서 더욱 증폭되어, 결국 충돌을 피할 수 없는 상황으로 치닫게 되는 숙명을 가지고 있다.

제3당인 민중당(民眾黨)은 대만을 바꾸고 대만의 정치문화를 바꾸자고 했다. 민진당과 국민당의 양당체제의 틀이 깨지고 있었다. 장기간의 양당구도에 피로감이 누적되어 더 이상 견딜 수 없다는 불만이 수면 위로 부상하고 있었다. 지역과 계급이 분화되면서 중립지대 즉 '제3지대'가 확대되고 있다.

국사관이 무엇일까? '국가'의 '역사'를 전시하는 박물관일까? 그렇다면 대만 역사박물관과 무엇이 다를까? 그 이름을 듣고 떠오른 의문이었다.

국사관(國史館)은 총통부 바로 뒤에 있다. 전철 '대만대학 의대역'에서 내려서 '228' 평화공원을 가로질러 헝양로(衡陽路)로 들어선다. 강절요리[1] 맛집 '극품헌(極品軒)'을 지나고, 수제맥주집 '졸리(Jolly)'를 지나서 왼쪽으로 주욱 걸어가면 된다.

리덩후이와 '대만 민주 원년(台灣民主元年)'

2024년 1월에 찾아간 국사관에서는 리덩후이 총통의 브로마이드가 입구에서 관객들을 맞이하고 있었다. '1991년'이라는 숫자 그리고 리덩후이와 "대만 민주 원년"이라는 문구도 함께였다. 그렇다면 이곳은 그와 관련이 깊거나, 적어도 그를 선양하

---

1   강소성(江蘇省)과 절강성(浙江省)의 요리

는 공간이라는 말이다.

아니나 다를까 2층 전체가 그를 위한 공간이었다. 리덩후이의 사무실과 서재의 분위기를 고스란히 재현해놓고 있었다. 한쪽에는 국민당 전당대회에서의 쑹메이링 여사의 모습이 담긴 영상이 쉬지 않고 돌아가고 있었다. 그는 국민당과 그다음 민진당 시대를 연결하는 지도자였다.

완전한 사람- 완인(完人)

원래 유학에서 '완인'이란 덕과 지혜를 겸비하고, 흠이 없는 인격을 가진 사람을 가리키는 말이다. 흔히 청말 명신이자 사상가, 정치가인 증국번(曾國藩)을 완인 즉 '완전한 사람'의 예로 드는 경우가 많다. 이홍장(李鴻章)을 비롯한 수많은 제자를 길러내었고, 상군(湘軍)을 조직하여 태평천국(太平天國)의 난을 평정했다. 무엇보다도 탁월한 점은 전쟁이 끝날 때마다 자신의 군대를 즉시 해체하여 황실의 의심과 우려를 없애버렸다는 점이다. 국민당의 장제스와 공산당의 마오쩌둥은 모두 증국번을 숭배하였고, 그를 본받기 위해 노력했다.

현대사회에서 '완인'은 실력과 인품을 모두 갖춘 사람이라는 의미로 사용된다. 예를 들면 홍콩의 최고재벌 리자청(李嘉誠) 회장 같은 사람이다. 남녀노소를 막론하고 모든 홍콩인들의 존경을 받는 기업인이다. 회장이 91세에 마지막으로 이사회 참석을 하는 날이었다. 아주 맑고 밝은 표정으로, 또랑또랑하게 기자 한 사람 한 사람의 질문에 답을 했다. 광동어와 영어로 기자들의 질문을 한마디도 놓치지 않고, 잘못 들었다 싶으면 다시 말해달라

첫 번째 대만인 총통이 탄생된 1991년을 강조하는 전시물

고 하면서 말이다. 이제는 끝났을까, 자리를 벗어나도 될까, 하다가도 질문이 나오면 다시 돌아오는 식이었다. 그는 철저한 신용으로 이름이 드높았다. 심지어 아들을 인질로 잡고 돈을 요구했던 범인들과의 약속도 지켜서 10년 뒤에 폭로할 정도였다.

평가의 양면성

증국번은 태평천국난을 무자비하게 진압했다는 비판을 받기도 한다. 역사학자 판원란(範文瀾)은 그를 가리켜 "매국노 회자수"라고 했다. 한족이 아닌 만주족인 대청제국을 도와서 양민까지 무자비하게 살육했다는 의미이다.

리자청도 피해 갈 수는 없을 것이다. 그가 홍콩은 물론 중국의 거의 모든 대학에 건물을 지어 기부했지만, 모두 정부와 결탁한 부동산 건설 사업으로 일확천금을 벌었으니 그렇게 깨끗한 돈은 아니지 않느냐? 게다가 지금 천정부지의 홍콩주택 가격은 그와 완전히 상관없는 문제는 아니지 않겠느냐는 질문도 가능하다.

인물 평가와 사회적 합의

흠결이 없는 인물이 있겠는가? 그것이 가능하겠는가? 사람마다 평가 기준이 다를 것이다. 누구는 경제발전이 중요하고, 누구는 민주화가 중요하다. 누구에게는 자존심이 목숨보다 중요하지만, 누구에게는 당장 먹고사는 것이 지상과제인 것이다. 따라서 인물에 대한 평가도 극과 극으로 나누어지게 된다. 평가 기준으로 경제공헌을 최우선하기도 하고, 더 높은 기준으로 사회공헌을 들기도 한다. 그럼에도 증국번이나 리자청 모두 부정적인 평가보다는 긍정적인 평가가 많다는 점에 주목할 필요가 있다. 증국번은 우파인 장제스나 좌파인 마오쩌둥 모두로부터 존경받는데, 이것이 쉬운 일이겠는가?

리자청도 홍콩사회로부터 '그만하면 훌륭하다'라는 평가를 받는다. 이 두 사람으로부터 우리는 중국인들이나 홍콩인들의 의식구조 즉 '실용 이성'을 살펴볼 수 있다. 그들은 '사회적 합의'를 끌어낸다는 점이 부럽다. 중국이나 홍콩 그리고 대만에는 역사적으로나 사회적으로나 '공인받는' 인물이 존재한다.

'완인' 리덩후이

대만에도 '완인'으로 공인되는 인물이 있다. 대만 정치계의 '완인'은 리덩후이 총통이다. 내가 만난 대만인들 중에서 그를 비판하는 목소리를 들어보지 못했다. 12년 동안 총통을 하면서 일련의 정치개혁을 추진했다. 세간에서는 '조용한 혁명'[2]의 기간이었다고 일컫는다. 권위주의 시대에서 민주시대로 옮겨지는 과도기에 대만사회를 안정적으로 이끌었다. 분노를 부채질하지도, 기득권을 마냥 지키려고 하지도 않았다. 대만현대사는 '리덩후이 이전과 이후가 있을 뿐이다'라는 평가를 받고 있다. 그저 부러울 뿐이다.

하지만 리덩후이 총통도 마찬가지일 것이다. 어느 쪽에서 보느냐에 따라 완전히 다른 평가를 내릴 수 있다. 누구는 안정을 원하고, 누구는 혁명을 요구한다. 기득권의 위치에서 리덩후이 총통을 보면 너무 큰 변화를 초래한 것이고, 진보의 입장에서 보면 민주화 속도를 늦춘 인물일 수도 있다.

핵심은 대만사회가 보편적으로 그를 인정하고 있다는 점이다. '그만하면 되었다'라는 '사회적 합의'를 도출해냈다는 점이다. '조용한 혁명'이야말로 역사발전의 정답이 아닐까? 그는 가장 어려운 길을 찾아낸 것이었다. 나는 리덩후이 역시 대만정체성의 특징 중 하나라고 본다.

2 寧靜革命

리덩후이의 좌우명

국사관 2층에 재현된 리덩후이 서재의 책상 위에는 그가 직접 쓴 글씨의 접시와 문진이 놓여 있다. '성실자연(誠實自然)', '나는 나의 나일까'[3]라는 글귀를 보면서, 그가 남다른 내공의 소유자임을 직감했다. 전자는 유교의 것이고, 후자는 기독교나 불교의 것이다. 성실은 유학의 이상이다. 리덩후이는 '매사 성실함이 자연스럽게 물 흐르는듯한 상태'를 지향하고자 했을 것이다.

그가 좋아하는 '나는 나의 나일까' 하는 질문은, 진정한 '나'를 찾는 질문이다. 자아를 포기하고 예수에게 맡기겠다는 것이다. 예수를 내 신념의 중심에 두겠다는 것이다. 불교 밀종(密宗)의 '입아(入我)'라는 설도 있다. 부처가 내 마음 속에 들어와 나와 합일되었다, 또는 내가 부처 속으로 들어가 부처와 합일되었다로 해석이 가능하다. 리덩후이는 평생 국민을 위해 봉사하는 공무원의 길에서 두 가지 정신을 구현했다. 종교 관련하여 타이베이 소재의 세계종교박물관(世界宗教博物館)이 유명하다.

리덩후이의 좌우명이 적힌 접시와 문진

---

3   我是不是我的我

일본인 또는 대만인

일본 통치시기인 1923년에 태어나고 교육받았으니 리덩후이를 '일본인'이라고 해도 무리가 없다. 일제 말기 일본총독부는 '황민화운동'을 전개했고, 창씨개명 역시 그 운동의 일환이었다. 가족 모두 개명하였고, 그는 '이와사토 마사오(岩里政男)'가 되었다. 그의 친형은 태평양전쟁 당시 필리핀에서 미군과 교전하다가 전사했다. 이후 일본정체성을 대표하는 야스쿠니신사(靖國神社)에 배향되었다.

사실 리덩후이는 일본 제국주의가 키운 인재였다. 오랜 기간 '은인자중'의 시간을 거쳐 총통에 올랐다. 본인의 말대로, 20세 이전까지는 철저히 일본인이었다. 일본이 대만에 근대화를 가져다주었다는 말을 언제나 스스럼없이 했다. 총통에서 퇴임한 이후 더욱 적극적으로 일본편향의 발언을 했는데, 전후 대만사회는 '일본정신'으로 형성되고 확립되었다고 했다. 심지어 '일본정신'이 '대만정신'의 중요한 기둥이며, 일본정신은 바로 '대화혼(大和魂)'[4]이라는 말까지 했다.

리덩후이와 고토 신페이(後藤新平)

2004년 83세 당시 일본 무사복을 입고 선거 포스터를 촬영하기도 했다. 이에 중국정부로부터 그는 "대만가죽에 일본 뼈"[5]라는 비난을 받기도 했다. 2007년 일본에서 고토 신페이상을 받았는데, 고토와 일본을 찬양한 그의 수상 연설은 두고두고 인구에

4   일본민족 고유의 용기와 정신으로서 주군이나 천황에 대한 충의정신으로 인식된다.
5   台灣皮, 日本骨

회자되었다.

사실 고토 신페이를 언급하지 않고 일본 통치와 대만 근대화를 논할 수는 없다. 의사(독일 의학박사)이자 정치가로서 8년 동안 대만총독부의 민정장관을 지냈고, 이후 외무대신과 도쿄시장 등의 요직을 거쳤다. 그의 임기에 대만의 기초시설, 전국 도로, 종단철도 등을 완성했다. 1904년에는 일본 중앙정부의 지원을 더 이상 받지 않아도 될 만큼 대만총독부의 재정을 독립시켰다.

고토 신페이는 취임 후 토지조사, 호구조사, 풍속습관조사 등을 추진하였으며, 대만의 향신들과 결탁하여 반일세력을 정리하여 통치기초를 다진 것으로 평가받는다. 특히 전염병이 자주 발생하는 대만의 열악한 위생상황에 주목하여 상하수도를 건설하는 등 항구적인 도시계획을 만들었다. 하수도는 일본보다도 앞선 것으로 아시아 최초였다. 대만 근대화를 위해 노력하는 총독부의 흔적을 보고 싶다면 타이베이의 '상수도박물관(自來水博物館)'을 추천한다. 당시의 기계설비가 잘 보존되어 있다.

인물 평가의 어려움

리덩후이는 수상연설에서 고토 신페이를 "위대한 대만의 개척선봉"이라고 칭송하고, "오늘의 대만은 고토 신페이의 기초 위에서 세워졌다."라고 했다. 고토는 "1898~1906년 8년 동안 민정장관을 담당하면서 대만의 근대화공정을 이행했다. 농업, 공업, 재정, 교육, 위생, 경찰 및 호구 제도 등을 발전시켜 당시 미개발 상태의 대만에 큰 공헌을 했다."라고 높이 평가했다.

고토에 대한 리덩후이의 평가 대부분은 '사실'이다. '사실'을 벗어난 것은 "위대한" 또는 "개척 선봉" 등의 찬사일 것이다. 여기부터는 가치판단의 문제인데, 가치판단은 왕왕 쟁점의 대상이 된다. 효율적인 논쟁을 위해서는 '사실'을 먼저 적시하는 것이 좋다. 사실을 인정하지 않은 상태에서 논쟁하는 것은 논쟁이 아니라 말싸움일 뿐이다. 사실을 확인한 기초 위에서 우리는 쟁점 즉 '선악'이라는 가치판단에 대해 토론해야 한다.

대만어가 모국어인 객가인

리덩후이는 노력 또 노력하는 이미지의 객가인이다. 그의 일생을 살펴보면, 순간순간 최선을 다하는 모습을 보여준다. 정체성이 가장 뚜렷하다고 알려진 객가인임에도 불구하고, 리덩후이는 어릴 때부터 대만어를 구사하면서 자랐다. 그는 표준어, 대만어, 객가어, 일본어, 영어에 능통했다.

그는 대만에서 출생해서 대만의 총통이 된 첫 번째 인물이다. 마찬가지로 대만인으로서 중국국민당의 총재가 된 첫 케이스이다. 대륙 출신의 외성인이 지배하는 정계 그것도 국민당에서 대만 출신의 본성인인 그가 인정받기까지 얼마나 어려운 시간을 보냈겠는가?

그의 처세를 단적으로 보여주는 사진 한 장이 언제나 그를 따라다닌다. 바로 장징궈 총통과 함께하는 자리의 사진이다. 그는 부총통임에도 불구하고 등을 의자에 붙이지 않고, 양손을 무릎 위에 놓고, 스승 앞에서 가르침을 받는 제자 같은 자세를 취하고 있다.

장징궈 총통과 함께 있는 리덩후이의 모습. 마치 가르침을 받는 제자의 자세이다.
(출처: 대만총통부)

신앙과 독서

그는 어릴 때부터 불교, 민간신앙, 마조 등을 믿었고, 청년시기 유물론을 접촉하면서 무신론으로 기울었으나, 부인의 소개로 『성경』을 5년 동안 공부하고 나서 기독교를 수용하고 세례를 받았다.

부부는 기도를 하고, 성경을 펼쳤을 때 눈에 바로 들어오는 그 구절로 계시를 받았다고 생각했다. 전쟁터에서 죽은 형 그리고 31세 한창 나이에 병사한 아들의 영향 때문에 그가 기독교 신앙에 점점 더 몰입했다고 생각한다. 게다가 기댈 곳이 없는, 지독하게 외로운 최고지도자로서의 위치가 더해졌다. 그는 한때 목사의 꿈을 꾼 적도 있다. 2000년 퇴임 이후에 목사 자격을 취득했다.

유학과 공산당 경험

리덩후이는 고교시절 루쉰의 『아큐정전』과 『광인일기』를 읽었다. 뿐만 아니라 타이베이 시내의 모든 도서관과 서점을 섭렵하면서 괴테, 니체, 루소 등 광범위하게 독서를 했다. 고교를 졸업할 때 이와나미문고 7백 권 이상을 소장했을 정도였다.

그는 고교시절 역사 교사의 영향으로 유물변증법과 역사유물주의에 경도되었다. 마르크스주의를 농업에 적용시켜 모든 중국인을 배불리 먹게 하겠다는 생각으로 교토제국대학(京都帝國大學) 농림경제학과로 진학했다. 태평양전쟁 막바지인 1943년이었다. 후스도 같은 생각으로 미국으로 유학을 떠나 농대로 진학한 것을 보면, 당시 중국 젊은이들의 보편적인 '꿈'을 짐작할 수 있다.

1952년 중미기금 장학금으로 미국으로 유학, 오하이오주립대학에서 농업경제 석사 학위를 받고 귀국, 농림청에서 공직을 시작했다. 과거의 공산당 활동 혐의로 1960년 다시 체포되어 4개월 이상 구류되었다. 1964년 록펠러 장학금으로 코넬대학으로 가서 1968년 박사학위를 받았다. 귀국하여 국립정치대학 교수가 되었다.

당시 그는 이미 불교(선종, 정토종), 일본 무사도(武士道), 서구정치철학, 마르크스주의 등에 관해 정통한 학자였다. 1970년 다시 체포되어 며칠 동안 심문을 받았다. 대만의 정치와 인권상황을 알 수 있다. 그는 대만근현대사를 온몸으로 체험했다. 아니 그는 근현대사 그 자체였다.

장징궈와 리덩후이

1978년 장징궈는 리덩후이를 타이베이 시장에 임명했다. 취임 이후 3개월 동안 장징궈는 거의 매일 리덩후이 집에 왔고, 장징궈는 그날의 시정보고와 애로사항을 청취했다. 리덩후이는 시장 재임기간 동안 도시균형발전을 추진하고, 국민주택을 보급하고, 곳곳에 공원을 만드는 등 도시녹화 사업에 치중했다. 지금 수도 타이베이 곳곳에서 시민들의 쉼터가 되고 있는 대형 공원은 모두 그의 작품이라고 할 수 있다. 리덩후이는 1981년 대만성 주석을 거쳐, 1984년에는 장징궈 총통과 파트너로 부총통에 당선되었다.

1988년 중화민국 총통이자 국민당 주석인 장징궈가 서거하고, 리덩후이는 그 자리를 이어받았다. 본격적으로 외성인과 본성인의 권력투쟁이 표면화되기 시작했다. 1989년 총통 임기 내 그는 민주화를 요구하며 분신한 정난룽을 지지하고, 사상의 자유, 언론의 자유, 학술의 자유를 추진했다. 그리고 장제스에 의해 수십 년 동안 격리 구금되어오던 장쉐량(張學良)과 순리런(孫立人) 장군을 석방했다.

1990년 3월 '야생백합운동'[6]이 일어났다. 대만 역사상 첫 번째의 대규모 대학생 시위였다. 수천 명의 대학생이 중정기념당 자유광장에서 정치경제 개혁 시간표를 요구하며 정좌시위를 벌였다. 1주일 정도 지속된 시위에서 대학생들은 '전시법령' 폐지, '국민대회' 해산, 국가정책을 논의하는 '국시회의(國是會議)'[7] 개

---

6   野百合運動
7   1990년 6월 여야정당과 민간이 함께 국회개혁, 정치체제, 지방제도, 양안관계 등 국

최 등을 요구했다.

리덩후이 총통은 '국시회의'의 약속대로 관련 법령을 폐지하고, 형식적인 '만년국회'인 '국민대회' 시대를 끝내고, 1994년에 총통 직선제로 개헌했다. 1995년에는 총통과 국민당 주석 신분으로 '228' 사건에 대해 사과하고, 지방별로 추도회를 개최하고, 기념비를 건립하고, 기념공원을 조성했다. 마침내 2월 28일을 국가 '평화기념일(和平紀念日)'로 제정했다. 리덩후이 총통은 '조용한' 혁명을 완성했다고 평가된다. 그가 추진한 '민주화' 과정이 얼마나 지난했으면 '혁명'으로 표현되겠는가!

대만 본토파 총통

언론인 천훙(陳宏)은 『대만문제』[8]에서, 1994년 리덩후이 총통이 일본작가와의 인터뷰에서 이런 말을 한 적이 있다고 했다. "'중화'라는 단어보다 더 애매모호한 단어가 없다. '중국'이라는 단어조차도 애매모호한 개념이다." 그가 얼마나 진보적이며 유연한 사고를 하는지 알 수 있다.

리덩후이는 1988년 총통 취임 이후 '하나의 중국, 하나의 대만' 즉 중국과 대만은 각자 도생하자는 '일중일대(一中一台)' 정책을 추진했다. 리덩후이는 "대만의식은 많을수록 좋다."라는 말을 하는 등 천수이벤 총통과 더불어 대만정체성을 강조하고 확립한 '본토파'의 상징이다. 민진당의 기관지 같은 『자유시보』에서는 리덩후이 총통 탄신 1백 세 기념일을 맞이하여, 국민당

가의 중대한 방침을 결정했다. 리덩후이 총통 시기 두 차례 개최되었다.
8   台灣問題

소속의 총통이었던 '그의 정신을 배우자'는 평론기사를 실었다. 반대당의 칭송을 받는 장면에 잠시 어리둥절했던 적이 있다. '사실'을 중시하는 대만사회의 일면을 엿볼 수 있는 장면이다.

『자유시보』에서 인정한 그의 공로는 아래와 같다.

1. 총통 직선제 개헌을 했고,
2. 진먼도와 마쭈도(馬祖島)의 전쟁 상태를 끝냈고,
3. 중국과 통일회담을 개최했으며,
4. 1996년 해협양안 위기를 해결했고,
5. '228' 사건 피해자를 대대적으로 사면했다.

리덩후이는 대만민주화의 아이콘으로서 지금까지도 영향력을 행사하고 있다. 리덩후이는 "나의 사명은 대만의 민주화에 있다. 통일과 독립문제는 내 세대에서 처리할 수 없는 것이다."라고 말했다. 그는 대만정계를 지배하고 있던 '중화민국' 담론을 부단히 약화시켜 나갔으며, 헌법을 수정하고, 교육개혁을 추진했으며, 대만정체성을 중시하는 '본토주의(本土主義)'를 긍정적으로 수용했다.

민주화와 직접선거

국사관을 처음 방문했을 때, 마침 "대만 역사상의 선거"라는 제목의 특별전시를 하고 있었다. 대만 민주화 과정에 대한 전시였다. 국사관에서 선거의 역사를 전시한다는 것 자체가 민진당 정부가 집권하고 있다는 사실을 보여주는 것이 아닐까 하는 생각을 했다. 민진당은 민주화과정과 불가분의 관계가 있고, 그 과정에서 탄생된 정당이기 때문이다.

그리고 전시실에는 '중리 사건'에서 경찰과 충돌하는 장면, '메이리도(美麗島) 군사 재판' 등의 영상이 상영되고 있었다. '중리 사건'은 1977년 타오위안(桃園) 중리(中壢)에서 지방선거 부정행위에 분노한 시민들이 경찰서를 공격하자 경찰이 발포하여 두 명이 사망한 사건이다.

국사관에서도 원주민 문물 특별 전시회를 한 적이 있다. 팸플릿에는 대만과 원주민의 관계에 대해 잘 설명되어 있다.

1. 17세기에 한족이 들어오기 전에 대만에는 이미 수십 개의 언어, 문화, 생활방식이 다른 원주민이 살고 있었다.
2. 그들은 대만의 주체 민족으로 누구보다도 먼저 이 섬에 살고 있었다.
3. 그들의 문화, 신앙, 민속, 공예 등 모두가 대만이라는 이 섬에 최초의 의미를 부여했다.
4. 몇 세기 동안 다양한 이민무리와 서로 충돌, 교류, 자극했으며, 억압과 적응과 동화를 경험했다.
5. 원주민의 생명관계, 문화표현, 신앙철학은 사랑받고 전승되어야 한다.

'국가의 역사를 전시하는' 공간인 국사관은 이제 집권당의 홍보센터가 되었다. 민진당이 집권하고 있는 동안만큼은 대만의 박물관 어디에서나 원주민 담론을 만날 수밖에 없다. 왜냐하면 '정의구현'은 민진당의 중요한 무기이며 구호인데 그중 대만원주민 담론은 자신들이 얼마나 '정의로운' 존재인지를 홍보하기 위한 주요 수단 중 하나이기 때문이다.

민진당이 집권하고 있음에도 불구하고 국사관에 국민당 출신의 총통을 기념하는 공간을 두고 있다. 리덩후이 총통이 대만사회에서 완인의 정도로까지 존경받고 있다는 것을 알게 된다.

'92'공식(共識)

리덩후이 총통을 이야기하면서, '92'공식을 빠트릴 수는 없다. 1992년 리덩후이 총통 당시 대륙과 통일협상을 진행한 적이 있다. 지금 되돌아보면 협상이 아니고 서로 탐색하는 단계였다. 중국과 대만은 민간기구 즉 '해협양안관계협회'[9]와 '해협교류기금회'[10]를 통해 홍콩에서 몇 차례 회담을 진행하고, 이후 서신으로 의견을 교환했다. 이후 상호인식을 공유하는 '공통된 인식'이 도출되었고, 그것을 '92'공식이라고 일컫는다. 당시 리덩후이 총통도 '하나의 중국'이라는 공통된 인식에 도달했다고 밝혔다.

즉 "해협양안은 하나의 중국이라는 원칙을 견지하고, 통일을 힘써 추구한다.", "하나의 중국, 각자 서술" 또는 "양안업무 협상과 정치적 의제는 무관하다."라는 데 합의했다는 것이 지금까지 알려진 '92'공식이다.

'하나의 중국'이라고 할 때 누가 그 '하나의' 주체가 될 것인가, 라는 질문이 제기될 수밖에 없고, 그 '하나'는 누구를 지칭하는지가 오늘까지의 쟁점이다. 중국은 그 하나가 '중화인민공화국'이

---

9   海峽兩岸關係協會
10   海峽交流基金會

라는 것이고, 대만은 그 하나가 '중화민국'이라는 것이다. 통일 관련하여 양안 간 지금까지 어떤 '공식'에도 도달하지 못했다.

관점의 탄생

2023년 1월 당시 민진당의 라이칭더 부총통(2025년 현재 총통)은, 대만은 이미 주권 독립국가이기에 더 이상 대만독립을 선포할 필요가 없다고 했다. 이에 국민당의 마잉주 전 총통은 '대만'이라는 국가는 없고, 이 나라는 '중화민국'이라고 부른다고 맞받았다. 민진당의 전 주석 스밍더는, 중화민국 모델의 '대만독립' 이슈는 대만주류 담론이 되었다고 했다.

대만의 '3당' 즉 국민당, 민진당, 민중당의 입장이 각기 다르다. 통일문제 등에 대한 각기 다른 해법을 엿볼 수 있다. 어떻게 보면 이것은 인간 두뇌구조의 다름 때문에 생기는 문제인 것이다. 통일이나 통합이 어려운 이유는 각기 다른 두 가지의 정체성의 만남이기 때문이다. 유전자도 다르고 성장환경도 다른 두 개의 정체성이다.

그렇다면 왜 합쳐야만 하느냐에 우선 대답을 해야 한다. 그것이 '우리' 모두에게 득이 될지, 실이 될지를 먼저 따져봐야 한다. 문제는 이 득실에 대한 계산이 모두 다르다는 데 있다. 누구는 명분을 중시하고, 누구는 실리를, 또 누구는 이도저도 아닌 애매한 태도를 취한다. 흔히 중간지대로 지칭되는 그들은 분명한 입장표명을 싫어하는데, 대세에 따라가는 경향이 강하다. 모두 그 사람의 두뇌가 결정하는 일이다. 그 사람의 취향 즉 두뇌가 시키는 대로 정책을 따르고 정당을 선택하는 것이다.

개인이나 사회나 국가가 선택하는 순간에 주목해야 한다. 그 선택에 따라 다른 인생이, 다른 역사가 펼쳐지게 되어 있다. 명분이든 실리든 선택하지 않으면 안 되는—역사적인 순간을 선택하는 힘 또는 분위기—그 방향이 바로 문화적 유전자인 것이다.

민진당의 입장

하지만 대만정체성을 강조하는 민진당은 '92'공식을 '공식이 없는 공식'이라고 말한다. 심지어 당시 협상 당사자인 국민당의 리덩후이 총통조차도 '92'공식은 원래 없었던 것이라고 여러 차례 말했다.

2019년 10월 10일 국경일, 민진당은 '중화민국 대만'이라는 구호로 양국론의 시동을 걸었다. '중화민국' 정체성과 '대만' 정체성을 이어붙인 시도였다. 두 가지 다른 정체성이 융합되어 문제가 해결된 것처럼 착각을 불러일으키는 구호이다. 사실 '대만'으로 '중화민국' 개념을 대체해버린 것이다.

차이잉원 정부의 2대 원칙은 "중화민국 대만은 주권 독립국가이며, 중화민국과 중화인민공화국은 서로 예속되지 않는다."였다. 차이잉원 정부 8년 동안 대만정부는 대륙과 아예 협상을 중단했다. 물론 2025년 현재 같은 민진당인 라이칭더(賴清德) 총통까지 이어지고 있는 정책이다.

2016년부터 차이잉원은 한쪽에 한 개의 나라 즉 '양국론'을 추진했다. 중국대륙에는 중화인민공화국, 대만섬에는 중화민국이 각기 따로 살자는 것이다. 물론 중화인민공화국의 집권당인 중국공산당은 '양국론'을 수용하지 않을뿐더러, 대만의 생존공간을 압박하는 전략을 지속하고 있다. 그 결과 차이잉원 정부에서 대만의 외교관계 단절국가는 여덟 개로 늘어났다.

2021년 10월 10일, 중화민국의 국경일인 '쌍십절(雙十節)'에 차이잉원 총통은 대만과 양안의 미래에 대한 '4개 원칙'을 발표했다.

1. 대만은 자유민주 헌정체제를 유지할 것이다.
2. 중화민국과 중화인민공화국은 주권 국가로서 서로 예속되지 않는다.
3. 대만영토에 대한 병탄과 침범을 용납하지 않는다.
4. 대만의 앞날은 대만인 2천3백만 명이 결정한다.

상호 예속하지 않는다는 것이 '4개 원칙' 중 가장 중요한 조항이다. 중국의 '92'공식에 대항하기 위한 장치이다. 이 조항은 사실상 양국론이다. 사회문화적으로는 '일중일대(一中一台)'의 대만 독립론이다.

민진당은 일찍이 1991년에 '대만독립'을 추구하는 당헌을 제정했다. 중국공산당은 이 당헌을 취소한다면 적극적으로 민진당과 교류할 것이라고 한다.

민진당을 지지하는 두뇌

대만의 유명한 원로학자와 대만독립에 대해 논쟁을 한 적이 있다. 당연히 민진당의 지지자인 그는 국가의 자존심을 강조했다. 게다가 인정욕구가 매우 강해서 다른 국가 즉 국제적인 공인을 중시했다. 대만이 당당한 '국가'로 인정받지 못하고 있는 현실을 매우 안타까워했다. 나는 대만이 국가로 꼭 인정받아야 하느냐고 반문했다. 다른 나라가 인정을 하든 하지 않든, 이미 세계 모든 국가와 교류하고 통상하고 있는데, 따로 더 무엇이 필요하냐고 했다. 그는 명분을 중시하고, 나는 실리를 중시하는 입장인 것이다.

대만 민진당은 주로 자존심—주체성이라는 말로도 많이 등장하는—즉 명분을 중시하는 두뇌들의 지지를 받고 있으며, 그들이 주는 표에 의해 유지된다. 대만교수협회, 대만기독장로교회, 대만사(台灣社)[11] 등은 대표적으로 대만정체성을 옹호하는 단체들인데, 적극적으로 대만독립을 요구하고 있다.

국민당을 지지하는 두뇌

민진당의 '중화민국 대만'이라는 논리에 실리를 중시하는 국민당은 당연히 동의하지 않는다. 원래 다르지 않았던, 충돌되지 않았던, 중화민국 정체성과 대만 정체성을 이어붙인 시도라고 비판했다. 두 가지의 각각 다른 정체성을 섞어버려 문제가 마치 해결된 것처럼 착각을 불러일으키는 구호라는 것이다. '대만'으로 '중화민국' 개념을 대체해버려 중화민국 개념을 희석시켰고, 양안의 역사적인 유대와 법리관계를 지워버렸다는 지적이다.

그래서 국민당은 민진당의 애매한 입장 때문에 '중화민국' 국호도 제대로 쓸 수 없는 나라가 되었다는 비판이다. 결과적으로 대만의 중요한 자산이자 가치인 '민국' 개념도 약화되었다는 것이다.

국민당은 민진당이 '92'공식을 깨버렸기 때문에, 지금 양안의

---

11 대만독립을 목표로 하는 사회단체로, 2006년에 창립되었다.

갈등이 끝나지 않는다고 비판한다. '92'공식을 기초로 한 양안 평화가 대만의 안전을 보장해준다는 것이 통일 또는 친중세력 인 국민당의 논리이다.

마잉주 정부는 중국과의 관계 특히 경제협력 강화에 박차를 가했다. 하지만 대만 최대 규모의 '시민 불복종 운동'을 경험하기도 했다. 2014년 3월, 대만의 대학생들과 시민단체가 공동으로 국회를 점령한 '해바라기 운동'이다. 당시 마잉주 정부가 추진한 「해협양안 무역 서비스 협의」[12]가 대만경제에 불리하며, 중국의 정치적인 영향력이 강화될 것이라는 우려에서 시작된 운동이었다.

마잉주 전 총통은 지금도 중국 대학생들을 초청하여 대만의 대학생들과 교류하는 사업을 하고 있다. 2024년에는 대만대학 등 주요대학 학생들이 중화민국 국기를 흔들면서, 대륙에서 온 대학생들의 방문에 항의하기도 했다. 학생들은 대만 주최 측에 "당신들의 조국은 어디냐."라면서, 양안은 '국가 대 국가' 즉 동등한 자격으로 교류해야 한다고 강하게 주장했다.

국민당은 '지방 대 지방' 교류도 꾸준하게 추진하고 있다. '타이베이–상하이 도시 포럼'[13]이 대표적이다. 2024년 12월 타이베이에서의 만남에서 국민당 소속인 타이베이 시장 장완안(蔣萬安)은 "대화는 많이 하고, 대치는 적게 하자."라고 했다. 상하이 부시장은 "양안은 줄곧 한 가족이었다."라면서 자주 왕래하고, 더욱 가깝게 지내자고 호응했다.

---

12 海峽兩岸服務貿易協議
13 台北上海城市論壇

국민당의 해법

국민당은 철저하게 '실리'의 입장에서 양안관계를 풀어나가고자 한다. 자존심이나 '명분'이 우리에게 무엇을 주었느냐는 것이다. 2020년은 대만의 대선 즉 총통선거가 있는 해였다. 당시 국민당의 후보가 차이잉원 총통에게 아래와 같이 선제공격했다.

1. 해협 양안문제는 중화민국의 생존문제이자 최대 도전인바, 누구라도 벗어날 수 없다.
2. 중화민국 2천3백만 국민이 어디로 가고 있는지 분명하게 밝혀달라!
3. 민진당 정부는 반핵과 대만독립이라는 두 개의 원칙을 가지고 있는데, 지금 추진 안 하면 언제 할 것인가?

이것은 취임 이후, 양안문제에 관해서 모호하게 회피하고 있는 민진당 정부의 대응을 유도하는 정치적인 발언이다. 민진당은 대만독립이라는 뚜렷한 방향성을 가지고 있지만, 대만의 현실적인 이익 때문에 드러내놓고 추진하지 못하고 있다. 이상과 현실의 괴리는 언제 어디서나 존재한다.

국민당이 지방선거나 총통선거에서 줄곧 주장하는 가치는 단 하나인데, 바로 '민생'이다. 그들은 민진당의 '반중(反中)'을 공허한 명분이라고 일축한다. 대만 경제가 어려운 시점에서 양안교류는 더욱 절실하게 요구되는 것이라는 주장이다. 중국과의 관계는 명분이 아닌 실리 즉 지방경제나 서민경제와 직결된다고 주장한다. 따라서 해협양안은 중앙 대 중앙은 아니더라도, 지방정부 간 합작에 적극 나서야 한다는 것이다. 과학기술, 농어업, 관광업, 종교와 문화교류 등 친근감과 역사감 강화에 노력해야 한다고 역설한다.

중국공산당과 대만정체성의 분화

중국공산당은 1992년에 중국과 대만, 즉 해협양안은 정치적으로 묵계를 달성했다고 본다. 이후 중국의 목표는 양안은 '하나의 중국'이라는 사실을 인식하게 만드는 것이다. 중국공산당의 양안 통일방안은 '92공식, '하나의 중국' 원칙, '일국양제' 등 세 가지가 하나가 된 삼위일체이다. 중국공산당의 장기 목표는 대만정체성을 분화시키고 해체하는 것인데, 그 방법은 대만사회를 '흔들기'와 '길들이기'이다. 중국공산당은 '채찍'과 '당근' 두 가지로 대만을 다룬다.

누구는 자존심을 지키는 것이 중요하지만, 누구는 당장 먹고 사는 것이 중요하다. 대륙관광객이 오지 않아 대만 관광업계는 크게 위축되어 있고, 대륙으로의 수출길이 막힌 농민과 어민들의 불만은 사뭇 높다. 게다가 양안의 긴장도가 증가하는 만큼 국방비용이 증가되는 것은 필연이다. 미국으로부터의 무기수입액은 날로 증가하고 있다. 게다가 2022년 12월 민진당의 차이잉원 정부는 2024년부터 국방 의무 복무기간을 기존 4개월에서 1년으로 연장한다고 발표했다.

중국정부의 대만 길들이기 작업

중국정부는 2023년에도, 2024년에도, 2025년에도, 대만섬을 포위하는 전쟁연습 등으로 대만을 위협하여, 대만이 양안의 협상 장소에 나오도록 유도하고 있다. 중국공산당은 20대 당헌에 "대만독립을 절대적으로 반대하고 제지한다."라는 조항을 추가했다.

대만독립 등 대만의 자존심이 중요한 민진당이 집권하면 양안의 긴장도 지속적으로 고조된다. 중국정부는 힘(경제력, 군사력)으로 시위하여 대만의 민진당 정부에게 양국론을 포기하고 중국틀로 복귀해야만 경제적인 혜택도 보고 전쟁 공포에서 벗어날 수 있다고 지속적으로 경고하고 있다. 또 이 담론을 대만사회에 지속적으로 유포하고 있다. 실리를 동원한 세뇌교육이다.

대만선거에 중국정부의 개입이 노골화되고 있다. 2024년 대선 당시 중국정부는 중국에서 사업을 하는 대만상인을 위한 모금운동을 전개하는 등 실리를 동원하여 선거에 영향력을 행사하고 있다. 뿐만 아니라 수시로 친중성향의 국민당원, 농어업대표, 종교단체 신도들을 중국으로 초청하여 통일의 당위성을 주입하고 있다.

중국정부는 친중성향의 단체 그리고 대만의 여러 직업군과 교류하여 양안의 평화가 반드시 필요하다는 인식을 확산시키기 위해 주력하고 있다. 틱톡이나 영향력 있는 유튜버를 포섭해서 대만의 여론과 정부를 분리시키려고 한다. 대만정부가 협상을 거부하고 있는 것으로 만드는 것이다. 대만사회의 여론을 중국공산당의 영향력 아래 두겠다는 것이다. 전형적인 통일전선전술이다.

거대담론과 통일전선전술

중국정부의 대만정책을 총괄하는 본부로 '중국공산당 대만업무 사무실'[14]과 '국무원 대만업무 사무실'[15]이 있다. 숭타오(宋濤)가 두 개 사무실의 책임자이다. 숭타오의 이름은 대만인들이 외울 정도로 대만 언론에 자주 등장한다.

2024년 7월, 중국에서 개최된 '해협양안 청년발전 포럼'[16]에서 전 국민당 총재 홍슈주(洪秀柱)와 숭타오는 다시 만났다. 홍슈주가 인솔하고 온 대만 청년 1백 명을 향해 숭타오는 "민족이라는 대의를 위해" "'대만독립'을 반대하고, 중국의 근대화 건설과 조국통일, 민족통일에 투신해 달라."라고 했다.

홍슈주는 "'교육개혁(教育改革)'[17] 20년이 지난 지금, 젊은이들의 생각이 무서울 만큼 바뀌었다."라며 "요즘 젊은이들은 피로 연결된 양안의 역사를 모르는데, 역사를 모르면 미래가 없다."라고 했다. 모두 거대담론밖에는 없다. '민족', '대의', '근대화', '조국', '통일', '역사', '미래' 등 공허한 명분의 나열일 뿐이다.

중국정부는 대만의 분화를 지속적으로 기도하고 있다. 대만 정체성의 분화를 위해 전략전술을 지속적으로 시도할 것이다. 지역 속으로 또 계급의 틈 속으로 잠입하고 있다. 경제적인 혜택 제공과 취소가 그런 시도의 대표적인 행위이다.

젊은이들을 향한 통전 수법으로는 학술교류와 여름캠프라는

---

14   中共中央台灣工作辦公室
15   國務院台灣事務辦公室
16   海峽兩岸青年發展論壇
17   대만정부 특히 민진당 정부는 1990년대부터 일련의 교육개혁 조치 즉 법령, 과정, 교사진, 교과서 등에 중대한 변혁을 시도하고 있다. 국제화 추세를 반영하고, 영어교육을 강화하며, 수업시수를 축소하고, 교사교육을 다원화하는 등 범위가 매우 광범위하기에 논쟁이 끊이지 않고 있다.

이름으로 초청하여 대륙 이곳저곳을 방문하고, 여름/겨울방학에는 중국의 국영기업이나 첨단기업의 실습생 자격을 주어 중국으로 불러들이는 방법 등이 있다.

경제적인 혜택과 통일전선전술

2023년 1월, 숭타오는 신년담화에서 양안의 '평화, 교류, 합작, 발전'을 강조했다. 더불어 그동안 중국 측이 수입금지했던 진먼(金門) 고량주 등 63개의 대만 식품기업에 대한 규제를 해제했다. 숭타오는 국민당의 전 주석 홍슈주를 만났을 때, 앞으로 '양안은 한 가족'이라는 이념으로, 더욱 많은 대만동포가 '근대화 건설', '민족부흥', '조국통일' 등의 여정에 동참하기를 희망한다고 말했다. 이에 홍슈주는 양안동포가 마땅히 손을 마주 잡고 분발해서 공동으로 민족부흥과 양안통일의 '소명'을 완성하자고 화답했다.

민진당 쪽에서는 당연히 춘절을 맞이하여, 대륙을 찾아간 국민당 전 주석 등을 비판했다. 민진당 정부도 또 하나의 '통전'에 당한 것이라고 국민당을 비판했다. '경제적인 이익을 미끼로 유혹하는 것'은 대만을 향한 가장 기본적인 통전 중의 하나인데, 최근에는 농산품이나 수산품 그리고 식품에 집중되어 있다.

국민당이 중국에 가서 공산당을 향하여 '조공(朝共)'했다는 것이다. 원래 '조공(朝貢)'은 '번속국'이 종주국인 중국에게 예물을 바치던 일을 말하지만, 여기에서는 바칠 '공(貢)'자 대신에 공산당의 '공(共)'자를 사용하여 그 행위를 비꼰 것이다. 즉 '공산당(共)'에게 '예의를 표시한(朝)' 것이 된다. 민진당은 그래서 '천조

(天朝)'가 '은혜를 베푸는(施恩)' 방식처럼 중국공산당도 수입규제를 '해금'해 주었다고 비판했다.

돈 한 푼 안 들이고 생색을 낸 '통전'이라는 것이다. 현재 대만을 향한 중국정부의 통전은 '매우 악성'이어서 직접적으로 경제제재를 했다가 다시 '해금'이라는 방식으로 '은혜를 베푸는 것'이니, 가해자가 시혜자로 변신되는 '통일전선전술'이라는 것이다.

중국의 통전기술이 갈수록 교묘해지고 있다. 중국에서 수입된 이탈리아 파스타 포장지에 "당신은 중국인, 나도 중국인, 사사오입하더라도 우리는 같은 편"이라는 문구가 인쇄되어 있어 당국이 조사에 나선 적이 있다. 이뿐만 아니라 중국제 완구, 생활용품, 식품 등에서 통전 관련 문자, 그림, 이미지, 음향 등이 발견된 적도 있다.

예를 들면 토끼처럼 생긴 장난감의 스위치를 누르면, 중국에서 "제일 큰 섬은 대만섬이고, 국경일은 10월 1일이다" 등과 같은 정치발언이 나오는 것이다. 대만섬은 '우리' 중국대륙에 속해 있는 일개 '섬'일 뿐이라는 뜻이다. 이런 '잔머리' 통일전선전술에 대하여 대만정부는 앞으로 엄격하게 수입 심사를 하겠다고 했다.

가장 정당한 전쟁보다도 부당한 평화가 훨씬 낫다 - 키케로

사실 '92'공식 체결 시 양안은 '하나의 중국'에 대한 정의는 '보류(擱置)'했다. '보류'는 '내버려둠', '방임' 등으로 해석되기도 한다. 결정하고 선택하기에는 너무나 애매한 상태인바, 이 순간이야말로 바로 균형이자 절대적인 평형상태일 수 있다.

'92'공식은 '같은 것을 찾고 다른 것은 그냥 내버려두는' 의미의 '구동존이(求同存異)', 즉 투쟁과 협상의 과정이다. 때로는 투쟁, 때로는 협상, 때로는 방치상태, 이것이 이른바 애매한 균형 그 자체인 것이다. 역사적으로 보면 '애매함'을 지우고 확실한 답을 구하고자 했을 때, 반드시 전쟁이 발발했다.

양안관계의 긴장이 고조된 상태에서 집권당인 민진당이 병역 연장을 고려하고 있다고 발표했다. 간신히 유지되고 있는 안정이나 균형을 파괴하면 바로 이렇게 대가를 지불해야만 한다.

흔히 '3대 종족'으로 대별되는 말레이시아에서 내가 가장 흔하게 들었던 말은 '애매한 긴장상태'라는 말이었다. 그들은 그것이 정답이라고 생각한다. '4대 종족'으로 구성되어 있는 대만 사회도 마찬가지이다. 지금의 '애매한 긴장상태'가 최선일 수 있다. 나는 양안관계 역시 지금의 '애매한 긴장상태'가 평화의 바탕이라고 생각한다. 그 '애매함'을 없애고 '완전함'을 구축하고자 하면, 지금의 '알량한' 평화마저 깨지게 되어 있다.

2022년 12월, 궁극적으로 대만독립을 추구하는 입장의 『자유시보』는 대만인 75%가 독립에 동의한다면, 대만은 지금 바로 독립할 수 있다고 했다. 지금은 50%도 안 된다는 것이다. 만약 대만인 75%가 독립에 동의해서 독립을 추진한다면 독립이 가능할까? 중국이 동의하다면 그것은 어렵지 않다. 하지만 문제는 중국대륙이 절대적으로 반대하고 있다는 사실이다.

나아가서 그것 때문에 전쟁이 발발한다면? 수용할 수 있겠느냐?라는 질문이 다시 한번 더 주어져야 할 것이다. 대만독립을 주장하는 대만인들에게 나는 "일단 전쟁이 발발하면, 승자도 패자도 없다. 모두 패자일 뿐이다."라는 말을 자주 해준다.

머리를 자를 것인가? 상투를 자를 것인가?

'내 머리는 자를 수 있지만, 내 상투는 자를 수 없다.'[18]라는 말이 있다. 이때 상투는 명분이고, 머리는 실리이다. 그들은 상투라는 '명분'을 지키기 위해서, 생명과 직결되는 머리라는 '실리'를 포기할 정도였다. 지금 우리는 그 당시의 명분을 이해할 수 있을까? 그것에 동의할 수 있을까?

그렇다면 박물관은, 학교는, 어떤 역할을 해야 할까? 명분을 중시하는 두뇌로 키워주어야 할까? 아니면 실리를 챙기는 두뇌로 계발시켜주어야 할까? 당연하겠지만 이것 역시 사람에 따라 각기 다르다. 누구는 국가와 민족과 체면이 중요하다고 할 것이고, 그런 것을 중시하는 사람을 기르는 것이 교육이라고 할 것이다.

하지만 누구는 완전히 반대로, 국가와 민족과 체면이 무슨 소용이냐? 그것보다는 개인이 중요하고, '세계 시민'으로서의 의식이나 예절이 더 중요하다고 할 것이다. 이때 대안이 될 수 있는 것은 바로 이도저도 아닌 제3지대인 '가치중립'이다. '국가'와 '세계'의 의미를 모두 가르쳐야 하는 것이다. 국민으로서의 정체성과 세계인으로서의 정체성 둘 다 중요하기 때문이다.

---

18 吾頭可斷, 吾髮不可斷

국사관 대만 문헌관
國史館台灣文獻館

南投市中興新村光明一路254號
난터우시 중싱신촌 광밍1로 254호

국사관 대만 문헌관은 정부가 대만과 관계되는 문헌을 수호하고 보존하는 기구이다. 문물 빌딩, 문헌 빌딩, 사적 빌딩으로 나누어져 있다. 한족과 원주민의 민속, 건축, 취락, 풍수 등 1920~30년대 일상생활, 민간공예, 민간신앙 등이 주요 내용이다. 문헌관 빌딩에는 일본 통치시기 자료(총독부, 전매국, 대만척식 주식회사 등의 공문) 대만의 경제정책, 중국 화남과 동남아 지역에서 진행된 경제침략에 관한 원시자료가 있다. 광복 이후 대만성(台灣省)급 기구 공문 등도 있다.

쌀 수출일까? 쌀 수탈일까?

들어서자마자 "백성은 먹는 것을 하늘로 여긴다."[1]라는 제목의 설명문이 있다.

1   民以食為天

1. 대만은 쌀이 주식이다.
2. **'일본시기'**(인용자가 짙게 처리)에는 쌀이 일본으로 수출되었기에,
3. 민간에서는 고구마를 주식으로 삼았다. (중략)
4. 전통농가에서는 각자 채소를 심고, 가축과 가금을 길렀다.
5. 평소에는 채소를 많이 먹고, 명절이 되어서야 육류를 먹었다.
6. 돼지, 닭, 오리, 생선 위주였고, 소와 양(羊)은 적었다.

내 눈은 '일본 시기'에 박혔다. '일본 시기'의 '본'에 '본(本)'이라고 쓰인 종이가 덧대어져 있었다. 그러니까 아마도 원래 '치(治)'였는데, '본'으로 글자를 바꾼 것이다. 앞서 말했지만, 언제 어디서나 권력의 변화에 따라 역사는 재정의되는 법이다.

국민당은 '일본 점거 시기'라고 했고, 민주화시기로 진입하면서 '일치 시기' 즉 '일본 통치 시기'로 호명되었다. 다시 민진당 집권 시기 특히 최근에는 '일본 시기' 또는 '일본 시대'로 정착되었다. 박물관에서는 설명문 자체를 다시 만들기보다는 글자 한 개만을 다시 만들어 덧붙였다.

그런데 내용은 처절했다. 대만은 쌀이 주식인데도 불구하고, '일본 시기'에는 쌀을 일본으로 수출했다. 당연히 대만에서는 쌀이 부족해져서 대만인들은 고구마로 끼니를 때웠다는 내용이다. 농촌에서는 단백질 등을 스스로 기른 가축으로 해결할 수밖에 없었다는 것이다.

일본과 대만의 쌀시장 상황

이 설명문의 내용은 쟁점이 될 듯하다. 20세기 초 일본에서는

쌀 부족 상황이 심각했다. 1918년에는 도매상들의 가격담합으로 쌀값이 폭등하여 민중 폭동이 일어나기도 했다. 1910년부터 총독부는 대만을 일본의 쌀 공급지로 결정하고, 쌀 생산과 품질 개선을 적극적으로 추진했다. 1920년대 중기부터 일본인의 입맛에 맞는 쌀인 봉래미(蓬萊米)를 일본으로 수출했다.

대만과 조선에서 수출되는 쌀 때문에, 1925년부터 1931년까지 일본시장의 쌀값이 40% 정도 폭락했다는 기록이 있다. 일본 정부는 일본의 농민보호를 위해 대만과 조선총독부에 쌀 수출 제한을 요구했다. 하지만 대만이나 조선의 현지 사정으로 일본과의 상호 조율이 쉽지 않았다. 대만과 일본 또는 대만과 조선 그리고 일본 3각 관계가 얽힌 쌀시장의 구조적인 상황에 대한 '사실' 조사가 우선 필요한 것이다.

설명문은 "일본시기에는 쌀을 일본으로 수출하였기에, 민간에서는 고구마를 주식으로 삼았다."라고 말한다. 박물관을 찾은 관람객이 이 설명을 본다면, 일본 때문에 대만인들이 고통을 겪었다고 인식할 수밖에 없다. 대만과 일본의 쌀 시장 상황이나 수출입 구조가 완전히 무시된 채 말이다. 이런 설명은 관람객이 조금 더 깊게 사고할 수 있는 기회를 박탈할 뿐만 아니라 인식의 왜곡을 유발한다. 나아가서 관람객의 '분노'는 감정 지향의 문화적 유전자 생성으로 치닫게 된다.

대만의 종교

전시 중에서도 단연코 참관인들의 눈길을 사로잡는 것은 제신에 관한 도표이다. 사실 대만의 신령에 대해서 어렴풋하게 짐작하고 있을 뿐이었다. 신령들의 성격이 유교와 도교와 불교로 나누어지고, 대만을 대표하는 신령은 마조라는 것만을 알고 있었다.

골목 입구와 끝에 나타나는 각종 토지신, 복덕신, 성황신 등 신령들의 담당 영역만 알았을 뿐, 누가 위고 누가 아래인지 서열을 알 수 없었다. 문헌관의 전시실에 들어서면서 기쁨과 놀람의 소리를 질렀다. 대만

대만의 신령을 일목요연하게
정리해놓은 도표

신령들을 한눈에 정리해둔 도표가 붙어 있었던 것이다.

1. 우리가 잘 아는 '옥황상제'가 '옥황대제(玉皇大帝)'라는 이름으로 제일 중앙의 제일 높은 자리를 차지하고 있다.

2. 그 밑에 여덟 분의 황제 즉 동서남북중을 통치하는 '오방천제(五方天帝)'와 하늘과 땅과 물을 다스리는 '삼관대제(三官大帝)'가 있다.

3. 그 밑에 '중앙행정신(中央行政神)'이라는 이름으로, 각 부서의 장관급 신령이 소개되고 있다. 역병을 쫓아내는, 아기를 점지하는, 오락을 담당하는, 농업을 담당하는, 공부를 책임지는 등의 신령들이다.

4. 우리가 잘 아는 관성제군(關聖帝君) 즉 관우(關羽)는 사업(상무)을

담당하고, 대만의 신 천상성모(天上聖母) 즉 마조(媽祖)는 항해를 담당하는 장관급 신령이다.

5. 신농대제(神農大帝)도 농사를 담당하는 장관급 신령에 불과하다. 공자(孔子)와 문창제군(文昌帝君) 역시 공부를 담당하는 장관급 신령이다.

6. 중앙행정부가 있으니 지방행정부가 빠질 수 없다. 수호신과 사법신으로 나누어진다. 대만의 시조라고 하는 정성공도, 연평군왕(延平郡王)이라는 이름으로 수호신 쪽 한자리를 차지하고 있다. 토지분쟁을 다루는 토지공(土地公)과 마을을 지키는 성황야(城隍爺)는 사법신이다.

7. 다시 그 밑에 우리가 잘 알고 있는 염라왕(閻羅王) 등 저승업무를 관장하는 '음간 행정신(陰間行政神)'들이 포진하고 있다.

처음에는 대만 신령들의 체계가 눈에 들어오지 않았다. 내 눈에는 그저 중구난방으로 보였다. 누가 위고 누가 아래인지, 왜 이렇게 많은 신령들이 필요한지 몰랐다. 그런데 문헌관의 신령 계통도를 보고 각각의 서열과 담당부서를 알게 되었다. 신령세계는 중구난방이 아니라 서열과 체계가 분명한 조직이었다.

대만인들의 두뇌 속에는 또 다른 세계가 하나 더 자리 잡고 있는 것이다. 대만사회는 다신 숭배인데, 모든 신령은 청대 대륙에서 유입된 것이다. 대만에서 착종되고 혼용되어 '유불도(儒佛道)' 즉 유교, 불교, 도교 등 '3교'가 구별 없이 혼재되었다. 대만의 유전자가 '3교 합일'의 환경을 만든 것이고, 그 환경은 다시 대만의 다양성을 추동했다.

버려지는 신령들

대만에서 선거가 있을 때마다 유심히 보는 장면이 있다. 모든 후보자가 마조사원에 향을 올리는 장면은 빠지지 않는다. 후보자들이 마조 등을 모신 대형사원을 찾아다니는 이유는, 대만인 자신들의 종교에 예의를 표시하는 명분의 발로이지만, 사실 알고 보면 실리도 챙기는 행위인 것이다. 사원의 크기를 막론하고, 일정 부분 조직폭력배와 관계를 가지고 있다는 소문이다. 가끔 언론에 사원의 자금과 관련된 알력과 갈등이 보도되기도 한다.

역사학자 리유펑(李筱峰)은 대만 민간신앙의 본질은 '무술종교'[2]라고 정의했다. 각종 사원에서 종이돈을 태우고, 젯상을 차리고, 폭죽을 터뜨리는 행위는 철저히 무속으로 보인다. 하지만 전통이라는 주체를 지키고 확장시키는 동시에 그 힘으로 일방적으로 다가오는 서구적 근대에 대항하는 것이다. 전통 종교는 대만인들에게 한 박자 생각할 기회를 준다는 점에서 과학적이고 선진적이다.

종교학자 둥팡위안(董芳苑)은 『현대인과 종교』에서 "사람이 주인이 되고, 신령은 노예가 되었다."라는 표현을 사용하고 있다. 대만종교에서 추출된 교훈이다. 대만에서는 버려지는 '신상(神像)'들이 많이 있다. 뿐만 아니라 소원을 들어주지 않으면 팔다리가 잘리거나 목이 잘릴 수도 있다. 신령을 이용하여 구복이

---

2   巫術宗教(Magical-Religion)

나 장수를 기원하는 등 지극히 실리주의적 색채를 띠는 것이 특징이다. 철저하게 실리에 기반한 신앙인 것이다.

반면에 강물에 떠내려오는 '신상'들을 불쌍히 생각하여 다시 한자리에 모시는 마음이 공존한다. 그런 신상들을 한자리에 모신 사원이 타이베이 산자오두(三腳渡)의 톈더궁(天德宮)이다.

마조(媽祖)와 대만식 자본주의

도교인 마조묘(媽祖廟)에는 마조만 있는 것이 아니다. 마조가 정중앙에 자리하고, 그 밖에 '유불도'의 끝도 없는 신령들이 함께한다. 그렇게 많은 신령이 존재한다는 사실을 예전에는 미처 몰랐다. 그렇게 많은 신령들은 밤이고 낮이고 대만인들의 두뇌 속에서 어슬렁어슬렁 누비고 다닌다. 대만인들은 출근할 때도, 점심시간에도, 퇴근 후에도 주변에 있는 신령의 세계로 걸어 들어간다.

마조묘의 짙은 향냄새를 맡으면서, 문지방을 넘으면서, 상제와 염라의 품 안으로 들어간다. 그때 문지방은 이쪽과 저쪽의 경계이지만, 넘을 수 없는 경계는 아니다. 나날이 되풀이되는 내 신체의 '경계 넘기'는 내 의식 속의 '경계 넘기'와 연결되어 나를 품는다. 이렇게 대만인들의 의식세계는 나날이 확장된다.

대만 골목마다 자리를 지키고 있는 마조묘를 보고 대만을 이해하게 되었다. 마조는 통합의 상징이 아닐까? 대만에는 '4대 종족'으로 대표되는 다양한 정체성이 있지만, '마조'라는 공통분모가 있다. 마조는 모든 종족을 아우르는 중심에 있다. 종족의 경계를 넘어서서 숭배를 받는다. 대만의 모든 종족들이 찾아낸 통합의 상징이자 '명분'이다.

'마조'는 대만에서 꽃핀 신앙이라는 '명분'과 경제동력으로서의 '실리'를 모두 갖춘 신령이다. 마조문화와 대만식 자본주의 관계는, 독일 사회학자 막스 베버가 말하는 프로테스탄티즘의 윤리와 자본주의 관계 같은 것이다.

나는 마조문화를 분석하지 않으면 대만식 자본주의의 실체를 파악할 수 없다고 생각한다. 우선 마조묘 앞의 식당들부터 마조묘를 찾는 참배객 덕분에 살아간다. 대만에는 마조가 이끄는 거대한 산업구조가 작동하고 있다. 이렇게 마조의 혜택은 사회 구석구석 골고루 빈틈없이 미친다. 대만인들은 마조를 위해 일하고, 마조는 그들을 다시 견인한다. 마조는 대만인들의 영혼만 구제하는 것이 아니라, 대만식 자본주의의 건강한 발전을 추동하는 동력이다.

매년 음력 3월 23일 마조 생일을 전후하여 대만인들은 마조의 품속에서 노닌다. 대만의 마조 '순례(遶境)' 행사와 더불어 거대한 자금이 돌고 돈다. 순례행사는 세계 3대 축제로, 2009년에 유네스코 세계문화유산으로 등재되었다.

하나로 통합되는 진리

대만 동남부의 핑둥(屛東) 원주민 부락 안에 특이한 성당이 있다. 원주민 중에서는 소수라고 할 수 있는 루카이족 원주민인 신부가 이끄는 파티마성당이다. 신도들이 앉는 의자 뒷부분에 원주민의 모습이 새겨져 있는데, 뒤에서 보면 원주민들의 예배 장면이다. 특히 마리아상이 원주민 복장을 하고 있어 더욱 유명하다. 천주교와 대만 원주민 문화가 이렇게 만나고 있는 것이다.

우리 어머니에게 평생 절친이 있다. 두 분은 여고시절부터 지금까지 거의 70년을 함께해 오고 있다. 그런 점에서 행복한 분들이다. 친구는 구한말부터 대대로 내려오는 독실한 기독교 집안이고, 우리 어머니는 전형적인 한국식 불교 신자이다. 하지만 두 분은 종교문제로 다툰 적도 없고, 상대를 제지하거나 강요한 적도 없다. 늘 상대 종교를 존중하고, 서로 격려해준다. 두 분은 평생 그렇게 지내왔다. 상대의 정체성을 존중하고 수용했기에 가능한 우정이다.

오래전 뉴스에서 흐뭇한 장면을 보았다. 대구 동화사의 스님들이 계산성당을 방문해서 같이 성탄미사를 본 것이다. 스님과 성당, 스님과 미사는 어울리지 않는 듯하지만, 텔레비전에 비친 스님들의 얼굴에는 자신감이 넘쳤고, 스님들을 접대하는 대주교의 표정도 밝았다.

또 생각나는 장면이 있다. 법정 스님이 길상사를 여는 날 김수환 추기경을 초대했다. 추기경은 부처님의 자비가 온 누리에 가득하라고 인사했다. 완전히 다른 두 개의 정체성은 이렇게 만나야 한다. 그것이 '따로 함께' 사는 길이다.

'대중묘(大眾廟)'의 의미

타이베이 지산공원(芝山公園)에서 '지산사건'[3] 기념현장을 둘러보는데, 큰 묘지가 하나 보였다. 대만에서 이렇게 큰 묘지는

---

3   芝山事件

일반적이지 않기에 두리번거리는데, 관리하는 할머니가 보였다. 누구를 모신 묘지냐는 물음에 차 한 잔을 대접하겠다고 했다. '계투(械鬥)'[4] 또는 전염병 등의 이유로 희생된 영혼들을 한자리에 모신 묘지 이른바 '대중묘(大眾廟)'였다.

대만역사에서 종족 간의 전쟁인 '계투'로 수많은 사람이 죽었고, 그때마다 시신들을 손쉽게 한자리에 매장했다. 그렇게 또 하나의 신령인 '대중야(大眾爺)'와 '의용공(義勇公)'[5]이 생성되었다. 대만의 가치 즉 대만정체성이 만들어지는 순간이다. 대만인들은 이름 없는 영혼들도 소중하게 생각해서 이렇게 사당을 세우고 관리를 한다.

할머니는 신령을 위한 모든 제사와 마찬가지로 매월 초하루와 보름에 이곳에서도 제사를 지낸다고 했다. 대만 조상들의 역사는 오늘 이 순간까지 이렇게 연결되고 있다. 할머니는 불교신도냐 도교신도냐는 내 질문에, 자신은 가리지 않고 기도한다고 하면서, 유교와 불교와 도교는 모두 같은 것이라는 말을 했다. 뿐만 아니라 크리스마스를 앞두고 성당에서 초대했기에, 설레는 마음으로 그 잔치를 기다리고 있다는 말을 보탰다. '유불도'에 다시 기독교가 더해져서 하나가 된 것이다. 한번은 잉거(鶯歌)의 선물가게에서 아기 석가모니상에 천사의 날개를 붙여놓은 도예작품을 보았다. 대만의 종교는 대만정체성과 마찬가지로 화해와 통합의 결과물이다. 대만의 민속에 대해 더 알고 싶다면, 루강(鹿港)에 있는 '루강 민속문물관(鹿港民俗文物館)'을 추

---

4   청나라 통치시기 발생했던 대규모 무력 충돌
5   의용공은 종족 간의 전쟁인 '계투'로 발생된 희생자를 신격화한 것이다.

천한다.

정리의 달인- 문헌관

문헌관의 탁월한 정리 실력은 끝이 없었다. '대만원주민의 족칭변화 도표'[6]도 일목요연하게 정리해두었다. '법정 원주민과 그 분포'[7]의 내용은 아래와 같다.

1. 대만총독부는 처음에는 9개 종족으로, 나중에는 7개 종족으로 나누었다.
2. 전후 중화민국 정부는 9개 종족 분류법을 채택했다.
3. 하지만 원주민의 자아의식 제고와 함께,
4. 2023년에는 중앙정부가 인정한 16개 종족 및 지방정부가 인정한 3개 종족 외에도,
5. 많은 평지 원주민 종족이 법정 원주민 지위를 얻기 위해 적극 노력하고 있다.

'중화민국 대만'의 역사도 그 흐름을 단번에 알 수 있도록, 대만지도와 함께 정리해두고 있다. 1946년에는 '표준어를 사용하자'는 국어운동(國語運動)이 시작되었고, 1960년에는 가족계획이 발표되었으며, 1963년부터 9년 국민 의무교육이 시행되었다. 1970년에는 '제국주의를 반대하고 민족주의로 회귀하자'는 향토문학(鄕土文學) 논쟁이 전개되기 시작했으며, 1983년에

6   台灣原住民族的族稱演變表
7   法定原住民族及分布

는 첫 번째 원주민 잡지인 『고산청(高山青)』이 세상에 나왔다. 1994년에는 '원주민'의 이름이 '원주민족'이라는 '정명(正名)'을 얻어 개헌했으며, 2019년부터 12년 기본 의무교육이 시행되었고, 2019년에는 '동성 혼인법'이 반포되었다.

양안관계와 정치관련 중요사건을 아래와 같이 정리하고 있다.

1. 1949년에는 '무력대항'이었고,

2. 1979년에는 정치로 대치된 상태였다.

3. 1987년에는 '양안 교류'가 시작되었으며,

4. 1993년에는 양안 통일 회담[8]이 진행되었다.

5. 2000년에는 집권정당이 교체되었으며,

6. 2006년에는 대륙인에게 대만관광을 개방했다.

7. 2008년에는 '작은 삼통(小三通)'이 시행되었으며,

8. 2014년에는 '해바라기 운동'이 일어났다.

이성과 감정

사실만을 적시해달라는 것이 박물관에 대한, 언론기사에 대한, 역사교과서에 대한 평소 내 요구사항이다. 감정 즉 박물관 큐레이터의 감정, 기자의 감정, 교과서 집필자의 감정이 최대한 배제되어야 한다는 뜻이다. '내' 감정이나 '너'의 감정을 철저하게 걷어낸 스토리야말로 진실의 문에서 가장 가깝다. 감정이 개입되는 순간부터 그것은 '사실'의 영역을 벗어나게 된다. 이어서

8　辜汪會談

소설의 영역 나아가서 선전선동을 위한 프로파간다의 영역으로 진입하는 것이다.

　사실 이외 나머지는 박물관을 찾은 관람객의, 기사를 소비하는 사람의, 역사교과서를 읽는 학생의 몫이다. 사실에 대한 가치를 부여하는 여유는 그렇게 남겨두어야 한다. 그렇게 본다면 국사관의 대만문헌관은 내 요구사항에 가장 근접한 박물관이다. 대만 박물관의 다양성과 유연함을 다시 한번 보여주는 현장이다.

중화민국 총통부
中華民國總統府

台北市中正區重慶南路一段122號
타이베이시 중정구 충칭난로 1단 122호

총통부에도 박물관이 있다. 정확하게는 '전시실'이라고 해야 할 것이다. 2019년까지 나는 대만 총통부가 개방되고 있다는 사실을 몰랐다. 그저 '아름다운' 건물이라는 이미지에만 갇혀 있었던 것이다. 우연히 총통부가 개방되고 있다는 것을 알게 되었다. 총통부 안에 전시실이 있는지도 몰랐다. 들어가서야 그 안에 열 개나 되는 훌륭한 전시실이 있다는 것을 알게 되었다.

건물로 볼 것인가, 상처로 볼 것인가

지금의 총통부 건물은 원래 일제 시기 '총독부'로 지어진 공간이다. 조선총독부(중앙청)와 마찬가지로 1919년에 완공되었다. 대만과 한국 그 유전자의 '다름'과 '차이'는 여기에서도 여실하게 드러난다. 대만은 2025년 현재까지 정부가 여전히 사용하고 있고, 한국은 1995년에 깨끗이 철거[1]했다. 한국의 중앙청 철거

---

1   지붕첨탑만 독립기념관 광장에서 보관되고 있다.

총통부 전경

는 '역사 바로 세우기'라는 '명분'의 일환이었다.

대만은 '총독부'를 누가 지었든지 상관하지 않고 역사적인 유물로 인식하고 보존했을 뿐만 아니라 지금까지 사용하고 있다. 한국은 '총독부' 그것이 아무리 아름답고 훌륭한 건축물이라 하더라도, 일본이라는 '원수'가 남긴 '상처'라고 해석하고 철거했다.

건물의 보존과 철거만을 놓고 보면 사실을 중시하는 입장과 명분을 중시하는 입장으로 뚜렷하게 구분된다. 대만과 한국은 모두 그것을 '역사 유물'로 인식했지만 대만은 '보존'으로, 한국은 '철거'로 결론을 내렸다. 대만정체성이 바라보는 '일본'과 '역사' 그리고 한국정체성이 바라보는 '일본'과 '역사'는 이렇게 다르다.

총통부 전시실의 상설전시에는 건물의 초기 역사부터 2차 대전 기간 미군의 공습으로 파괴된 스토리까지 자세하게 정리되어 있다. 한걸음 더 나아가서 '대만 민주화' 상징으로서의 역사를 자랑하고 있다. 위에서 보면 일본의 일(日)자 구조의 총통부는 북원과 남원으로 나누어져 있는데, 지진이 빈번한 대만에서 지금까지도 건재하여 당시 기술력을 짐작하게 한다.

전시실에서 크게 쓰여진 '젠더평등(Gender Equality)', '노동권익(Labor Rights)', '환경보호(Environmental Protection)' 등의 글자가 눈에 확 들어왔다. 집권당인 민진당의 이념이자 궁극적인 지향점일 것이다. 민진당이 인식하고 있는 중차대한 과제로 인식해도 무방할 것이다. 대만사회에는 자본주의와 분리될 수 없는 문제점들이 많이 보였다. 현격한 '빈부격차'와 열악한 '노동환경' 등은 대만인들 모두가 시급히 해결해야 할 과제로 인식하고 있다.

국가원수가 집무를 보는 곳이니만큼 입구부터 경비가 삼엄했지만 모두들 친절했다. 가까이서 총통부 건물을 찍기 위해 핸드폰을 드는 순간, 멀리 있던 경찰로부터 제지를 받고 나서야 내가 총통부에 들어왔다는 것을 깨달았다.

대만과 에코백

총통부 내에 기념품 가게가 있다. 총통부 기념이라는 문양이 찍힌 티셔츠, 에코백 등 각종 굿즈를 판다. 굿즈를 보면 대만인들은 역시 아이디어가 풍부하다는 생각을 하게 된다. 각종 아이디어의 상품화를 격려하고 응원하는 분위기가 있다고 볼 수 있다. 전통사상이나 다양한 신앙도 한몫 거들 것이다.

에코백도 대만인들이 중시하는 아이템 중의 하나이다. 대만인들은 머리부터 발끝까지 매우 검소하다. 전철이나 버스의 승객들 대부분 에코백을 들고 있다. 값비싼 핸드백은 잘 보이지 않는다. 검소한 데다가 환경 의식까지 작동했을 것이다.

총통부를 방문한 그날 에코백을 하나 샀다. 평소 포장지를 살피는 습관이 있는데, 에코백 포장지의 설명이 눈에 들어왔다. 광고치고는 조금 길었기 때문이다. 먼저 총통부 건축물에 대한 설명이었다. 5층 높이인데, 중앙탑은 11층 높이로서 60미터 정도 되며, 건축물의 외관은 '화려하고 장관(華麗壯觀)'이라는 것이다. '장관'은 매우 긍정적인 단어인바, '자랑스러워'하는 것이다.

이어진 설명이 더욱 놀라웠다. "총통부의 웅장한 중앙탑은 '타이완(TAIWAN)'에 부합되어 진취적인 역량, 충만한 희망, 기대감이 하늘을 찌른다."라고 표현하고 있다. 1919년 일본 통치 시기에 지어진 건물을 지금 대만의 이미지와 연결시키고 있다. 유연한 사고일까, 아니면 억지 주장일까?

박물관과 기념도장

대만인들은 기념도장 찍기를 좋아한다. 어딜 가나 기념도장 찍는 곳이 마련되어 있다. 박물관, 기념관 등 모든 기관에는 방문객이 스스로 기념하도록 도장을 마련해 놓는다. 초중등학교에서는 숙제 확인 용도로 사용되기도 한단다. 도장 찍는 과정에 남녀노소 모두들 행복해한다.

총통부에도 기념도장 찍는 곳이 마련되어 있다. 갑자기 도장의 내용은 무엇일까? 궁금했다. '중화민국 총통부'라는 글자와 함께 총통부 전경이 찍히는 도장이 있고, 다른 도장에는 '세계의 대만, 인민(人民)의 총통부'라는 글자가 선명했다. '권력을 국민에게(Power to the People)'라는 영문이 찍혀 나왔다.

알다시피 민주진보당(민진당)은 시종일관 대만정체성 즉 대만의 독립을 추구해온 정당이다. 중국의 반발이 심한 요즘은 비록 독립을 지향하고 있다는 사실을 애써 감추고 있지만, 그 사실을 모르는 국민은 없다. 도장에라도 이렇게 '중화민국'이라는 국명을 강조하는 것은 독립국가를 염원하는 마음의 표현이다.

'나는 대만인이다'

궁극적으로 권력이 국민으로부터 나오는 것은 분명한 사실이다. 하지만 좀 더 분명하게 '인민'이라는 어휘를 사용하여 그 의미를 강조하고 있다. '인민으로부터 나오는 권력'이라는 정신은 집권당인 민진당이 홍보하고 싶은, 추구하는 가치인 것이다. 대만의 집권당인 민진당은 대만이 당당한 국가인 '중화민국'으로 인식되기를 바란다. 동시에 '세계로부터 그 독립성을 인정받는 중화민국'이 되고 싶은 것이다.

민주주의는 투표를 통해서 권력이 교체된다. 권력의 교체가 되었다는 것은 이렇게 도장 하나에도 나타난다. 도장 내용 하나도 허투루 하겠는가? 총통부 주인인 총통의 의지인 것이고, 집권당인 민진당의 총통부인 것이다. 게다가 '총통부 기념 에코백'의 포장지에는 놀랄 만한 주장이 이어지고 있었다.

1. 대만인은 우리의 이름이다.
2. 세계를 향해 불변의 진리인 '나는 대만인이다'
3. 또는 '여기가 대만이다(This is Taiwan)'라고 하는 것은,
4. 모두 자신을 밝히는 좋은 방식인데,
5. 이런 방법 역시 외국 친구들이 대만 지지를 표명하게 만든다.

중국대륙과는 다른 대만정체성을 주장하는 내용이다. '대만인', '나는 대만인이다', '여기가 대만이다' 등은 선전선동을 위한 구호 같다. 민진당의 내심을 드러낸 구호라고 해도 과언이 아니다. 이렇게 선동적인 문구가 에코백의 포장지에 사용되고 있다는 것은, 현재 총통부의 주인인 총통이 민진당 소속이라는 것을 보여주는 것이다. 총통부의 정치이념을 고스란히 반영하고 있다고 해도 무리는 아니다.

대만인들의 콤플렉스 일단을 볼 수 있는데, 그들이 얼마나 자신의 '국가다움'에 연연하는지 알 수 있다. 중국의 압력으로 대만과 외교관계를 맺은 국가 수가 점점 줄어들고 있는 현실은 대만인들에게 큰 스트레스로 작용하고 있다. 외국 친구들의 지지 표명을 이끌어낸다는 것을 강조하고 있다. 외국과의 관계 강화역시 민진당 정부의 중점 정책 중 하나이다. 좁아지고 있는 외교관계를 민간관계 강화로 돌파하겠다는 의지인 것이다.

바야흐로 중국의 통일 화두가 대만을 포위하고 있으며, 앞으로 그 강도는 더욱 세질 것이다. '대만은 대만인의 대만'이라는 구호가 자주 등장하는 것은 통일화두에 대항하기 위함이기도 하다. 총통부 기념품가게에서 파는 에코백의 디자인 역시 민진

당의 철학을 분명하게 담고 있다. '타이완(TAIWAN)'이라는 글자 아래 총통부 이미지가 함께하고 있다.

대만과 미국

해협양안의 평화는 아시아 태평양 지역 그리고 세계평화와 직결된다. 대만인들이 농담처럼 하는 말이 있다. 여권을 두 개 정도는 가지고 있어야 하는데, 어느 나라 것이 좋겠냐고 서로 묻는다. 캐나다와 호주는 큰돈이 필요하기에 동남아 국가를 선택해야 한다는 말도 한다.

민진당은 '중국에 저항해서 대만을 보호한다'는 '항중보대(抗中保台)' 카드를 좋아한다. 국민당은 민진당이 이미 미국의 '대만으로 중국을 제어한다'는 정책에 포박당했다고 비판했다. '중국으로 중국을 통제하자'는 미국의 '이화제화(以華制華)' 기도에 대항하는 차원이다. 중국공산당의 원칙은 확고하다. "두 개의 중국을 인정하지 않고, 하나의 중국, 하나의 대만 즉 '일중일대(一中一台)'를 지지하지 않는다."는 것이다.

트럼프 대통령은 중국을 견제하기 위해 대만과의 접촉범위를 확대했다. 2017년 12월부터 「대만의 방위능력을 향상시키는 법」과 「정기적으로 무기를 판매할 수 있는 법」 그리고 「대만을 국제기구에 참여할 수 있도록 하는 법」 등에 잇달아 서명했다.

미국은 2019년에 발표한 「인도태평양 전략보고서」에서 대만을 '국가'로 언급했다. 지난 40년간 고수해온 하나의 중국 원칙을 사실상 부인한 것이다. 폼페이오 미국 국무장관이 "자유세계가 공산중국을 바꾸지 못한다면 공산중국이 우리를 바꿀 것"이라고 외친 것도 그즈음이다.

2022년 11월 미국의 바이든과 중국의 시진핑이 만났다. 중국은 "미국은 대만독립을 지지하지 않는다" 그리고 "두 개의 중국과 '일중일대(一中一台)'를 지지하지 않는다" 등의 성과를 이끌어냈다. 2023년 내내 대만의 화두는 전략적인 선택으로 친미를 해야 하느냐, 친중을 해야 하느냐였다. 대만 내부의 이런 흐름은 트럼프가 재집권한 2025년에도 변함없이 이어지고 있다.

대만과 홍콩

양안문제는 '중국-홍콩체제'와 완연하게 다르지만, 그 경우에 비추어 해석해보면 많은 것이 보인다. 중국정부는 홍콩을 접수했고, 홍콩을 통치했고, 홍콩의 정체성을 재편했다. 앞으로 중국은 홍콩에서의 성공을 거울삼아 대만을 몰아갈 것이다.

대만에서는 '해바라기 운동'부터 의식의 대전환이 이루어졌다. 특히 홍콩의 '송환법 반대운동' 이후 중국에 대한 마음이 싸늘하게 식었다. 중국으로 유학을 가는 것에 큰 저항감이 생겼다. 반중 분위기 때문에 중국을 연구하는 마음이 옅어지고 있다. 홍콩 이야기가 나오면 대만인들은 "우리는 군대를 보유하고 있다."라는 말을 많이 한다. 우리 대만은 홍콩처럼 그렇게 쉽게 당하지는 않을 것이라는 다짐이다.

대만역사로 볼 때, 중국이라는 외세 또는 식민 세력을 쉽게 수용할 수도 있다. 경제적인 실리만 확실하게 챙겨준다면 말이다. 지금 중국정부가 대만에 제공하고 있는 '실리' 즉 대륙에서 사업이나 공부를 하고 있는 대만 상인이나 학생들에게 베풀고 있는 우대정책은 매우 다양하고도 많다. 대만인들에게 매우 큰 장점으로 다가오고 있는 것이 현실이다.

반대논리도 가능하다. 대만문화를 분석하는 틀로 '단층이론'이 있다. '단층'은 '층'과 '층'이 서로 연루되지도, 연루시키지도 않는다. 대만사회가 그만큼 유연하다는 것이다. 또한 대만문학을 전공하는 원로 천완이(陳萬益) 교수는 대만인의 가장 큰 특징이 무엇이냐는 내 질문에 '근성'을 첫손에 꼽았다. 그것 때문에 대만 정체성이 쉽게 무너지지 않을 것이라고 장담했다. 대만사회의 유전자가 우수하다는 말이다.

앞으로 대만인들의 '단층'과 '근성'이라는 유전자가, 아무리 척박한 환경에서도 살아남을 수 있는 동력이 될지도 모르겠다. 역사는 명분을 지향하는 사람들과 실리를 지향하는 사람들의 투쟁이라고 할 수 있다. 따라서 역사는 명분과 실리의 착종이자 교집합인데, 대만역사야말로 그것을 증명하는 과정이었다. 대만인들은 역사를 통해 명분과 실리의 의미를 배워왔기에, 명분과 실리를 모두 중시하는 선택을 할 것으로 예상된다.

독립반대 또는 통일촉진

2016년 민진당 집권 이후 대륙의 대만연구는 대만독립 반대, 분열반대, 외부세력 개입 반대, 일국양제 대만 방안, 통일 이후 안배 등의 문제에 집중되어 있다.

2022년 12월 중국 인민대학에 '조국 완전통일 연구센터'[2]가

2   祖國完全統一研究中心

설립되었다. 10월 중국 공산당 제20차 전국대표대회에서 발표된 시진핑의 "조국 완전 통일, 반드시 실현해야 하고, 반드시 실현할 수 있다."라는 정치 보고의 정신에 따라 설립되었다.

2022년 10월 개최된 중국공산당 20대 보고에서 시진핑은 "우리는 최대 성의와 최대 노력으로 평화통일 쟁취를 견지하는 바이지만, 무력사용을 포기할 것이라는 약속은 절대하지 않을 것"이라고 했다. 대만의 차이잉원 총통은 "전쟁은 양안의 선택 사항이 아니라고 하면서, 용감하게 굳건하게 자신감 있게 세계 무대에 설 것이며, 대만을 세계의 대만으로 만들 것"이라고 대응했다.

2022년 중국정부의 대만정책이 '독립반대'에서 '통일촉진'으로 전환되고 있다는 것이 전문가들의 견해다. 2021년 이미 '독립반대', '통일촉진' 강화라는 담론이 유포되기 시작했다. '독립반대는 무력으로, 통일촉진은 평화적으로'가 중국정부의 책략이라는 것이 중론이다.

단절되지 않는 대만역사

대만 박물관 역사서술의 가장 특징은 '단절되지도 단절하지도 않는' 것이라고 할 수 있다. 원주민의 역사도, 한족의 침탈 역사도, 일본의 식민 역사도, '독재'의 역사도 배척하지 않고 서술하고 있다. 총통부 전시실에 순서대로 전시된 역대 총통사진과 그들의 언설을 보면서, 이렇게 해 놓을 수 있는 대만인들이 부러웠다. 역대 총통의 존재는 부정할 수 없는 사실이니까 사실로서 받아들이는 것이다.

총통부의 전시실에는 장제스부터 장징궈, 리덩후이, 천수이볜에 이어 차이잉원까지, 한 사람도 빠짐없이 소개되고 있었다. 하물며 민진당이 집권하고 있는 시절이니, 국민당의 총통들 특히 민진당이 원수처럼 생각하는 장제스는 지워버려도 누가 뭐라고 하겠는가?

"역사는 역사야"라는 말은 대만인들의 입에서 가장 자주 나오는 말이다. 역사 서술은 지워버릴 수 있지만, '사실'로서의 역사는 영원히 삭제할 수 없다. 역사에 이런저런 '가치'는 각각 부여할 수 있지만, 그것이 '사실'로서 존재했다는 것만은 부정할 수 없는 것이다.

대만인들은 사실과 가치의 다름을 박물관을 통해서 배운다. 식민의 역사도, 독재의 역사도, '사실'이기 때문에 지금 '우리'의 역사인 것이다. 굽이굽이 깊고 깊은 원한이 있고, 하늘과 땅만큼 평가는 다르지만, 대만인들은 대만섬에서 일어난 모든 역사를 이렇게 연결시키고 있다.

객가와 원주민과 민진당

'정의구현'은 민진당의 최대전략이다. 그중에서도 원주민과 객가는 최전선에 배치하는 선봉장들이다. 사실 국민당의 리덩후이 총통이 시작한 '역사 바로 세우기'는 이제 민진당이 자신들의 고유한 이미지로 정착시키는 데 성공한 것처럼 보인다. 총통부 전시실에서도 원주민과 객가문화에 대한 홍보를 빼놓을 수는 없는 것이다.

"객가를 통해서 대만을 보고, 대만을 통해서 세계를 보자",

"대만객가의 사회역량" 등의 제목이었다. 객가인인 손문의 사진을 전면에 배치했다. 대만민주국의 총통이었던 당경송(唐景崧)의 사진도 붙어 있다. 마찬가지로 객가인이다.

세계 객가인구 분포도가 있는데, 대만에는 6백만 명(전체인구 2천3백만 명), 홍콩에는 1백20만 명(전체인구 7백만 명), 중국에는 7천5백만 명(전체인구 14억 명)이 있다. 특이하게도 남한에 2만 명, 북한에도 2천 명이 있다고 기록되어 있다. 분류나 집계기준은 제시되지 않았다. 민주화 시기에 진입하면서 객가인들은 '모어' 환원 운동을 전개했다. 전시실에는 손문의 사진에 "객가어를 돌려다오"라는 문구가 적힌 피켓을 들고 시위를 하는 사진이 보였다.

객가인들의 노래

객가 전시실 입구에도 대단히 친절한 도슨트가 배치되어 있었다. 대만 전역의 박물관에 배치된 도슨트들은 한 사람도 빠짐없이 한마디라도 더 알려주고 싶어 했다. 이런 힘은 어디에서 나올까? 이번에도 은퇴한 노인인데, 자신을 객가인이라고 소개했다.

마침 그의 뒤로 객가노래 가사가 보이길래 이 노래는 어떻게 부르냐고 물어보았다. 어릴 때부터 듣고 부르던 노래인데, 이제는 기억을 잘 못한다고 했다. 가사에 대해서 다시 묻자, 노래를 잘 못하지만 한번 불러보겠다고 했다. 내용은 아래와 같다.

1. 중국에서 돈 한 푼 없이 건너왔고,
2. 죽기 살기로 산과 밭을 개간했으며,

3. 몇십 년 동안 고생했지만 누구를 원망하겠는가

4. 근검절약 정신을 대대손손 이어왔음은,

5. 2~3백 년 동안 조금도 변함이 없었다.

6. 객가정신을 영원히 영원히 잊지 말자!

7. 시대는 진보하고, 사회는 변화하여, 시비 선악이 충만한 세상이 되었지만,

8. 부지런한 객가인은 마음의 밭을 잘 가꾸어서,

9. 조상들처럼 정정당당하게 선량한 사람이 되고,

10. 조상의 가르침을 천년만년 잊지 말자!

그는 한번 따라 해보겠느냐면서 두세 번 되풀이하여 불렀다. '객가본색(客家本色)'이라는 제목의 노래였다. 객가인의 정체성이 고스란히 드러나는 가사였다. 대륙에서 대만섬으로 건너와서 수십 년 고생했고, 근검절약하는 정신을 잊지 않았다. 시간이 흐르고 사회도 변화했지만, 우리는 조상들의 가르침대로 변함없이 노력할 것이다라는 다짐의 노래이다. 그들은 대대로 이런 노래를 부르면서 신산한 고생을 이겨냈을 것이다.

중단 없는 분화

민진당이 집권하고 있기에 총통부 전시실에는 당연히 원주민 소개도 빠질 수 없다. '대만의 남도어계'라는 제목 아래, '대만원주민 16족의 분포도'와 '대만 동속(同屬) 남도어계 민족 분포도'를 배치했다.

"대만 동속 남도어계 민족 분포도"라는 이름으로 대만 서부평

원에 광범위하게 존재했던 평지 원주민, 즉 핑푸족에 대해서도 소개하고 있었다. 그들의 정체성도 단일하지 않았다. 나는 총통부 전시실의 분포도를 통해 '평지 원주민'도 11개 부족이나 있었다는 사실을 처음 알게 되었다. 수백 년 수천 년을 내려오는 동안 단일하게 지속되는 정체성은 절대 없다. 하나의 정체성은 그것이 형성되는 순간, 분화를 준비한다.

창롱 해사박물관
長榮海事博物館

台北市中正區中山南路11號
타이베이시 중정구 중산난로 11호

대만인들은 전철을 '민첩한 운송수단'이라는 의미로 '첩운(捷運)'이라고 부른다. 창롱 해사박물관을 가려면 지하철 국립 대만 대학 의대역(臺大醫院站)에 내려서 고색창연한 의대 건물을 지나 가야 한다. 의대 건물은 일제시대 일본인 건축가들이 남긴 아름 다운 작품이다. 대만에는 일제시대 건축물이 많이 남아 있고, 지 금도 사용하고 있다. 매번 일제시대 건축물을 보면서 많은 생각 을 하게 되는 것은 '한국인'으로서 당연한지도 모르겠다.

사실로서의 건축물

일제시대 건축물을 '사실'로 볼 것인가? '가치'로 볼 것인가? 한국인들은 일본이 남긴 '가치'로 보아 철거하고, 대만인들은 '사실'로 보아 그냥 보존한다. 한국인과 대만인의 문화적 유전 자는 이렇게 다르다. 대만인들의 사고방식을 한마디로 정리하 면 '실용 이성'이다. 이 책은 대만사회 또는 대만인들의 문화적 유전자 즉 '실용 이성'이 강하게 작동하고 있는 현장을 찾는 것이 목표이다. 자연스럽게 그것의 역사적인 배경을 추적하게 될 것이다.

성공한 박물관

창룽 해사박물관은 에바항공사(EVA Air)의 박물관이다. '재단 법인 장룽파 기금회(張榮發基金會)' 부설박물관인데, 그룹 초대 회장인 장룽파(張榮發) 선생의 염원이 실현된 곳이다. 박물관은 기금회의 건물 1~5층에 자리 잡고 있다. 대만에서 규모가 제일 큰 해사박물관이다. 모형선, 해양관련 그림, 항해관련 기구 등 장룽파 회장이 기증한 4천여 건의 소장품이 바탕이 되었다. 대 형범선이 항해하는 그림의 입장권에서도 박물관의 주제를 확실 하게 알 수 있다.

창룽 해사박물관 로비에 들어서니, 유치원 아이들 30명 정도 가 견학을 하고 있었다. 인솔해 온 선생님 중에는 백인도 있었 다. 이중언어로 공부하는 유치원으로 보였다. 도슨트로 보이는 할아버지가 중국어로 설명해주면, 백인 선생님이 영어로 보충 설명을 해주는 식이었다.

대만의 모든 박물관이 그러하듯 어린이 내지 청소년들을 위한 전시실이 따로 마련되어 있다. 해사박물관에서도 화면 속 불이 나는 배에 물을 분사하여 불을 끄는 게임 등 청소년들과 '상호 작용(互動)'하는 장치가 많았다. 아이들에게 게임점수를 높이기 위한 비결을 외치는 도슨트 할아버지의 목소리가 컸다. 아이들 도 하나같이 배우고 싶다는 열의가 가득했다. 아이들을 위한 박 물관의 각종 아이디어 덕분일 것이다. 아이들이 많이 찾는 박물

유치원생 관람객을 대상으로 설명 중인 도슨트

관이야말로 성공한 박물관이 아닐까?

대만 정체성의 뿌리

박물관에는 전함모형을 필두로 상선, 여객선, 탐험선 모형 등
이 시대별로 자세한 설명과 함께 전시되어 있다. 3층에는 특별
히 '해양 대만' 전시가 있다. 세계사적 각도에서 대만과 해양의
관계를 보여주고 있다. 팸플릿에서는 "대만인들이 대만의 역사
에 대해 새로운 인식을 하는 계기가 되기를 바란다."라고 했다.
해사박물관의 전시실이 알리고 싶은 스토리를 풀어보면 아래와
같다.

1. 이른바 16세기 '대항해 시대'에 대만은 수출입 무역기지였다.

2. '대항해 시대'에는 포르투갈, 스페인, 네덜란드 등이 세계를 두고 서로 경쟁했다.

3. 포르투갈 제국의 선박이 대만섬을 지나면서, '일라 포르모사(아름다운 섬)'라고 했다 하여 세계적으로 4백 년 넘게 '포르모사'라는 이름으로 통했다. 하지만 '아름답다'는 의미의 '포르모사'는 평범한 형용사이기에, 세계적으로 이런 이름으로 불리는 곳은 한두 군데가 아니라고 한다.

4. 큰(台), 만(灣)이라는 의미의 '대만(台灣)'이라는 호칭은 청말부터 정착되었다.

5. '대항해 시대'와 함께 중상주의(重商主義)가 도래했다.

6. 1602년 네덜란드의 14개 기업의 연합으로 동인도회사가 결성되었다. 군대를 보유했고, 주식회사 형태로 화폐도 발행했고, 법률도 제정했다. 네덜란드 정부는 아프리카 희망봉을 기준으로 동인도회사에게 동쪽 해상무역의 독점권을 인정했다.

7. 네덜란드는 상대적으로 후발주자였다. 그들은 1624년 대만을 점령했다. 대만 정체성을 중시하는 학자들은 이 해를 대만 역사의 원년으로 본다. 따라서 2024년은 4백 주년이 되기에 각종 기념행사가 줄을 이었다. 문자 기록이 남아 있는 역사시대로 진입했다는 것이다.

8. 16세기 중엽 이후, 동아시아 바다는 포르투갈, 스페인, 네덜란드 등 3국이 장악했다. 포르투갈은 중국의 마카오를 빌렸고, 스페인은 필리핀을 식민화했고, 네덜란드는 인도네시아를 근거지로 삼았다. 남아시아, 중국, 일본 등은 모두 그들의 경쟁지가 되었다.

9. 16년(1626~1642) 동안 대만북부를 점령했던 스페인은 네덜란드
   와의 경쟁에서 밀렸고, 네덜란드 즉 네덜란드 동인도회사는 50년
   동안 대만을 경영했다.

 그런데 4백 년 전의 이런 역사가 오늘까지 연결된다면 믿을
수 있을까? 앞서 말했듯이 나는 대만인들에게 습관처럼 그들의
조상에 대해서 물어본다. 오늘날 대만사회의 주류인 중국 복건
성 남쪽지방의 후예 민남인(閩南人)인가? 각고분투로 상징되는
광동성의 객가(客家) 후예인가? 아니면 대만원주민의 혈통인가?
 그런데 이도저도 아니고, 자신의 눈을 보라고 하는 친구들이
있다. 파란색의 눈동자 색깔로 볼 때, 자신은 아마도 대만의 첫
번째 식민자인 스페인이나 네덜란드의 백인혈통이라는 말을 하
기도 한다. 대만인들은 이렇게 '단일하다'는 이데올로기가 아닌,
다양성을 학습하는 환경에서 성장한다.

대만과 무역의 역사

 칸트가 80 평생 동안 고향인 쾨니히스베르크를 떠나지 않았
던 이유는 그곳이 항구였기 때문이다. 앉아서도 세계동향을 다
알 수 있다는 자부심이 그를 고향에 잡아두었던 것이다. 대만은
큰 섬이고, 지정학적으로 동남아시아와 동북아시아를 잇는 매
우 중요한 위치에 있다. 무역을 하기에 최적의 장소였다.
 지역의 성격과 지정학적 위치는 정체성을 대표한다. 대만인
들의 유전자는 바다와 불가분의 관계가 있다. 바다를 빼고 대만
정체성을 논할 수는 없다.

네덜란드 동인도회사는 대만남부 기후가 사탕수수 재배에 최적이라는 것을 알고 재배하기 시작했다. 이후 사탕수수 농사는 첫 번째 정부라고 할 수 있는 '정씨(鄭氏)' 왕국이나 청(清)대에 모두 중시되었다. 생산된 설탕의 최대 고객은 일본이었다. 설탕은 일본의 나가사키(長崎)로 운송되었는데, 대만산 사슴가죽과 함께 최고 인기 상품이었다. 대만산 설탕은 다른 지역산보다 두 배 가격으로 거래되었다.

무역 규모가 커질수록 노동력은 부족했고, 네덜란드인들은 중국(복건성, 광동성)에서 한족 노동자들과 황소를 수입해 왔다. 중국대륙의 생사(生絲), 물소뿔, 약재 등이 대만을 거쳐 일본으로 수출되었다. 중국으로부터 온 비단, 도자기, 황금 등이 대만을 거쳐, 네덜란드 바타비아로 들어갔다. 바타비아에서는 향료, 후추, 목면, 주석, 아편 등을—대만을 거쳐—중국으로 수출했다. 대만은 중국으로 쌀, 설탕, 유황, 사슴 고기를 수출했고, 일본으로는 설탕, 사슴 가죽, 소뿔, 소가죽 등을 수출했다. 일본은 대만으로 은을 수출해서 무역역조를 해결하고자 했다.

제2차 아편전쟁이 텐진조약으로 마무리되면서, 1860년에 단수이, 타이난, 가오슝 등이 개항하고, 타이베이 등 북부에서는 구미지역으로 '우룽차' 수출이 활기를 띠게 되었다. 대만의 사탕수수가 국제적으로 가격 경쟁에서 밀리자 이제 대만산 우룽차가 주요 수출품이 되었고, 그 영향으로 경제의 무게중심이 북부로 이동되었다. 우룽차 수출에 힘입어 형성된 곳이 지금의 수도 타이베이이고, 그중에서도 다다오청(大稻埕)이고, 그 중심에 디화가(迪化街)가 있다. 지금도 타이베이를 대표하는 관광지인 디화가에는 당시의 영화를 알 수 있는 상가가 빼곡하다.

죽음의 길- 대만해협

청나라가 대만을 통치하기로 한 시점, 중국인들의 대만 이민은 결코 쉬운 일이 아니었다. 우선 당국의 허가를 받아야 했다. 원적지에서 도항 허가증을 받아야 하고, 무엇보다도 가족을 동반할 수 없었다. 가족은 인질로서의 의미가 컸다. 가족만큼은 대륙에 잡아두어야 하는 것이다. 게다가 광동성은 '청나라를 반대하고 명나라를 되찾자'는 '반청복명(反淸復明)'의 중심지였기에, 광동성 출신은 대만에 갈 수 없었다.

대만은 먹거리가 풍부하다. 나는 화덕만두(胡椒餅)와 수전포(水煎包)를 권한다. 또 하나 더, 대만산 오징어를 먹어보아야 한다. 살이 두터워서 쫄깃한 식감이 특별하다. 물살이 세기로 유명한 대만해협에서 살아남으려면 오징어는 두꺼운 근육을 만들어야 한다. 그중에서도 펑후(澎湖)섬 근처에서 잡히는 오징어는 식당에서 특별한 대접을 받는다. '펑후 오징어'[1]라고 표기해두는 식당이 많다. 대만해협은 수심이 깊고 물살이 세기로 유명하다. 특히 펑후섬과 대만섬 사이의 해류는 오랫동안 악명을 떨쳐왔다. 얼마나 깊었으면 '검은 물 골짜기' 즉 '흑수구(黑水溝)'라고 불렀겠는가?

중국 대륙에서 배를 타고 대만섬으로 넘어오는 길은 죽음의 길이었다. 죽음을 각오하지 않고는 올 수 없었다. "열 명 중 여

[1]   澎湖魷魚

섯이 죽고(六死), 세 명은 성공하고(三留), 한 명은 돌아갔다(一回頭)"라는 말이 남아 있을 만큼 위험한 여정이었다. 그들은 중개인의 속임수에 많이 당했는데, 그것을 피하면 이제 센 물살과 해적 그리고 태풍을 피해야 했다.

박물관의 게임

창룽 해사박물관에서는 그 험한 여정을 게임으로 만들어 놓았다. 복건성과 광동성에서 배를 타고 대만으로 넘어오는 길을 선택하는 게임이다. 어느 항구에서 언제 출발할까를 심사숙고해서 버튼을 누르지 않으면, 십중팔구 배가 뒤집히는 '낭패'를 맛보게 된다. 몇 달마다 바뀌는 계절풍을 계산해야 하고, 물때를 맞추어야 하고, 태풍 시즌을 피해야 한다.

놀이는 놀이인데, 마냥 즐길 수 있는 게임이 아니다. 적당한 스트레스가 함께하면서 대만 선조들이 얼마나 어렵게 바다를 건너왔는지 알게 만든다. 대만인들은 대만으로 건너온 선조들은 매우 우수하다고 자랑한다. 고향을 떠나야 하는 절박함이 있어야 할 것이고, 무엇보다도 시도해보겠다는 용기가 있어야 할 것이다. 선조들의 개척정신과 도전정신을 은근히 자랑하면서 자신들의 독특한 정체성을 드러낸다.

대만 박물관,
일본과
화해하다

국립 대만박물관
國立臺灣博物館

台北市中正區襄陽路2號(二二八和平公園內)
타이베이시 중정구 샹양로 2호('228' 평화공원 내)

국립 대만박물관을 떠올리면 마음이 푸근하다. 우선 타이베이 도심에 위치하여 접근성이 좋고, 언제 가더라도 대만인들이 자랑하고픈 당당한 볼거리가 많이 마련되어 있다. 게다가 주위에는 다양한 먹거리의 식당들이 즐비하다. 내가 대만에는 맛있는 먹거리가 많다고 하니까, 대만을 잘 아는 친구가 '맛없는 식당을 발견하기 어렵다'라고 받았다. 어느 식당에 들어가더라도 최선을 다하는 모습이 역력하다.

대만을 대표하는 박물관

대만을 대표하는 박물관은 어디일까? 대만이라는 정체성을 여실히 보여주는 박물관은? 국립 대만박물관은 그 질문에 대한 대답으로 부족함이 없는 곳이다. 위치도, 건축물도, 전시물도, 대만을 대표한다는 자부심이 느껴진다. 우선 위치는 총통부 등 주요기관이 포진해 있는 타이베이 시 중심이다. 이 박물관도 일제시대에 건립된 것이다. 총독부를 비롯한 관공서와 공원과 박

2024년 세계 12강 야구대회 우승을 기념하여 국립 대만박물관 앞에
'대만 영웅' 플래카드가 걸렸다.

물관을 함께 배치하는 것은 일본식 근대화의 한 특징이다. 국가
의 권위를 국민에게 보여주는 역할을 담당하는 공간인 것이다.

지금의 본관 건물은 1915년에 건축되었다. 대리석 등의 석재
는 일본에서 수입한 것이고, 목재는 대만 현지의 것을 사용했
다. 본관은 유럽 신고전주의 양식으로 그리스와 로마 신전양식
을 모방했다. 굳이 일제시대 건축물임에 시비를 건다 하더라도,
그것의 아름다움에 대해서는 아무도 반론을 제기할 수 없을 것
이다. 한국이 일본의 흔적을 철거하는 문화라면, 대만은 보존에
만 그치는 것이 아니라 그것의 '활화(活化)' 즉 활성화를 위해 노
력한다.

국립 대만박물관의 정체성

국립 대만박물관은 본관, 고생물관(古生物館), 남문관(南門館), 철도부 원구(鐵道部園區) 등으로 구성되어 있다. 모두 '228' 평화공원 인근에 있다. 팸플릿에 의하면 대만박물관은 1908년 '일본시대(日本時代)' 대만총독부의 부속박물관부터 오늘의 대만박물관까지 1백 년 이상을 대만의 자연과 인문지식을 소장, 연구, 전시, 홍보하는 사명을 짊어지고 있다.

우리가 요즈음 '일제 강점기'로 부르는 그 시기를, 국립 대만박물관은 '일본시대'라고 부른다. 이제 '일본시대(日本時代)'라는 용어를 사용하는 책도 많다. 일본식민에 대한 대만인들의 인식은 '일본 점거 시기(日據時代)', '일본 통치 시기(日治時期)'를 거쳐 이제 '일본시대'까지 와 있다. 일본통치에 대한 해석과 수용은 정치권력 그리고 사회분위기와 밀접한 관계가 있다. 권력의 성격이 바뀌는 만큼 타자에 대한 정의도 바뀐다.

대만은 사실에 주목하고, 한국은 가치에 방점을 둔다. 이것이 내가 대만의 '문화적 유전자' 연구에 발을 들여놓게 된 첫 번째 배경이다.

조선 양반의 출현

국립 대만박물관에서도 정신이 번쩍 들게 만드는 장면이 있었다. 전시물 가운데 갓 쓰고 도포 입은 조선양반을 만났다. 조선 말 서양 선교사들이 조선 양반들의 갓을 보고, 햇빛도 비도 가릴 수 없는 모자를 쓰고 다닌다고 서술했던가. 조선 양반이라니? 여기 대만을 다녀갔다고? 아니 조선과 교류가 있었다는 말인가?

1895년 청의 이홍장(李鴻章)과 일본의 이토 히로부미(伊藤博文)는 일본에서 비준서를 교환했다. 청일전쟁을 마무리하는 마관조약(馬關條約)[1]이었다. 조약의 제1조에서 청은 조선이 완전무결한 독립국임을 인정하고, 종래의 조공관계를 중단시켰다.[2] 제2조에서 청은 대만과 펑후제도(澎湖諸島)를 일본에 영구히 할양했다. 이 조약에 의해서 대만의 신분에도 큰 변화가 있었지만, 조선이 '완전무결한 독립국'이 됨으로써 역시 일본의 진출에 무방비로 노출되었다는 시각도 있다.

조선의 양반 모형을 등장시켜 대만의 세계성을 구현하고자 하는 것처럼 보였다. 중국은 물론 일본과 왕래가 잦았고, 당연히 조선인들과도 직간접적인 교류가 있었을 것이다. 하지만 조선인들의 경우 '쇄국정책'으로 인한 불이익을 염려하여 외국과의 접촉을 기록으로 남기지 않았을 것이다.

국립 대만박물관의 스토리텔링은 '대만'이라는 의미만큼 확장적인 의미를 전하고 있다. 조선이라는 대상도 그들의 의식구도 속에 자리 잡고 있었다. 그리고 지금도 그러하다는 것을 보여준다. 대만은 대항해시대부터 동아시아 전역에 오픈되어 있던, 아니 그 중심에 있던 섬이었다.

네덜란드 동인도회사는 대만을 상품집산지로 활용했다. 네덜

---

1 일본 야마구치현(山口縣) 소재의 마관항(馬關港)에서 체결되었기에 마관조약(馬關條約)이라고 한다. 마관항은 이후 하관항(下關港)으로 개명되었다. 시모노세키(下關)조약이라고도 한다.
2 이와 관련하여 타이난(台南)에 있는 국립 대만역사 박물관에서는 청, 조선, 일본의 주권 관계변화를 동영상으로 보여주고 있었다.

란드 약재, 중국 비단과 도
자기, 조선인삼 등을 거래
했다. 1634년에서 1638년
4년 동안 사슴가죽 15만 장
이 일본으로 수출되었다.
일본인들은 대만산 사슴가
죽으로 갑옷과 조끼를 만들
었다. 17세기 네덜란드 통
치 시기부터 일본은 대만과
긴밀한 무역관계를 형성하
고 있었다. 북쪽 항구인 지
룽 등에는 일본인 상인들의
거점이 설치되어 있었다.

국립 대만박물관 전시실에서 만난
조선 양반

대만을 발견하다?

국립 대만박물관이니까 '대만'을 보여주어야 할 것이다. 국립
박물관은 국가라는 '오브제'를 '서사'를 통해 보여주어야 할 사
명이 있다. 대만이라는 섬을 그리고 국가로서의 대만을 어떻게
구현할 것인가라는 화두를 짊어지고 있다.

2023년 1월, 국립 대만박물관은 21세기 처음으로 새로운 상
설전시를 선보이고 있었다. 앞으로 있을 세 차례 상설전시 중
의 첫 번째에 해당한다. 팸플릿 제목이 "대만을 발견하다(發現台
灣)- 대만박물학과 박물학자의 시대를 다시 방문하다"였다. 당
시 '대만총독부박물관'의 초기 대만박물학과 박물학자가 "독무

대를 펼치는 시대발견"이라는 내용이다. 대만의 자연에 대한 회고로서 어떻게 근대 박물관학에 의해 발견되었는가에 대한 전시였다. 그래서 '대만발견'이라고 했다는 것이다.

팸플릿에는 아래와 같이 설명되어 있다.

1. 이번 전시는 대만박물관의 출발로 거슬러 올라가는 것이자, 1백년 이상의 이전으로 돌아가는 것이다.
2. 당시 대만총독부박물관의 초기 대만박물학과 박물학자가 독무대를 펼치는 시대발견이다.
3. 오늘의 대만박물관 수장의 기초를 다진 것과 대만박물관의 이미지를 구축한 박물학과 발견자 그리고 '전통의 발견'을 다시 자세히 살펴보는 것이다.
4. 따라서 이번 전시는 대만 자연세계에 대한 박물학 전시가 아니라,
5. 대만 자연세계에 대한 회고로서, 어떻게 근대박물관학에 의해 발견되었는가에 대한 전람인 것이다.
6. 그래서 '대만발견'이라고 했다.

'대만발견'의 첫 번째 단계는 "발견의 길"로서, 20세기 초 대만에서 활동한 두 명의 일본인 학자[3]가 현지답사를 통해 수집한 자료와 연구결과를 전시하고 있다. 그렇다면 일본인에 의해 발견되었다는 점과 일본인 학자들의 공로를 강조하는 표현이다.

대만을 발견하는 길을 열어준 것이 일본인 학자였다는 말이

---

3   森丑之助, 菊池米太郎

다. 대만의 이미지는 일본인 학자들의 연구결과와 관계가 있다는 서술이다. 대만의 인류학, 동물학, 식물학, 곤충학 등은 일본인 학자들이 개창한 것이다. 그들은 대만원주민의 옷과 석기 그리고 대만의 조류 및 식물, 곤충표본 등을 수집했다. 박물관은 그것을 분명하게 밝히고 있는 동시에 그것을 "대만을 발견하다"로 연결시키고 있다. 한편 '대만을 발견하다'는 스토리는 1992년부터 대만 인문학계에 불어 닥친 대만이론화 작업 즉 대만 정체성 확립 작업의 연장선상에 있다고도 볼 수 있다.

일본의 첫 번째 식민지- 대만

1. 1895년 청(清)국은 갑오전쟁에서 일본에 패배했고, 쌍방은 마관조약을 체결, 대만과 펑후제도를 할양했다.
2. 당시 대만의 향신계급은 청국으로부터 이탈할 생각은 없었기에, 당경송(唐景崧)과 대만인들은 대만민주국을 수립하여 세계열강의 지원을 쟁취하고자 했다.
3. 하지만 대만민주국은 5월 25일 타이베이에서 수립을 선포하고 반년도 못되어 종말을 고했다.

청일전쟁에서 승리한 일본은 1895년 4월의 '마관조약'을 통하여 대만섬을 영구히 할양받았다. 일본으로서는 첫 번째 식민지였다. 하지만 1895년 5월, 대만에 상륙한 일본군대는 연말까지 혹독한 대가를 치러야 했다. 대만인들은 우선 대만성의 순무 당경송을 중심으로 대만민주국(台灣民主國) 건국을 선포하고 일본

군대에 대항했다.

대만인들(원주민 포함)의 저항으로 발생한 전쟁에서 일본군의 전사자는 164명에 불과했지만, 풍토병 환자는 2만 7천여 명이 발생했던 것이다. 게다가 그중 4천 6백 명이 사망했다. 그만큼 대만의 자연환경에 대한 연구가 시급했다는 말이다.

일본총독부는 1897년부터 철도와 도로망 건설을 위해 대만지리, 삼림, 원주민 조사를 실시했다. 총독부의 초대 민정국장 고토 신페이는 의사 출신으로서 문화, 습관, 종교, 풍습 등을 조사한 이후, 공중위생과 근대화된 의료정책을 우선 추진하기로 한다. 하수도 설치는 도쿄보다도 2년 앞섰다.

새로운 연구목표

'대만발견'의 두 번째 단계는 "대만의 새 이미지"로서 초대 관장인 식물학자[4]와 대만 곤충연구의 "개창자(開創者)"라는 수식어로 동물학자[5]를 중점소개하고 있다. 모두 일본인 학자이다.

일본인 동식물학자들에게 대만은 신천지였을 것이다. 학자들에게 새로운 아이템과 연구목표가 생겼다는 것만큼 기쁜 일은 드물다. 그들의 목표는 무엇이었을까? 그들의 대만연구는 일본제국의 통치를 위해서였을까? 아니면 새로운 아이템에 대한 학자로서의 호기심이었을까?

문화학자 메리 루이스 프랫의 시각을 빌려서 말하면, 일본 제국주의는 동식물학자들을 통해서 대만 또는 대만원주민을 일

---

4   川上瀧彌
5   素木得一

본이 만든 제한적이고도 전체주의적인 질서로 재편시켰다고 볼 수 있다. 당시 동식물학자들도 의도하지 않았겠지만, 자신도 모르게 일본 제국주의의 체제를 확대시키는 데 공헌했다.

다시 프랫의 화법을 빌리면, 관찰하고 수집하는 박물학자들의 행동은 식민주의라든지 제국주의의 권력과 무관한 행위인 것처럼 보이지만, 과학적 탐사와 여행기는 현지에서 자발적으로 진행되어 온 역사의 맥락을 근본적으로 제거하는 활동이었다.[6]

박물관에 관심을 가지면서 이런저런 박물관을 참관하고, 또 전시물을 살펴보면서 나는 이성과 감성에 대해 다시 생각해 보게 된다. 관객의 이성에 호소할 것인가? 아니면 감성을 자극할 것인가? 박물관은 무엇보다도 '사실' 전시가 중요하지 않을까? 그렇다면 국립 대만박물관은 모범이 될 만하다. 그들은 일본식민의 역사를 회피하지도 왜곡하지도 않는다. 역사를 지우려 하거나, 없었던 사실로 치부하지도 않는다. 원주민과 일본에 관해서 숨기지 않고 드러내는 방법으로 '나'의 '나다움'을 만방에 알리고 있다.

"과거는 미래"- 미래를 중시하는 박물관

'대만발견'의 세 번째 단계인 "과거는 미래"의 설명에서는,

1. 박물관이 소장하고 있는 역사적인 표본이 무슨 의미가 있을까?

---

6   김남혁, 『메리 루이스 프랫, 제국의 시선』, 커뮤니케이션북스, 2016년, 55쪽.

2. 박물관의 표본은 우리를 데리고 과거로 돌아가서 반성하게 할 수
   있을까?
3. 심지어 미래를 전망하게 할 수 있을까?

라는 질문으로 시작하고 있다. 박물관의 소명을 다시 확인하고 있다. 사실 이런 질문은 우리 모두가 역사를 향해 던지고 싶은 것들이다.

내 식으로 다시 정리하면, 박물관의 서사는 역사와 무슨 관계가 있을까? 박물관은 '우리'의 반성을 이끌어낼 수 있을까? 나아가서 박물관의 서사는 우리의 미래에 도움이 될까이다. 과거를 해석하고, 수용하고, 논의하는 모습이야말로 그 사회의 근대화를 측정하는 중요한 잣대가 아닐까?

과거와 미래

'과거는 더 이상 존재하지 않는다'라는 담론이 있다. 그만큼 현재와 미래가 중요하고 절실하다는 말이다. 과거와 현재는 미래와 직결된다. 과거와 현재는 미래를 위해서 존재하는 것이다. '인민'을 위해 복무하는 것이 아니라 '미래'를 위해 복무해야 한다. 과거에 대해 이성적인 조명을 할 때 과거는 미래가 되고, 미래를 위해 공헌할 수 있다. '과거는 미래'라는 대만 박물관의 화두는, 대만인문학의 현재적 가치를 보여준다.

'역사에서 이성 찾기'라는 사명은 이런 질문과 유리될 수 없는 것이다. 팸플릿에서는 2014년 멸종된 대만고유의 표범인 '대만운표(台灣雲豹)'를 안타까워하고 있다. 대만표범은 박제로 다시

살아나 우리를 꾸짖고 있다. 이 전시의 마지막 단계는 박물관이 소장하고 있는 직물의 문양과 각종 표본의 형태에서 영감을 얻은 대만원주민 방직 예술가[7]와 다매체 예술가[8]의 작품을 전시하여 의미를 더해주고 있다.

우리와 타자

기획된 네 개의 주제를 보면 박물관 측이 무엇을 목표로 하고 있는지 알 수 있다. '집은 고향'이라는 정체성과 곧바로 연결된다. 내 자신을 제대로 아는 것이야말로 외부를 인식하는 지름길이다. 우선 대만을 찾고, 다시 그것을 그려내 보고 싶다는 욕심이다. 특히 네 번째 주제에 대해서는 더 길게 설명하고 있다.

1. 만나서 뿌리를 내리다:
2. 대만은 역사적으로 각기 다른 곳에서 온 사람들이 장기적으로 만나서 합쳐졌다.
3. 서로 영향을 주고, 서로 작용한 결과물이다.
4. 각기 다른 사람들의 만남은 특수한 관찰 경험과 상상 방식을 만들어냈다.

"만나서 뿌리를 내리다"라는 담론은 대만 모든 박물관의 핵심 서사라고 할 수 있다. 지금의 대만은 "각기 다른 곳에서 온 사람들이 장기적으로 만나서" 만들어낸 합작품인 것이다. 뿐만 아니

7   尤瑪 · 達陸
8   王俊傑

라 "호동(互動)" 즉 "서로 영향을 주고 서로 작용한 결과물"이라는 인식은 대만역사를 관통하는 특징이기도 하다.

무릇 인생과 사회 그리고 국가의 모든 결과가 '상호작용'의 결과물이지만, 굳이 이 사실을 강조한 이유는 무엇일까? '만남'과 '교류'라는 행위를 제외한다면 대만문화를 서술하는 일은 불가능하기 때문이다. '타자'를 통한 자아 확인이고, 자아는 타자의 출현으로 다시 한번 정의되어 온 것이 대만문화이기 때문이다.

각기 '다른' 사람들의 '만남'은 새로운 가치를 창출하는 필요조건이다. 대만의 모든 박물관에서 작동되고 있는 이런 서사방식은 대만인들의 두뇌에서 '만남'을 통해 생성된 '우리'라는 정체성을 다시 확인시키게 된다. 대만은 '같은' 종족이 아닌 우리와 '다른' 사람들을 통해서 지속적으로 자아를 재(再)정의해온 공간인 것이다. 이런 재정의 방식은 대만인들이 창조한 이미지와 조형예술 그리고 과학교육 모형에 다시 반영되고 있다.

'상호작용(互動)'의 결과물

대만의 현재를 이것보다 더 정확하게 서술할 수는 없을 것 같다. 대만의 특수성을 매우 이성적으로 정의하고 있다. 강조해야 할 점을 강조하고 있는데, 특별하게 부정적으로 수용을 강요하고 있는 분위기는 아니다. 즉 대만은 '만남'을 통해서 만들어졌다는 것이다. 대만은 수많은 종류의 사람들이 만나서 영향을 주고 받은 "호동(互動)" 즉 상호작용의 결과물이다.

대만정체성을 분석하기 위해서는 '섬'이라는 특징을 우선 고려해야 한다. 사방이 바다라는 사실이 대만의 유전자이자 환경이다. 그것이 교류할 수밖에 없는 개방적인 대만정체성을 만든 가장 중요한 환경이다. 사상가 가라타니 고진(柄谷行人)은 일본이 독자적으로 자유롭게 발전할 수 있었던 이유도, 일본이 대륙과 단절된 섬이었기 때문이라고 했다.

대만의 시조

신화전설 속의 시조는 따지기 어렵다. 각 원주민마다 신화가 있을 테니, 대만섬 전체로 보면 꽤 여러 명의 시조가 있을 것이다. 그런데 역사시대에서는 단 한 명의 시조만 손꼽힌다. 그가 바로 '정성공(鄭成功)'[9]이다. 국립 대만박물관의 전시실에서 '정통과 고전'이라는 제목으로 정성공의 초상화를 디지털 방식으로 보여주고 있다.

1. 한족 눈에 보이는 정성공,
2. 일본인들이 그린 정성공,
3. 최근 사람들이 만들어낸 정성공

정성공의 정체성이 매우 복잡한 인물이라는 것을 보여주기 위한 장치다. 대만박물관은 대만의 시조라고 인식되고 있는 정성공이 사실 다양한 정체성이 중첩된 인물임을 강조하고 있다. 어디 정성공뿐이겠는가? 개인도 국민도 모두 이중적인 또는 다중적인 정체성을 지닌 존재임을 우리는 자주 간과한다. 박물관이

---

9   38년간 대만을 식민했던 네덜란드의 통치를 끝낸 한족 지도자이다.

관람객들에게 정답보다는 다양한 관점을 제시하고자 하는 의지가 보였다.

대만인들은 지금 '국가'로서의 대만이라는 정체성을 '처음' 만들어준 사람이 정성공이라고 본다. 국가 형태 즉 행정체계를 처음 세웠다고 보는 것이다. 국립 대만박물관이 소홀히 다룰 수 없는 이유이다. 대만에서는—외국인인 내 눈과 귀에도—정성공이라는 이름은 시도 때도 없이 보이고 들려온다. 정성공은 대만인들의 유전자에 성공적으로 각인된 것 같다.

문제는 그의 정체성이 애매하다는 것이다. 일찍이 대만정체성을 강조하는 역사학자 스밍은 정성공이라는 인물에 대해 이렇게 말했다.

1. 청나라를 반대하고 명나라를 회복하기 위한 '반청복명(反淸復明)'을 꾀한 장군이라고 해야 할지,
2. 대만해협 양쪽에서 도적질을 했으니 해적왕이라고 해야 할지,
3. 대만에 동녕국(東寧國)이라는 나라를 세웠으니 왕이라고 해야 할지 모르겠다.

하기야 건국영웅치고 애매하지 않은 신분이 있었던가! 도적이었다가 역성혁명에 성공해서 황제가 된 경우도 많았다. 이제 정성공의 신세에 대한 맥락을 파악해야 하는 시점이다.

왜구(倭寇) 또는 화구(華寇)

우리는 어려서부터 귀에 못이 박히도록 '왜구'라는 말을 들어

왔다. 왜구 피해를 모르는 사람은 없을 것이다. 하지만 '화구(華寇)'라는 말은 생소하다. '화구'는 중국인(華) 도적(寇)을 가리키는 말이다. 중국을 중심으로 본다면, 사실 '왜구'보다는 '화구'가 훨씬 많았다.

우선 명(明)대의 '해금(海禁)' 정책을 설명해야 할 것 같다. 예로부터 중국의 해안지역은 조정에서 볼 때 골치 아픈 곳이었다. 해외로 도망가거나, 밀수를 하거나, 해적질을 하는 유랑자들이 살기 좋은 곳이었다. 그들은 주로 해상무역에 종사하다가, 다른 배를 습격하기도 하고, 상륙해서 해안 마을을 습격하기도 했다. 이에 대해 정부는 수시로 해안을 통제하는 것으로 대응했다.

명 태조 주원장(朱元璋)은 골치 아픈 해적들을 제압하고자 극단적인 '해금'을 실시했다. 해안선 4km 이내에는 사람이 살지 못하게 해서 거주민들이 바다로 나가지 못하게 했다. 바닷가에 거주하는 사람이 없으면 모든 것이 해결될 것으로 생각해서, 아예 그 싹을 잘라버린 것이다. 지금 생각하면 정말 말도 안 되지만, 명대와 청대에 걸쳐 오랫동안 해금이 실시되었다. 명초에 제정되어 17세기까지 3백 년 이상 지속되었다.

당연히 활발하던 국제무역에도 큰 타격을 주어, 자유롭게 중국의 각 항구를 출입할 수 없었다. 밀수, 해상 강도 등을 저지르는 세력이 더욱 기승을 부리게 되었다. 소속이 애매한 땅인 대만과 평후 제도는 해적들의 낙원이었다. 그들을 통칭하여 '왜구'라고 했다. '왜구'는 한동안 중국, 조선, 일본 연안에서 활동하던 해적과 상단(商團)을 통칭하는 말이었다.

억울한 왜구

'왜(倭)'는 일본을 천시하는 호칭인데, 사실 해적들 중에는 중국인도 있고, 일본인도 있었다. 후기로 오면서 오히려 해적 대부분이 중국인들이었다. 이들을 중국인 해적 즉 '화구'라고 부른다. 스밍에 의하면, 우리가 일본인이라고 알고 있는 왜구도 사실은 8~90퍼센트가 '화구' 즉 중국인들이었다. '화구'가 동아시아는 물론 동남아시아 전체에서 횡행했다. '왜구'라는 호칭에 의해 수백 년 동안 모든 혐의를 다 뒤집어쓴 일본인으로서는 억울할 수밖에 없다.

미워할 대상은 둘보다는 하나로 모으는 것이 쉽다. '왜구'도 있고 '화구'도 있다는 것보다는, '왜구'로 통일하는 것이 심리적으로 편하다. 칭찬하려면 구체적인 증거가 필요하지만 비난하는 데는 추상적인 증거만으로도 충분하다. 악마나 마녀가 생산되는 이유이다. 이렇게 해서 중국이나 한국은 오랫동안 미움의 대상을 '왜구'로 한정시켜 왔다.

홍콩도 대만도- 화구(華寇)의 소굴

언제 어디서나 위에는 '정책'이 있고, 아래에는 '대책'이 있다. 강력한 해금 정책에도 불구하고, 여전히 죄를 짓고 외국으로 탈출하는 사람들이 많았다. 뿐만 아니라 큰돈을 벌기 위해 해외를 수시로 왔다갔다하는 사람도 많았다. 바다에서 어민을 습격하거나, 내륙으로 들어와서 마을을 습격하는 경우도 있었다. 이름하여 '해적'이다. 당시 그들에게 국적을 묻는다는 것은 무의미하다. 그들은 중국대륙, 대만, 동남아시아, 한반도, 일본열도, 류큐(오키나와) 등지의 출신으로서, 이익만 생긴다면 어디든 다니는 '세계인'이었다.

나는 네덜란드로부터 대만을 수복한 정성공이나, 청해진을 설치하여 해상무역을 활성화시켰다는 '장보고(張保皐)'를 그들의 대표격으로 보고 싶다. 정성공이나 장보고가 어느 나라 사람이냐는 논쟁이 필요할까? 해당 국가들은 어떤 인물과의 관련성을 부인하기도 하고, 자신의 이익을 위해 어떤 인물을 미화하기도 한다. 대만을 중국의 영토로 편입시킨 정성공은 아버지가 중국인이고, 어머니가 일본인이었다. 그렇다면 그는 어느 나라 사람일까?

부모의 유전자

우리는 자신의 혈통에 대해서 얼마나 생각해보았을까? 부모 더 거슬러 올라가서 조부모의 혈통은 오늘의 나와 직접적인 관계를 가진다. 질병까지도 유전이 되는 것을 보면, 우리가 과연 부모의 유전자로부터 벗어난다는 것이 가능한지 모르겠다.

정성공을 이해하기 위해서는 그의 아버지 이야기부터 꺼내야 한다. 아버지 정지룡(鄭芝龍)은 복건성 출신이지만, 외삼촌을 따라 마카오에서 장사를 했고, 포르투갈어와 네덜란드어를 배웠다. 나중에 일본으로 가서 무역이라는 것을 체득했고, 당연히 일본어도 배웠으며, 일본여자와 결혼도 했다. 고향으로 돌아와 중국의 비단, 도자기 등을 대만을 거쳐 일본으로 보내는 무역으로 큰돈을 벌었다.

정성공의 어머니가 일본인이었다는 사실은, 정성공이 일본의 혈통이라는 것은, 지금까지 대만정체성에 영향을 미치고 있다. 현재 대만의 일본 해석에까지 영향력을 행사하고 있다. 일본 통치시기 총독부는 정성공의 어머니가 일본인이었다는 사실에 주목하여 정성공을 위한 신사(神社)를 건립하기도 했다. 대만과 일본통치의 관계를 이유 있는 것으로 만들기 위한 조치였다.

무역상 또는 해적

정지룡의 사업 규모는 대규모 상단을 보호하기 위한 군대도 갖출 만큼 방대했다. 그는 일본, 필리핀, 캄보디아, 인도네시아, 태국 등지에 지사를 두었다. 게다가 상선은 물론 군함까지도 제조하는 실력을 갖추었다. 그는 다른 상선으로부터 보호비를 받았다. 물론 말을 듣지 않을 때는 해적처럼 상선들을 공격했다. 그는 '부자의 돈으로 가난한 사람을 돕겠다'는 '겁부제빈(劫富濟貧)'이라는 구호로 자신을 미화할 줄 아는 사람이었다.

원래 중국, 대만, 일본 등의 삼각무역을 담당한 것은 네덜란드였다. 정지룡의 상단이 세력을 갖추기 시작했다는 것은 이제 곧 그들과 이해가 상충한다는 의미였다. 정지룡을 해적으로 볼 것이냐, 해상무역 재벌로 볼 것이냐, 아니면 그것을 겸했다고 기술해야 할까?

우리는 당시 중국을 포함한 대만 나아가서 유럽과 동아시아를 망라한 네트워크가 구축되어 있다는 점에 주목할 필요가 있다. 당시 '중국인'들은 이미 이 정도의 개방된 사회구조 속에서 살고 있었다. 중국의 남부지방, 대만, 일본 등은 세계무역의 관계망 속에서 생활하고 사유하고 있었던 것이다.

첫 번째 식민과 대만

이후 정지룡은 청의 유인술에 넘어갔고 그의 해상왕국은 몰락했다. 이 틈을 비집고 들어온 것이 스페인과 네덜란드였다. 스페인은 대만의 북쪽, 네덜란드는 남쪽을 장악했다. 나중에 네덜란드가 스페인을 쫓아내고, 대만 전체를 차지하게 된다. 38년(1624~1662년) 동안 대만을 통치했는데, 네덜란드인들은 세금을 지나치게 많이 부과했다. 농업, 어업, 목축업 모두 세금을 내야 했다. 견디다 못한 대만인 4~5천 명이 저항을 하기도 했지만, 비교가 안 되는 무기 때문에 절반 넘게 희생당했다.

부계혈통으로 따지면 정성공은 한족이고, '청나라를 반대하고 명나라로 다시 돌아가자'는 '반청복명(反淸復明)'의 상징이다. 게다가 외적으로부터 나라를 구했다면, '영웅 되기'의 필요조건을 갖춘 셈이다. 정성공은 대만 남부를 네덜란드의 식민통치로부터 해방시켰다. '그들'로부터 '우리'라는 정체성을 찾아온 사람이다. 네덜란드라는 외적이 '우리' 대만이라는 정체성 생성을 추동한 것이다. 그렇다면 대만이라는 정체성의 확립이 지금 '우리' 대만과 어떤 관계가 있을까?

정성공은 대만 역사상 처음으로 '동녕국'이라는 독립국가를 건설했다. 동녕국은 강희제 시기에 청의 영역으로 복속되었다. 대만이 중원정부에 의해 지배받기 시작한 시점이다. 대만이 문화적으로나 혈통적으로나 중국 그것도 한족에 근거하고 있다는 것을 믿고 좋아하는 사람들이 있다. 하지만 세상에 단일한 정체성이 있을까? 알고 보면 정성공 역시 애매한 정체성의 소유자이고, 그 '애매함'이 지금 대만의 또 다른 정체성을 대표한다.

대만박물관이 그려내는 '대만다움'

2022년부터 2023년까지, 국립 대만박물관에서 "대만 이미지"라는 특별 전시가 열렸다. 부제는 "제국 눈 속의 대만 풍물"이었다. 제국이라함은 대만을 차례대로 식민한 네덜란드, 청, 일본 등을 말한다. 그들의 시각에 비친 대만의 이미지를 정리해보자는 시도인 것이다. 팸플릿의 요지는 아래와 같다.

1. 17세기 이래 여러 제국이 각각 자신들의 입장으로 대만을 인식했다. 제국이 제작한 지도와 특별히 거론한 물산을 통해, 두 가지 축선으로 역사과정과 대만을 탐색해본다.
2. 첫 번째는 '제국의 응시'로 네덜란드 연합 동인도공사로부터 '대청국(大淸國)'과 일본제국까지이다. 그들은 어떻게 제국 통치자의 위치에서 대만지리와 풍토를 탐색했는지를 살펴본다.
3. 두 번째는 '대만의 에너지'로 대만에 거주하는 현지인은 각기 다른 제국의 통치를 체험한 후 점차 대만인의 공동의식을 형성하게 된다. 아울러 스스로에 대한 담론과 묘사방식을 발전시킨다.

한마디로 외세와 대만을 적대적인 이분법이 아닌, '상호 교류 과정'인 '호동(互動)' 관계로 파악하고 있다. 결국 국립 대만박물관은 '대만인'이라는 정체성은 타자의 개입으로 발생한 것이라는 점을 분명하게 인식하고 있다. 역사가 만들어낸 대만인이라고 할 수 있다. 현재의 정체성은 수많은 선택의 결과물인 바, 대만의 정체성은 다양한 식민역사의 소산이라는 것이다. '전쟁'도 '호동'관계의 하나로 평가하는 시각도 있는데, 국립 대만박물관은 대만역사에서 제일 중요한 특징을 서술하고 있다.

무역항로- 사슴가죽

내 머릿속에 떠오르는 대만 이미지 중에 가장 크게 차지하는 동물은 사슴이다. 사슴이 뛰어노는 이런저런 지도를 너무 많이 본 탓일까? 박물관의 주요 전시물인 "대만 이미지"는 다시 "물산 대만(物産台灣)"과 "도상 대만(圖像台灣)"으로 나눠진다. "물산 대만" 항목에는 아래와 같은 설명이 붙어 있다.

1. 17세기 초까지 넘쳐나던 사슴은,
2. 네덜란드가 사슴가죽을 대량으로 구매하여 수출하는 바람에 수량이 급감했다.
3. 결국 남획으로 야생 사슴은 1969년에 멸종되었다.

대만 토종사슴은 이제는 동물원에서만 볼 수 있다. 정말 사슴이 넘쳐났었나 보다. 그림이나 책자 등에서 사슴이 서부 대평원을 뛰어다니는 모습이 많이 보인다. 당연히 외국 장사치들의 눈에 들어왔고, 전쟁 갑옷과 투구 조끼를 위한 특수 때문에 가죽이 꼭 필요한 일본으로 수출되었다. 동아시아 무역항로가 바빠지기 시작했다. 중국-대만-일본으로 이어지는 무역항로는 대만 곳곳의 박물관을 참관하는 동안 시시각각 등장하였다. 내 눈에 잔상으로 남아 있는 강력한 대만 이미지 중의 하나이다.

뒤이어 1895년 "대일본제국(大日本帝國)이 대만을 식민한 이후에는, 근대화된 개발과 관리기술 덕분에 대만의 작물생산이 또 다른 단계로 진입했다"라는 설명이 보인다. 내 눈이 다시 한 번 더 동그랗게 된다. '대일본제국'이라는 1930년대 일본이 사용하던 국호를 그대로 사용하고 있다. 객관적인 태도의 '끝판왕'이다. 그리고 다시 '근대화'된 관리기술이라는 어휘로 마무리하고 있다.

세상을 바라보는 눈은 이렇게 다르다. 과거를 해석하는 시각도 하늘과 땅 차이가 있음을 대만에서는 시시각각 느낄 수 있다. 일본에 조선은 35년을, 대만은 50년을 지배받았다. 그 시기도 완전히 다른 것이 아니라 대략 겹친다. 게다가 한국이나 대만 모두 같은 아시아에 속한다는 공통점이 있다. 그런데 일본제국주의 또는 일본식민을 수용하고 해석하는 방법은 크게 다르다. 완벽한 비교학습의 대상이 아닐까?

대만의 물산- 장뇌(樟腦)

물산 뒤에 "객가(客家)와 긴밀한 관계가 있는 차, 장뇌 등의 산업을 포함하여"라는 수식어가 붙어 있다. 사실 대만물산의 역사는 차와 장뇌의 역사라고 할 수 있다. 특히 장뇌는 원주민과 한족 사이 이해관계의 관건이었다. 뿐만 아니라 장뇌를 둘러싼 이해관계 때문에 일본과 한족, 일본과 원주민의 충돌을 야기한 경우가 한두 번이 아니다.

청대 대만 3대 민란 중의 하나인 '주일귀(朱一貴) 사건'의 배경에도 장뇌를 둘러싼 이해관계가 있었다. 장뇌는 당연히 국립 대만박물관이 한 번은 짚고 넘어가야 할 아이템인 것이다.

　장뇌는 녹나무에서 추출한다. 의료, 방부제, 구충, 화약을 만드는 데 쓰이는 중요한 물질이다. 이외에도 빗, 단추, 필름, 안경테, 옷, 선글라스, 스타킹 등에 쓰인다. 장뇌는 인류가 발명한 최초의 합성 플라스틱인 셀룰로이드를 만드는 기본원료이다. 셀룰로이드의 용도는 급증하여 생활도구와 완구에 광범위하게 응용되기 시작했다. 독특한 향이 있어 냄새를 제거하고, 해충을 쫓는 작용도 한다.

　스웨덴의 과학자 노벨은 장뇌를 원료로 신식화약인 '무연화약'을 만들어 1887년에 특허를 받았다. 이후 장뇌는 더욱 중요하게 취급받았다. 19세기 후반부터 20세기 초까지 대만의 장뇌 생산량은 세계시장의 절반 이상을 점유했다. 대만은 장뇌 수출로 '장뇌 왕국'으로 불리기도 했다. 1920년대에 화학합성법이 유행하고, 1930년대에 합성 장뇌가 발명되면서 장뇌 산업은 몰락했다.

　일본총독부는 타이베이 남문(南門)공장[10]에서 장뇌와 아편을 생산했다.(1899~1945) 장뇌를 채취하기 위해서는 더욱 깊은 산속으로 들어가야 했고, 그럴수록 원주민들의 근거지를 침범할 수밖에 없었다. 하지만 원주민의 기존 이익을 충분히 보장해주지 않았고, 노동에 대한 적절한 보상도 없었다. 메이플 시럽과 장뇌는 아메리칸 인디언과 백인, 대만원주민과 일본인의 관계에서 동일한 역할을 해왔다. 생활환경을 파괴했고, 노동력을 착

10　대만박물관의 분관으로 '대만 산업사'를 중심으로 전시하고 있다.

취했다. 원주민들은 저항할 수밖에 없었다. 이에 청 정부나 일본총독부는 군사력을 동원하여 그들을 학살했다.

착취일까, 발전일까?

네덜란드를 위시한 식민 강대국들이 대만을 측량하고 조사하기 시작했다. 조사는 근대화를 도와주려는 행위일까? 아니면 착취를 위한 사전준비 작업일까?

박물관의 주요 전시물인 "도상 대만"에는 아래와 같은 설명이 붙어 있다. 우선 청제국이 대만을 통치하면서 만든 지도들에서는 취락, 관공서 등이 분명하게 표기되어 있어 행정 실용색채가 강하다고 했다. 그다음 '일본 통치시기'를 언급했다.

1. 근대 과학측량을 기초로 행정도, 조감도, 교통노선 등의 다양한 지도를 만들어냈다.
2. 시각적으로 일본 식민정부는 대만의 공간과 자원을 장악하였으며, 효율적인 관리를 표현하고 있다.

하지만 박물관은 중요한 사항을 인정하고 있다. 행정이나 효율 차원에서 다양한 지도가 만들어지는 등 근대화가 진행되었으며, "식민정부가 건립한 교통망과 관리 효과는 동시에 대만인의 '일체의식'을 형성시켜주었"고 "예전에는 각기 따로 살아가던 대만섬 사람들은 점차 '전체 섬'을 단위로 한 '일체감'을 가지게 되었다."라고 했다.

'대만'이라는 정체성이 만들어지기 시작한 그 점을 긍정적으로 바라보고 있는 것이다. 각종 지도가 대만섬에 살고 있는 사람들이 '우리'라는 정체성을 인식하게 된 계기라고 본다. 그 시작점은 청제국이나 일본이 만든 지도에 있다는 것이다.

대만과 '아시아연합'

2023년 1월, 국립 대만박물관에서는 "동남아 특집"을 전시하고 있었다. 환하게 웃는 동남아인들의 사진을 크게 붙여놓고, 이제는 함께해야 한다는 당위를 강조하고 있었다. 사실 길거리에서도, 대학캠퍼스에서도, 동남아에서 온 얼굴을 만나는 것이 매우 자연스러웠다. 일하러 오거나 공부를 하러 오거나 결혼해서 오거나 이제 그들은 대만의 당당한 일원이 되고 있다.

대만은 민진당 정부가 집권한 2000년대부터 '신남향정책(新南向政策)'[11]을 적극적으로 추진하고 있다. 인도·태평양지역을 향한 외교 및 경제정책인데, 동남아국가들과의 일체감 형성 등 관계구축에 박차를 가하고 있다. 중국공산당의 '일대일로(一帶一路)' 정책에 대응하는 의미도 크다.

대만정부 특히 대만정체성을 강조하는 민진당 정부는 '신남향' 정책으로 '탈중국화'를 서두르고 있다. 궁극적으로는 중국과 '헤어질 결심'을 하고 있는 것이다. 정치적으로, 경제적으로, 아세안의 일원이 되어 독자생존을 도모하기 위한 노력이다.

학계에서는 '아시아 가치' 또는 '동남아시아 가치'가 자주 인용되고 있다. '아시아 지혜' 또는 '아시아 방식'이라는 이름으로

---

11 1990년대 리덩후이 총통이 추진한 '남향정책'을 대신하고 있다.

구체화되기도 한다. 동남아시아 10개국은 1991년부터 지금까지 30년 이상을 평화 상태에 있는 것도 남다르다. 1955년 인도네시아 반둥회의 이후, 독립적이고 자주적인 외교노선을 실천하고 있다. 1967년에 조직된 동남아국가 연합인 아세안은 과거 미소 냉전하에서도 크게 영향을 받지 않고 자주 독립적인 노선을 취했다.

아세안은 궁극적으로 '유럽연합'과 같은 '국가연합'을 추구하고 있다. 오래전부터 나는 동북아시아에서도 중국, 대만, 일본 그리고 우리 남북한이 동참하는 '국가연합'이 출범하는 날을 꿈꾸고 있다. 나아가서 동남아시아와 동북아시아가 함께하는 '아시아연합'이 탄생한다면 얼마나 좋을까?

신이민(新移民)과 세계화

대만 TV 토론프로그램에서는 모두들 한목소리로 대만의 인구감소를 걱정하고 있었다. 늘어나는 노년인구를 먹여 살려야 하는 젊은이들이 줄어들고 있고, 그들의 부담이 커지고 있다는 틀을 벗어나지는 못하고 있다. 하지만 인문학적으로 보면 사람의 개체수가 줄어들수록 사람의 가치는 높아질 수 있다. 우리 한 사람 한 사람이 더욱 소중해질 수 있는 그 시간이 앞당겨지고 있는 것은 아닐까?

2022년의 통계에 의하면, 대만의 신이민 자녀가 30만 명이다. 그중 8만 명이 태국이나 베트남계로 분류된다. 대만 인구는 매년 평균 1만 명씩 감소되는 중이다. 한국과 마찬가지로 인구감소 문제가 최대 이슈가 된 지 오래이다. 동남아에서 유입되는 인구로 볼 때, 대만의 미래 모습이 그려진다. 타이베이시는 신이민 가족들을 위한 이중 언어[12](바이링구얼) 교육의 어려움을 호소하고 있다. 싱가폴과 말레이시아의 경험을 배우고자 노력 중이라고 했다.

덧붙인다면 대만의 거의 모든 텔레비전 방송에서는 매일 저녁 프라임타임에 국내는 물론 국제뉴스를 자세하게 보도한다. 대만인들은 한국의 물가동향부터 그날의 정치이슈까지 다 알고 있다. 한국인들이 건강이나 오락 위주의 방송에 눈을 빼앗기고 있는 동안, 대만인들은 세계 주요국가의 뉴스를 본다. 대만에서 방송을 시청하면서 나는 국제화가 근대화이며, 다시 이성화의 과정이 아닐까를 생각했다. 눈이 열려 있어야 비교하게 되고, 비교하게 되면 '우리'의 현 위치와 미래 방향이 보이는 것이다.

『백년 대화』[13]라는 제목의 팸플릿은 계몽의 방편으로 박물관의 역할을 언급하고 있다. 대만박물관에서 백 년 동안 수집한 동남아 소장품을 통해서 현재 대만의 동남아 커뮤니티와 연결을 꾀한다. 영어로 'Collections make Connections'이라고 되어 있다. 오늘의 '소장품'은 내일 다른 정체성을 '연결하는' 매개가 되어 우리 모두의 이성을 일깨우는 중요한 역할을 한다.

박물관 설명문이나 팸플릿에 초대 관장인 다키야 가와카미[14]가 등장한다. 그는 동남아를 답사(1911~1912)하고, 식물과 산업 조사를 진행했을 뿐 아니라 박물관을 위해 각종 무대극 가면을

---

12 雙語
13 百年對話(A Centenary Dialog)
14 川上瀧彌(1871~1915)

수집했다. 『야자나무의 그늘』[15]이라는 책에서 다양한 종족과 활발한 무역활동이 전개되고 있는 동남아를 '우리' 대만인들에게 보여주고 있다고 소개하고 있다. 그가 일본인이고 그의 활동이 1백 년 뒤인 오늘의 대만을 대표하는 박물관에서 매우 긍정적으로 소개되고 있다는 점이 흥미롭다. 그의 활동을 오늘의 대만 '신남향' 정책과 연결하고 있는 것이다.

국립 대만박물관을 다 보았다면, 이제 요기를 좀 하자. '228' 평화공원 정문 앞에 '공원호(公園號)'가 있다. 맛있는 공갈빵을 파는 곳이다. 팥맛, 녹두맛, 토란 맛이 있다. 콩국(豆漿)도 하나 사고 공원벤치에 앉아서 사람들을 놀리는 다람쥐의 재롱을 보면서 쉬는 것이 좋겠다. 근처에서 제대로 된 식사를 하고 싶다면, 지금도 고관대작들이 들락거리는 '극품헌(極品軒)'으로 가야 한다. 수제맥주에 맛있는 안주가 생각나면 역시 같은 형양로(衡陽路)에 있는 '졸리(Jolly)'를 추천한다.

15 椰子的葉蔭

타이난 시립박물관
台南市立博物館

台南市中西區開山路152號
타이난시 중시구 카이산로 152호

타이난이 고향인 친구들은 '나 타이난(台南) 사람이야'라는 말로 남다른 자부심을 드러내곤 한다. 대만의 초기역사에서 타이난 지역이 오랫동안 수도였다는 사실이 그 자부심의 배경이다. 그에 비해 일본 제국주의 패망 이후, 대만을 접수한 국민당정부가 북쪽 타이베이를 거점으로 했기에 지방으로서 소외되었다는 반발심 또한 작용한다.

대만에서 타이난 지역은 '진보'의 상징이며 진보로 상징되는 민주진보당의 지역기반이다. 특히 대만이라는 정체성 즉 중국으로부터 완전하게 독립하여 따로 '대만공화국'을 건설하자는 '대만독립'의 기운이 가장 강한 곳이다.

'타이난인'의 박물관

타이난 시립박물관의 전신은 '정성공 문물관'[1]이다. 2년의 준

---

1   鄭成功文物館

비를 거쳐 2023년 시립박물관으로 다시 태어났다. "타이난인의 박물관을 만들자"는 것이 설립 취지였다. '정성공 문물관'이 시립박물관으로 개명했다는 사실과 '타이난인의 박물관을 만들자'는 구호를 보면서 박물관과 타이난의 의미를 다시 생각해보게 된다. '정성공'이 타이난을 상징하는 중요한 기호이며, 타이난은 남다른 정체성을 지닌 지역이라는 것이다.

2024년 7월, 타이난에서 대만문화 특강을 한 적이 있다. 마침 강한 태풍이 와서 온라인으로 강의를 진행했다. 그때 인연을 맺은 타이난시 문화국의 시에스위안(謝仕淵) 국장은 전형적인 타이난인이었다. 자부심 가득한 태도로 타이난 역사와 음식문화를 하나라도 더 알려주기 위해 노력하던 모습이 기억에 남는다.

도시계획과 일본식민

박물관 관람을 시작하는 곳에 "환골탈태한 타이난"이라는 제목의 설명문이 보였다. 환골탈태라니? 이런 설명은 그냥 지나쳐서는 안 된다. 종교적인 용어인 '거듭난다'는 것과 마찬가지로, 정체성이 완전하게 전환되었음을 의미하는 것이다. 사전적인 의미로 '환골탈태'는 '철저하게 변화하는 것'으로, 보다 나은 방향으로 전혀 딴 사람이 되는 것이다. 그렇다면 이 박물관의 권력은 무엇을 '환골탈태'라고 표현했는지 살펴보자.

1. 타이난의 근대화는 일본 통치시기에 전개되었다.
2. 성곽과 성문의 철거를 따라서 시내지역을 정비하고, 도시계획을 추진하여, 타이난은 새로운 도시경관을 갖추었다.

3. 철도가 종단하고, 방사식 도로체계, 유럽식 공공건축, 신식학교 등이 우후죽순으로 출현했다.
4. 고성(古城) 타이난의 격국은 신속하게 바뀌어, 1930년대에는 거의 완성되었다.
5. 제국의 공고한 발전을 위하여 일본은 근대 농공업 기술을 대만으로 들여오고, 계속해서 신식 설탕공장 등 대형 공업시설을 설치했다.
6. 새로운 행정구획과 건설은 구정권의 와해와 신정권의 배치 및 그것을 따라오는 생활변천을 상징했다.

근대화 개념

타이난의 '근대화'는 일본 통치시기에 전개되었다는 것이다. 우선 도시계획의 경우, 예전의 성곽과 성문을 철거하고 철도, 도로, 공공건축, 학교 등의 도시기반 건설을 추진했다. 근대 농공업 기술을 들여왔고 대형공장을 만들었다. 어떻게 보면 대만인들에게 모두 새로운 '실리'에 해당한다.

타이난으로 국한시켰지만, 대만 전체에 적용해도 무방한 '근대화' 논리이다. 이것이 박물관 측이 생각하는 '환골탈태' 즉 근대화 개념이다. 그러니까 이 박물관이 생각하는 '환골탈태'는 철저하게 '실리'라는 측면이다. 우리에게도 '근대화' 개념은 이렇게 철도가 들어오고, 도로를 넓히고, 대형공장과 큰 건물이 들어서는 것으로 각인되어 있다.

이 근대화는 일본 통치시기에 전개되었다는 점을 분명히 하고 있다. 여기에서 언급하는 철도 건설 등이 바람직한 '근대화'인지 아닌지는 따로 논의해야 할 문제이다. 하지만 그런 신문물이 일본 식민시대에 건설되었다는 것은 인정해야 한다. 그것은 '사실'이기 때문이다. 사실에 맞서 '그것이 누구를 위한 것이냐' 하는 문제는 완전히 다른 차원의 것이다. 그것은 '가치' 논쟁이기 때문이다. 누구는 일본이 대만을 착취하기 위한 포석이었다고 할 것이고, 누구는 일본이 대만의 '발전'을 위해서 한 일이라고 할 것이고, 누구는 일본을 위한 측면도 있고, 대만을 위한 측면도 있다고 할 것이다.

하지만 자본주의적 발전이 대세라면, 그것을 피할 수 없다는 사실을 인정한다면, 일본이 대만에서 추진한 근대화는 긍정적일 수밖에 없다. 도시에 기본적인 구획, 그것도 백년 앞을 내다본 구획은 일본이 설계한 것이기 때문이다. 심지어 해방 이후 들어온 국민당정부도 일본총독부가 이미 만들어둔 도시계획표대로 주요도시의 발전을 추진했을 뿐이었다.

타이난의 모던

"남방의 모던(Southern Modernity)"이라는 제목이 눈에 들어왔다. 굳이 '남방의 모던'이라고 표현한 자부심은 어디에서 나오는 것일까?

1. 갑오전쟁(甲午戰爭)의 결속으로, 대만민주국은 끝내 국제적인 간섭을 이끌어내지는 못했지만
2. 일본군의 타이난 진입을 끝으로 대만은 일본제국에 의해 완전히 장악되었다.

3. 메이지유신의 세례로 전면적으로 서구화된 일본은 근대(modern) 문명과 국가질서를 대만으로 들여왔다.

4. 타이난의 사회구조와 생활방식은 이전에 없던 변화를 했다.

5. 일본 정부는 예전 성곽을 해체하고, 서구식 건축물을 세우고, 신식 교육을 시작했다.

6. 근대 상업 활동과 생활오락을 추진하고, 농업생산 모델을 바꾸었다.

7. 이 모든 변화의 배후에는 식민지 통치라는 상상과 자원탈취 계획이 있었다.

8. 동시에 타이난과 타이난인들을 점차 근대세계와 같이 걸어가게 했다.

9. 이 밖에도 일본제국은 식민 통치 기술로 대만 인구동향과 자산을 장악했는바,

10. 이런 자료는 2차 세계대전 당시 전쟁동원의 기초가 되었다.

근대 문명과 국가질서

타이난은 '정성공'이 세운 대만의 첫 번째 국가 '동녕국'의 수도였다. 몇 세기 전부터 세계와 교역한 무역항으로서의 자부심도 있다. 대만 중에서도 가장 앞서가는 타이난의 정체성이 만들어지는 순간들인 것이다. 이제 일본제국이 도래했다.

박물관도 '메이지유신'의 세례로 전면적으로 서구화된 일본은 '근대(modern)' 문명과 국가질서를 대만으로 들여왔다고 서술하고 있다. '사실'을 우선 적시하고 그다음에 '가치' 판단을 했다. 신식 세상이 도래했지만 그 배후에는 다른 생각이 있었다.

그런 사실이 있고, 그 사실을 확인한 다음에, 그런 가치를 생각해볼 수 있다.

여기서 하나 확인하고 넘어가야 할 것은, '메이지유신'으로 일본이 서구적 근대화를 추진했다고 한다. 하지만 일본에서는 근대화의 주도세력 마음대로 '근대화'를 추진하지 못했다. 당연히 도시는 도시대로 지방은 지방대로 보수적인 '향신계급'이 버티고 있었기 때문이다. 근대화 주도세력은 하늘을 찌르는 자신감만큼 마음껏 추진하지 못했다.

건축만 하더라도 선배들이 즐비하게 버티고 있는 현실에서, 서구에서 공부하고 돌아온 젊은이들이 꿈을 마음대로 펼칠 수 있는 곳은 일본 어디에도 없었다. 그때 주어진 대만이라는 공간은 일본 근대화 세력에게 새로운 기회의 땅이었고, 실험의 공간이었다. 일본에서 감히 추진하지 못했던 근대화 실험을 대만에서 과감하게 추진할 수 있었다.

저항할 것인가, 그냥 살 것인가, 떠날 것인가

"태양기(太陽旗) 아래의 타이난인"이라는 제목이다.

1. 1895년 청국은 갑오전쟁에서 일본에 패배했고, 쌍방은 마관조약을 체결, 대만과 펑후제도를 할양했다.
2. 당시 대만의 향신계급은 청국으로부터 이탈할 생각은 없었기에,
3. 당경송(唐景崧) 등 대만인들은 대만민주국을 수립하여 세계열강의 지원을 쟁취하고자 했다.
4. 하지만 대만민주국은 5월 25일 타이베이에서 수립을 선포하고

반년도 못 되어 종말을 고했다.

5. 그중에서 타이난은 최후에 투항한 도시였다.

6. 정권 교체에 일본 신민이 되기를 원하지 않는 사람들은 떠났고,

7. 남아 있는 사람들은 새로운 정권에서 편안한 삶을 추구했다.

8. 떠남과 머무름은 어지러운 시기의 생존선택을 반영한다.

대만인들의 저항

1895년 일본군이 대만에 상륙한 이래 대만인들은 반년 동안이나 저항했다. 그중에서 타이난은 마지막까지 저항한 도시였다고 기록하고 있다. 일본 '신민'이 되기를 원하지 않는 사람들은 떠났고, 남아 있는 사람들은 새로운 정권에서 편안한 삶을 추구했다. '떠남'과 '머무름'은, 어지러운 시기의 생존선택을 반영한다고 했다. 박물관의 주체는 사실과 가치를 정확하게 인식하고 있고, 인생에서 차이가 발생하는 이유를 설명하고 있다.

기독교와 문화, 충돌과 수용

기독교 전도도 마찬가지인데, 설명문에는 그와 같은 점을 분명하게 지적한다. "기독 선교와 문화호동(文化互動)"이라는 제목으로 간결하게, 하지만 분명하게 '호동관계'를 설명하고 있다.

1. 개항과 함께 전도사 역시 상인, 탐험가와 함께 타이난에 들어왔다.

2. 유럽 이외 지역의 선교를 위하여 전도사들은 따로 전공기술을 익혔는데, 그중 의료와 교육은 대만 전도의 주요 매개가 되었다.

3. 교회는 대만남부의 선교중심이 되었고 병원 등 기구가 속속 들어

섰다. 타이난 최초의 근대화 시설이었다.

4. 하지만 새로운 종교신앙의 도입은 순조롭지만은 않았다.

5. 충돌이나 수용을 막론하고 19세기 타이난인들이 외래문화를 접한 다양한 모습이었다.

기독교의 대만 전도역사를 이보다 더 정확하게 설명할 수는 없을 듯하다. 환자를 치료하고, 영어를 가르쳐준다는 소문을 냈다. 어디 대만뿐이겠는가? 동아시아 아니 세계가 광활한 전도시장이 되면서 공통적으로 만나게 되는 기독교의 모습이었다. 타이난 박물관은 전도사들이 지은 교회도 병원도 모두 근대화 시설이라고 평가하는 아량을 베풀고 있다.

그래도 순조롭지만은 않았다고 충돌과 수용을 동시에 언급하여 수용과 함께 그만큼의 충돌과 아픔도 있었음을 인식하고 있다. 대만 박물관의 서사 수준 즉 균형감각은 여기까지 와 있는 것이고, 더 나아가 그것을 박물관이라는 공공장소에서 공개적으로 논의할 수 있다.

타이난의 유전자

다섯 개의 단락으로 구성된 팸플릿 첫 번째 단락의 제목은 "타이난의 디엔에이(DNA)"이다. 그만큼 자신만의 유전자 즉 정체성을 강조하고 싶은 것이다. "유구한 역사의 타이난은 어떠한 원소로 구성되어 있을까?"라는 질문에 이렇게 대답하고 있다. 문화가 절차탁마되어 거리와 도시를 형성하고, 각종 이미지가 반복해서 쌓이고, 잊히고 다시 나타나면서 점차 지금의 타이난을 구축했다는 것이다.

두 번째 단락의 제목은 "기회의 바다"이다.

1. 5천 년 전의 신석기부터 인류는 타이난에서 활동했다.
2. 출토된 기물로 볼 때 이미 농경, 채집, 어로 등의 활동이 있었고,
3. 출토된 흑도(黑陶) 문물로 볼 때 동시기 중국 선사시대 문화와 공통점이 있었다.
4. 또한 선인들은 해양 운항술을 알고 있어 주변지구와 왕래했음을 알 수 있다.

팸플릿의 설명은 계속 이어진다.

1. 16세기부터 유럽인들이 인도양과 태평양을 건너와서 복건인, 일본인 등과 동아시아 해역에서 장거리 무역경쟁을 했다.
2. 대만 서부해역은 어민들의 중계 및 대피하는 항구가 되었다.
3. 더불어 대만섬의 원주민들은 외국인들과 더욱 많은 '호동(상호작용)'을 했다.
4. 17세기 네덜란드 동인도공사는 이 '나라 없는 땅'에 무역 중계항을 건설했다.
5. 자원이 개발되기 시작했으며, 신작물이 따라 들어왔고, 새로운 언어와 신앙이 유입되었다.
6. '포르모사'는 이렇게 근대사의 소용돌이 속으로 빨려들어 갔다.

대만지역은 출토된 문물로 볼 때 중국 선사시대와 공통점이

있다. 16세기부터 동아시아 해역의 무역중심이었다. 외국과 부단한 교류가 이어졌기에, 새로운 언어와 신앙이 수입되었다. 대만의 유전자는 중국, 왕래, 동아시아, 무역, 교류 등으로 정리할 수 있겠다.

대만 유전자의 형성이라는 입장에서 보면, 네덜란드는 대만을 역사시대로 등장시킨 직접적인 동기가 된다. 네덜란드가 진주한 시점인 1624년을 대만역사의 원점으로 삼아 4백 주년이 되는 2024년을 기념하고 축하하는 행사를 많이 했다. 대만정체성을 강조하는 사람들 특히 타이난인들의 생각이다.

국왕으로서 정성공(1624~1662)

네덜란드로부터 대만은 역사시대로 진입되었고, 정성공으로부터 대만 한족의 역사시대는 시작되었다. 뿌리를 찾기 좋아하는 사람들이 있다.

"정씨(鄭氏)의 이미지: 다원적인 시각하의 정성공"이라는 제목이 보인다.

1. 국성야(國姓爺)[2], 연평군왕(延平郡王)[3] 등 대중이 잘 아는 이미지는 정성공을 정씨 정권의 대변인으로 만들었다.
2. 실제 정성공이 대만에서 생활한 시간은 1년 남짓인데, 정씨 삼대 중 마지막의 정경(鄭經)이 대만을 경영한 시간이 가장 길다.
3. 하지만 사료의 부족으로 정씨 시기의 역사는 대다수가 정성공으

---

2   남명(南明) 융무제(隆武帝)가 국성(國姓)인 주(朱)씨 성을 하사했다.
3   남명(南明) 소종(昭宗) 영력제(永曆帝)가 정성공을 연평군왕으로 봉했다.

로 개괄된다.

4. 청대 이래 정성공의 복잡한 경력은 관방이나 민간에게 풍부한 역사 소재를 제공해서, 대만에서의 여러 정권이 통치의 합법성을 얻는 정치상징이 되었다.
5. 문헌 재해독과 정의구현이 추진됨에 따라 오늘날 정성공에 대한 새로운 견해와 인식이 생겼다.
6. 따라서 정씨 집단의 역사 이미지에 다원적인 시야가 보태졌다.

2018년 처음으로 정성공의 초상이 들어간 '감자칩'과 '캔맥주'가 출시되었다. 오늘날의 상품 마케팅에까지 그는 '실리'적으로 동원되고 있다. 대만인들은 그에 대한 거부감이 없다는 의미가 아닐까? 대만 전역에 정성공을 모신 사당은 450여 곳이다. 그가 명조로부터 하사받은 이름이 주성공(朱成功)이었다. 명조의 성씨인 '주(朱)'에 '반청복명'의 '성공(成功)'을 기원하는 의미이다. 그는 아버지로부터 전함 1천 척과 병력 20만 명을 물려받았다.

중국 국가주의와 정성공

1661년에 수립된 동녕국은 대만 최초의 한족정권이었다는 데 의미가 있다. 중국 국가주의와 민족주의 그리고 중국공산당을 비롯한 통일지상주의자들이 정성공의 의미를 높이 평가하는 까닭이다. 그는 대륙과의 연결고리인 것이다. 대륙이 대만과의 혈연관계를 강조할 때 빠질 수 없는 인물이다.

'피는 물보다 진하다'라는 표현을 입에 달고 사는 중국공산당은 한족으로 인정되는 피가 절실하게 필요하다. 그런 측면에서 너무나 소중한 정성공이다. 1945년 일제로부터 대만을 접수한 국민당정부는 정성공을 '중원회복에 충성을 다하는' 인물로 미화했다. 하지만 요즘 대만 진보세력을 중심으로 형성되고 있는 '대만독립론'은 정성공을 '대만독립 영웅'으로 재해석하고 있다. 대만독립이라는 '명분'에 반드시 필요한 인물인 것이다. 역사적인 인물에 대한 해석은 이렇게 어렵고 복잡하다.

정성공의 신분은 늘 의심받지만, 그가 대만으로의 이민을 시도한 복건성 선조들처럼 도전하고 시도했다는 점에서 존경받을 만하다. 해금정책은 정성공 같은 세력을 통제하기 위한 것이었으나, 정성공이 대만으로 들어왔기에 강희제가 대만을 복속하고 해금정책은 철폐되었다. 탈중심 그리고 통일 또는 통합이라는 이데올로기로부터의 해방이라는 관점에서 보면 그는 독립영웅으로서 손색이 없다.

중원문화의 도래

"한(漢) 유민 대 한(漢) 이민: 17세기 한(漢) 문화활동"이라는 제목이 돋보였다.

1. 명조(明朝)가 멸망한 이후, 유신과 신사계급들은 전란 중 군대를 따라 이동했는데, 정씨 집단은 그중 하나의 무장세력이었다.
2. 정씨를 따라 대만으로 건너온 지식인들은 대부분 향리나 사원에 피신했다.
3. 시일이 경과함에 따라 유민은 이민이 되었다.
4. 명조의 유민들은 한족의 문화전통을 외재적 의복, 시사(詩詞), 문

자와 학교 교육으로 체현했다.

5. 청조(淸朝) 정권이 도래하는 즈음에 지식인들은 계속해서 그 문화
자원을 이용해 새로 오는 관원과 관계를 구축했다.

혁명과 전쟁의 역할

명조(明朝)가 멸망한 이후 유민들은 정씨를 따라 대만으로 건
너왔고, 지식인들은 향리나 사원에 피신했다. 시일이 경과함에
따라 유민(遺臣)은 이민(移民)이 될 수밖에 없다. 명조의 유민들
은 한족의 시사(詩詞)와 문자 등 문화전통을 대만에 전수했다는
내용이다. 지금도 대만 시골 곳곳에는 대륙에서 온 지식인들이
만든 서당이 남아 있다. 그들은 어디서든 유교적 지식인들의 사
명을 다한 것이다.

왕조가 교체되면 사람들은 자신들의 두뇌구조 즉 명분과 실
리 사이 중시하는 쪽으로 움직이기 마련이다. 정권에 목을 매어
새로운 정권에 끝까지 저항하는 사람이 있고, 새로운 정권에 재
빨리 편승하는 사람이 있으며 그저 닥쳐오는 운명에 몸을 맡기
는 사람도 있다.

뿐만 아니라 각자의 세계관에 따라, 자신과 다른 길을 선택하
는 사람을 비난하기도 한다. 그때 비난을 간신히 피하더라도 이
제 역사적인 평가가 기다리고 있다. 끝까지 저항한 사람들의 충
절과 지조를 칭송하는 경우도 있고, 새로운 상황에 적응하지 못
하는 그 답답함을 비판하기도 한다.

정체성의 재편

하나 분명한 것은 '혁명'은 새로운 환경을 견인한다는 점이다. '혁명'은 토착적이고 보수적인 체제를 흔드는 역할을 한다. 사회 구조는 새로운 질서를 구축하는 과정에서 조금 더 합리적인 방향으로 재편되기도 하기 때문이다. '전쟁'이 긍정적인 역할도 한다는 논리가 여기에서 나온다. 정성공 집단은 오늘날의 '다국적 기업'처럼 동아시아 질서를 재편했다.

명청(明淸)의 교체라는 대변화로 중국도 재편되었지만, 이제 대만도 재편되는 시기가 도래했다. 이렇게 해서 변방 대만은 원했든 아니든, 정성공과 함께 대륙으로부터 들어온 지식인들을 통해 대륙의 '선진적인' 한(漢) 문화를 접하게 되었다.

문화의 상호작용

이 박물관에서도 "다른 문화와의 호동(互動)"을 강조하는 설명문을 보게 되었다. 대만역사를 한마디로 정리하라고 하면 '호동'이라고 해야 할 것이다. 사전적인 의미는 '상호작용', '서로 왕래', '서로 영향을 준다'는 것이다. 설명문은 이렇게 정리하고 있다.

1. 네덜란드는 해외무역에 종사하면서,
2. 무력의 우세로 대만의 원주민과 한족을 관리하여, 통치자와 피통치자의 관계를 공고히 했다.
3. 더불어 새로운 교역방식, 언어문자, 종교신앙, 건축기술 등을 가져왔으며,

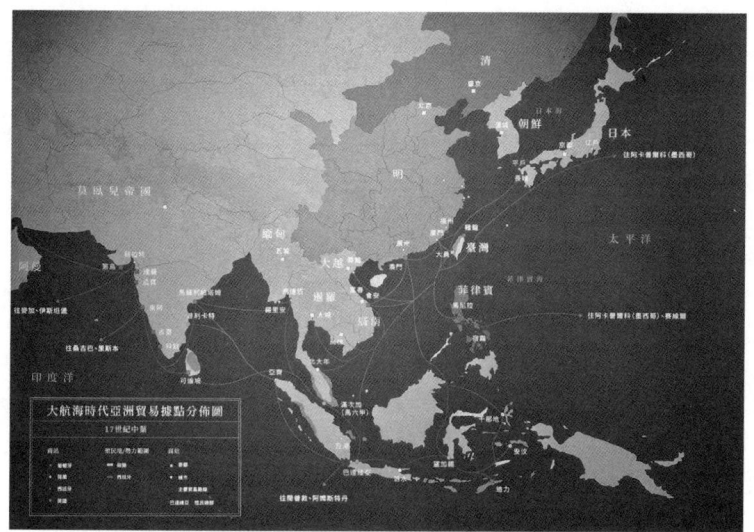

17세기 중엽 대항해시대 아시아 무역거점 분포도

4. 이곳 원주민과 한족의 일상생활과 물질문화에 깊은 영향을 주었다.

　그리고 대항해시대(17세기 중엽) 아시아 무역거점 분포도를 보여주고 있다. 아프리카, 인도양, 동남아시아, 보르네오섬, 중국, 일본까지 '호동'하는 무역로가 표시되어 있다. '호동'은 '깊은 영향' 정도로 해석될 일이 아니다. 완전히 다른 문화와의 접촉은 지각변동에 해당할 만큼 충격적이다. 물질생활뿐만 아니라 의식형태까지 완전히 전복시키는 혁명 말이다.
　4백 년 전부터 대만섬에 사는 사람들에게는 이런 식의 '호동'이 끝도 없이 이어지고 있다. 이것이 대만이다. '호동' 즉 '상호작용'이 대만의 정체성을 만들어냈다. 대만역사와 대만정체성

을 이해하는 데 '호동'은 필수불가결한 개념이다. 대만 박물관의
서사주체들은 그것을 깊이 인식하고 있다.

국립 대만대학 의학 인문박물관
國立台灣大學醫學人文博物館

台北市中正區仁愛路一段1號
타이베이시 중정구 런아이로 1단 1호

중국 근대 문호인 루쉰의 아버지는 오랫동안 병석에 있었다. 전통의학에 의지했지만 끝내 회복되지 못했다. 루쉰이 어릴 때 들락날락했던 전당포와 약방은 그의 두뇌에 뚜렷하게 각인되어 있다. 집안 물건을 저당 잡히고, 그 돈으로 다시 약방에 들러 약을 샀다. 결과적으로 아무 소용이 없었다. 이런 경험은 전통을 송두리째 부정하는 루쉰의 세계관을 만드는 데 매우 큰 영향을 주었다. 그것이 서구의학을 배워야겠다는 결심으로 이어졌던 것이다. 하지만 루쉰은 전통의학과 사기꾼을 혼동 내지 착각하고 있었다. 따지고 보면 루쉰의 아버지는 전통의학 치료를 받은 것이 아니고 민간의 유사치료에 속았던 것이다.

의학과 근대

동아시아 근대의 정도는 이렇게 전통의학과 서구의학이 만나는 지점에서 확인되는 경우가 많다. 전근대적인 의료 행위로 가족이 피해를 당한 경우, 서구의학에 대한 기대와 확신은 더욱 증폭되었을 것이다. 더불어 동아시아 전근대에 대한 반발과 폄하는 더욱 확대되었을 것이다. 의학과 위생개념의 정립이 서구적 '근대'의 일환이라면, 일본은 동아시아에서 누구보다 빨리 '근대' 성과를 수입했으며, 그것을 대만에 적용하고 싶어 했다.

의학 인문박물관의 팸플릿에 의하면, 출발은 원래 '일본 통치 시기' 대만 총독부 의학교였다.

1. 건축물 서쪽은 1907년, 본관은 1913년에 완공되었다.
2. 1980년부터 철거될 운명에 처해졌다가, 역사적 가치를 소중히 생각한 사람들이 1995년부터 대만대학 동창생들의 모금을 받기 시작했다.
3. 1998년에 '의학 인문관'이라는 이름으로 오픈했고, 2008년에는 '의학 인문박물관'으로 개명했다.

'의학'에 '인문'이라는 두 글자가 붙어 있다. '인문'이라는 글자가 무조건 반갑다. 박물관의 이름에라도 '인문'이 남아 있다. 대만에 '인문'이라는 가치가 이렇게나마 유통되고 있다. 일치감치 의학과 인문이라는 양자 모두에 무게 중심을 두고, 가치를 부여했음을 알 수 있다. 적어도 관람객들은 의학을 자연과학과 인문과학의 상관관계라는 측면에서 한번쯤 생각해보게 된다.

의학은 근대화와 등가인가?

'근대'라는 단어가 '의학 인문박물관'의 게시판 곳곳을 장식하고 있다. 그런데 일본식 근대화는 무엇일까? 온전히 일본만의 것일까? 일본의 근대화는 바로 서구를 흉내 내는 것이었다. 굳이 '아시아를 벗어나 유럽으로 들어가자'는 '탈아입구(脫亞入歐)'라는 구호를 생각해낼 필요도 없이, 일본은 한시라도 빨리 서구를 흉내 내고자 노력했다. 그것을 우선 증명할 수 있는 분야가 의학이었다. 서구 의학을 수입하는 데 매진했다. 그리고 배운 서구의학을 대만에 전하기 위한 정책을 추진했다.

의학 인문주제관의 주요 전시는 '진화와 사람'이다. 진화라는 시각으로 질병과 사람을 인식한다. 세부 주제로는 "인류 진화 역정으로 대만인을 인식—대만인은 어디에서 왔을까?"라는 제목이다. 두 번째는 "현대과학을 응용하여 진행한 인류체질 연구—대만인은 어디에서 왔을까?"라는 제목이다.

전문 전시로는 "대만근대의 위생의료 발전역정", "고령화 사회의 건강 청사진", "대만의 의사양성 발전역정" 등이다. 특별 전시로는 "초기 서방의학의 도입자", "대만대학 의대의 기생충 및 뱀독 연구"가 있다. 대만의 근대화 과정에서 서구의학 도입을 '기점(起點)'으로 한다고 명시하고 있다.

1. 1895년 이전에 이미 서구 전도사 의사가 활동했지만, 전도를 위하여 서구의학을 도입했다.
2. 하지만 서구문화와 사상보급은 일본통치 시기에 시작되었다.
3. 가장 일찍 창립된 대만총독부 의학교(대만대학 의대 전신)가 젊은 대만인들을 의사로 양성해낸 것은
4. 대만의 문화 계몽운동에 가장 중요한 역할을 했다.

의사 양성과 문화계몽

이어서 더욱 중요한 언급을 하고 있다. "의학– 대만 근대화의 선구자"[1]라는 제목이다.

1. 청일 전쟁에서 청국이 패전하고,
2. 마관조약에 의해 일본은 1895년부터 대만을 식민했고,
3. 동시에 메이지유신의 성과를 이식했다.
4. 의료와 의학교육을 선봉으로 대만을 근대화로 나아가게 했다.

'대만 근대화'의 주체는 중국일까? 초대 순무 유명전(劉銘傳)일까? 일본일까? 청일 전쟁에서 청국이 패전하고, 마관조약에 의해 일본은 1895년부터 대만을 식민했고, 동시에 메이지유신의 성과를 이식했다. 의료와 의학교육을 선봉으로 대만을 근대화로 나아가게 했다고 서술하고 있다. 어쩌면 대만 근대화에 관한 한 모든 대만 박물관의 한결같은 입장이다. 메이지유신의 '성과'를 '이식'했다는 말이 눈에 들어온다.

대만의 위생환경과 일본

당시 대만의 위생환경이 매우 열악했기 때문에 전염병이 횡행했다. 일본군은 대만에 상륙하고 반년 만에 4천8백 명이 전사했다. 그중 4천6백 명 이상이 학질, 이질, 댕기열 등으로 병사했고, 전쟁에서 사망한 군인은 1백 명 정도에 불과했다. 일본은 대

1　The Forerunner of Taiwan's Modernization

만의 환경을 전혀 몰랐고, 그 대가를 톡톡히 치렀다. 군인 4천6백 명을 그냥 풍토병으로 잃었다.

이후 일본총독부는 대만 연구에 박차를 가하고 의료공헌을 할 수밖에 없었다. 몽골의 공격으로부터 일본열도를 '신풍(神風)' 즉 태풍이 지켰다면, 일본으로부터 대만을 지켜냈다고 할 수 있는 것은 '풍토병'이었다. 식민정부는 대만의 의학기초를 수립했고 대만의 위생환경을 개선했고 전염병을 막기 위해 의료체계를 발전시켰다. 총독부는 병원을 널리 설립했다.

전족과 발치 풍습

'전족 풍속'이라는 제목 아래 아래와 같은 설명이 붙어 있다.

1. 송(宋)대 시작되었다고 알려져 있으며, 명(明)대 증가했다.
2. 청(淸)대 절반 이상의 여성이 전족을 했다.
3. 청말민초(淸末民初)에 이르러서야 점차 감소하기 시작했다.
4. 복건과 광동에서 대만으로 이주한 한족 부녀 중 복건인의 전족 비율은 60%, 객가인은 2% 정도였다.

전족은 거의 천년을 이어온 중국 한족의 풍습이다. 막 걷기 시작하는 여자아이의 엄지발가락을 제외한 나머지 네 개의 발가락을 꺾어 발바닥에 붙이고, 발을 천으로 꽁꽁 동여매 자라는 것을 막았던 악습이다. 매일 저녁이 되면 천을 풀고, 발을 소금물에 담갔다가 다시 묶는 과정이 필요한데, 그때마다 온 마을에 울음소리가 가득했다고 한다. 그것을 왜 할까? 그 배경에 대한 연구는 많이 축적되어 있다. 남성의 성적 만족도를 높이기 위한 시도였다는 것이 정설이다.

마지막 전족 세대

'전족 풍속'이라는 제목으로 발뼈 구조와 변형에 대해 자세하게 설명하고 있다.

1980년대 초 서울 명동에서 아장아장 걷는 할머니 둘을 본 적이 있다. 처음에는 어디가 아픈가 했는데, 발을 보는 순간 '전족이구나' 했다. 중국대사관 담벼락에 붙은 가게에서 중국차와 월병(月餅), 담배 등을 파는 화교였다. 전족한 여자가 신었던 가죽구두를 산 적도 있다. 1990년대 말 중국 최대 골동품 시장인 베이징 판자원(潘家園)에서였

다. 베이징 갈 때마다 그곳을 들렀지만, 시장에 나온 전족 신발을 더 이상은 볼 수 없었다. 전족세대가 모두 사라진 것이다. 그 때 사둔 작은 가죽구두는 연구실 캐비닛에 '모셔두고', 수업시간에 학생들에게 한번씩 보여주고 있다.

이런 중국인의 '전근대적인' 악습에 주목하는 일본인 학자도 분명히 있었다. 인문박물관은 이에 대한 전시도 놓치지 않고 있

다. 일본인 교수[2]가 전족 연구에 집중하여, 전족이 여성신체 특히 골격변형에 미치는 영향을 찾아냈다. 그 비밀을 '발뼈' 사진과 함께 전시하고 있다.

그 옆에는 '발치' 습속이 있는 일부 원주민 종족을 소개하고 있다. 앞니와 송곳니 등이 발치된 두개골도 전시되어 있다. 원주민 부모들은 미학(美學), 벽사(避邪)[3], 짐승과의 구분, 성년(成年) 의례 등의 이유로 아이들에게 발치를 해주었다. 중국인의 전족이나 대만원주민의 발치문화에 관심 있는 사람들은 반드시 둘러봐야 할 박물관으로 보인다.

---

2   金關丈夫
3   액막이

국립 대만 박물관 철도부원구
國立台灣博物館鐵道部園區

台北市大同區延平北路一段2號
타이베이시 다퉁구 옌핑베이로 1단 2호

'원구(園區)'는 단지, 구역, 지구라는 뜻이다. '원구'는 박물관 등급의 가장 큰 개념이다. 철도부 원구[1]는 대만박물관에 소속된 철도부 단지이다. 영어로는 공원(Park)으로 표기되어 있는데, 대만 철도역사에 관한 모든 것이 보존 전시되어 있다. 타이베이시에서 유일하게 남아 있는 성문인 '북문(北門)' 일대에 자리 잡고 있다. 소개 팸플릿에는 '일본 시대(日本時代)' 대만총독부 교통국 철도부였고, 1945년 국민당정부가 대만을 접수한 전후에는 대만철도의 본부였다는 설명이다.

이곳은 70년 동안 대만철도를 운영해 온 본부이기에, 국가급 유적으로 보호되고 있다. 그 외에도 청대 탄환을 제조한 기계국의 동쪽 벽과 더불어 당시 도로인 석판로(石板路)가 잘 보존되어 있다. 청대와 일제시기 그리고 전후 국민당의 흔적이 함께하고 있다. 대만에는 이렇게 한 층 한 층 쌓인 역사적 시간의 흐름이

---

1   鐵道部園區(Railway Department Park)

한 공간에서 고스란히 재현되고 있는 곳이 한두 군데가 아니다.

이곳의 본관 건물도 대만 총통부를 설계한 일본 젊은이[2]의 작품이다. 그가 설계한 대만의 3대 건축물 중 하나로서 역시 백년이 넘었다.

철도부 원구는 원래 '일본시대' 대만총독부 교통국 철도부였다. 청말부터 1990년대까지 장기적으로 대만 철도관리의 본부이자, 행정중추였다. 지금 남아 있는 철도부 청사는 그 구조가 특이하다. 1층은 붉은 벽돌, 2층은 목조 등 각기 다른 자재로 건축되었다. 철도부 원구는 '대만근대성' 등의 주제로 전시되고 있기에 '일본시대'는 물론 '근대' 논의에 대한 대만 학계의 흐름을 알기 위해 반드시 살펴보아야 하는 박물관이다.

2014년부터 '근대성'을 전시 주제로 하고 있다. 상설 전시 제목 중에 "시간의 모양(Shapes of Time)"이 있다. 2020년부터 새로운 모습으로 관람객을 맞이하고 있다.

일본당국의 근대화운동

1910년대 이후 일본총독부는 대만사회의 '3대 악습' 타파운동을 시작했다. 18세기 중엽부터 몰아닥친 대륙의 유행, 이른바 중원문화와 함께 '3대 악습'이 들어오기 시작했다. 전족, 아편, 변발이었다. 1905년 무렵까지 대만의 여성인구 1백40만 명 중 80만 명(57%)이 전족을 유지하고 있었다는 통계가 있다. 1915년에 연좌제 등의 강력한 방법으로 전족을 금지하여 점차 사라

---

2   모리야마 쇼노스케(森山松之助)

지게 되었다.[3]

1897년 아편금지령을 공포했지만, 실제적으로 대만총독부는 아편전매와 함께 허가증을 발부하는 등 점진적으로 근절하는 방법을 채택하였다. 아편 흡연인구가 1895년의 1백만 명이 넘었는데, 5년 뒤인 1900년에는 17만 명(총인구의 6.3%) 정도로 감소했다. 1921년에는 다시 4만 6천 명(1.3%) 정도로 감소했다.

변발은 청 통치시기 한족이나 원주민을 막론하고 변발을 강요당했다. 변발에 대해서 총독부당국은 단체로 '머리카락을 자르는' '단발(斷髮)' 대회를 여는 등의 홍보 외에는 특별한 조치를 취하지 않았다. 1911년 중화민국 출범과 함께 변발은 점차 사라졌다.

당시 일본군은 타이베이를 제외하고는 지방으로 함부로 들어가지 못했다. 타오위안(桃園), 신주(新竹), 먀오리(苗栗) 등은 가장 격렬하게 저항한 지역으로 손꼽힌다. 일본의 점령에 저항하다가 희생당한 대만인은 20만 명 정도였다.

대만의 역사학자 쿠링(苦苓)은 이렇게 말한다. "그들은 확실히 '적지 않은' 대만인을 죽였다. 하지만 대만에 '전면적인' 건설을 해주었다."[4] 일본 총독부는 대만의 인구, 토지, 하천, 산지(지금 대만 모든 산의 삼각점은 거의 대부분이 당시에 측량되었다), 광산 등 심지어 풍속까지 조사 정리했다. 호구조사도 했고, 호적제도를 만들었다. 일본 돈도 대만에서 통용되었다.

---

3   일본인은 1905년의 통계로 5만 명, 통치 말기에는 30만 명으로 집계된다. 당시 전체 대만인구의 6%였다. 당시 인구 중 원주민은 3%, 객가인은 13%, 내성인은 75%였다.

4   苦苓 著, 『台灣史必修』(新北 : INK, 2023年 2月), 103쪽.

근대적인 시간과 공간 질서

철도부원구 전시물과 팸플릿에는 일본 통치시기 철도의 의미에 대해서 이렇게 정리하고 있다. 주요제목은 아래와 같다.

1. 재배치: 시간과 신체– 시간을 재설정하여 사람을 바꿀 수 있을까?
2. 발명: 시간과 의식– 우리는 언제부터 시간을 재촉했을까?
3. 프레임: 시간과 자유– 우리는 타인의 자유시간을 어떻게 보아야 할까?
4. 저항: 시간과 노동– 우리는 하루, 한 주, 한 달에 몇 시간을 일해야 할까?
5. 이식: 시간과 기억– 작년의 오늘 무엇을 하고 있었을까?

기차의 도착과 출발시간이 사회에 미친 영향은 매우 컸다. 대만인들의 생활이 기차시간에 맞추어 재편되었을 것이다. 철도는 문학을 비롯한 모든 예술작품 속에 중요한 소재로 등장했다. 전시 설명문은 이런 문제 의식하에 철도의 영향을 주로 분석하고 있다.

1. 다른 지방, 사람들, 물품과 정보를 연결하는 철도가 표준적인 시간 관념을 가지고 와서 근대 생활질서의 중요한 준칙이 되었다.
2. 탑승시간을 공유하고 기차의 추억을 응집하고 문학, 음악, 영화 등 각종 작품 속에서 경전적인 철도미학을 생산했다.

2022~2023년에는 대만 임업철도 특별전시를 했다. 팸플릿에는 1895년 대만은 '일본 시대'로 진입했다고 되어 있다.

1. 삼림자원 개발에 착수했고, 이는 임업철도 건설의 서막이었다.
2. 임업철도가 지나가는 곳에는 이른바 번영이 뒤따라왔지만,
3. 원주민들의 전통적인 삶에는 거대한 충격으로 작용했다.
4. 사람과 자연의 공존이라는 모델에 심대한 영향을 주었으며, 변화를 야기했다.

삼림자원 개발이라고 했지만, 사실은 장뇌 채취를 위한 삼림 파괴였다. 동시에 원주민들의 생존 공간은 축소되었기에 당연히 원주민들과 크고 작은 충돌이 뒤따를 수밖에 없었다. 대표적인 사건이 원주민 부락 '무사(霧社)'에서 터졌다.

일본과 원주민의 전쟁- 무사(霧社) 사건

무사는 모범마을이었다. '원주민(番)'을 '관리하는(理)' 즉 '리번(理番)'의 시범지역으로서 어린이의 식자 비율도 전국 최고였다. 총독부는 이곳을 중점 개발지구로 선정하여 공립학교와 목재소도 몇 곳 세웠다. 물론 파출소도 두었다. 이는 당국의 통제가 심한 것으로 해석될 수도 있다. 수렵용 총도 모두 회수되었고 일일이 허가를 받아야만 사용할 수 있었다. 사냥을 금지당한 것과 다름없었다. 원주민들은 자주 벌목 노동자로 징발되었고 그들에게 보수도 정확하게 지급되지 않았다.

명분이 중요할까, 실리가 중요할까

부족의 지도자 모나루도[5]는 일찍이 총독부의 계획에 의해 일본을 방문해서 일본의 군사학교와 군사시설까지 참관했다. 총독부의 의도대로 일본의 실력을 잘 알고 있었다. 그럼에도 불구하고 그와 부락민들은 일본을 향해 저항했다.

원주민 지도자의 아들과 일본 경찰 사이에 사건이 벌어진다. 전쟁은 아주 사소한 자존심 싸움에서 비롯된다는 것을 알 수 있다. 결혼식장에서 원주민들이 술을 마시고 있었고, 일본인 경찰이 지나갔다. 부족지도자의 아들이 술을 권하면서 그의 손을 끌어당겼다. 일본인 경찰이 뿌리치고 아들을 곤봉으로 때렸고, 쌍방은 주먹다짐을 했다. 이후 지도자는 아들과 주민들을 데리고 경찰에게 사과를 하러 갔다.

하지만 일본인 경찰은 사과를 받지 않았을 뿐 아니라, 상부에 보고하여 아들을 감옥에 보낼 것이라고 했다. 이런 모욕에 대해 전체 11개 중 6개 부락이 전쟁을 해야 한다는 인식에 공감했다. 부락민 모두를 합해봐야 1천2백 명 정도였고, 그나마 싸울 수 있는 사람은 3백 명 정도밖에 되지 않았는데도 말이다.

현대식 무기로 무장된 일본군대를 상대로 이길 수 있을까? 그만두는 것이 실리다. 하지만 자존심이라는 명분은 전쟁 발발의 충분조건이 되기도 한다. 대만원주민은 줄곧 '존엄은 생명보다 귀한 것'이라고 여겨왔다.

---

5   莫那魯道

원인(遠因)과 근인(近因)

대부분의 역사책은 사건의 원인을 이렇게 정리하고 있다. 물론 철저하게 피식민자 즉 원주민의 입장에서 분석한 배경이다.

1. 착취- 원주민들의 노동력을 착취했고, 원주민들은 임금과 대우에 불만이었다.
2. 혼인문제- 일본총독부는 정책적으로 부락에 주재하는 경찰이 원주민 지도자의 가족과 결혼하는 것을 장려했다. 하지만 일본인 경찰은 결혼생활에 충실하지 않았으며, 아내를 천시하고 유기하였다.
3. 원주민 전통을 무시- 수렵용 총기를 압수하고, 출초(出草)[6], 문신, 발치, 세시 제례 등 원주민 전통과 관습을 금지했다. 이는 원주민들이 가장 중시하는 조상들의 가르침을 무시하는 것이 되었다. 일본의 기준으로 원주민 문화를 이분법으로 단정해버렸다. 특히 사냥과 '출초' 그리고 얼굴 문신을 금지시킨 것에 원주민들은 모욕을 느끼는 동시에 분노하고 있었다.

명분과 전쟁

원주민들은 먼저 파출소와 일본인들이 경영하는 목재소를 덮쳐서 경찰과 그들의 가족을 살해했다. 마침 마을(무사)에서는 대만 정벌 당시 '순국'한 일본 군인들을 위한 기념식을 하고 있었고, 이어서 운동회도 예정되어 있었다. 2백 명 정도의 일본인들이 모여 있었다. 그곳을 급습한 원주민들은 남녀노소를 가리지

---

6   대만원주민의 '인두(人頭) 사냥' 습속의 별칭이다.

않고 일본인들을 살해했다.

당연히 더 큰 보복이 뒤따랐다. 정부의 권위에 관련된 사건이기에 총독부도 유화된 입장을 취할 수 없었을 것이다. 일본군은 6개 원주민 마을에서 6백 명 이상을 살해했고, 원주민 5백 명 이상이 투항했다. 하지만 일본군은 다른 부족을 사주하여 투항한 그들 대부분을 살해했다. '원주민으로 원주민을 다스리는' '이번치번(以番治番)' 방식이었다. 결국 1천2백여 명이 살해당했다. 나머지 원주민들은 출로가 없음을 알고, 스스로 부녀자들과 아이들을 죽이고 자신들은 모두 목을 맸다.

명분과 실리 사이- 영원한 간극

역사는 언제나 이러지도 저러지도 못한 채 뒤안으로 사라져간 애매한 스토리를 숨긴다. 일본의 강력한 동화정책에 순응해서 일본인 복장을 하고 일본어를 구사하면서 살아가던 원주민 출신도 많았다.

예를 들면 원주민들은 통역이나 경찰보조 등으로 살아가던 이들을 일본의 '주구(走狗)'라고 불렀다. 원주민 측에서 보면 배신자였고, 일본 측에서 보면—일본인이 아닌 게다가—신뢰할 수 없는 신분이었다. 이쪽저쪽으로부터 모두 배척받고 소외받은 사각지대였다. 이들은 사건 와중에서—선택해야 하는 순간에—엄청난 정체성 혼란을 겪었다. 어느 쪽으로도 갈 수 없었던 이들은 원주민들에게 살해당하지 않았다면 자살이라는 선택지밖에 없었다. 이들은 배신자일까 아니면 변화의 순응자일까?

일본의 반성과 역사

‘무사사건’ 이후 총독, 총무장관, 지사, 경찰국장 등이 교체되었고, 일본당국의 원주민 정책에 반성이 뒤따랐다. 원주민을 직접 접촉하는 경찰 인사에 특별히 신중하게 되었고, 부랴부랴 원주민 언어를 배우고 그들의 심리와 문화습속을 공부했다. 그제서야 정체성 문제를 해결하는 급소를 알게 된 것이다. 먼저 나와 ‘다른’ 정체성의 언어를 배우고 심리구조와 문화를 배워야 그들을 이해할 수 있다.

영화 <진정한 사람>에 나오는 원주민 지도자 모나루도의 모습

일본 패망 후에 ‘무사’의 지도자 모나루도는 국가의 충렬사에 배향되었다. 국민당정부와 ‘무사’사건 아니, 원주민과의 만남이었다. 이런 시도들은 원주민들이 국민당을 지지하는 이유가 되기도 했다. 대만사회의 소수인 객가인과 원주민들은 ‘항일’이라는 목표에서 같은 동질성을 발견한 것이다. 정체성과 정체성 관계의 일단을 보여준다. ‘4대 종족’ 관계도 명분과 실리에 따라 이합집산을 하게 되어 있다.

명분의 이용과 악용

이 사건만을 두고 본다면 박물관의 서사 초점은 무엇이 되어야 할까? 원주민에 초점을 맞출 것인가? 일본군의 입장에서 볼 것인가? 몇 개의 마을을 몰살할 정도로 그렇게까지 해야만 했을까? 하는 의문이 따라온다. 당연히 원주민들이 그렇게 나올 수밖에 없었던 억울함도 반드시 기록되어야 한다.

하지만 나는 '내집단 편향' 즉 우리 편이 반드시 옳다는 생각을 거부하면서 사건을 기록해보자는 생각이다. 일본이 대만을 점령하지 않았다면 이 사건은 일어날 수 없었다. 게다가 장뇌라는 원주민들의 이익을 건드리지 않았다면, 또 그들의 전통문화를 부정하지 않고 그들의 방식대로 살게 그냥 내버려두었다면? 곳곳에 학교를 세워서 이른바 '동화' 작업을 진행하지 않았다면 어땠을까? 일본은 서양식 근대의 전달자로서 사명감을 가지고 그들을 바꾸려고 했다. 나는 그리고 내 생각은 절대적으로 옳다는 입장에서 그들을 '강요'한 것이다.

그런데 다시 생각해보면, 원주민의 당시 선택은 잘한 것인가라는 질문이 고개를 든다. 부락의 지도자 아들이 경찰에게 먼저 손을 댄 것이 사실이라면, 그것을 인정하고 우선 처벌을 받겠다고 했다면 어땠을까? 그렇게 했다면 사건은 일단락되었을 것이다. 아니면 사건이 확대되는 과정에서 원주민들 중 누군가가 강력하게 반대했다면 어땠을까? 또 그 흐름에 동조하는 냉정한 흐름이 주류가 되었다면? 자존심을 발산한 이후 닥쳐올 후과를 생각해보았다면 어땠을까? 같은 부족 11개 부락 중에서 6개 부락이 저항 전쟁에 동의했다. 5개 부락은 반대했기에 살아남았다.

'무사' 스토리는 2011년 '진정한 사람'[7]이라는 제목의 영화로 만들어졌다. '무사' 사건 관련하여 난터우현(南投縣) 소재의 '무사 사건 기념 공원(霧社事件紀念公園)'을 추천한다.

일본인들의 예절

철도부원구에 일본 단체관광객이 많이 보였다. 큰길가에 관광버스를 대고 오르내리는 그들을 보면서, 철도부원구는 그들에게 어떤 의미가 있을까를 생각하게 된다. 대만은 일본 제국주의의 식민지였다. 그들에 의해 근대화의 기초가 놓여졌다. 그들이 근대화의 기초를 다졌던 곳이다. 뿐만 아니라 그 기초 위에서 대만은 아시아의 강대국으로 성장했다.

일본인 친구들과 대화해보면 매우 조심스럽다. 특히 식민지 대만이나 조선 이야기를 꺼내면, 대답을 하지 않거나 화제를 다른 곳으로 돌리기 마련이다. 아마 이것 역시 일본인들이 어릴 때부터 교육받는 공공예절의 하나가 아닐까 싶다. 상대가 곤란하거나 싫어할 만한 이야기는 꺼내지 않는 것이 그들의 기본 예절이다.

7   〈賽德克·巴萊〉

타이베이 탐색관
台北探索館

台北市信義區市府路1號1-4樓
타이베이시 신이구 스푸로 1호 1-4층

2019년 타이베이 탐색관의 4층에서 정말 충격적이라고 할 만한 경험을 했다. '타이베이에서의 이국 방린'[1]이라는 제목을 보고 잰 발걸음으로 다가갔다. 전시 내용을 확인하고 경악하면서 같이 갔던 연구생들을 불러 모으기 시작했다. '이국(異國)'은 외국이고, '방린(芳鄰)'은 이웃을 아름답게 지칭하는 말이니 사촌보다 가깝다는 그 이웃을 의미한다. 열한 명의 외국인 즉 원주민들의 아픈 치아를 뽑아주는 기독교 전도사 맥케이부터, 해부학과 민속학의 선구자 다케오 가나세키(金關丈夫)까지 나열되어 있다.

대만의 특별한 유전자

2019년 4~9월, 가오슝 시립 역사박물관에서는 대만의 교육에 관한 특별 전시를 하고 있었다. 소개하는 팸플릿의 제목이 '학

---

1   異國芳鄰(Exotic Neighborhood in Taipei)

교(學校)-학교(学校)-학교(學校)'였다. 제목을 언뜻 보기에는 특별할 것이 없지만, 한자 옆에 달아놓은 발음기호를 보면서 고개를 끄덕이게 되었다. 처음의 '학교'에는 대만어(민남어) 발음을, 두 번째 '학교'에는 일본어 발음을, 세 번째 '학교'는 표준어 발음을 대만식 발음기호인 '주음부호'로 달아놓았다.

팸플릿이 설명하기를, '학교'라는 단어는 시대의 변화와 더불어 정의, 형식 등이 달랐다는 것이다. 청대, 일본, 국민당정부의 통치라는 역사변화를 그 순서대로 '학교'라는 글자의 변화를 통해 보여준 것이다. 다만 변하지 않는 것은 '학교'가 사람들의 생각을 계몽하고, 웃음과 눈물이 교차하는 어릴 때의 추억을 남겨주었다고 했다.

대만인들은 이렇게 역사는 연속되는 것으로 본다. 개인사에서 좋은 역사만을 내 역사라고 할 수는 없다. 국가의 역사에서도 좋은 역사와 나쁜 역사 중에서 좋은 역사만 우리의 것이라고 고를 수 있을까? 나는 알고 싶었다. 대만인들은 무슨 생각을 가지고, 어떻게 살아 왔기에, 한국과 이토록 다를까? 한국인이라면 아니 한국에서라면 감히 상상도 못할 스토리를—학교와 더불어 가장 중요한 교육 공간인—박물관에 버젓이 펼쳐놓는 것일까? 그리고 그 가치는 무엇일까?

두뇌과학과 사회심리학을 공부하면서 사람은 환경과 불가분의 관계가 있다는 것을 알게 되었고, 그렇게 형성된 두뇌가 다시 환경을 만들어낸다는 것을 배웠다. 이른바 유전자와 환경이 '상호작용' 관계에 있다고 보는 것이 사회심리학의 기본 개념이다.

일본 학자들의 공헌

리덩후이 총통이 1994년에 쓴 편액 '타이베이 시정부(台北市政府)'라는 탐색관 건물에 들어선다. 수도 타이베이 문화를 탐색하는 곳이다. 탐색관 입구에 어른 키만 한 구조물이 있고, '타이베이-담장이 없는 박물관'이라고 적혀 있다. 타이베이시 자체가 열린 도시이자 박물관이라는 의미가 아닐까? 타이베이시의 현재 이미지를 한마디로 보여주는 말이기도 하고, 어쩌면 오늘을 살아가는 세계인이 지향해야 하는 바를 매우 적절하게 표현하는 경구이기도 하다.

"타이베이에서의 이국 방린"이라는 제목의 전시에 소개되고 있는 인물들은 아래와 같다.

1. 1871년 발치 전도사/맥케이 박사(Dr. Mackay)
2. 1895년 대만연구(Taiwan studies)의 거벽, 가노리 이노(伊能嘉矩)
3. 1895년 대만 의학교육의 항해사, 두기오 호리우치(堀內次雄)와 그 가족
4. 1896년 도보로 대만을 답사한 인류학자, 류조 도루(無居龍藏)
5. 1899년 남북 종단 철도의 기술자, 긴스케 하세가와(長谷川謹介)
6. 1902년 단수이(淡水)의 독일 동물학자, 한스 사우터(Hans Sauter)
7. 1902년 대만 위생의학의 아버지, 도모에 다카기(高木友枝)
8. 1905년 대만 민속판화의 제1인, 데츠미 다데이시(立石鐵臣)
9. 1907년 근대 대만 미술의 계몽인, 긴치로 이시가와(石川欽一郎)
10. 1921년 대만 정수를 그린 일본 화가, 도호 시오투키(鹽月桃甫)

11. 1936년 대만 해부학과 민속학의 선구자, 다케오 가나세키(金關丈夫)

대만 발전에 큰 공로를 세운
외국인들을 소개하는 전시

총 열한 명 중 아홉 명이 일본인이다. 이것만 해도 놀랄 만한데, 최고의 수식어 즉 '거벽', '항해사', '아버지', '창조자', '계몽인', '선구자' 등의 수식어를 이름 앞에 붙여주었다. 그것도 일본인의 이름 앞에 말이다. 전율했다. 나의 전두엽이 다시 한번 더 확장되는 대오각성의 순간이었다. 어찌 내 주변에 있던 대만 연구생들을 불러 모으지 않을 수 있었겠는가? 이런 전시는 한국에서는 아예 불가능하다.

일본인들은 대만의 의학발전에도 큰 공로를 세웠다. 인류학 발전에도, 철도건설에도 공로가 인정되고 나아가서 그것이 공인되고 있었다. 일본 화가들이 각각 '대만 민속판화의 창조자', '대만의 진면목을 그린', '근대 대만미술의 계몽인'이라는 수식어로 소개되고 있다. 일본인들은 대만의 모든 분야에 영향을 미쳤고 그 공로를 인정받고 있다.

일본과 대만의 관계

2023년 여름 어느 날, 중정기념당역에서 국가도서관으로 나가는 통로에 "타이베이 '건성(建城)' 130주년 기념"[2] 전시가 열리고 있었다. 일제시대 주요 건축물들이 현재의 주요 건물로 전환된 경우를 하나하나 열거하고 있었다.

1. 대만총독부 고등여학교는 타이베이 시립 제일여자고등중학으로,
2. 타이베이 측후소는 중앙기상국으로,
3. 타이베이 방송국은 타이베이 228 기념관으로,
4. 대만총독부 의학교는 국립 대만대학 의대로,
5. 대만총독부 타이베이 병원는 대만대학 의대 구관으로,
6. 대만총독 관저는 타이베이 빈관(賓館)으로,
7. 대만총독부 중앙연구소는 교육부로,
8. 포대 병영은 국립 중정기념당으로,
9. 대만총독부 토목국은 국방부로,
10. 타이베이 신공원은 '228' 평화 기념공원으로,
11. 대만총독부 교통국 체신부는 국사관으로,

기관만 바뀌었을 뿐, 건물은 그대로 이어받았다. 일본총독부 기관을 국민당정부의 각 기관이 접수한 것이고, 지금까지 그대로 각 정부기관이 사용하고 있는 것이다. 그것을 대외적으로 다시 확인해주는 사진전이다. 대만 곳곳의 유적에서 일본에 대한

---

2 The 130th Anniversary of Taipei City Wall

서사는 단절되지 않고, 오히려 더 세심하게 기술되고 있다.

2021년에 일본의 아베(安培晉三) 총리는 "대만에서 무슨 일이 일어나면, 일본에서 일어난 것과 같다."라고 말한 적이 있다. 사진전은 아베의 말이 조금도 불편하지 않을 만큼, 대만과 일본이 동일체임을 증명하는 하나의 이벤트라고 해도 과언이 아니었다.

사진전의 설명문에는 '일본 점거 시기' 즉 '일거시기(日據時期)'라고 표기되어 있었다. 모든 사진 설명에 '빛을 다시 찾았다는' '광복(光復)'이라는 어휘를 사용하고 있는데, 그렇다면 전체적으로 전시의 목적은 자랑일까? 사실의 인정일까?

대만과 한국의 다른 결과

흔히 대만과 한국은 근대화 과정이 비슷하다고 한다. 즉 일본 통치와 민주화 과정을 똑같이 경험했다는 말이다. 거의 똑같은 시기에 일본식민을 경험했다. 이후 권위주의 체제하에서 경제성장을 했고 또 민주화운동 과정을 거쳤다. 결과적으로 대만이나 한국 모두 '아시아의 네 마리 작은 용(亞洲四小龍)'으로 주목받는 위치까지 왔다.

하지만 일본식민을 해석하고 수용하는 방법을 보면, 대만사회와 한국사회는 완전하게 다르다고 할 수 있다. 왜 이런 결과가 나오게 되었을까? 대만섬과 한반도는 그 유전자와 환경이 다르기 때문이다. 우선 대만섬과 한반도의 지정학적 위치와 풍토가 달랐다. 대만섬은 몇백 년 전부터 동아시아 무역의 중계 거점이었다. 한반도는 조선 말까지도 내내 주로 농업에 종사하는 환경이었다. '외래'와 '타자'에 대한 생각이 근본적으로 다를 수밖에 없다.

권위주의 시기도 마찬가지인데, 박정희 시대 18년과 대만 계엄 38년이라는 시간에 대한 해석과 수용 또한 완전하게 다르다. 한국사회는 아예 지우고 싶은(실제로 지우고 있는) 역사인 반면, 대만사회는 비판은 하되 '중단 없는' 역사로 받아들인다.

이와 관련하여 이 책 끝까지 가지고 갈 내 문제의식은 아래와 같다. 일본식민과 독재역사에 대한 대만의 수용과 한국의 단절은 어떤 의미가 있으며, 어떤 후과를 창출할까?

일본 콤플렉스 또는 자신감

일본을 자랑스런 이웃으로 생각하며 감사하는 것보다 한발 더 나아간 역사 연속성에 대해 대만인들의 인식을 보여주는 공간이 있다. 타이베이 시내에 있는 지산공원(芝山公園)으로, '지산사건(芝山事件)'을 기념하는 곳이다. 일본 통치 역사에 대한 —대만인들의 해석과 수용—인식변화를 살펴볼 수 있는 스토리이기에 정리해본다.

1895년 4월, 조선의 주권을 놓고 벌어진 청일(淸日) 양국의 전쟁은 마관조약[3]으로 정리되었다. 조선의 독립을 인정했고, 요동반도(遼東半島)와 대만을 일본에 할양했다. 이후 요동반도는 러시아 등 '3국의 간섭'으로 할양이 무효화되었다.

1895년 5월, 일본군은 대만에 상륙했다. 대만인들의 저항은 예상외로 매우 강했다. 뿐만 아니라, 아열대 풍토병은 일본군을

---

3   시모노세키조약

지독하게 괴롭혔다. 대만을 접수하는 데 그만큼의 대가를 지불한 일본 정부는 대만인들에 대한 교육을 '방임'보다는 '동화' 쪽으로 설정했다. 우선 일본어 교육을 추진하고자 일본 전국에서 교사를 모집했고, 그중 17세부터 38세의 교사 여섯 명을 선발하여 대만으로 파견했다.

일본어 보급기지로서의 학당에 초빙된 교사들은 9월부터 대만인 학생 21명에게 일본어 교육을 시작했다. 사건은 1896년 1월 1일 발생했다. 여섯 명의 교사는 타이베이 시내의 총독부에서 거행하는 신년 하례식에 참석하고자 시내로 향했다. 하지만 시내에 '난동'이 발생하였다는 말을 듣고 즉시 학당으로 복귀했다. 그런데 학당 부근인 지산공원 아래에 도착했을 때 수백 명의 '항일인사'와 조우하게 되었고, 교사 모두 그 자리에서 '참수'되어 살해당했다.

대만 '항일인사'들은 여섯 명의 일본인 교사를 '타자'라는 '명분'으로 이해했다. 우리의 말과 정신을 앗아갈 '나쁜' 사람들이기에 죽여도 무방한 존재였던 것이다. 일본인 교사들을 '실리'라는 측면에서 이해할 수는 없었던 것일까라는 의문을 제기하고 싶다. 우리에게 '일본어'라는 실용적인 수단을 가르쳐주는 이익을 주는 존재라는 인식은 어땠을까? 하지만 그때 그곳에서는 타자에 대한 분노라는 명분이 우리에게 다가올 실리보다 훨씬 앞섰던 것이다.

식민 초기에 발생한 이 사건은 대만과 일본 전체를 들었다가 놓았다고 할 만큼 대서특필되었다. 한 달 뒤인 2월 1일, 일본 당국은 성대한 장례식을 열어 여섯 명의 유골을 지산공원의 산 정상에 매장하였고, 7월 1일 당시 일본 총리대신이었던 이토 히로부미가 친히 짓고 쓴 비문이 들어간 "학무 관료 수난의 비"[4]를 세웠다. 총독부는 매년 2월 1일 대대적인 추념식을 열어 대만인의 일본 동화 교육에 활용했다.

난동일까, 의거일까

역사는 어떻게 기록되어야 할까? 1월 1일, 그날 타이베이 시내에서 벌어진 사건은 '난동'일까, '의거'일까? 당시 일본 정부에 의해 '토비'로 지칭된 수백 명의 군중은 토비(土匪)일까? 항일인사일까? 아무 죄도 없는 여섯 명의 교사는 참수되어야 마땅한 존재들일까? 역사는 오늘의 우리에게 이런 질문들을 던진다는 점에서, 현재적이다.

1945년 일본 제국주의가 패망하고, 국민당정부 치하에서 지산공원 일대의 관련 유적들 즉 교사들의 유골, 묘지, 비석 등 모두 훼손되고 파괴되었다. 하지만 대만인들의 다름은 여기에서도 나타난다. 1995년 지산학당의 후신이라고 할 수 있는 스린(土林) 초등학교는 개교 1백 주년을 맞이하여 묘지석을 다시 세웠다.

2000년 타이베이 시장인 마잉주(馬英九)는 비석 등을 역사문물로 인정하고 예전 모습 그대로 복원했다. 이제 대만사회는 타자에 대한 분노라는 명분이 앞섰던 시대에 대해 다시 생각해보는 여유를 가지게 된 것이다. 역사해석에 대한 획기적인 전환이다.

---

4   學務官僚遭難之碑

할머니의 집-평화와 여성인권관
阿嬤家-和平與女性人權館

台北市大同區承德路三段32號5樓
타이베이시 다퉁구 청더로 3단 32호 5층

일제시대 대만에서 '강제된' 위안부는 1~2천 명이라고 한다. 대만에도 위안부와 관련된 기억의 공간이 있다. 위안부 담론은 늘 조심스럽다. 동아시아에서 지금도 큰 이슈이지만 앞으로도 소멸되지 않을 것이다. 사람 간, 국가 간, 인식의 편차가 너무 크기 때문이다.

역사를 수용하는 방식은 개인의 두뇌 구조에 따라, 지역과 국가의 '밈'(문화적 유전자)에 따라 확연하게 다르다. 누구는 감정적으로 소비하고, 누구는 이성적으로 분석한다. 그것이 '다름'과 '다툼'의 출발점이다. 하지만 양자는 모두 늘 '역사적 비극을 되풀이 하지 않겠다'는 구호를 함께한다.

지역이나 국가의 정체성도 각각 다르다. 다른 것이 당연한 것이다. 오랫동안 같은 환경에서 살면, 같은 생각을 공유하게 되고, 그렇게 같은 정체성이 형성된다. 같은 기후, 같은 환경, 같은 음식은, 같은 생각을 저절로 또는 억지로 공유하게 만든다.

위안부 문제도 마찬가지이다. 한국과 대만사회의 '유전자'가

확연하게 다름을 단박에 깨달을 수 있는 화제이다. 한국사회가 낭만적으로 접근한다면, 대만사회는 현실적으로 접근한다. 한국사회가 위안부 문제에 분노하면서 큰소리로 대응한다면, 대만사회는 분노하지만 조용하게 대응한다. 그 차이를 여실히 볼 수 있는 곳이 '할머니의 집'에 전시된 스토리이다.

복수 또는 평화

사람이나 식당의 이름을 살펴보는 편이다. 혼자 이 사람은 이름을 잘 지었구나, 이 식당 상호는 이집 음식과 궁합이 맞구나 한다. 많은 사람들이 이름을 곱게 지으면 곱게 성장한다고 믿는다. 가끔 공자가 강조한 '정명(正名)' 즉 '바른 이름'이라는 것은 무엇일까를 생각해본다.

일본 히로시마에 평화기념공원이 있다. 원자폭탄을 맞은 흔적을 그대로 보존해서 후세에 경각심을 돋우자는 취지의 공원이다. 복수와 원한의 공원이 아니라, 평화를 염원하는 공원이라는 이름을 얻었다. 동독 시절의 드레스덴은 연합군에 의한 피해만 강조했다. 복수와 원한을 일깨우기 위해 존재하는 도시인 것처럼 사명감을 자랑했다.

독일 통일 이후, 드레스덴은 평화를 제일 이미지로 추구하는 평화의 도시로 다시 태어났다. 우리들의 궁극적인 목표가 복수가 아니라 평화에 있기 때문이다. 『유관순 전기』를 집필한 적이 있다. 그의 일생을 조사하면서, 나는 그가 진정으로 원한 것이 동아시아의 항구적인 평화임을 알게 되었다.

박물관의 이름 역시 박물관의 정체성을 대표한다. 정부와 민간의 힘 즉 문화적 유전자가 상호 작동한 결과물이다. 또는 지원하는 단체가 같이 고민한 결과물이다. 위안부 박물관이 있다는 말을 듣는 순간, 대만인들은 그 박물관의 이름을 어떻게 지었을까? 무척 궁금했다. 위안부 박물관은, 일반적으로 박물관은 단독건물이라고 생각하는 통념을 깨준다. 평범하고 작은 건물의 한 층을 지키고 있다. 근처에서 번지수를 잘 보고 찾아야 한다. 이것 역시 대만에서 위안부 박물관의 위치를 보여준다 할 것이다.

위안부 박물관인 '할머니의 집'은 대만의 일본군 위안부 피해자들을 지원하고 명예회복 운동을 해온 민간단체인 여성구조기금회가 모금활동을 주도하여 2016년에 건립 운영하고 있다.

평화와 여성인권

대만의 위안부 박물관의 이름은 '할머니의 집- 평화와 여성 인권관'이다. 사람의 이름은 물론 모든 이름은 정체성이자 지향이다. 대만의 위안부 박물관은 '평화'와 '여성인권'을 지향하는 것을 분명히 하고 있다. 앞으로 발을 내딛고 있는 것이다. 박물관의 팸플릿에도 분명하게 명시되어 있다.

1. 평생의 아픔을 앞으로 나아갈 힘으로,
2. 역사의 상흔을 평화의 기초로 바꾸는 곳이다.

어쩌면 이 두 마디가 역사서술의 정답일 것이다. 우리가 지향해야 할 역사가 아닐까? 개인사도 역사도 앞으로 나아가야 한다. 과거의 아픔이 우리의 발목을 잡을 수는 없다. 아픔은 발전의 동력이 되어야 한다. 역사의 상흔은 평화의 기초가 되어야 한다. 대만에는 이런 공감대가 형성되어 있다.

흥미로운 것은 '할머니의 집' 팸플릿에는 '일본 통치 시기(日治時期)'라고 되어 있다는 점이다. 위안부를 고발하는 공간을 소개하는 설명임에도 '일본 통치 시기'라는 용어를 사용하고 있다. 아직은 대만의 다른 박물관처럼 차마 '일본 시대'라는 용어까지는 나아가지는 않았다.

인권교육과 박물관

'할머니의 집'에 들어서면 한쪽 벽면에 위안부 59명의 이름이 기재되어 있었다. 이미 모두 고인이 되었다고 한다. "상처를 구원하고, 개혁을 추동하고, 젠더 인권교육 기지를 설치하다."라는 설명문이 보인다. 박물관의 역사와 목적을 밝히고 있다.

1. 1987년 열혈청년 변호사, 학자, 여권 운동가 등이 여성구조기금회(婦援會)[1]를 조직했다.
2. 대만의 여성 매매 중지를 위한 선구자이자, 대만 여성운동 역사상 젠더 평등의식을 창도하고, 실제행동으로 구원하는 이정표가 되었다.
3. 여성구조기금회는 젠더폭력에 주목하고, 개별 사안에 직접 서비스를 제공하는 것 외에도, 적극적으로 젠더평등을 제창하고, 사회

---

1   婦女救援基金會

개혁을 추동한다.

4. 1992년부터 여성구조기
   금회는 대만 출신 위안부
   를 조사하고, 대일 배상청
   구 인권운동을 전개하고
   있다.

5. 최근 30년 동안 할머니
   들의 몸과 마음을 돌보면
   서, 할머니들 스스로 목소
   리를 내게 한다.

6. 여성구조기금회는 5,042
   건의 위안부 관련 영상, 서
   적 및 730건의 문물을 보
   존하고 있다.

'할머니의 집' 벽면에 기록된
위안부(사망자) 명단

7. 2016년 12월 10일, '할머니의 집- 평화와 여성 인권관'을 개관했다.

8. 59명의 대만 위안부 할머니가 겪은 고난 이후의 생명 스토리를
   기록하고 있을 뿐만 아니라,

9. 대만에서 첫 번째로 평화를 제창하고, 당대 젠더인권의 다용도 사
   회교육기지로서의 역할을 하고 있다.

10. 우리는 젠더를 가리지 않고 모든 사람을 초대하여 손을 잡고, 생
    명상처를 초월하고, 선도역량을 분발시켜, 역사의 상처가 평화의
    기초석이 되게 하며, 세세손손 대만의 평등권과 비폭력 미래를 실
    현시키고자 한다.

거짓말와 협박

'할머니의 집'에는 우선 '사실'을 기록하려는 노력이 보였다. 게시판과 팸플릿에는 "거짓말과 협박"이라는 제목이 보였다.

1. 위안부란 2차대전 기간 일본제국이 국가적인 역량 동원을 위해,
2. 관(官), 군(軍), 상(商) 등의 조직이 결합하여 온갖 거짓말과 협박 방식으로,
3. 경제적으로 어려운 어린 소녀를 군대의 성노예로 삼은 것을 말한다.

그것이 '위안부'가 발생된 배경이다. 우선 '국가적인 역량'이라고 주체를 밝히고 있다. 구체적으로는 정부와 군대와 상인 등이 결합하여 획책했다는 것이다. 대상은 경제적으로 어려운 상황의 소녀들이었다. 방법은 "거짓말과 협박"이었다.

"어떻게 위안부가 되었는가− 취업 사기"라는 제목의 설명문도 보인다. '할머니의 집'에서는 그 이유를 이렇게 명시하고 있다.

1. 일본 정부는 우선 신문에 모집광고를 냈다.
2. 2차대전 기간 일부 기업가는 특종(特種) 직업의 장사 기회를 발견했다.
3. 일부는 신문에 광고를 내어 술집 접대부, 여자 종업원, 주방 보조, 하녀 등 해외취업자를 모집했다.
4. 일부는 국가와 민족을 위한다는 애국구호를 외치면서 공공연하게 여성을 모집하여 '위안소(慰安所)'로 보냈다.
5. 대만에서는 광고와 중간상인을 통해서 술집, 다방, 여관, 식당 및

병원, 청년복무단 등으로 보냈다.

6. 사실과 부합되지 않는 업무종류와 내용, 해외 고수입 등의 언사로
   유혹하는 속임수에 많은 여성이 당했다.

"어떻게 위안부가 되었는가?" 위안부가 될 수밖에 없었던 상황에 대한 인식도 매우 중요하다. 위안부가 된 사람들은 "거짓말과 협박"에 속은 것이었다. 또한 "취업사기"를 당한 것이었다. 박물관이 현지인들의 인식이 집중 반영된 공간이라면, 이것이 대만인들의 인식이다.

타이난 시립박물관
자오바녠 사건 기념원구
台南市立博物館噍吧哖事件紀念園區

台南市玉井區樹糖街22號
타이난시 위징구 수탕가 22호

'자오바녠(Tapani)'은 '고구마 마을'이라는 의미의 원주민어로, 지금 타이난 옥정구(玉井區)의 옛 이름이다. '옥정구'는 한국인들이 매우 좋아하는 대만의 대표적인 과일인 망고의 본고장이다. 이곳 방문을 계획하고 있다면, 현지 농협에서 운영하는 망고 빙수 전문점을 가보는 것도 좋겠다. 박물관 관광 이전이나 이후 시장하다면, 아니 꼭 시간을 내서 할머니를 포함한 가족이 운영하는—'마늘고기면(香蒜麵)'을 잘 하는, 간판도 없는—'아어면점(阿娥麵店)'[1]을 방문해보기를 추천한다.

일본 식민 20주년이 되는 1915년에 '자오바녠 사건' 일명 '서래암(西來庵) 사건'이 터진다. 일본통치 이래 최대 규모의 무장 항일사건이었다. 전시실의 설명에 의하면, 대만총독부의 문서에는 사건을 도모한 곳을 특정하여 '서래암 사건'으로, 학계에서는 우두머리를 특정하여 '여청방(余清芳) 사건'으로, 민간에서는

---

1   台南市玉井區大成路266號

3장 대만 박물관, 일본과 화해하다   **249**

주요 활동을 지역을 특정하여 '자오바녠 사건'이라고 한다. 사전에 발각되어 일본군의 공격을 받았고, 3백 명 이상이 목숨을 잃었다. 이후 법정에서 사형을 선고받고 95명이 더 희생되었다.

'기의(起義)'일까? 폭동일까?

이 책의 목표 중 하나가 역사를 기록하는 것이 얼마나 어려운가를 설명하는 것이다. 그렇다면 '자오바녠 사건'은 어떻게 정의해야 할까? 중국공산당이 쓴, 또는 중국에서 나온 역사서에는 '기의(起義)'라는 말이 자주 등장한다. '정의(義)를 일으켰다(起)'는 의미로서, 그들 자신도 '기의'를 통해서 집권했기에 중국공산당의 존재가치와 직결되어 있다. 그들이 역사적으로 일어난 모든 '반란' 사건을 '기의'라고 호칭하는 까닭이다. '기의'를 일으켜야 새로운 세상을 만들 수 있다. 그렇다면 '기의'는 '혁명'의 다른 말이다.

누구는 변화를 꿈꾸고, 누구는 개혁을, 누구는 혁명을 꿈꾼다. 누구나 조금 더 나은 상태로의 변화를 꿈꾸지만, 누구는 변화로만 성에 차지 않는다. 대부분의 사람들은 현실에 만족하지 않는다. 세상을 바꾸어야만 사람들이 좀 더 행복해질 수 있다고 믿는다. 동서고금을 막론하고 세상을 바꾸어 보겠다는 사람들은 많고도 많았다. 문제는 어떤 방식으로 세상을 바꾸어야 할까인데, 사람마다 의견이 다르다.

공자(孔子)처럼 교육을 통해서 세상을 바꾸겠다는 경우도, 원불교의 소태산(少太山)처럼 종교를 통해서 새로운 세상을 시도하는 경우도 있었다. 마르크스처럼 무산계급인 프롤레타리아

혁명을 통해서 이상사회인 '공산주의'에 도달할 수 있다고 믿는 경우도 있다. 물론 노자(老子)처럼 '아무것도 하는 일이 없는' '무위(無爲)'만이 모든 사람을 행복하게 만들 수 있다고 주장한 경우도 있다.

알다시피 중국에서 왕조를 뒤엎는 '역성(易姓)' 혁명의 시도는 끊이지 않았다. 역대로 혁명이 시도되지 않는 적이 있었던가? 그것이 성공하면 왕조의 창시자나 통일왕국의 지배자가 되었지만, 실패하는 순간 '3족'의 목숨이 박탈되는 것은 물론 천고의 역적이 되기도 했다. 대만에서도 이런저런 불만으로 혁명 시도는 꾸준히 이어졌다.

항쟁일까, 의거일까, 반란일까, 사이비 종교 선동일까?

어떻게 기록되어야 할까? 학생들에게는 어떻게 설명해야 할까? 내가 전시관을 참관하는 날, 마침 대만 초등학생들이 선생님의 인솔하에 견학을 왔다. 박물관에 가서 견학 오는 팀을 만나게 되면, 인솔자 선생님이 어떻게 설명할까 하고 유심히 보게 된다. 선생님은 사건 주모자와 소탕을 담당한 군경의 무기를 비교해놓은 전시물 앞에서 발걸음을 멈추었다. 이어서 대만인들은 칼과 창을 가지고 일본군의 기관총에 대항했다는 설명을 했다.

나는 마음속으로 조금 더 길게 설명해주기를 바랐다. 왜 칼과 창을 가지고 나섰을까? 칼과 창으로 총을 이길 수 있다고 믿었을까? 믿었다면 그 이유는 무엇일까? 저항하고자 일어선 무리가 믿었던 신앙은 무엇일까? 혹세무민에 선동된 이유는 무엇일

까? 등의 설명이 뒤따르면 좋을 텐데 하는 아쉬움이 남았다. 이
쪽저쪽의 입장에서 설명해주어야 어린 학생들의 두뇌가 건강하
게 발달할 수 있다.

항일과 사이비 종교

전시실의 여청방 열사 흉상

여청방에 대한 전시실의
설명에는 "3대 우두머리"
라고 썼고, 영어로는 "The
Three Leaders", 일본어
로는 "3인의 지도자"라고
했다. 여청방은 1899년에
경찰로 선발되었고 순사보
로 근무했다. 1900년에 사
기혐의로 해직되었다. 1902
년에 복직했다가 1904년에
사직하고, 반일(反日)활동을
시작했다. 1908년 반일 비
밀조직에 가입했다가 체포되었고 1911년에 석방되었다.

1914년에 일본통치에 대해 불만을 토로하면서 종교적인 교
리를 만들고, 세를 규합하여 당국의 주목을 받았으며 곧 지명수
배 당했다. 1915년 7월, '대명자비국(大明慈悲國)'이라는 이름으
로 항일 선언문을 발표했다. 농민과 노동자가 주축인 반일운동
이었다. 하지만 근대적인 민족주의 운동이라기보다는 주모자가
황제를 자처하고, 보검을 한 번 휘두르면 1만 명을 죽일 수 있다

거나 호신부 등이 자신을 보호해준다는 등의 미신으로 뭉친 '전근대적인' 집단이었다.

'대명자비국'이라는 나라가 일본을 타도한 이후 모두 면세혜택을 누릴 것이고, 법률구속을 받지 않고 절대적인 자유를 향유하게 될 것이라고 했다. 이런 역사를 어떻게 기록해야 할까? 또 박물관은 어떻게 전시해야 할까? 지도자 여청방은 그해 8월에 체포되었고, 9월에 사형이 집행되었다. 37세였다.

일본의 통치방식

1945년 10월 25일, 당시 대만총독[2]은 지금의 중산당(中山堂) 광복청(光復廳)에서 중화민국 정부에게 항복문서를 건넸다. 이렇게 일본의 50년 통치가 마감되었다.

1895년 일본령이 된 이후, 대만에서는 청조의 원수를 갚겠다는 등 전통적인 중화사상이나 민족주의의 영향을 받아 일어난 여러 차례의 저항이 있었다. 대부분 역성혁명과 미신 그리고 농민폭동 성격이 혼합된 것이었다. 대만을 통치하기 시작한 일본 총독부는 광업 규칙, 당업(糖業) 규칙, 장뇌 및 장뇌유 전매 및 제조 규칙, 토지조사 규칙 등을 연달아 발표했다. 당연히 노동자 실업이나 토지이권 박탈 등이 기존의 이해와 충돌되었고, 불만을 품은 사람들이 많아졌다.

일찍이 1895년에도 원주민들이 신령한 산으로 생각하는 마나방산(馬那邦山)에서 원주민과 한족이 결합하여 일본군에 대항했

2   安藤利吉

다. 자신들도 큰 피해를 입었고, 일본군도 70여 명 이상을 사살했다. 6년 뒤에도 일본군의 토벌전에 원주민들은 유격전으로 저항하기도 했다. 이후에도 저항은 간헐적으로 계속되어 앞서 언급한 1907년의 '베이푸 사건'을 비롯하여, 1915년의 '자오바녠 사건'까지 13차례나 발생했다.

'자오바녠 사건' 기념 원구 상설전시에 관한 팸플릿에는 대만 역사상 최대 규모의 무장 항일 '민변(民變)' 즉, 민란으로 기록하고 있다. 주모자는 종교와 신앙을 연결시켜 '기의(起義)'를 했다고 기록하고 있다. 발발, 교전, 토벌, 재판 등 네 가지로 나누어서 설명하고 있다.

1. 발발: 1915년 일본의 대만 식민지 통치 20년째, 불공정한 세제, 법제 및 무소불위의 경찰체제 아래 원한이 날로 깊어 여청방 등은 서래암을 거점으로 종교교리에 의지하고, 반일혁명을 선동하는 동시에 사원을 수리한다는 명목으로 모금을 했다.
2. 교전: 전체 교전과정에서 일본 측 사망자는 1백 명 정도였고, 대만 측은 8월 6일 결전 당일 309명이 사망했다. 연루되어 피해를 본 사람은 2,833명이었다.
3. 토벌: 일본 측은 대규모의 반란이니 만큼, 거주민들의 엄호와 협조가 있었을 것으로 보고 항일세력을 소탕한다는 명분으로 수많은 마을을 공격하고 불태웠다.
4. 재판: 1,413명이 기소되었고, 그중에 866명에게 사형이 선고되었는데, 일본 국내 여론과 천황즉위를 이유로 특별사면되었다. 하지만 이미 95명에 대한 사형이 집행된 뒤였다.

전시실의 설명은 아래와 같이 기술하고 있다.

1. 사건 이후 일본 당국은 '내지 연장 주의(內地延長主義)' 정책으로 유화된 통치방식을 보여주기 시작했다.
2. 대만의 지식인들이 사회운동과 정치 청원운동을 동시에 전개하고자 '대만문화협회' 등의 단체를 결성하고,
3. 문화계몽, 사회개혁을 향한 실천노선을 전개하는 계기가 되었다.

자오바녠 사건 이후 일본총독부는 통치 20년 만에 '동화' 정책에서 유화된 '내지 연장 주의(內地延長主義)' 정책으로 전환했다. 대만 지식인들에게 새로운 장이 열린 것이었다. 그들은 사회운동과 정치운동을 동시에 전개했다. 당국의 입장에서 보면 그만큼 많이 허용해준 것이었다. 이제 일본과 대만의 정체성이 상호 접점을 찾은 것으로 볼 수도 있겠다.

사실과 예술

이후 개인의 장뇌 채굴 금지, 토지 국유화 등의 조치가 있었다. 이 사건은 1958년에 처음으로 영화 〈혈전 자오바녠〉[3]으로 만들어졌고, 또 사건을 제재로 한 첫 번째 소설이 1977년에 출판된 리차오(李喬)의 『서래암 결의-자오바녠 사건』[4]이다.

---

3   血戰噍吧哖
4   義結西來庵-噍吧哖事件

2024년 8월 9~11일, '타이베이 연기예술 센터'[5]의 연극 〈자오바녠 사건(The Loser of Legend)〉 홍보 팸플릿에서는 이렇게 정리하고 있다.

1. 1915년 일본의 대만통치 20년이 되는 해, 식민학정에 저항하고자 지도자 여청방 등 3인은 운명을 걸고,
2. 자유와 생존을 향한 투쟁을 전개했다.
3. 일본 통치시기 최대 규모의 무장 저항 사건인 '자오바녠 사건'을 다시 그려낼 것이다.

"자유와 생존을 향한 투쟁"? 역시 연극 홍보이니만큼 사건을 다분히 예술적으로 재해석하는 시도를 하고 있다. 이렇게 사실과 예술은 다시 나누어진다. 예술이 사실에 기초해야 하느냐, 아니면 작가의 상상력에 맡겨야 하느냐 하는 논쟁은 어제오늘의 일도 아니다.

5   台北表演藝術中心

국립 대만문학관
國立台灣文學館

台南市中西區中正路1號
타이난시 중시구 중정로 1호

내 눈에 대만문학관은 건축물 자체가 이미 너무 아름다운 보물이었다. 문학관은 일본 통치 시기 타이난주(台南州)의 청사였다. 1912년 총독부에 근무하던 모리야마 쇼노스케(森山松之助)가 설계하고 1916년에 완공했다. 2003년 국립 대만문학관으로 거듭났다. 고적을 재활용한 사례로 관련 전문가들의 주목을 받고 있다.

팸플릿에 따르면, 대만문학관은 교육과 전시 그리고 연구와 사료 소장을 한다. 시기별로는 원주민, 명대 정성공 시기, 청대 통치시기, 일본 통치시기와 오늘에 이르기까지 대만의 모든 역사를 망라한다. 아동(3~12세)을 위한 '스토리 연합국' 전시장이 재미있다. 세상 모든 나라의 사람들이 와서 자기 나라의 이야기를 들려줄 수 있다. 각 나라의 영화를 미어(美語), 영어(英語-영어와 미어를 반드시 구분해서 말한다), 일어(日語), 대만 대만어(台灣台語), 대만 객가어(台灣客語), 중국어(華語) 등으로 설명해준다.

대만의 모든 박물관은 아동과 청소년들을 중시한다. 어느 나

국립 대만문학관

라나 마찬가지이겠지만, 대만도 박물관을 체험학습의 공간으로 매우 중요하게 보고 있다. 그날도 초등학생이나 중학생들이 단체로 관람을 하고 있었다. 언제 어디서나 대만 학생들은 매우 진지한 표정으로 박물관의 전시물과 교감했다.

문명과 개화

입구의 큰 전시 안내판에 "입지: 문명, 개화(開花)의 꿈과 상처 (1895~1945)"라는 제목이 보였다. 중국어 밑에는 일본어와 영어로 번역되어 있었다. 매번 일본어를 대할 때마다 조금 어리둥절해진다. 아마 한국의 공공장소에서는 있을 수 없는 일이고, 또 굳이 일본어로 번역해둘 필요가 있을까? 하는 생각이 들기 때문이다. 중국어로 표기해두어도 일본인들이 보기에도 불편함이 없을 텐데 말이다. 이 때문에 대만은 일본 콤플렉스가 심하다는 말이 나오는 것이다.

"일본 시기 50년 동안 꿈도 있었고, 상처도 있었다"라는 부제가 특별하다. 어쩌면 이것이 가장 공평한 평가일 수 있다. 주관을 철저하게 걷어낸 서슬 시퍼런 객관성이다. 우리 인생도 지나고 보면 어디 좋은 일만 있던가. 그렇다고 나쁜 일만 있는 것도 아니었다. 꿈과 상처의 교집합일 것이다.

전시실에 "신문을 읽어주는 사람(讀報人)"이라는 세 글자가 보였다.

1. 『대만민보(台灣民報)』는 일본 통치시기에 '대만인들의 유일한 언론기관'이라는 명예를 누렸다.
2. 대만문화협회가 각지에 민중이 신문을 쉽게 접하기 위해 신문 읽는 것을 도와주는 독보사를 만들었다.
3. 식자율이 낮은 사회환경 때문에 전문적으로 독서안내를 하고 신문을 읽어주는 사람을 배치했다.
4. 스스로 읽을 수 없는 사람들도 이런 신문듣기를 통해서 민주 및 문학의 중요성을 이해했다.
5. 창간사에서 뭐라고 했는지 함께 들어보자!

『대만민보』는 일본 통치시기에 '대만인들의 유일한 언론 기관'이라는 명예를 누렸다. 대만문화협회가 각지에 신문 읽는 것을 도와주는 '독보사'를 만들었다는 것이다. 이 설명문을 통해서 당시 대만인들이 사랑하는 신문이 있었고, 앞에서 언급된 대만문화협회가 신문 보급을 위해 얼마나 노력했는지를 알 수 있다. 당국은 이 정도의 계몽활동은 묵인했던 것이다.

계몽운동을 선도했던 대만문화협회와 당국은 신사협정을 맺고 있었거나, 서로 어느 선 즉 계몽과 반체제 선동을 구분하는 정도까지는 상호 인식하고 합의에 도달해 있었다. 대만 전체 지식인들이 자신들의 계몽활동 방향과 그 정도에 대해 합의를 도출해냈기 때문에 가능했다. 초기에는 식민치하의 한계를 분명하게 인식하고 있었다는 말이고, 이후 지식인들 사이에 분열이 나타난다. 상황에 따라 지식인들의 정체성이 분화된 것이다.

일본어와 중국어

"미세한 향기: 대만성(臺灣省) 작가의 지하수"라는 제목이 보였다.

1. 1946년 10월 정부당국은 광복 1주년을 맞이하여 잡지, 신문의 일본어란을 폐지했다. 대만인들은 타의에 의해 10년 안에 다시 한 번 더 서사언어를 바꾸어야 했다.
2. 일본어에 익숙한 대만작가들은 새로운 '국어(國語)'[1]를 빨리 습득할 수 없었다. 대다수는 붓을 놓을 수밖에 없었고, 문학생애를 중단했다.
3. 이런 중단은 1960년대가 되어서야 간신히 다시 이어질 수가 있

---

1   중국어 표준어. 대륙에서는 푸통화(普通話), 대만에서는 국어(國語)라고 한다.

었다. 1964년 『대만문예(台灣文藝)』가 창간되었는바, 일본통치 시기 작가 우쭈어류(吳濁流)가 출자하고, 전후 세대 작가 중짜오정(鍾肇政)이 편집을 맡았다.

4. 두 세대의 합작은 대만작가의 전승을 상징했다. 비록 『대만문예』가 재원이 충분하지 못하여 문단의 주류가 되지는 못했지만, 대만 본토작가들에게 등단무대를 제공했다.

5. 동시에 일본통치 시기의 문학을 지속적으로 소개하여, 정부 정책하에 겨우 숨을 쉬고 있는 대만문학의 전통이 보호되고 유지되었다.

1946년 10월, 국민당정부는 광복 1주년을 맞이하여 잡지, 신문 등의 일본어란을 폐지했다는 내용이다. 대만인들은 타의에 의해 다시 한번 언어를 바꾸어야 했다는 것이다. 그렇다면 무엇이 문제인가? 일본어에 익숙한 대만작가들은 새로운 표준어인 '국어'를 빨리 습득할 수 없었고, 창작활동을 할 수 없게 되었다. 중단된 대만문학의 전통은 1960년대가 되어서야 간신히 다시 이어질 수가 있었다고 한다.

언어와 정체성

우선 1945년 광복 이후 일본어와 중국어의 언어 갈등이 전개되었다는 점에 주목할 필요가 있다. 대만을 접수한 국민당정부는 광복 1주년에 일본어를 금지했다. 국민당은 오랫동안 일본과의 전쟁을 했던 주체이기에 당연히 일본어에 대해 적대적인 입장을 취할 수밖에 없었다.

하지만 그 점을 이해한다고 하더라도, 일본통치 50년에 비하면 1년은 너무 짧은 시간이기에 대만인들은 적응할 시간이 부족했다. 불과 1년 전까지만 해도 대만인들의 '국어'는 일본어였다. 광복 이후 이제 대만의 '국어'는 대만어가 아닌 중국어 표준어로 바뀌었다. 중국대륙 중심의 가치관 주입이 시작되었던 것이다.

일본 통치 당시 총독부는 대만어 사용을 금지하지 않았다. 하지만 각종 혜택을 주어 일본어 사용을 장려했다. 이러한 운동에 힘입어 1943년에는 대만인들 80% 이상이 일본어가 가능했다는 통계가 있다. 따라서 광복 이후 국민당정부가 일본어 사용을 금지한 것은 대만인들의 입을 막겠다는 횡포의 다름 아니었다. 대만인들에게는 말과 글을 잃어버린 것이 된다.

대만인들의 정체성은 이미 국민당정부가 생각하는 '중국인'이 아니었다. 일본통치 시기에 '대만인'이라는 독특한 정체성이 만들어지기 시작했던 것이다. 이것은 사실이고, 이 사실 즉 대만인들이 일본어를 편하게 생각한다는 '사실'을 국민당정부는 무시했거나 바꾸고 싶었다. 사실 판단보다는 그것이 나쁜 것이라는 가치 판단을 적용했던 것이다. 대만인들이 일본어를 사용하는 것을 사실로 받아들인 것이 아니라, '옳다 그르다'라는 이분법으로 가치판단을 했다. 무릇 사실에 가치판단을 적용하기 시작하면 갈등은 피해 갈 수 없다. 상호 간 특정 가치에 대한 평가가 다르기 때문이다.

한 세대를 30년으로 보는 이유는 새로운 정체성이 생성되는 시간으로 보기 때문이다. 사람은 바뀌지 않는다는 말이 있다. 두뇌구조의 전환은 그만큼 어렵다는 뜻이다. 일본통치 50년이라는 시간은 거의 두 세대가 지나간 것이어서 대만인들의 정체성은 새롭게 만들어졌다. 정체성은 하루아침에 만들어지는 것도 아니고, 하루아침에 사라지는 것도 아니다. 내 버릇이나 말투가 마음에 안 든다고 해서 하루이틀만에 고칠 수 없는 까닭이다. 사회나 국가의 습관도 하루아침에 고칠 수 있는 것이 아니다.

하루아침에 대만인들은 자신들의 정체성을 부정당했다. 이제 정체성과 정체성이 조우해서 생성된 갈등은 더욱 증폭될 것이었다. '228' 당시 대만인들은 대만어를 할 줄 모르는 외성인들을 폭행했다. 언어로 상대를 차별하고 타자화하는 역사의 장면은 이루 헤아릴 수 없을 만큼 많다. 대만어를 할 줄 모르는 외성인들을 향한 폭행은 강요당한 중국어 표준어인 '국어(國語)'에 대한 반발이자, 강요된 정체성에 대한 반작용이었다.

'4대 종족'의 의미

언어는 종족이나 민족 등의 정체성을 구분하는 기준이다. 대만의 '4대 종족' 즉 민남인, 객가인, 외성인, 원주민 등은 언어부터 다르다. 문화적 유전자가 다르다는 증거이다. 대만을 구성하는 정체성이 단일하지 않다는 말이다. 마찬가지로 한국에도 서울, 경상도, 전라도, 충청도의 언어가 다르다. 한국을 구성하는 정체성 역시 단순하지 않고 복잡하다.

스위스에서는 4종의 언어가, 벨기에에서는 3종의 언어가 공존한다. 각각 4종이나 3종의 정체성으로 구성된 '국가'인 것이다. '국가'는 단일한 정체성이 아니라 다양한 정체성의 복합체라는 것을 우선 인식해야만 '국민' 간의 갈등을 풀어나갈 수 있다. '따로 같이' 살고 있다는 인식은 민주와 공화의 출발점이다.

1980~90년대 민주화 분위기에 힘입어 탈중국화, 대만화 등 대만 민족주의가 부상했다. 우리는 중국인이 아니고 대만인이라는 외침이었다. 뿐만 아니라 중국문화는 대만문화의 일부라는 의식이 확산되기도 했다. 더불어 대만어, 원주민어, 객가어 등을 되찾자는 모어운동(母語運動)이 전개되었다.

언어는 정체성을 대표하기에, 언어가 다르다면 나와 다른 정체성이라고 인식해야 할 필요가 있다. 나와 매우 다른 정체성 여러 개가 '우리'라는 국가를 구성하고 있는 것이다. 따라서 국가는 정체성의 연합체라고 할 수 있는데, 이는 대만을 통해서 확인할 수 있다. 대만에서는 '4대 종족'이라는 각기 다른 정체성이 —서로의 다름을 인정하는 토대 위에서—국가라는 지붕 밑에서 같이 살고 있다.

대만의 버스나 기차에서 안내가 표준어, 민남어, 객가어, 영어 등의 순서대로 나오는 것처럼, 나와 다른 정체성 존재를 그 정도라도 의식하고 살면 어떨까? 적어도 '우리' 또는 '나'와 다른 존재가 '국가' 내에서 같이 살고 있다는 사실 하나만 인식하더라도 '국민' 사이의 갈등은 조금 더 쉽게 풀어갈 수 있다. 그런 점에서 대만은 그만큼 앞서가고 있는 것 같다.

대만에서 단일민족이라는 말은 근본적으로 성립될 수 없다. 뿐만 아니라 역사적으로 동서양을 넘나드는 다양한 종족들과 교류하면서 심각한 갈등과 처절한 투쟁을 미리 경험했다. 대만인들은 갈등을 예방하고 해소하는 방법을 스스로 터득했다. 그것은 철저하게 현실과 사실을 중시하고 존중하는 것이다.

대만어와 민남어

대만에서 주류 한족이 사용하는 언어는 대만어, 즉 민남어(閩南語)이다. 4백 년 전부터 복건성(閩省) 남쪽(南部)에서 건너온 조상들의 언어인 것이다. 현재 대만의 주류 언어다. 민남어를 할 줄 아느냐 하는 것은 대만인이냐 아니냐를 구분하는 기준이 되기도 한다. 지금도 대만인들 특히 본성인들은 자신들끼리는 수시로 대만어를 구사하는 것으로 자신들의 동질감을 확인한다. 타이난 등 남쪽으로 그리고 지방으로 갈수록 대만어를 사용하는 인구의 비중이 높다.

대만어는 오랫동안 대만에서 사용되어 왔기에 이제 대만 '민남어'는 대륙 복건성 남쪽 지방의 '민남어'와는 많이 다르다. 대륙의 민남인과 대만의 민남인들은 각기 다른 환경에서 살아왔기 때문이다. 그렇다면 이제는 대만 특징을 뚜렷하게 지닌 대만의 '민남어'는 무엇이라고 불러야 할까?

대만의 정체성을 강조하는 사람들은 대만식의 '대만어'라는 의미에서 '대만 대만어(台灣台語)'라고 한다. 대만을 중국대륙으로부터 영원히 분리하자는, 대만독립을 주장하는 민진당이 집권하고부터 '민남어' 개명문제는 꾸준하게 제기되어왔다.

'대만 대만어(台灣台語)'- 잠정적인 결론

2022년 문화부가 대만의 민남어를 '대만 대만어(台灣台語)'로 호명해줄 것을 제의했다. 중국대륙이 아닌 대만에서 사용하는 대만인들의 특별한 언어라는 의미이다. 2024년 교육부는 '민남어(閩南語)' 능력시험의 이름을 '대만 대만어(台灣台語)' 능력시험으로 바꾸었다.

하지만 모든 사람들이 이 호칭에 찬성하는 것은 아니다. 정치적인 입장에 따라 시각이 분명하게 다르다. 중국대륙과의 관계를 중시하는 국민당 쪽에서는 호칭이 불편하다고 말한다. 그들은 '대만 대만어'가 아닌 '대만 국어(台灣國語)'라고 지칭해야 한다고 주장한다. 대만의 정식 국호, 즉 중화민국의 '국어(표준어)'이니까 '대만 국어'라고 해야 한다는 것이다. 대륙에서 사용하는 '국어'와 같은 계열이라는 것을 강조하는 것이고, 그 국어가 이제는 대만식 특징을 지니게 되었다는 것이다.

일본통치 시기에는 '대만어'라고 했다. '민남어'라는 이름은 1945년 국민당이 도래한 이후 국민당정부가 강조한 이름이다. 대만정체성은 복건성(민) 남쪽 지방 즉 대륙 정체성의 일부라는 점을 강조하고 싶었다. 대만은 그저 중국대륙의 일부이고, 대륙을 회복하기 위한 기지로서의 역할을 담당해야 한다는 의미가 내포되어 있다. 수복해야 할 대륙이기에 고향인 복건성의 정체성을 잊지 말자는 말이다.

'대만 대만어'와 '대만 국어'라는 호칭은 대만의 정체성이 매우 유동적이라는 사실을 보여주는 것이다. 게다가 어떤 언어도 대만의 언어를 대표할 수 없다는 의미도 된다. '대만 민남어(台灣閩南語)'가 제일 좋다는 의견도 있고, 대만 내의 민남어도 동서남북이 각기 다르기에 '대만 민남어'라는 이름 역시 정확하지 않다는 의견도 있다. '대만 대만어'는 초등학교에서 매주 교육시키고 있다. 그런 노력에도 불구하고, 매년 민남어 사용가능한 인구 비율이 조금씩 감소하고 있다는 통계가 있다.

나는 누구인가?

"나는 누구인가?" 문학관을 소개하는 팸플릿에 나오는 내용이다. 대만인들에게 수시로 던져지는 질문 중의 하나라고 생각한다. 첫 번째 작은 제목으로 "모여라, 수도 시공의 여행자들아"가 보였다. 문학관의 서사는 해설이 아니고, 수도 문화의 시공여행이라는 자랑이다.

1. 당신은 여행자의 눈으로 타이난의 정취와 문학풍경을 느끼게 될 것이다.
2. 예전부터 지금까지 문인의 서사부터 서민의 음식까지
3. 전방위로 수도의 풍부한 면모를 체험하게 될 것이다.

역사시대의 수도라는 자부심이 묻어나는 설명문이다. 역대 정권이라는 말이 눈에 들어온다. 그만큼의 다양한 정체성을 경험했다는 말이다. 그렇게 해서 다양하고 풍부한 수도 타이난 문화가 생성되었다.

두 번째 제목은 "천 겹의 대만"이다. 대만의 문화, 대만의 정체성을 '천 겹'이라는 용어보다 더 정확하게 표현할 수는 없을 것 같다. 외래(外來)와 본토(本土)가 수시로 혼합되고 정체성과 정체성이 갈등하는데, 그 충격과 갈등은 다시 새로운 단계의 변화를 맞이한다. 그렇게 한층 또 한층 쌓여왔다. 오늘날 대만의 문화는 그렇게 복잡다단한 과정 속에서 생성된 결과물이다.

박물관은 사실 '우리는 누구다'라거나 무슨 '다움'을 지향하는

학습의 공간이 되어서는 안 된다. '나는 누구인가?', '우리는 누구인가?'라는 질문을 던지는 곳이어야 한다고 생각한다. 대만문학관은 그 질문을 던져주고 있다.

1. 네덜란드, 명정(明鄭), 청제국의 영토(清領), 일본의 통치(日治), 전후(戰後) 등 대만은 4백 년의 역사에서 여러 차례 정권의 교체를 경험했다.
2. **'나는 누구인가?'**(인용자가 짙게 처리)는 대만인들이 수시로 자문하는 질문이다. 국족(國族) 정체성은 대만 문학작품이 탐구해온 의제였다.
3. 대만에서 역사가 가장 유구한 타이난은 손꼽히는 시대를 초월하는 문학작품을 생산했다.

금서의 의미

2023년 7월, 마침 1년 정도의 한시적인 "금서 전시회"[2]를 하고 있었다. 금서 코너의 총론에는 이렇게 정리되어 있었다.

1. 금서의 '금지'는 서적 자체만이 아니라 사상과 언론자유를 막는 데 있다.
2. 일본통치 시기부터 계엄해제까지 대만인들은 수십 년 동안의 사상과 언론통제를 당했다.
3. 식민통치와 계엄체제를 막론하고 권력은 단속제도를 이용하여 책

---

2   2023. 06. 21~2024. 05. 26

의 운명을 결정했다.

4. 표면적으로는 '유독 사상(有毒思想)'을 금지하기 위한 것이라고 했지만 실제적으로는 인민을 통제하고, 정권을 공고화하기 위한 것이었다.

5. 제도의 영향은 이미 출판된 서적에만 미치는 것이 아니라, 작가가 펜을 들 때도 한 글자 한 글자 조심하게 만들었다.

6. 자아검열 때문에 완성된 작품이 세상에 나오지 못한 경우도 많았다.

7. 권위주의 체제에서 각종 이견은 발표될 수 없었다. 사람들의 자유는 억압을 받았지만, 아무리 무서운 통치도 사상의 자유는 막지 못했다.

8. 본 전시는 '문단 봉쇄 중'이라는 제목으로 한 글자로 생사가 갈린 시대에 대한 대중공감을 유도하면서, 오늘날의 자유와 민주가 얼마나 중요한 가치를 지니는지 알게 한다.

금서를 지정해서 사상의 자유를 막았다. 그것은 사실이다. 그런데 그 사실에 마냥 분노하고 증오하기보다는 한발 더 들어가서 생각해보는 습관이 중요하다. 왜 일본식민정부와 국민당정부는 금서를 지정해야만 했을까? 이 책과 저 책은 왜 금서로 지정되었을까? 등을 생각하는 데까지 나아가야 우리의 사고능력은 확장되고, 건강한 문화적 유전자가 만들어진다. 대만문학관은 그것을 놓치고 있었다.

서사의 형식을 정부가 결정

"서사의 형식을 정부가 결정하다"라는 제목의 설명문이 있다.

1. 1930년대 후기, 일본 정부는 남진정책을 추진했다. 대만은 전략적으로 중요했기 때문에

2. 대만인들에게 '황민화운동(皇民化運動)'을 전개하여 한문(漢文)을 점차 축소했고,

3. 대만 전통연극을 금지하고, 대만어 방송을 금지하고, 대만어를 금지했고, 성명을 고치고, 신사참배를 요구했다.

4. 전후 국민정부는 강제적으로 대만에 '탈일본화(去日本化), 재중국화(再中國化)'를 추진했다. 목적은 '이상적인' 국민을 만드는 데 있었다.

5. 언어 외에 문학과 노래도 정부의 단속대상이 되었다.

6. 권위주의 정부는 민중의 사상을 통제하기 위해 사람들의 표현방식을 엄격하게 통제했다.

7. 정책의 압박 때문에 사람들은 단일 언어를 사용할 수밖에 없었고, 문학창작이나 가요도 통제를 받았다.(이하 생략)

1937년 중일전쟁 1년 전에 일본은 해군제독을 대만총독으로 파견하여 황민화, 공업화, 남진기지화 정책을 추진했다. 황민화운동, 한문 축소, 대만 전통연극 금지, 대만어 방송 금지, 창씨개명, 신사참배 등은 모두 '사실'의 영역에 속하는 문제다. 일본총독부는 이런 조치들을 통해서 대만인들을 일본인으로 전환시키려고 했다. 세계관을 바꾸어 새로운 유전자를 만들기 위한 전략들이다. 이름하여 세뇌장치다. 사람들의 생각, 즉 두뇌가 정책의 우선 대상이 된 것이다.

팸플릿에는 일제시대 '대만문화협회'가 추진한 사회개혁 운동에 대한 설명이 있다. 교회에서 사용하는 로마자 표기법으로 문명과 지식의 전파방식으로 삼았다는 내용이 보인다. 또 세계어(에스페란토어)에 참여하는 것을 사회적 실천의 방법으로 삼기도 했다. 언어와 문자는 사회대중에게 인권과 정의를 전파하는 매개가 되었다. 대만지식인들은 엘리트라는 자부심을 벗어던지고 대중과 함께했다고 적고 있다.

문화 객가와 시민 객가

문학관의 전시실에는 객가문학에 대한 언급도 빠지지 않았다. 우주어류(吳濁流), 룽잉쭝(龍瑛宗), 중리허(鍾理和), 중짜오정(鍾肇政), 리차오(李喬) 등 다섯 명의 객가 출신 작가들은 일본 시대와 전후 대만의 문단을 대표한다.

농민운동, 노동운동, 도시계획 항쟁, 저수지 반대 운동 등에서 현지인들과 함께 문화 보존 운동을 했다. "지역과 종족을 초월"하여 시민운동에 동참했다. '시민'은 지역과 종족이라는 정체성을 넘어서야 도달할 수 있는 영역이다. '시민'이라는 개념은 학술적으로, 역사적으로 규정된다. 누구나 '시민'이 될 수 있는 것은 아니다. 즉 '우리가 언제나 옳다'는 '내집단 편향'을 확실하게 뿌리칠 수 있어야, '우리'라는 정체성을 비판적으로 바라볼 수 있어야 우리는 '시민'이 될 수 있다.

1. 1987년 잡지 『객가 풍운(客家風雲)』을 창간하고,
2. 1988년 '모어(母語)' 즉 '객가어'를 돌려달라는 시위 등의 과정을

통하여 객가 텔레비전 및 객가 방송국 개설의 기초를 마련했다.

3. 발화권을 확보하여 대만의 시민사회 발전을 촉진했다.

'객가 위원회'와 '원주민족 위원회'가 추동하고 있는 '역사 다시 쓰기'를 '거슬러 쓰기'라는 의미의 '역사(逆寫)'라고 한다. 그만큼 지금까지의 역사에 대해 불만이라는 것이다. 역사는 승자나 다수의 기록이다. 패자나 소수는 역사를 쓸 자격이 없다. 우리가 문자로 기록된 역사를 공부할 때 특별히 조심해야 하는 까닭이다.

대륙에서나 대만에서나 객가는 소수였다. 당연히 역사를 쓸수 있는 권한이 없었다. 자신들의 정체성을 왜곡하고 타자화하는 역사를 당하고만 있었던 것이다. 대만사회가 민주화되면서 객가인들의 한이 풀리기 시작했다.

소수로서의 원주민과 객가문학

"마침내 다가온 합창: 의제(議題) 폭발"[3]이라는 제목의 게시판이 보였다. 영어 'Discourse'로 볼 때, 중국어 '의제'는 담론으로 번역되는 것이 좋겠다. 제목으로 볼 때, '각종 담론이 폭발하듯이 터져나왔다'라는 뜻으로 보였다.

1. 1980년대부터 사회금기가 깨지고, '사고능력'이 제고되기 시작했다.

3   Discourse Engaged

2. 마침내 1987년 계엄이 해제되면서 '대만문학'은 큰 소리로 자신의 스토리를 말하는 시대로 진입했고,
3. 과거에 덮어 감춘 목소리, 담론, 사상 등이 모두 분출되어 나왔다.
4. 종족 정치 관련, 즉 원주민문학과 모어문학(母語文學), 젠더 담론 즉 여성문학, 퀴어문학(同志文學)[4] 그리고 환경관련 담론 등이었다.

1980년대부터 원주민, 객가운동이 일어나기 시작했다. 대체로 민주화 바람과 맞물려 있다. 그렇다면 그들은 권위주의 시대에 억압받고 피해를 입었다는 말이다. 한족 중에서도 민남인이 다수이고, 같은 한족으로 분류되지만 객가는 소수이다. 원주민은 더욱 소수이다. 그것만으로도 그들이 목소리를 높이는 이유는 충분하다. 결과적으로 정부에 '원주민 사무위원회'와 '객가 사무위원회가' 생겼다. 하지만 사회적으로는 객가는 원주민보다는 상위에, 이른바 주류 한족(민남인)보다는 하위에 있었다. 원주민보다는 다수이지만 민남인보다는 소수였기 때문이다.

객가인들의 문화가 보편적인 중국인들과 다른 점이 분명히 있다. 당연히 언어부터 확실히 다르고, 문화의 대표 또는 문화의 총합이라고 할 수 있는 음식문화도 특별한 점이 분명히 있다. 그래서 버스나 전철에서 네 가지 언어로 안내되고 있는 방송의 당당한 일원이다. 이렇게 대만인들은 나와 다른 '종족'의 존재를 시시각각 확인하면서 살아가고 있다.

---

4 대만에서는 동성애자를 '동지'라고 호칭한다.

진실과 허구

박물관 한쪽 벽면에 문학 장르와 성격에 대한 도표를 전시하고 있다. 두 개 중의 하나를 선택하는 게임이다. 당신은 진실을 좋아하느냐? 아니면 허구를 좋아하느냐? 그렇게 시작한다. 진실 쪽을 선택하면 다시 사실을 좋아하느냐? 아니면 관점을 좋아하느냐는 질문 앞에 서게 된다. 관점을 좋아한다면 문학평론 쪽으로 가게 된다. 사실을 좋아한다면 앞에 르포문학이 보인다.

처음으로 돌아와서, 허구를 좋아한다는 선택을 하면 다시 당신은 운율감을 좋아하느냐? 아니면 유동감(流動感)이 있는 문장을 좋아하느냐에 대답해야 한다. 운율감을 좋아한다면, 다시 고전을 좋아하느냐? 아니면 현대작품을 좋아하느냐? 질문이 다가온다. 운율에 현대라면 신시(新詩)가 나타난다. 또 당신은 내재적 묘사를 좋아하느냐? 아니면 외재적 문장을 좋아하느냐에 답해야 한다. 내재라면? 산문이다. 외재라면 다시 대화류를 좋아하느냐? 아니면? 서술류를 좋아하느냐는 질문이 다가온다. 대화류는 극본이고, 서술은 소설이다.

문학에 관한 질문처럼 보이지만, 사실은 사람의 두뇌구조에 관한 질문이다. 시를 좋아하는 사람과 소설을 좋아하는 사람의 두뇌구조는 다르다. 문학평론을 좋아하면, 또다른 두뇌구조에 해당된다. 시와 소설에는 감상능력이 필요하고, 평론에는 분석능력이 필요하다. '학재(學才)'라는 말은 '학문에 대한 재능'을 말하는데, 나는 그것이 분석능력이라고 생각한다.

분석능력과 창작능력은 별개의 것이다. 분석과 창작은 완전히 다른 영역이다. 우리는 자주 작가와 학자를 혼돈한다. 작가는 창작을 하는 사람이고, 학자는 사실이냐 아니냐를 궁구하는 사람이다. 각기 부여된 사명이 다른 것이다.

시를 좋아하는지, 소설을 좋아하는지, 아니면 평론을 좋아하는지를 보면, 그 사람의 두뇌구조를 엿볼 수 있다. 이 박물관은 그것이 바로 그 사람의 두뇌구조와 직접적인 관계가 있다는 것을 알고 있다.

문학관 내 기념품점을 자세히 살펴보는 것이 좋겠다. 대만문학 관련 서적이 잘 구비되어 있고, 다양한 기념품을 판다. 원주민 이미지의 귀여운 인형들이 내 눈에는 특별했다. 물론 원주민 인형은 논쟁거리가 될 수도 있겠다. 문학관 내 카페에서는 창밖으로 보이는 거리풍경이 참 예쁘다는 생각을 했다.

대작가 충야오(瓊瑤)의 죽음

문학관 한쪽 벽면에 1960대부터 시작된 연애소설[5] 붐에 대한 설명도 있었다. 충야오의 『창밖(窗外)』은 연애소설 유행을 이끈 선두 작품 중의 하나였다.

2024년 12월, 『황제의 딸(還珠格格)』을 쓴 대작가 충야오가 타이베이 자신의 집에서 스스로 삶을 정리했다는 뉴스가 떴다. 거동에는 전혀 불편함이 없었다는 86세의 그녀는 "울지도 슬퍼하지도 말라."라는 유서를 남겼다. 자주(自主), 자재(自在), 자유를 주제로 한 유서에서 쇠약, 퇴화, 발병, 병원 출입, 치료, 불치(不治)라는 과정을 밟고 싶지 않았다고 했다. 물론 그녀는 젊은

---

5   言情小說

이들에게 생명을 가벼이 여기지 말고 열심히 살라는 말을 따로 남겼다.

유서에서도 강조했듯이 그녀가 제일 좋아하는 단어는 '경쾌하게(翩然)'였다. 삶도 죽음도 '경쾌하게' 대하라는 당부였다. '가볍고 빠르게'라는 화두는 충야오가 스스로 생을 마감하면서 세상에 남긴 가장 큰 선물이 아닐까? 병상의 남편을 3년 동안 보살핀 충야오는 '존엄한' 죽음에 대해 오랫동안 생각을 해왔다고 했다. 그녀가 떠난 이후 대만사회에는 '단식 존엄사', '단식 자연사'에 대한 관심이 유행처럼 번지고 있다.

『추악한 중국인(醜陋的中國人)』[6]

이 밖에도 대만 하면 떠오르는 작가들로 보양(柏楊), 바이셴융(白先勇), 룽잉타이(龍應台)가 있다. 보양은 1968년 신문칼럼을 통해 장제스 총통을 모독했다는 혐의로 정치범들이 수용되는 뤼도에서 10년을 보냈다. 출소 이후 역사서 『자치통감(資治通鑑)』을 현대어인 '백화(白話)'로 번역하고, 독특한 해석과 주를 달아 모두 72권으로 펴냈다.

그가 1985년에 내놓은 『추악한 중국인』은 중국, 홍콩, 대만 등 양안삼지(兩岸三地)를 들었다 놓은 적이 있다. 공공예절 결핍과 위생관념 부족 등 보편적인 '중국인'의 결점을 신랄하게 비판했다. 그는 이렇게 주장했다.

---

6   이하 보양, 바이셴융, 룽잉타이 등 세 작가의 책은 한국어로 번역되어 있다.

1. 중국문화에는 인권존중 사상이 부족하고,
2. 중국정치에는 민주사상이 결핍되어 있다.
3. 국가와 민족을 구하려면 반드시 문화적 차원부터 해결해야 한다.

'중국문화'라는 정체성을 비판했고, 문화적 유전자부터 개선해야 한다는 주장이다. 1986년 중국대륙에서도 베스트셀러가 되었으나, 중국공산당은 중국인의 자존감에 상처를 준다는 이유를 들어 금서로 지정했다.

외성인과 바이셴융

바이셴융은 국민당정부의 국방부장관을 지낸 바이충시(白崇禧) 장군의 아들이다. 대만을 대표하는 소설가이자 극작가라고 할 수 있다. 대륙의 내전 상황에 따라 가족과 함께 1948년에 대륙에서 홍콩으로, 1952년에 다시 타이베이로 이주했다. 대표작 『타이베이 사람(台北人)』은 '20세기 중국어 소설 100선' 중 7위로 평가된 적이 있다. 소설은 1950년대 중국대륙에서 대만으로 이주한 사람, 즉 '외성인(外省人)'들의 생활과 의식형태를 묘사했다.

'중국인, 당신은 왜 화를 내지 못하는가?'

룽잉타이는 1983년부터 대만문화 곳곳에 남아 있는 전근대적인 요소들을 정조준하는 글을 발표했다. 「중국인, 당신은 왜 화를 내지 못하는가?」[7], 「아가씨라니?」[8] 등의 에세이는 사회적으로 큰 반향을 불러일으켰다. 주로 서구사회와 비교하는 시각인데, 대만인들은 정면대응하지 못하고 문제핵심을 회피한다고 비판했다. 또 박사인 자신에게 박사라고 하지 않고 '아가씨'라고 부르는 등 대만사회에 남녀차별 현상이 심각하다고 했다.

7   中國人, 你為什麼不生氣？
8   小姐什麼？

가오슝시 전쟁과 평화 기념공원 주제관
高雄市戰爭與和平紀念公園主題館

高雄市旗津區旗津二路701號
가오슝시 치진구 치진2로 701호

 이곳도 작은 박물관이지만 근무자나 도슨트의 사명감 하나만큼은 역시 대단했다. 대만 출신 노병문화협회[1]의 우주룽(吳祝榮) 이사장은 평소 자원해서 주제관의 도슨트를 하고 있다. 노인은 내게 여기를 어떻게 알았느냐부터 시작해서, 한 시간 남짓 둘러보는 내내 하나라도 더 설명해주기 위해 열변을 토했다.

 항구적인 평화는 가능할까? 흔히 영원한 평화를 기원한다고 할 때, 우리는 정말 그것이 가능하다고 믿을까? 지구상에 단 두 명의 인간이 남아도 서로 싸울 것이라는 우스개는 사실일 가능성이 크다. 전쟁과 평화 사이에서 헤매는 것은 인간의 숙명인지도 모른다. 그렇다면 역사를 '평화와 전쟁이 되풀이 되는' '일치일란(一治一亂)'의 순환으로 보는 것만큼 정확한 시각도 드물다. 인류의 역사는 그렇게 흘러왔다. 전쟁과 평화 또는 평화와 전쟁의 순환이었다.

---

1   台灣籍老兵文化協會

태평양전쟁과 징병

전쟁과 평화 기념관의 팸플릿은 이런 설명으로 시작한다.

1. 1941년부터 일본은 대만에서 지원병 제도를 실시했다.
2. 1945년부터는 전면적으로 징병제를 실시했다. 20만 명 이상이 동원되었고, 그중 사망이나 실종은 3만 명 이상이었다. 후에 173명이 전범으로 기소되었고, 그중 26명이 사형을 선고 받았다.
3. 1945년 이후에는 국민당정부가 다시 대만청년 약 1만 5천 명을 대륙의 국공내전에 투입했다. 소수만이 대만으로 돌아올 수 있었고, 다수는 전쟁에서 희생되었다.
4. 특히 항복한 포로들은 공산당 군대에 편입되어 장기간 대륙에 머무를 수밖에 없었고, 일부는 한국전쟁에 투입되었다.
5. 다시 대륙에서 반우파투쟁이나 문화대혁명 등 정치운동 중에 혹독한 박해를 받았다. 1989년에야 돌아올 수 있었다.

일본은 태평양전쟁 막바지에 지원병제도와 징병제를 통해 대만인들을 동원하기 시작했다. 상황이 그만큼 절박했던 것이다. 3만 명 이상이 사망하거나 실종되었다. 국민당정부가 대만을 접수한 1945년 이후에는 다시 국민당을 위하여 국공내전에 동원되었다.

중국공산당 인민해방군의 포로가 된 대만인들은 다시 북한을 지원하기 위해 '한국전쟁'에 투입되기도 했다. 하지만 그것이 끝이 아니었다. 간신히 살아남았던 그들은 대륙에서 벌어진 '반우파투쟁'이나 '문화대혁명' 등 정치운동을 피하지는 못했다. 국민당정부에서 파견한 '간첩'으로 의심받아 혹독한 박해를 받았다. 1989년에야 돌아올 수 있었다.

'가오슝시 전쟁과 평화기념 공원 주제관'은 개관 이후 지금까지 관람객들에게 대만의 전쟁 역사에 대한 이해를 도와주었으며, 역사적인 비극을 되풀이하지 않도록 경각심을 일깨워주었다고 밝히고 있다.

역사와 국가 그리고 대만인

저멀리 기념관이 보이면서, 벽에 크게 그려진 3인의 초상화가 눈에 들어왔다. '전쟁과 평화 기념공원 주제관'이라는 이름과 함께 일본군 복장의 군인, 인민해방군 복장의 군인, 국민당군 복장의 군인 등 3인의 사진이다. 그런데 이 3인은 동일인이었다.

그는 일본군이었다가, 인민해방군의 포로가 되어서 인민해방군으로 복무했다가, 해방 이후 다시 국민당정부의 군인으로 인민해방군과 싸우기 위해 전쟁터에 나갔다. 중일전쟁과 국공내전에서 각기 다른 정체성을 대표하는 군인이었던 것이다. 주제관은 '기구한' 운명의 대만인 신세를 세 장의 사진으로 표현하고 싶었다.

태평양전쟁 당시 대만인을 징집하면서 일본군은 대일본제국을 위한다는 가치를 부여했고, 중국 인민해방군은 그에게 인민의 해방을 위한다는 가치를 부여했다. 다시 국민당은 국가와 민족을 위하는 전쟁이라고 했다. 실제 대만인에게는 모두 그들의 '국가'와 '민족'과 '인민'에 불과했다. 주제관은 개인에게 국가와

전쟁과 평화 기념공원 주제관 벽에 걸린 초상화.
동일인이지만 각기 일본군, 인민해방군, 국민당국군 복장을 입고 있다.

민족은 무엇일까? 우리가 목숨을 바쳐서 지켜야 하는 것인가라
는 질문을 던지고 있다.

　이 작은 박물관에서 하고 싶은 말은 처음부터 끝까지 분명했
다. '우리'에게 국가는 무엇인가?라는 원초적인 질문이다. 국가
라는 이름으로 자행되는 폭력은 얼마나 많은가? 국가라는 거대
권력에 의해 피해를 입은 경우가 적지 않다. 한국에서도 근대화
과정에서 국가 폭력에 의해 수많은 목숨이 피해를 입었음을 우
리는 기억하고 있다. 특히 전쟁은 국가가 '나'에게 죽음을 강요
하는 행위다.

전쟁과 위안부

팸플릿에는 1942년 지원병제도가 실시되면서 헌병 보조, 간호사, 간호조무사에 대한 지원신청도 같이 받았다는 내용도 있다. 따라서 '나이팅게일' 정신을 지닌 대만여성들이 지원하여 전쟁터에서 부상병을 돌봤다. 더불어 위안부에 대한 설명도 빠트리지 않고 있다. 주제관에서는 여성구조기금회에서 제공한 자료임을 밝히고 있다. 여기에서는 타이베이 위안부 박물관 '할머니의 집'과 달리 납치, 사기, 유괴 등의 강제적인 수단이 강조되고 있다. 시기별로 여성구조기금회의 입장 차이가 있는지는 모르겠다.

1. 일본군 위안부 제도는 20세기 일본 군국주의가 아시아 지역에서 침략전쟁을 발동했을 때, 병사들의 성욕과 성병이 전력에 미치는 영향을 감소하기 위해 국가주도로 군인들에게 성적 서비스를 제공하고, 군대의 사기를 안정시킨 것을 가리킨다.
2. 납치, 사기, 유괴 등 강제적인 수단을 동원하여 부녀들을 성노동에 종사시키고, 여성의 존엄과 정조를 박탈했다.
3. 이런 비인도적 제도는 1937년 중국 난징(南京)에서 시작되었는데, 세 가지 형태로 나눌 수 있다.
   1) 위안소에서 부녀들을 강제적으로 일본군을 위해 성적 서비스를 제공하게 한 것
   2) 현지 여성을 납치하여 위안소로 보낸 것
   3) 전쟁터에서 일시적으로 성폭행을 한 것 등이다.
4. 보수적인 통계로도 대만 출신의 위안부는 2~3천 명이다.

5. 전후 지금까지 일본 측은 여전히 공식적으로 위안부의 존재를 인정하지 않고 있다. 심지어 고의적으로 사실을 왜곡시켜 수많은 국가와 일본 사이에 외교 갈등이 되었다.(자료 제공: 여성구조기금회)

쉬자오룽과 대만 출신의 군인들

쉬자오룽(許昭榮) 선생은 대만정부의 무관심에 항의하며 분신자살했다. 주제관의 기념비 바로 앞 광장 자신의 자동차 안에서 그는 분신했고, 분신한 장소의 바닥은 '아름다운' 작품처럼 꾸며져 있다. 옆의 표지판에는 그가 경례하는 사진과 함께 아래와 같은 내용이 기록되어 있다.

1. 그는 일본병이었고, 국군이었다.
2. 그는 대만을 위해서 감옥에 갇힌 적이 있다.
3. 그는 멀리 중국으로 가서 돌아오지 못하고 있는 대만 출신 노병들을 찾았다.
4. 그는 국가급의 대만 '역대 전몰장병 기념비'[2]를 세웠다.
5. 마지막까지 그는 목숨을 아끼지 않았다.

쉬자오룽은 '대일본제국' 해군 지원병이었고, 중화민국 해군이었다. '중화민국 국군 대만 출신 노병 및 유족협회'[3] 회장을 지냈다. '대만독립운동'에도 참여했는바, 여기에서 그의 정체성을 뚜렷하게 알 수 있다. 그는 일본인도 중국인도 아닌 당당한 '대만

---

2   台灣歷代戰歿將士英靈紀念碑
3   中華民國原國軍台籍老兵暨遺族協會

인'으로 인정받고 싶었던 것이다. 해방 이후 2차대전과 국공내전에 참전했던 대만 출신 퇴역군인의 권익을 위해 헌신했다.

하지만 국민당이나 민진당 특히 당시 집권하고 있던 천수이벤 정부의 무관심과 홀대에 항의하여 2008년 5월 '역대 전몰 장병 기념비' 앞에서 분신했다. 대만집권자들이 장기적으로 대만 출신 노병들을 정신적으로 학대하였기에 죽음으로써 항의한다고 유서에서 밝혔다. 더불어 지도자들의 무관심 때문에 4만여 명에 달하는 대만 출신 전사자들의 영혼이 60년 동안 해외에서 떠돌고 있다고 비판했다. 2009년 5월, 그의 1주기 추도식에 맞추어 '전쟁과 평화 기념공원 주제관'을 개관하고 기념비를 세웠다.

전쟁과 평화

주제관은 네 개의 주제를 제시하고 있다. 첫 번째는 대만 출신 일본병의 사료와 문물 그리고 대만 출신 병사들에 관한 서적들과 가오슝시 지방역사 자료 등이다. 두 번째는 대만 출신 국민군과 공산군에 관한 사료와 노병들의 권익을 위해 노력했던 쉬자오룽 선생의 흉상과 그의 일생, 주제관의 역사이다.

세 번째는 대만 출신 노병들을 역사적인 대사건과 함께 연대기 형식으로 설명하여 관람객의 이해를 돕고 있다. 네 번째는 "시대에 의해 함몰된 과거"라는 제목으로 대만 출신의 위안부, 간호사, 청소년 노동자, 전쟁 포로 등의 역사를 보여주고 있다.

이 주제관의 전시와 관련 팸플릿이 말하고 싶은 것은, 대만인들이 자기 의지와는 상관없이 전쟁에 휘말렸다는 사실이다. 자의가 아니라 타의에 의해 휘둘린 역사임을 강조하고 고발하고 싶은 것이다. 태평양전쟁 막바지였다. 일본 제국주의는 한 사람의 군인이라도 더 필요하였기 때문에 원주민들을 포함한 대만 청년들을 동원했고, 그들은 일본을 위한 전쟁에서 전사했다. 뿐만 아니라 이후 국민당이, 다시 공산당이, 그들의 의지를 무시하고 전쟁에 동원했던 것이다.

일본으로 일하러 간 대만 출신의 소년노동자들의 숫자도 많았다. 전쟁 막바지인 1942년부터 대만총독부는 해군명의로 대만소년병을 채용하여 일본으로 파견한다는 광고를 냈다. 공부도 시켜주고, 월급도 많이 준다는 광고에 많은 청소년들이 지원하였다. 1943년부터 여러 차례에 걸쳐 8천 4백 명 정도가 일본으로 보내졌다.

주로 고등학교를 졸업한 20세 미만의 청소년들이었기에 '청소년 노동자'[4]로 불리웠다. 가나가와현(神奈川縣) 고자군(高座郡) 소재의 일본해군 전투기 제조공장에서 일을 했고, 전쟁이 끝난 1946년 6차에 걸쳐 나누어서 귀국했다. 귀국 이후 국민당에 의해 다시 해군(해병대)에 징집당한 사람도 많았다.

대만독립운동

1955년 쉬자오룽은 미국으로 파견되어 해군훈련을 받았다. 어느 날 『뉴욕타임즈』를 통해서 도쿄에서 가칭 '대만공화국' 임시의회가 수립되었다는 소식을 들었다. 주제관의 설명은 "이때부터 대만의식이 생겼다."라고 기록하고 있다. 그의 두뇌 속에

---

4   少年工

서 대만정체성에 대한 확신이 한층 더 강화되는 순간이었을 것이다. 귀국하여 대만독립운동에 관한 소식을 대만사회에 전하다가 체포되었고, 정치범들이 수용되는 '뤼도(綠島)'에서 10년을 복역했다.

1968년에 출소하였는데, 1970년에는 상품에 'MADE IN REPUBLIC OF TIWAN' 즉 '대만공화국 제조'라고 인쇄하였다는 것이 발각되어 다시 체포되었다. 1981년 회사 출장차 방미했을 때, 당시 옥중에서 단식투쟁하던 스밍더(施明德)를 위하여 대만 정치범 석방운동을 한 이후 정치 난민으로 해외를 떠돌았다. 1986년부터 캐나다 정부의 보호를 받았다.

평화를 위한 대만- 일본 교류

주제관 앞의 광장에는 바다를 향해 '역대 전몰장병 기념비'가 서 있다. 마치 동남아와 중국대륙 그리고 한반도의 전쟁터에서 사망한 영혼들을 불러 모으고 있는 것 같다. 이 주제관이 내 눈에 들어온 이유는 이름에 '전쟁'과 '평화'를 병렬시키고 있었기 때문이다. 주제관 입구에 '전쟁과 평화 기념공원'이 새겨진 바위를 세웠다. 뒷면의 기증자 명단에 일본인들의 이름이 빼곡하다. 2006년 '대만 민간

대만 역대 전몰장병 기념비

진상 및 화해 촉진 위원회'⁵를 구성했다.

그 옆에는 2023년 8월에 대만과 일본 고자군의 교류 80주년을 기념하여 세운 조형물도 있다. 유관순 열사는 일본제국주의를 반대했을 뿐, 궁극적으로 한일양국이 사이좋게 지내기를 희망했다. 유관순 정신의 현대적 해석이 중요하다고 생각한다. 유관순 열사가 다시 살아난다면, 오늘 우리에게 무슨 말을 할까?

5   台灣民間真相與和解促進會

대만 박물관,
근현대사를
기록하다

4부

대만 신문화운동 기념관
台灣新文化運動紀念館

台北市大同區寧夏路87號
타이베이시 다통구 닝샤로 87호

지금의 '대만 신문화운동 기념관' 건물은 일제시대에 경찰서로 사용되었던 건물이다. 경찰서를 박물관으로 만들었다고? 그것만으로 사람들의 호기심을 자극한다. 경찰서 감옥은 어떻게 생겼을까? 그들은 범인들을 어떻게 감시했을까? 고문하는 시설도 있을까? 그렇다면 건물부터 '박물관'인 것이다.

물로 고문하는 '물고문' 방이 그대로 남아 있다. 타이베이 북부경찰서가 1933년 완공되었을 때의 '물감옥'이 실재했다. 범인의 자백을 강요하는 '물고문'의 역사적 현장이다. 사람을 고문하는 곳이었다. 사람을 1미터 20센티 높이의 지하감옥에 넣고 물을 채우는데, 앉지도 서지도 못하는 상태에서 고개를 들고 있어야 숨을 쉴 수 있다. '물감옥'이 역사를 인식하고, 시간을 느끼고, 변화를 공부하는 전시물로만 관객에게 다가갈 수 있는 지금은 얼마나 소중한가?

예술과 보존

'대만 신문화운동 기념관'으로 사용되고 있는 이 건물은 이제는 타이베이시 법정 고적이다. 요즘은 건물 마감재로 타일을 보기가 쉽지 않다. 숙련된 기술자가 한 조각 한 조각 이어붙인 타일은 예술의 경지로 보인다. 기념관의 회랑에 고스란히 남아 있다. 얼마나 공들여 붙였는지 아직까지도 완전히 새것처럼 보인다. 또 그것이 얼마나 자랑스러우면 기념관을 소개하는 팸플릿에서 소개하고 있을까? 기념관 건물은 물론 예쁜 타일이 백 년 전 상태 그대로 보존되고 있다는 사실이 부럽다.

기념관 1층의 부채꼴 구류소도 마찬가지이다. 한 명의 간수가 모든 범인들을 감시할 수 있는 구조로 원래 모습을 그대로 간직하고 있어 역사적 자료로서 가치가 매우 높다.

'역사 바로 세우기'- 장웨이수이(蔣渭水)

경찰서는 대만을 대표하는 작가 장웨이수이를 기념하는 '신문화운동 기념관'으로 전환되었다. 그 옆에는 그를 기념하는 공원이 있다. 그가 대만현대사에서 얼마나 중요한 위치를 차지하는 인물인지 알 수 있다. 그는 사회운동가이며 민족자결운동가였다. 대만문화협회와 대만민중당(台灣民眾黨)을 공동으로 창립했다. 일제시대 반(反)식민지운동과 자치운동의 대표인물 중의 하나이다. 관련하여 십여 차례 수감되기도 했다.

총독부는 그를 대만 정치사회운동의 제1지도자로 인식하고 있었다. 그가 피의자로 들락거렸던 무서운 경찰서가 이제 그를 기념하는 공간으로 변신했다. 역사의 아이러니이지만 이것이

역사를 '바로' 세우는 것이다. 현재가, 미래가, 과거를 이겼음을 보여주는 현장이다.

경찰서는 체제 유지의 상징이다. 정부는 경찰서라는 기관을 통하여 치안을 담당한다. 특히 외세라고 하는 다른 정체성이 통치를 구현하는 기관이라면, 경찰서라는 조직의 이미지는 더욱 특별해진다. 시민통제일까? 치안수호일까? 식민지 경찰서가 지닌 문제의식은 간단하지 않다.

소개 팸플릿에도 '일치시기(日治時期)'라고 명명하지만, 타이베이 북부경찰서는 대만총독부가 타이베이 치안을 '통제하고 수호'하기 위한 중요한 기관이었다고 명시하고 있다. 어쩌면 통제받고, 수호받아야, 가능한 사회이고 삶이다. '통제'와 '수호'라는 양립할 수 없는 개념은 어쩌면 창과 방패 즉 '모순(矛盾)' 같다.

팸플릿의 설명은 한마디로 신문화운동 기념관은 대만 근현대사를 보여주고자 한다.

1. 1920년대 정치사회운동이 발전하기 시작하여 많은 지식인들이 경찰서에 잡혀왔고
2. 대만 저항운동의 중요한 장면이 되었다.
3. 북부경찰서도 대만 민주화운동의 역정, 식민통치의 권위주의 공간에서 이제는 문화와 휴식의 공간으로 전환되었다.

'대만 문화 운동'의 역사적 정신을 발양하고, 역사교육을 실천하여, 지속적으로 문화운동의 계몽과 창신(創新)을 할 것이라고

다짐하고 있다. 이렇게 대만에서의 역사공간 보존과 리모델링은 문화운동의 연장선상에 있음을 고백하고 있다.

전환점으로서의 연극운동

남녀 배우가 무대에서 연기를 하는 장면 옆으로 "미신타파", "문화향상"이라는 표어가 걸려 있었다. 중국대륙에서 전개된 '54' 신문화운동과 '신극운동'의 영향을 받아 대만에서도 연극을 통한 계몽운동을 시작했던 것이다. 더 재미있는 것은 왼쪽 아래에 일본순사(복장)로 보이는 사람이 무대를 향하여 손가락질하면서 '주의', '중지'라는 말을 하고 있는 장면이었다.

당시 무대를 감시하는 일본순사는 무대 연극의 대사가 마음에 들지 않으면, '주의'와 '중지'라는 구호를 외칠 수 있었다고 한다. 연극단과 경찰 사이 상호타협의 접점이었던 것이다. 일본당국이 '미신타파'와 '문화향상' 정도는 인정해주었지만, 연극단의 일거수일투족을 감시하고 있었다는 것을 알 수 있다. 현재 박물관 주체가 말하고 싶은 것은 일본당국이 '미신타파' 정도의 근대화만을 허용했다는 것이다.

"신시대, 대등단"이라는 제목 아래 "일본 통치시기 신극운동 조류"라는 부제가 눈에 띄었다. 당시 신극운동 주체들이나 오늘날 '신시대'와 '대등단' 주제를 기획하는 관계자들의 머릿속에 일본에 대해 부정적인 면이 자리 잡고 있음을 보여준다. 일본은 대만근대화의 동력일 수도, 반동일 수도 있다는 대만인들의 복잡한 마음을 보여주는 것이 아닐까?

계몽의 수단으로서 연극

중국대륙의 '54' 신문화운동처럼 대만도 신극, 즉 서양에서 수입된 연극을 수단으로 '전통'을 향해 포문을 열었다. 입센의 『인형의 집』은 가장 적절한 교과서가 되기에 충분했다. 모든 지식인이 주인공인 '노라'의 각성을 들먹이고 그녀의 행방을 추적했다. 연극이라는 형식은 계몽을 위한 당대 최고수단이었다. 대학생을 비롯한 지식인들에게 잡지가 중요했다면, 대중들에게는 연극은 격조 있는 놀이문화였다.

팸플릿은 1920~30년대 대만문화협회가 제창한 신극운동은 신문화를 홍보하는 '별동대'의 역할을 담당했다고 했다. 그런데 방법론으로 들어가면 달라진다. 사람들의 두뇌 구조는 각기 다르기 때문이다.

1. '신문협 계급파'는 계급의식을 확산시키는 데 주력했다.
2. '민중당 선전파'는 사회악습의 개혁을 위해 노력했다.
3. '공익 구제파'는 공익을 위한 모금에 주력했다.
4. '커뮤니티 건설파'는 회원 상호 간의 교류에 치중했다.
5. '예술 선봉파'는 연극 연구와 배우의 훈련에 노력했다.

문제는 의식개혁이 먼저냐, 경제적인 지원이 먼저냐로 나눌 수 있다. 의식개혁이라면 계급의식을 주입해서 '혁명'으로 이끌어야 하느냐, 아니면 사회적인 인습을 타파하는 '계몽'이 먼저냐로 또 나눌 수 있다. 바로 따라오는 문제는 혁명과 계몽의 수단이다. 무엇을 수단으로 대중에게 알릴 것인가? 당시 지식인들은 연극이 가장 효과적이라고 생각했던 것이다.

변화 또는 개혁 또는 혁명

일본 통치 시기를 살아가는 방법을 보면 우리는 그 사람을 알수 있다. 똑같은 상황에서 누구는 변화를, 누구는 개혁을, 누구는 혁명을 꿈꾼다. 비상시는 물론이고 평상시에도 마찬가지이다.

그것을 일본 통치라는 상황에 적용시켜보면 이렇다. 누구는 단 하루도 견딜 수 없기에, '네가 죽든지 내가 죽든지' 같은 투쟁을 해야 한다. 독립운동을 하고, 상대국 지도자를 암살해서 복수를 해야 '우리'라는 정체성을 확인하고 힘을 얻게 된다고 믿는다. 누구는 '피는 피를 불러온다'는 것을 알기에, 반드시 피를 흘릴 필요가 있을까 생각한다. 누구는 길게 보고 준비를 해나가야 한다고 믿기에, 우선 '우리의 권리를 하나라도 더 확보하기 위해' 노력한다. 점진적으로 한 단계 한 단계 얻어내자는 것이다.

식민통치와 계몽

일제치하에서도 대만인들은 움직이기 시작했다. 대만문화협회와 신문사를 설립하고 서점, 강연회, 여름캠프, 사회와 농민 계몽운동을 전개하고, 문자교육 등에 힘을 보탰다. 일본치하 문화운동은 '계몽운동'이었다. 여기에서 대만지식인들의 총명함을 볼 수 있다. 일본당국과 신사협정을 맺은 것이었다.

1920년대 장웨이수이와 린셴탕(林獻堂) 등 지식청년들이 선도한 '비무장' 사회운동은 일본과 대만의 합의점이었다. 대만 지식청년들은 당국과 정치적인 회합이나 교육은 안 하겠다는 약속을 했고 그것을 지켰다. 덕분에 각종 문화운동을 전개할 수 있었다. 계몽이라는 이상과 식민치하라는 현실의 절충점을 찾은 것이다. 피식민, 즉 대만정체성과 일본, 즉 식민정체성의 타협이었다.

전체적으로 보면 대만역사는 현실과 이상의 절충점을 찾는 과정이었고, 그 과정은 다시 그 목표를 추동했다. 관련하여 우펑(霧峰) 임가화원(林家花園) 린셴탕 박물관 원구[1]를 추천한다.

문화계몽운동

이런 흐름은 다시 농민조합, 문화협회, 대만민중당, 대만공산당 등의 결성으로 조금씩 승급되기도 한다. 1921년 장웨이수이를 비롯한 지식청년과 각지 사회지도자로 결성된 대만문화협회는 문화계몽운동을 펼쳤다. '신문읽기 모임'부터 문화강좌, 여름학교, 영화 순회 상영 등의 활동을 했다. 1925년 한 해에만 대만 각지에서 열린 강연회에 23만 명이 참석했다는 기록이 있다.

하지만 1926년 이후, 내부 노선투쟁이 발생하여 세 개 파벌이 형성되었다.

1. 우파는 문협의 계몽운동을 견지하여 지식교화 위주로 활동했고,
2. 좌파는 노동자 농민 운동과 계급운동을 전개했다.
3. 장웨이수이를 비롯한 중간파는 국민운동을 표방하고, 각 계층을 포괄하는 전 민족 해방운동에 힘을 기울였다.

---

1   霧峰林家花園林獻堂博物館園區

대만민중당 창당

최종적으로 1927년에 문화협회는 완전히 '분화'되었다. 좌익 세력이 주도권을 장악하였고, 나머지 주요세력은 '대만민중당'을 따로 결성하여 나갔다. 모든 운동(정체성)은 시간과 함께 '분화'되기 마련이다. 누가 잘해서, 누가 못해서 분화되기보다는, 분화되는 숙명을 안고 있다.

누구는 당장 노동자와 농민에게 도움이 되는 일을 해야 한다고 주장한다. 경제적인 도움을 주어야 한다는 것이다. 누구는 문맹문제부터 개선해야 한다고 주장한다. 계몽운동이 시급하다고 여기는 것이다. 또 누구는 양쪽 방향 모두 성에 차지 않고, 전 민족을 한꺼번에 모든 질곡으로부터 해방시키는 운동을 기획한다.

대만민중당은 '민주정치를 확정하고, 합리적인 경제조직을 건설하고, 불합리한 사회제도를 타파한다.'라는 주장을 내세웠다. 당수인 장웨이수이의 지도 아래 반년 만에 15개 지부를 설치했다.

1. 그들은 식민사업을 하는 대만척식주식회사[2]를 반대했고,
2. 아편 허용정책을 반대했고,
3. 일본의 중국침략을 반대했고,
4. 일본인 관리 우대정책을 반대했고,
5. '무사' 사건에 대해 총독부를 비판하는 성명을 발표하기도 했다.

---

2 台灣拓殖株式會社

어떻게 보면 이 단체가 3년 반이나 유지된 게 이상하다. 총독부가 매우 관용적이었다는 의미로 해석할 수도 있고, 총독부와 대만 계몽운동 주체 간 상호 신뢰관계가 어느 정도 구축되었다고 볼 수도 있다. 대만민중당이 끝내 해산되기는 했지만, 일본 식민과 대만 피식민 주체의 타협적인 관계를 알 수 있다.

식민과 피식민의 타협

대만의 첫 번째 부자는 우펑(霧峰) 임가(林家)를 남겼고, 두 번째 부자는 임가화원을 남겼다. 우펑 집안인 린셴탕은 중국 근대 사상가 양계초(梁啟超)의 친구였다. 양계초는 개혁주의자인 동시에 의회주의자였다. 스승인 강유위(康有為)와 함께 입헌군주제를 주장했다. 광서제(光緒帝)도 서태후(西太后)도 모두 동의했기에, 당시 입헌군주제를 지지하는 광범위한 세력이 존재하고 있었다.

대만의 린셴탕은 입헌군주제를 지지하는 지주계급 중의 하나였다. 의회주의자인 양계초는 당연히 린셴탕에게 의회주의의 중요성을 설파했을 것이다. 린셴탕은 식민지 대만의 출로는 의회주의에 있다고 생각하게 된다. 그는 대만인의 참정권 확보를 위해서 돈을 썼다. 또 대만인의 미래는 교육에 있다고 보고, 미래세대를 위하여 학교를 만들었다.

일본 고관자제 등 지식인들과 함께 '대만동화회(台灣同化會)'를 결성하기도 했다. 그들은 일본 도처에서 대만인들의 인권을 보호해야 한다고 역설했다. 당연히 일본 정부에 의해 강제해산 당했다. 하지만 대만인들은 여기에서 멈추지 않고 '대만 의회 설치 청원 운동'을 전개했다. 일본의회에까지 가서 대만의회 설립을 호소했다.

14년 동안 린셴탕은 15차례나 청원했고, 도쿄에 '대만 의회 성공 동맹회'[3]를 결성했다. 그들의 운동은 대만인 비행원을 고용하여 도쿄상공에서 20만 장의 전단을 살포하는 데까지 나아갔다. 전단에는 "대만인은 오랫동안 착취당해왔다." 또 "대만인들에게 자신들의 의회를 허용하라."라고 쓰여 있었다.

대만총독부의 선택

민주화 요구 앞에 총독부도 중대한 고민의 기로에 서게 되었다. 일본통치에 대한 근본적인 저항인가? 아니면 대만사회의 근대화에 대한 계몽운동의 일환인가? 일본당국은 그것에 어떻게 대응했을까? 계몽운동과 자치운동은 체제 내 개혁으로 받아들여졌다.

마침내 대만인들은 1935년 대만 지방의원(주, 시, 가 의회) 절반을 선출하는 선거에서 제한적인 투표권을 행사했다. 대만역사 이래 첫 번째 직접선거였다. 일본식민 당국과 대만 시민사회 양쪽 모두가 노력한 결과인 것이다. 민주화라는 명분과 체제수호라는 실리의 접점이라고 할 수 있다.

1920년대는 세계적으로 민족자결 사조가 불었고, 일본에도 '다이쇼 민주시기(大正民主時期)'로서 민주화 바람이 불었다. 총독부는 청원운동에 대해 절충안을 제시할 수밖에 없었다. 하지

---

3   台灣議會期成同盟會

만 더 이상의 진전은 허용될 수 없었다. 민주화 요구는 1934년 일본당국의 명령에 의해 중지되었다. 대만총독부는 대대적인 단속을 실시하였고, 장웨이수이를 비롯한 관련자 1천여 명을 체포하여 기소했다.

하지만 이런 '문화운동'식의 호소에 대해서 총독부도 잔인하게 맞대응할 수는 없었다. 최장 4개월 징역형에 처해졌을 뿐 관대하게 처리했다. 상호 절충점을 찾은 셈이었다. 나는 역사는 이상과 현실 속에서 평형이나 균형 또는 절충점을 찾는 과정이라고 생각한다. 이 평형이 깨지고 균형이 무너지는 순간, 충돌과 전쟁이 발생한다.

국립 국부기념관
國立國父紀念館

台北市信義區仁愛路四段505號
타이베이시 신이구 런아이로 4단 505호

한국에는 국부기념관이 없다. 하지만 대만에는 있다. 한국인은 국부라는 개념을 수용할 수 없고 대만인은 수용하기에 생성된 결과물이다.

지금 통용되고 있는 대만 지폐에 새겨진 인물은 국부 손문(孫文)이다. 1원이나 5원짜리 동전에 새겨진 장제스 총통과 비교하면, 그의 위상이 얼마나 높은지 알 수 있다. 수천 년 동안 내려온 황제 중심인 '제국(帝國)' 시대의 문을 닫고, 국민 중심인 '민국(民國)' 시대의 문을 연 인물이다. 지폐에 새겨진 그의 얼굴을 보면, 대만의 정통성이 공화제와 직결되고 있음을 깨닫는다.

국가와 국부

매년 8백만 명 이상이 참관한다는 '국부기념관'은 수도 타이베이 한복판에 넓은 면적을 차지하고 있다. '국부(國父)' 즉 '국가의 아버지'는 그렇게 자리 잡고 있다. 대만 아니 중화민국이라는 '국가'는 이렇게 상징되고 있다. 국가에 '아버지'가 필요할까? 다시 더 큰 질문을 던진다면, 국가는 꼭 필요할까? 국가의 의미는 무엇일까? 공동체로서 국가가 필요하고, 그 상징도 필요하다는 주장이 있을 것이다. 반면에 국가의 구성원이 모두 동의하는 국부는 존재하지 않는데, 굳이 필요할까라는 인식도 가능하다. 손문을 기념하는 국부기념관을 둘러보면 '국가'와 '국부'의 의미를 생각해보게 된다.

현재 국부기념관은 수리 중이다. 2024년 2월부터 대대적인 수리에 들어갔다. 52년 만의 최대 규모라고 하는데, 2026년 하반기 완공을 목표로 하고 있다.

콤플렉스 또는 자부심

국부기념관에는 그가 즐겨 쓰는 '정치권력은 평민백성의 소유'라는 '천하위공(天下爲公)'이 보이고, 본관 지하에는 손문 동상이 크게 자리 잡고 있다. 그뿐인가, 조금만 신경쓰고 둘러보면 공원이나 학교에 그의 동상이 보인다. 대만사회에서 이제 장제스의 동상을 찾아보기 어렵지만, 손문의 동상은 대만의 수호신처럼 여전히 이곳저곳을 지키고 있다.

'국부'뿐만이 아니라, 여기저기에서 국립대학이나

국부기념관의 손문 좌상

국립박물관 등 '국립'이 강조되는 것을 보면서 정식 국가로서 인정받지 못하는 이것이 대만의 콤플렉스 아닐까 한다.

대만이 외교적으로 아무리 수세에 몰려 있고, 중국으로부터 중국의 일부라는 것을 강요당하고 있다고 하더라도, 대만은 실질적으로 하나의 정치 실체로서 국제사회에서 대우받고 있다는 사실은 아무도 부인할 수 없다. 그럼에도 불구하고 대만인들이 태생적으로 주눅이 들어 있다는 것을 느낄 때가 많다. 국가로서의 인정을 갈구하는 목마름 같은 것이다. 그들이 '자아' 즉 정체성 찾기에 매진하는 까닭이다.

손문(孫文)과 대동(大同)세계

총통부 뒤에 있는 국사관의 전시물에서, '손대동(孫大同)'을 만난 적이 있다. '손문'과 '대동'을 결합시킨 조어이다. 손문과 유가의 대동사상은 불가분의 일체를 이루었다고 할 수 있다. 『예기(禮記)』에 의하면, '거란(居亂)' 뒤에 '소강(小康)'이 오고, 그 뒤에 다시 유토피아인 '대동'세계가 온다. 이것이 손문의 믿음 아니 염원이었다. 대만은 '대동' 사회가 되었을까? 유토피아가 되었을까? 그러고 보면 대만 곳곳에 대동초등학교 등 '대동'이라는 이름이 눈에 띈다.

정체성의 생성

대만은 손문이 만든 이념인 '삼민주의(三民主義)'와 '5권 분립'에 의해 경영되고 있는 공동체이다. '민족주의, 민권주의, 민생주의'를 추구하고, 권력은 '입법, 행정, 사법, 고시(考試), 감찰'로 나누어져 있다.

1964년 국민당정부는 국가발전을 위한 손문의 노력과 정신을 기념하기 위해 국부기념관을 건립하기로 하였고, 1972년에 완공하였다. 물론 그 이전부터 손문과 그의 사상체계인 '삼민주의'에 대한 교육은 추진되고 있었다. 1953년부터 국민당정부는 대학과 고등학교 3학년에 '삼민주의'를 필수과목으로 개설했다. 1954년부터는 대만의 대학 입학시험 과목에 포함되었다. 수험생들은 손문의 사상을 그야말로 달달 외워야 했다.

당국(黨國) 체제의 해체

1987년 계엄이 해제된 이후, 이제 국민당은 일개 당으로 변신했다. 국민당이 곧 국가였던 '당국(黨國) 체제'가 해체된 것이기에 자연스럽게 국가의 상징에 대한 의문이 제기되었다. 1994년부터는 대학 입학시험에서 '삼민주의'를 폐지하자는 의견이 대두되었다. 1996년부터는 대만인들 사이에 '중국인' 정체성에 공감하는 비율이 급속하게 감소되었다. 2006년에서야 '삼민주의' 시험과목이 정식으로 폐지되었다. 2008년부터는 '삼민주의' 시험과목명이 '시민과 사회'로 바뀌었다.

2022년 10월, 대만의 공무원들은 국부인 손문의 동상 앞에서 선서할 필요가 없어졌다. 민진당 제안으로 국회에서 통과되었다. 하지만 여전히 대만 입법원 회의장 정중앙에 손문의 대형 초상화가 붙어 있다. 그는 지금까지 60여 년 동안 대만국회를 지켜보고 있다.

기독교 신자 손문

손문은 1879년 열두 살 때, 큰형이 자리 잡고 있던 하와이로 떠났다. 그는 하와이 원주민 문화보다는 백인 문화에 빠져들었다. 워싱턴이나 링컨의 전기를 즐겨 읽었기에 영어 실력이 빠르게 늘었다. 친구들이 손문의 변발을 잡아당기는 일이 빈번하였고, 그 때문에 다툼이 벌어지기도 했다. 변발을 강요한 주체인 만주족의 청조에 대한 반감이 더욱 깊어지는 계기가 되었을 것이다.

성경수업 등 기독교에 대한 관심도 커졌다. 세례를 받으려다가 형의 강한 반대에 직면하기도 했다. 중국 전통에서 급속히 이탈하는 것이 걱정이 된 형은 동생을 광동성 고향으로 돌려보냈다. 하지만 4년 만에 고향에 돌아온 그는 전통신앙인 관우상을 훼손하는 것에 그치지 않고, 그것을 화장실에 버리고 홍콩으로 도주했다. 홍콩에서 미국인 선교사를 통해 세례를 받았다. 이후 기독교 신앙과 (한족 중심의) 민족의식은 그가 평생 붙잡고 있던 양대 기둥이었다고 할 수 있다.

한족 지상주의와 신앙

그는 광동성 광저우와 홍콩 등지에서 의학을 배웠다. 군대나 법률관련 학교로 진학하고 싶었지만, 뜻대로 되지 않았다. 그것을 보면 그도 원세개처럼 어릴 때부터 '입신출세'를 꿈꾸었다. 사명감으로서 의학보다는 차선책으로 의학을 선택했을 뿐이다.

그는 삼합회(三合會), 천지회(天地會) 등 전통적인 '반청(反淸)' 지하조직 친구들을 사귀면서 '만주족의 청(淸)을 몰아내고, 한족의 명(明)으로 다시 돌아가자'는 '반청복명'이라는 명분에 집착하게 된다. 태평천국(太平天國) 등 청조를 위기에 빠뜨린 세력에 대해 점점 더 친근감을 느끼는 등 반란의 고장인 광동성의 정체성을 수용하기 시작했다.

25세에 홍콩의대(전신)를 졸업하고 마카오와 광저우에서 의술을 펼친다. 드디어 광저우에서 친구들과 중흥회(中興會)를 결성하고, 그 목표를 '달로(韃虜)를 몰아내고, 화하(華夏)를 회복한다'로 정한다. '달로'는 '오랑캐'라는 뜻으로 만주인을 폄하해서 부르는 말이고, '화하'는 중국을 가리킨다. 이 구호는 손문과 평생 함께했다고 해도 과언이 아니다.

사실 만주족의 청조는 중국 역대왕조 중에서 가장 보편타당한 합리성을 추구했다는 점에 이견이 없을 정도로 민족차별을 멀리했다. 그럼에도 손문은 청조의 지배와 피지배 관계를 만주인과 한족으로 단순화했던 것이다. 중국에서 벌어지고 있는 모든 갈등과 문제를 이민족인 만주족의 통치 때문에 비롯된 것이라고 단정했다.

26세(1894년)에는 하와이에서 중국인 20명 정도를 모아서 흥중회(興中會)를 결성했다. 특이한 점은 전원이 왼손을 성경에 얹고 오른손을 들어 "달로를 몰아내고, 중국을 회복하여, 합중(合眾)정부를 창립한다."라고 선서했다는 점이다. 성경에 손을 얹고 선서를 했다는 것은 그의 세계관이 더 이상 전통 중국인의 것이 아니라는 의미이다.

이후 영국에서 청국 공사관에 구금당했을 때도 기도로 위안을 받았다는 기록을 남기는 등 그의 기독교 신앙은 날로 깊어졌다.

나아가서 그가 지향하는 정치제도가 합중정부 즉 미국식의 합중국으로서 연방제나 공화제라는 것을 처음으로 드러냈다.

선악 이분법의 세계관

나는 기독교의 '선악(善惡)' 이분법적 사고 틀이 그에게 큰 영향을 미쳤을 것이라고 생각한다. 아니면 그의 두뇌는 원래부터 이분법에 쉽게 반응하는 구조였을 것이다. 그는 '선악' 이분법으로 한족과 '오랑캐'를 구분했다. 더불어 '오랑캐'에 대한 증오심은 무한증폭하여, 언제 어디서나 '달로'를 몰아내자는 주장을 앞세웠다. 이민족(만주족)의 지배는 용납할 수 없기에 한족의 중국을 회복하자는 것이었다.

수리에 들어가기 전의 국부기념관 전시실에는 "달로를 몰아내다(驅除韃虜)"라는 표현이 자랑스럽게 강조되고 있었다. 기념관 측은 무슨 생각으로 이 문구를 대문짝만 하게 소개했을까? 기념관이 리모델링 된 이후에도 이 표현이 그대로 남아 있을까 나는 지금부터 궁금하다.

전시실에 그의 공로에 관한 첫 번째 기술로 "독서로 나라를 구했다(讀書救國)"라는 표현도 있었다. 손문은 1896년 런던에서 8개월간 체류한 적이 있는데, 그동안 영국박물관 도서관을 적어도 68회 갔다는 기록이 있다. 독서광이었다는 점에서 나폴레옹이나 히틀러 그리고 마오쩌둥이 오버랩된다. 이 시기 그는 다양한 서적을 탐독하며 '삼민주의(三民主義)' 등 그의 사상을 체계화하는 기초를 다졌다.

그는 평생 동안 만주족의 청나라가 무능하여—서구열강에 의해—국토가 '오이를 나누듯이' '과분(瓜分)'되었다는 점에 분노했다. 국토회복을 위해서 혁명을 해야 한다고 주장했다. 하지만 그의 혁명활동 궤적을 살펴보면, 그는 혁명에 필요한 자금 확보를 위해서는 국토를 활용하고자 했다. 혁명자금을 빌려주는 대가로 외국 정부에게 영토의 할양, 시장 독점권 등 반대급부를 무한 제공하려고 했다.

'54'운동은 일본이 차관을 제공하면서 요구한 21개조를 원세개가 받아들인 것을 규탄하는 성격이었다. 그런데 이후 손문이 혁명자금을 빌려달라고 하면서 일본에게 약속한 반대급부를 보면, 그가 얼마나 '정치적인' 인물인가를 알 수 있다. '선악' 이분법의 틀에서 자신은 언제나 선(善)이었고, 상대는 언제나 악(惡)으로 규정했던 것이다. 역사는 어떻게 기록되어야 할까?

혁명의 달성과 구호의 변화

1904년부터 손문의 조직에 가입하기 위해서는 "달로를 몰아내고, 중화를 회복하며, 민국을 수립하고, 지권을 평균한다."라는 선서를 해야 했다. 땅을 국유화한다는 이론이 점점 구체화되고 있었다. '민국' 개념을 등장시킨 것은 그가 오늘날 해협양안으로부터 국부로 추앙받는 근거가 된다. 1905년 일본 도쿄에서 '동맹회'가 설립되었다.

1911년 10월 10일 마침내 혁명이 성공했다. 중화민국을 수립한 '신해혁명'이다. 그는 난징(南京) 교외에 있는 명(明) 시조인 홍무제(洪武帝)의 능에 가서 한족에 의한 광복을 보고했다. 하지만 그때부터 그의 구호가 달라졌다. 그는 중화민국 임시대총

통 취임 선언에서 "국가의 근본은 국민이다. 한만몽회장(漢滿蒙
回藏)의 모든 지역을 포함하여 한 나라로 삼고, 한만몽회장 모든
민족을 합하여 한 무리로 삼는다. 이것을 민족의 통일이라고 한
다."라고 했다.

손문은 혁명을 성공시킨 다음에야 '5족공화(五族共和)'를 강조
하기 시작했던 것이다. 오랑캐인 '달로'를 몰아내는 혁명을 성공
시켰으니, 이제는 주요 민족인 한족, 만주족, 몽골족, 회족, 티베
트족 등 다섯 민족의 화목, 즉 '5족공화'를 전면에 내세운 것이
다. 임시 대총통을 사임한 1912년부터는 자신의 '삼민주의'를 구
체화하기 시작했다. 은행, 철도, 항운 등 주요산업을 국유화하여
대자본가의 출현을 막는 '국가사회주의'에 더욱 바짝 다가간다.

'당국체제'의 근거

손문의 『혁명방략(革命方略)』에서 주목되는 점은 처음부터 끝
까지 민중을 계몽이나 단합의 대상으로 본다는 점이다. 그는 자
주 "흩어진 모래알 같은" 4억 명이라는 표현을 했다. "유기적으
로 결합된 법치국가로 만들기 위해", "반드시 규정에 따라 선서
의식을 행해야 비로소 민국 국민의 권리를 얻을 수" 있다는 의
식구조는 "선지선각"의 혁명정부가 가르쳐야 한다는 권리와 의
무를 자연스럽게 연결된다.

그는 인류 진화의 방향을 체현하는 "선지선각(先知先覺)"인
자신의 사상을 "후지후각(後知後覺)"하는 혁명당원뿐만 아니라
"부지불각(不知不覺)"인 비당원에게도 공유시킨다는 목표를 설
정했다. 이 목표는 국민당정부가 독재로 나아가는 빌미를 제공

하기도 했다. 독재로부터 공화로 가는 과정에서 '과도기(훈정기)'가 필요하다는 것이다.

국민당+중화민국=당국화(黨國化) 즉 국민당이 곧 국가라는 논리를 합리화할 수 있는 근거가 여기에 있다. 이 기간 동안의 독재는 용납된다는 이론이다. 마르크스가 주장한 공산주의로 가는 과도기의 '프롤레타리아의 독재'를 모방했다고 평가된다.

한족으로 만들기- 한화(漢化)

1921년 즈음 그의 '5족 공화론'은 다시 변화한다. 스스로 신해혁명 당시의 '5족 공화론'을 비판하면서, 그들이 인구가 적고 자위능력이 결핍되어 있기에 만주인, 몽골인, 티베트인을 인구가 많은 한족으로 동화시켜 '중화민족'으로 만들어야 한다고 주장했다. 이른바 대만원주민을 '한화(漢化)'시켜 한족으로 만들겠다는 청조의 의지처럼 '중화주의' 내지 '중원주의'에서 나온 독재적인 발상이 아닐 수 없다. 역시 이분법적 사고의 연장선상에 있다.

지금 여기에서 보면, 과거는 잘못된 것일 수 있다. '지금은 맞고 그때는 틀리다'라는 영화 제목처럼 소수민족을 '한화'시켜 '중화민족'으로 만들겠다는 손문의 사상 역시 지금 여기에서 보면 황당하다는 느낌을 금할 수 없다. 하지만 역사를 또 역사적인 인물을 이해하고 동정하라는 문학평론가 류짜이푸(劉再復)의 가르침대로 바라본다면, 손문을 이해 못 할 바도 아니다. 당시 손문으로서는 가장 현실적인 방안이었을 것이다. 당시 그의 두뇌에는 '유럽=억압자, 아시아=피억압자'라는 구도가 요지부동으로 자리 잡고 있었기 때문이다. 그의 생각은 아시아 각 민족이 단결해야 하는 '대아시아주의'까지 나아갔다.

삼민주의(三民主義)

'천하위공(天下爲公)'은 그가 휘호로 자주 사용한 문구이다.
'정치권력은 평민백성의 소유'라는 뜻으로, 『예기(禮記)』에서 나
온 말이다. 손문은 민권주의(民權主義) 차원에서 그것을 해석했
다. 그의 민권주의는 개인의 자유와 권리를 주장한다기보다는
국가와 민족이 제국주의로부터 자유로워지는 것을 우선했다.

시종일관 "흩어진 모래알"에 비유된 중국인은 유럽인보다도
자유를 향유하고 있기에 개인의 자유는 일정부분 유보될 수 있
다는 식의 논조가 보인다. 지배와 피지배의 관계를 고착화하고
있기에 역시 독재지향을 예비하고 있다.

나는 그의 민족(民族), 민권(民權), 민생(民生)의 '삼민주의' 중
에서 '민생주의' 이론에 비교적 공감하는 편이다. '민생주의'는
진보적, 심지어 매우 급진적이라고 할 수 있다. 노동자가 경영에
참가해야 한다고 주장했다. 그는 역사의 중심은 "민생이며, 물
질이 아니"라고 했다. 또 "공산주의가 민생주의의 좋은 벗"이라
고 하면서, '토지를 공평하게 분배하자', '자본의 폐해를 막자'는
등의 주장을 펼쳤다.

손문의 유언

"혁명은 아직 성공하지 않았다. 동지들은 모름지기 더 노력해
야 한다." 대만인들은 할 말이 없을 때, 농담처럼 이 말을 되뇐
다. 가령 다이어트 한다면서? 성공했어?라고 물으면, '혁명은 아

직 성공하지 않았어'라는 말로 응수한다. 네가 감히 손문에게 대들래? 하는 거만한 태도로 말이다. 손문은 이렇게 유서를 남겼다.

1. 나는 국민혁명에 온 힘을 다 바쳤다.
2. 중국의 자유와 평등을 구하는 데 목표를 두었다.
3. 40여 년의 경험을 통해 깊이 깨달았다.
4. 이 목표를 달성하려면, 반드시 민중의 참여를 불러일으켜야 하며,
5. 평등한 국제관계로 우리를 대하는 세계의 민족과 연합하여 공동으로 분투해야 한다는 사실을.

1925년 손문이 임종할 당시에는 중국 각지에는 여전히 군벌들이 할거하고 있었다. 그래서 중국의 공화혁명은 아직 성공하지 못했다고 한 것이다. 어떤 학자는 중국의 국부는 손문이 아니라 마오쩌둥이라고 주장한다. 마오는 전국을 통일하였고, '중화인민공화국'을 세워 공화혁명을 완성했기 때문이다.

1940년 3월 29일, 난징에 왕징웨이(汪精衛)의 중화민국 국민정부가 수립되었다. 4월 1일, 국민정부의 명령으로 손문은 '국부(國父)'의 칭호를 얻게 되었다. 그렇다면 손문을 국부의 지위로 끌어올린 사람은 장제스가 아니라 왕징웨이이다.

해협 양안의 국부

2021년 10월 10일, 인민대회당에서 개최된 신해혁명 110주년 기념식에서 중국 지도자 시진핑은 손문을 이렇게 정의했다.

1. 위대한 민족 영웅이자,
2. 위대한 애국주의자이며,
3. 중국 민주혁명의 위대한 선구자이다.
4. 신해혁명을 선도한 위대한 정신을 선양하자!
5. 함께 손잡고, 중화민족의 위대한 부흥이라는 목표를 향해, 용감하게 계속 전진하자!

10월 10일 '쌍십절(雙十節)'은 대만의 국경일이다. 하지만 대륙의 중국공산당도 손문을 자신의 정통성에 연결시키고 있고, 동시에 양안의 통일문제에 접점을 찾기 위한 수단으로 이용하고 있음을 보여준다. 손문을 '민족 영웅', '애국주의자', '민주혁명의 선구자'로 명명하고 나아가서 '중화민족의 부흥'을 위하는 목표를 제시하면서, 그를 대만과의 접점 찾기에 동원하고 있다.

손문은 청말 사상가 장빙린(章炳麟)이 꼽은 세 사람의 인재 즉 송자오런(宋教仁), 왕징웨이, 황싱(黃興) 등에 들지 못했다. 하지만 그의 언변은 타의 추종을 불허했다. 오죽하면 별명이 '손대포'였겠는가? 그의 언변은 혁명자금 모금에 탁월한 효과를 발휘했다.

사상가 리쩌허우는 『고별 혁명』에서 중국 근현대의 정치지도자 중에서 손문만이 서구 민주 개념에 대한 믿음이 있었다고 했다. 그는 정말 순수하게 서구 민주제도와 민주정신을 믿었다는 것이다. 원세개, 장제스, 마오쩌둥 등은 모두 입으로는 민주를 말했지만, 실제로는 절대 믿지 않았다고 했다.

중앙연구원 후스기념관
中央研究院 胡適紀念館

台北市南港區研究院路二段130號
타이베이시 난강구 옌주위안로 2단 130호

　　중앙연구원은 인문 및 과학을 아우르는 대만 최고의 학술기구로서, 총통부의 직속이다. 연구원의 원사(院士)는 사회적으로 최고의 대우와 존경을 받는다. 사상가 후스(胡適)는 중앙연구원의 출범과 발전에 큰 역할을 했다.

　　중앙연구원은 타이베이 외곽인 난강(南港)에 있는데, 연구원 안에 후스의 기념관이 있다. 그가 거주하던 집과 기념관이 같이 있다. 기념관의 전시에도, 그곳에서 파는 엽서 등의 기념품에도, 중앙연구원에 있는 그의 무덤 담벼락에도, 후스가 좋아하는 명구(名句)들이 보인다. 그중에서도 인구에 회자되는 것은 아래와 같다.

1. '대담한 가설, 조심스러운 증명'
2. '학문은 의심스럽지 않은 곳을 의심해야 하고, 사람을 대할 때는 의심스러운 곳을 의심하지 말아야 한다.'

3. '외치면서 죽을지언정, 침묵하면서 살지는 않겠다.'[1]

후스와 중앙연구원

후스는 1927년 중앙연구원 준비위원으로 연구원과 인연을 맺었다. 1948년에 학계 최고의 영예인 중앙연구원 원사에 당선되었다. 1949년 중앙연구원이 대만으로 이전한 이후에도, 건립과 업무회복에 참여했고, 1958년에 원장이 되었다.

후스의 사상은 '자유'와 '이성'으로 대표된다. 대만 중앙연구원이 후스 정신의 구현이라고 알려져 있지만, 나는 대만이라는 사회가 후스의 정신 즉 자유와 이성의 구현이라고 생각한다. 그는 중앙연구원장 자리에서 대만의 학술 발전을 위해 불철주야 일했다. 현재 대만이라는 '완전한' 사회가 구현되는 데 미친 그의 영향은 과소평가될 수 없다.

장제스가 중화민국 즉 대만의 국가체제를 다졌다면, 후스는 국가정신을 만들었다. 후스는 평화적이고도 점진적인 개혁을 주장했다. 후스기념관에서 근무한다는 것에 자부심이 가득해 보이는 직원의 말이 아직도 내 귀에 맴돈다.

1. 후스의 서재를 그대로, 심지어 그가 꽂아둔 책갈피조차도 건드리지 않고 보존하고 있다.
2. 후스 생전에 그를 찾는 연구원 직원들과 외부 손님들이 끊이지 않아서 거실에도 테라스에도 의자를 많이 준비했다.

---

1   寧鳴而死 不默而生 - 范仲淹

3. 심장(아마 심혈관)이 안 좋아서 요리사가 매일매일 생선요리만 해 주었기에, 후스는 생선 좀 그만 먹자는 투정을 자주했다.

후스의 눈물

장제스는 1947년부터 이미 대세를 돌이킬 수 없음을 알고 후퇴를 준비하고 있었다. 중앙은행의 황금과 고궁박물원의 보물을 대만으로 옮길 준비를 했다. 상황이 더욱 불리하게 돌아가면서 1948년 3월, 장제스는 현행 헌법상 국가 최고 실권은 총통이 아니라 행정원에 있다고 하면서, 후스가 총통을 하고 자신은 행정원장을 하겠다는 의향을 후스에게 전달했다. 후스도 동의했으나, 이 방안은 국민당의 중앙집행위원회를 통과하지 못하여 장제스의 뜻이 실현되지 못했다.

베이징이 함락 위기에 처한 1948년 12월 15일, 후스 부부는 장제스가 보내준 비행기를 타고 난징에 도착했다. 1948년 연말 후스는 곧 대만대학 총장을 담당하게 될 제자 푸쓰녠(傅斯年)과 함께 시[2]를 읊조리면서 눈물을 흘렸다. 대륙의 공산화에 대한 눈물이었다. 앞으로 다가올 고통을 아는 사람만이 흘릴 수 있는 선지자의 눈물이었고, 지식인으로서의 자책감이었다.

후스는 1945년 항일전쟁 승리 이후 학술활동에만 전념했다. 하지만 사상과 이념의 전장에서 최선의 노력을 다하지 않았기에 중국에 공산주의가 만연되었다고 자책하는 기록을 남기고

---

2   도연명(陶淵明)의 의고9수(擬古九首) 중 제9수. 갑자기 산하가 뒤바뀌는 경우를 당했다고 한탄하는 내용이다.

있다.[3]

학자와 정치인

약관 이십대에 '문학혁명'을 제창하여 이미 사회적으로 유명해진 후스는 평생 바쁘게 살았다. 요즈음 후스를 생각하면서 몇 가지 질문을 나 자신에게 퍼붓는다. 그가 사회적인 활동을 조금 등한시했다면 어땠을까? 서재에서 공부에만 몰두했다면 더 큰 업적을 남기지 않았을까?

학부 시절 한국 화교 선생님이 출강한 적이 있다. 그의 자(字)인 스즈(適之)를 '어디로 가야(之)' '적당할까(適)'로 해석했다. 그만큼 후스의 사상은 방향성이 불투명하다는 비판이었다. 후스는 "세계에서 가장 강한 사람은 가장 고독한 사람이다."라고 했지만, 자신만큼은 고독한 상태에 두지 못했다. 결국 그는 과로로 인한 심장병으로 사망했다.

국가와 인문학자

공산당의 마오쩌둥도, 국민당의 장제스도, 모두 후스를 간절히 원했다. 자신의 편으로 만들기 위해 엄청난 공을 들였다. 마오도 이런저런 경로로 몇 차례 설득했다. 최종적으로 장제스의 승리였다.

당대 최고지도자 장제스 앞에서 다리를 꼬고 앉을 수 있는 인물은 후스밖에 없었다. 장제스를 만나서 그의 잘못을 훈계할 수

3   董橋,『讀胡適』, (香港: 牛津大學出版社, 2019), 249쪽.

있는 사람도 후스가 유일했
을 것이다. 후스는 실제로
그렇게 했다.

후스가 미국에서 귀국한
다고 하자 장제스는 후스의
거처를 직접 해결해주었다.
뿐만 아니라 사상가 첸무
(錢穆)와 수필가 린위탕(林
語堂)의 집도 챙겼다.

타이베이에 있는 첸무와
린위탕의 집을 가본 적이
있는데, 거실 벽면에 장제
스의 서예 작품이 걸려 있
었다. 그들의 생일 때 장제
스가 직접 장수를 기원하는

'후스 평가'라는 제목의 후스 전기 표지에 실린
후스와 장제스가 함께한 사진. 후스는 장제스
앞에서 다리를 꼬고 앉을 수 있는 유일한 인물
이었을 것이다.

글씨를 써 보냈다. 장제스는 인문학의 중요성을 아는 지도자였
다. 나아가서 그는 대륙에서의 패권경쟁을 통해서 사상은 국가
정체성과 직결된다는 것을 뼈저리게 깨닫고 있었다.

국가에는 '법도(法度)'가 필요하다. 어디 국가뿐이겠는가? '법
(法)'과 '도(度)'는 가정에도 사회에도 반드시 필요하다. 즉 규율
과 잣대가 있어야 한다는 것을 장제스는 잘 알고 있었다. 국가
의 법도를 제시하는 지식인은 국가의 방향을 제시하는 중요한
역할을 하는 동시에 국가 그 자체의 잣대를 상징하기도 한다.

사상가 후스와 첸무를 옆에 두면 중국적 정통성은 본인에게

있다고 생각했다. 대륙의 땅은 공산당에게 빼앗겼지만 유구한 중국의 정통성은 내 것으로 만들어야 했다. 장제스가 후스와 첸무에게 연연했던 이유이다. 그들을 옆에 두면 중국의 '법도'는 영원히 나와 함께할 것이었다. 중국의 '참' 정체성은 대만으로 이어진다고 생각했다.

후스는 장제스에게 무엇을 주었을까? 직언을 하는 후스가 목숨을 부지한 이유는 무엇일까? 장제스는 자신이 신구문화의 적통임을 보여주기 위해 후스가 꼭 필요했다. 자신이 중국전통과 현대를 잇는 적자라는 이미지를 보여주기 위해 후스는 필요불가결한 조건이었다.

장제스가 보기에 고궁박물원과 후스는 등가였다. 그에게 이 두 가지를 대만으로 옮겨오는 일보다 더 중요한 일이 있었을까? 장제스에게는 고궁박물원과 후스가 중국이었다. 중국대륙은 상실했지만, 고궁의 보물과 사상가 후스를 데리고 오면 정통성만은 자신에게 있다고 생각했다. 후스는 사상적으로 전통과 현대를 잇는 교량이었다.

광복 이후 초대 대만대학 총장으로 임명된 푸쓰녠 역시 '54' 신문화운동의 정통성을 지니고 있는 인물이다. 게다가 국학의 대가였다. 후스와 마찬가지로 국민당의 장제스에게는 매우 중요한 인물이었다. 장제스는 유가적 인물을 통해서 자신과 대만에 '중국'의 정통성이 있음을 보여주고 싶었다. 장제스는 적어도 국가라는 공동체에 인문학이 얼마나 중요한지 아는 지도자였다.

'54' 신문화운동과 중국공산당

'대만 신문화운동 기념관'[4]의 활동을 홍보하는 큰 포스터가 타이베이 시청역 지하에 붙어 있었다. '신문화운동'이라는 단어가 눈길을 사로잡았다. 작은 기념관의 활동이 이렇게 시청이라는 중요한 역의 광고판에 등장하고 시민들에게 홍보되고 있음이 조금 부러웠다. 대만 곳곳에서 '민주화'와 '과학화'를 향한 심기일전을 보면서 '54 신문화운동'을 생각하게 된다. 근대화 이념을 '민주'와 '과학'으로 축약한다면, 그것의 현재적 의미를 다시 생각해보게 된다.

'54'로 상징되는 신문화운동은 '구(舊)문화'와 '신(新)문화'를 대비함으로써 중국공산당이 집권할 수 있는 발판이 되었다. '구문화'를 절대적인 '악'으로 규정하고 이미지를 확정함으로써, '신문화'는 좌파 즉 중국공산당의 것이 되었다. 중국공산당은 '신문화'라는 부호를 자신의 것으로 장악해버렸던 것이다.

'전통'이라는 이름으로 대표되는 구문화는 역사라는 거대한 수레바퀴 속에서 송두리째 부정되었다. 20세기 초 '신문화'라는 화두는 중국을 통째로 삼켜버렸다. 시대의 대세로 그 누구도 항거할 수 없는 절대적인 흐름이 되었던 것이다. 신문화운동은 중국공산당의 상징이 되었고, 나는 그것이 대륙에서 공산당이 승리한 이유라고 생각한다.

4   台灣新文化運動紀念館

후스와 『신청년』

후스는 평생 학자로서 냉정한 비판의식을 잃지 않았다. 그는 사회주의 포퓰리즘에 몸서리를 쳤지만, 국민당의 독재에도 비판적이었다. 후스 기념관이 발행한 팸플릿에는 후스가 창도했던 '정리국고(整理國故)'[5], '전반서화(全盤西化)'[6], '호인정치(好人政治)'[7] 등을 소개하고 있다. 더불어 후스는 사회주의도, 삼민주의도 믿지 않았다는 것을 밝히고 있다.

'정리국고'나 '전반서화' 등은 중국전통을 송두리째 부정하지 말고, 선별해서 수용하고 과감하게 세계화하자는 주장이었다. 당시 사회적으로 만연되었던 반전통 분위기를 비판하는 것이고, 이성으로의 복귀를 냉정하게 요구하는 것이었다. 바야흐로 사회 분위기는 이성이 아닌 감성으로 방향을 선회하고 있었다. 후스는 그런 분위기가 가져올 후과를 간파하고 있었다.

감성보다는 이성적으로 처리하자는 후스의 입장은 개인을 평가하는 기준이기도 했다. 예를 들면 문학/문화혁명을 선도하는 잡지 『신청년』의 책임자로 사회적 영향력이 절정에 오른 천두슈(陳獨秀)가 매춘을 하였다는 이유로 여론의 지탄을 받고 베이징대학에서 축출된 적이 있다. 이런 애매한 순간에도 후스는 공사(公私)를 분리하자고 주장했다. 매춘을 찬성하는 것이 아니라, 개인의 사적 행위가 그를 공격하는 무기가 되어서는 안 된다는 입장을 남겼다. 나이가 들수록 남을 비판하고 평가하기가 어렵

---

5   과학적인 방법으로 중국 고유의 학술문화를 정리하자는 주장이다.
6   후스는 '충분히 세계화 하자'라는 의미로 해석했다.
7   헌정정부, 공개된 정부, 계획정치 등을 말한다.

다는 것을 깨닫게 된다. 우리 모두는 매 순간 실수하고 또 후회하면서 살아가는 존재이기 때문이다.

'반이성'과 '반지성'

'54' 광풍에 대한 후스의 의심은 당연하고도 절실한 것이다. 둥차오(董橋)에 의하면, 후스는 '54' 자체에 '반이성적인' 부분이 적지 않았다는 점을 알고 있었다. 혁명의 구호만 난무하던 '54'였던 것이다.

평론가 둥차오에 의하면, 후스는 학생들의 정치간여를 정상적인 상태가 아닌 '변태(變態)'로 보았다. 우리의 일반적인 통념을 송두리째 뒤집어버리는 생각이 아닐 수 없다. 중국현대사 고비고비에 학생들이 큰 역할을 했다. 하지만 이후 전개된 피비린내나는 역사를 보면 후스가 왜 이런 결론을 내렸는지를 알 수 있다. '54' 신문화운동의 불꽃을 당긴 '문학혁명'을 주장한 후스의 입에서 이런 평가가 나왔기에 더욱 주목해야 하지 않을까?

1910년대 말부터 중국사회는 극단적으로 분화되고 있었다. 인습은 타파해야 하지만 전통은 수호해야 한다는 의견을 사회는 기득권 세력의 반발로 몰아가고 있었다. 이분법에 의해 비판을 받은 후스는 "자신과 다른 자를 인정하지 않는 사상"이 범람하고 있음을 지적하면서, "이런 불관용적인 태도가 수많은 사람들을 오염시키고 있다."라고 했다. 돌이켜보면 중국근현대사 전체에 반지성주의가 강하게 깔려 있었다.

후스 유령과의 투쟁

1945년 8월 15일, 일본의 항복과 함께 중국대륙은 새로운 기회를 맞이하였다. 국민당과 공산당은 평화를 위한 담판을 시작하였고, 8월 28일 중국공산당의 지도자 마오쩌둥은 협상을 위해 충칭(重慶)에 도착했다.

후스는 베이징대학 교수 시절, 자신의 학생(청강생)이었던 마오쩌둥에게 전보를 보냈다. 당시 영국노동당의 승리를 알려주면서 중국공산당의 변신을 요구했다. 후스는 중국에서 보수와 진보 등 양당제의 실현을 보고 싶었던 것이다.

중국공산당은 중화인민공화국 건국 직후인 1950년부터 주광쳰(朱光潛), 구제강(顧頡剛), 선인모(沈尹默) 등을 동원하여 '후스 사상 청산운동'을 전개했다. 1950년 9월, 베이징에 남아 있던 후스의 아들 후쓰두(胡思杜)는 중국공산당의 압력으로 『대공보(大公報)』에 아버지를 통렬하게 비판하고, 부자관계를 단절하는 성명을 발표했다. 살아남기 위한 선택이었다. 하지만 아버지 후스와의 관계단절을 선언했음에도 불구하고, 지속되는 압박에 견디지 못하고 자살로서 생을 마감했다.

중국대륙에서 후스 비판운동의 수준은 1954년부터 다시 상승하기 시작했다. 둥차오에 의하면 1954년부터 2년 동안 후스 '유령' 청산과 제거를 주장하는 글은 이미 3백만 자 이상이었다. 중국공산당의 비판 정도는 중국국민당에게 후스가 얼마나 중요한 존재였는지를 알려주는 반면 교재가 된다. 그만큼 후스 사상이 중국철학, 역사, 정치사상, 문학과 중국문학사 등에 미치는 영향력이 크다는 의미였고 그만큼 중국공산당에게는 큰 부담으로 작용했던 것이다.

후스와 어머니

무릇 역사에 커다란 족적을 남긴 사람 치고 훌륭한 어머니의 훈육을 받지 않은 사람은 없다고 할 수 있다. 사회도 사람도 유전자와 환경의 결과물이다. 알다시피 유전자와 환경 모두 중요하다. 하지만 환경 역시 유전자의 지배를 받는다는 것이 정설로 자리 잡고 있다.

유전학에서 아들의 유전자(두뇌)는 어머니 쪽이라고 했던가? 맹모(孟母) 삼천지교(三遷之敎)의 맹자(孟子), 중국 사회주의 혁명의 지도자 마오쩌둥, 중국 신문화의 방향이라고 칭송받은 루쉰, 중국 현대 사상가 리쩌허우, 중국 근대화의 상징인 후스의 공통점은 무엇일까? 바로 대범하고 총명한 어머니의 자식들이었다는 점이다.

후스와 어머니의 관계도 마찬가지이다. 후스의 어머니는 아버지의 세 번째 부인이었다. 하지만 후스가 6세 때 어머니는 23세의 나이로 청상과부가 되었다. 어머니는 후스가 동네 사람들로부터 애비 없는 자식이라는 말을 듣지 않도록 하기 위해 아버지 노릇도 같이 했다.

어머니는 새벽에 아들을 깨워 서당에 제일 먼저 보냈다. 그냥 보낸 것이 아니라, 어제 무엇을 잘못했는지 지적받고 인정하는 의식을 치른 후에 등교할 수 있었다. 뿐만 아니라 학교에서 돌아온 아들은 어머니 앞에서 그날 배운 것을 암기해야 했다.

나중에 후스는 어머니의 영향이 얼마나 깊은지 자주 회상했다. 후스는 '어머니'라는 '환경', 즉 어머니의 관심과 훈도로 공부를 열심히 했고, 예절과 배려를 알게 되었다고 했다. 하지만 나는 동의하지 않는다. 그는 이미 유전적으로 어머니를 닮아 매사 열심히 할 수밖에 없었다. 그가 어디에서 무엇을 하든 어머니의 유전자(두뇌)는 그가 나태해지거나 무례하게 처신할 수 있도록 허락하지 않았던 것이다. 어머니의 유전자가 바로 후스였다. 바로 '모전자전'인 것이다.

물론 아버지 유전자의 영향도 빠질 수 없다. 후스는 어머니를 통하여 아버지가 얼마나 훌륭한 사람이었는지 알게 되었다. 후스의 아버지 후촨(胡傳)은 청말 대만 타이둥(台東)의 시장격인 '지주(知州)' 벼슬을 지냈다. 상하로부터 신망이 두터웠다는 기록이 많이 남아 있다. 1895년 대만섬이 일본에게 할양되자 항일운동을 전개하다가 대륙으로 돌아갔다. 후스와 대만의 인연은 선대부터 이렇게 깊었다.

군자(君子) 자강불식(自強不息)

사상가 리쩌허우는 후스를 가리켜 '구제할 수 없는 낙관주의자'라고 했다. 계몽주의 신념과 점진적인 개혁에 대한 후스의 믿음 때문이었다. 후스의 생각이 현실의 구조적인 문제를 간과한 비현실적인 이상론이라는 것이다.

후스 기념관에 후스가 직접 쓴 명말청초 사상가 고염무(顧炎武)의 명구 '먼 길에 날 저물었다고 걱정하지 말라. 비록 늙었지만, 나는 아직도 세상이 맑아지기를 소망하나니'[8]가 걸려 있다. 그를 평생 지배했던 정신은 시종일관 그저 노력하라는 유교였다. 『주역(周易)』의 정수 중 하나가 '천행건(天行健) 군자(君子) 자강불식(自强不息)'이다. '우주의 움직임은 늘 건전하니, 걱정하지 말고, 군자는 그저 쉼없이 노력하라'라는 말이다. 그는 주역의 명구 "군자 자강불식"의 정신을 구현했다. 상술한 모든 경구는 『중용(中庸)』에서 나온 '완전함은 하늘의 도인바, 완전함을 위해 노력하는 것은 사람의 도'[9]라는 말이 그 근원이다.

유교는 이렇게 비장하다. 게으름을 부릴 수도 없고, 멈출 수도 없는 것이다. 모두가 남을 위해서 선한 행동, 즉 사회적 가치를 추구하기 위함이다. 후스는 자신의 몸을 돌보지 않고 사회적 가치를 위해서 매일매일 최선을 다했다. 삶과 죽음의 경계를 일찌감치 초월했기에 가능한 행동이었다.

1919년 '민주'와 '과학'이라는 부호로 상징되는 '54' 신문화운동 이후 1백 년이 지났다. 그 참혹했던 1백 년의 역사를 되돌아보면 후스가 일평생 부르짖었던 자유, 민주, 관용 그리고 평화적이고도 점진적인 개혁보다 더 소중한 가르침이 있을까?

후스와 장제스

후스와 장제스는 1932년에 처음 만났고, 후스는 장제스에게 제자백가의 사상이 집결된 『회남자(淮南子)』를 선물했다.[10] 그

---

8 遠路不須愁日暮 老年終自望河清

9 誠者天之道, 誠之者人之道

10 그리고 '重為善, 若重為暴'을 희망했다. 나쁜 일을 가볍게 하지 않듯이, 착한 일도 가

렇게 후스와 장제스의 각별한 인연은 시작되었다. 1936년 12월 '서안사변(西安事變)'이 발발해서 장제스의 목숨이 경각에 달했을 때 후스는 당일 반란 지도자 장쉐량(張學良)에게 전보를 보내, 국가와 민족의 죄인이 될 수 있음을 경고했다.

뿐만 아니라 후스의 「장쉐량의 반역」[11]과 푸쓰녠의 「장 도적의 반역을 논함」[12]이라는 전단이 서안 시내에 살포되었다. 장제스와 후스와 푸쓰녠의 이름이 병렬되는 순간이었다. 세 사람의 이 고리는 대만에까지 이어진다. 국공내전에서 국민당의 패배가 확실시되고 대만으로 후퇴를 계획하던 1947년 장제스는 "국민당은 부끄러움을 알아야 한다. 대만을 '삼민주의' 모범 성(省)으로 건설할 것"이라고 했다. 따라서 '반성'은 대만에서의 장제스를 읽는 키워드가 되어야 한다.

후스에게 총통을 제의하고, 자신은 실권의 행정원장을 하겠다고 했다. 후스에게 총통을 제의한 것은 후스가 중국과 전통의 이미지를 한몸에 지니고 있기 때문이었다. 역사학자 쿠링(苦苓)에 의하면, 후스는 공산당에 대항하는 유일한 길은 중화민국이 '자유 중국'이 되는 길밖에 없다고 보았다.[13]

따라서 후스는 중화민국이고, 동시에 대만이고, 중앙연구원이었다. 장제스에게 후스는 꼭 필요한 사람이었다. 미국의 지원을 끌어내기 위해서는 코넬대와 콜롬비아대에서 공부한 사람이

볍게 하지 말라는 의미이다.

11 「張學良的叛國」

12 「論張賊之叛變」

13 苦苓 著, 『台灣史必修』(新北 : INK, 2023. 02), 188쪽.

필요했다. 베이징대학 총장과 주미대사까지 맡겼다.

장제스와 후스의 마지막 대화

국민당의 지도자 장제스는 후스와 함께 '민주'와 '과학'이라
는 '54'정신의 후계자가 되고 싶었다. 후스는 장제스의 정체성
을 완성하고 유지해줄 위대한 인물이었던 것이다. 이런 사실은
1962년 후스의 장례식 때 장제스가 보낸 마지막 선물인 '만연
(輓聯)'[14]에서 여실히 드러난다.

하나는 "신문화 중 구도덕의 모범, 구윤리 중 신사상의 사
표"[15]이고, 다른 하나는 '지'와 '덕'이 모두 특출했다는 "지덕겸
융(知德兼隆)"이다.

중앙연구원 맞은편 후스공원(胡適公園) 내에 있는 후스의 무덤
바로 뒤에 장제스가 직접 쓴 '지덕겸융'이 보인다. 후스와 장제
스는 죽어서도 이렇게 함께하고 있다. 나는 후스의 인생을 통해
서 민중과 역사에 대한 한없는 애정, 어제보다는 한 발자국이라
도 나아가려는 노력 등을 배운다. 오늘날 대만사회에 '지(知)'와
'덕(德)'의 아우라가 보이는 것도 우연은 아니라고 생각한다.

---

14 만연은 죽은 자를 애도하는 대련이다. 죽은 자를 애도할 뿐만 아니라, 살아 있는 사람
    들을 위로하고 격려하는 것이기도 하다.
15 新文化中舊道德之楷模, 舊倫理中新思想的師表

국립 중정기념당
國立中正紀念堂

台北市中正區中山南路21號
타이베이시 중정구 중산난로 21호

중국현대사는 국민당의 장제스와 공산당의 마오쩌둥이 벌인 한판의 승부였다고 해도 과언이 아니다. 그 결과 마오쩌둥이 승리했다고 할 수 있고, 장제스는 대만으로 후퇴할 수밖에 없었다.

중정(中正)은 국민당정부의 최고지도자 장제스의 아호이다. 사전적으로는 '불편부당하다', '바르다', '곧다'라는 의미이다. 장제스가 군대에서 두각을 드러낼 무렵인 30세 정도에 『역경(易經)』을 보고 스스로 취한 이름이다. 완전한, 완벽한 상태를 가리킨다. 따라서 일반인이 취하면 오만방자하다는 욕을 들을 수 있는 이름이다. 가운데(中)와 바름(正)보다 더 무서운 개념이 있겠는가? 그는 서예작품이나 문서에 서명할 때 이 이름을 주로 사용했다.

중정기념당[1]은 중정(中正) 즉 장제스를 기념하는 공간이다. 수

---

1   中正紀念堂(Chiang Kai-Shek Memorial Hall)

도 타이베이 도심에 넓은 공간을 차지하고 있다. 건립 당시부터 지금까지 그것의 존폐에 대한 논쟁이 끊이지 않고 있다. 하지만 결과가 모든 과정을 대표한다고 하면, 중정기념당이 지금까지 그 자리 그대로 있다는 점이 중요하다. 이것이 바로 대만의 정체성이다.

정명(正名)과 개명(改名)

무릇 영원한 것은 없다고 한다. 중정과 관련된 이름도 마찬가지이다. 원래 총통부 앞의 도로 이름은 장'제(介)'스의 '장수(壽)'를 기원한다는 의미의 '제서우로(介壽路)'였다. 그 도로 이름은 1996년 대만 최초 직선을 통해 당선된 리덩후이 총통이 취임하고 바뀌었다. 타이베이 지역에 거주하던 원주민 부족명을 따라 '케타갈란(Ketagalan) 대도'라는 새 이름을 얻었다.

지금의 총통부 건물도 1919년부터 대만총독부로 사용되다가 —국민당정부가 대만을 접수하고—1946년 장제스 60세 생일을 맞이하여 '제서우관(介壽館)'으로 개명되었다. 2000년에 다시 지금의 총통부라는 이름으로 바뀌었다. 그해 대만 최초로 국민당에서 민주진보당(민진당)으로 정당교체가 이루어졌기에 가능한 개명이었다. 본격적으로 장제스 격하 작업이 시작되었다.

'탈장제스 운동'

2007년 민진당 정부는 본격적으로 '정의구현'[2] 운동을 전개하

2 轉型正義

였고, 그것의 일환으로 '탈장제스 운동'을 시작했다. 우선 군대 내 동상 철거부터 시작하여 전국적으로 그의 동상을 없애는 작업이 전개되었다.

2007년 천수이볜(陳水扁) 총통은 '바른 이름 운동' 즉 '정명운동(正名運動)'의 일환으로 '중정기념당'을 '대만 민주기념관'[3]으로 개명했다. 더불어 정문 패방의 이름을 '대중지정(大中至正)'[4]에서 '자유광장'으로 바꾸었다. '대만 독립운동'과 '대만 정체성 찾기 운동'[5]의 하나로 평가되고 있다. 모든 국영기업의 이름 앞에 붙어 있는 '중국'과 '중화' 두 글자를 모두 '대만'으로 고치도록 하기도 했다.

대만의 대표적인 관문인 '중정(中正) 국제공항'도 '타오위안(桃園) 국제공항'으로의 개명을 피하지 못했다. 모두 장제스와 그의 아들인 장징궈 등 두 총통, 이른바 '양장(兩蔣)'을 성역에서 끌어내리기 위한 작업이었다.

국민당은 즉각 반발하여 편향된 시각으로 장씨 부자를 폄하하지 말라고 했다. 국민당은 장제스 총통이야말로 "대만을 광복하였고, 대만을 지켜냈고, 대만을 건설했다."라는 말로 그의 일생을 정리했다. 당시 국민당 당수 마잉주는 "그에게 공과가 모두 있으나 공로가 과오보다 크다."라고 했다.

---

3   台灣民主紀念館
4   유가 수양에 있어 '불편부당'에 도달한 최고경지를 가리킨다. '내성외왕(內聖外王)'과 같은 단계이다. 장제스가 숭배하는 왕양명(王陽明)의 득도한 단계를 가리키기도 한다.
5   台灣本土化運動

타협점을 찾는 유전자

2008년 다시 국민당이 집권했을 때 '민주기념관'은 '중정기념당'이라는 원래 이름을 되찾았다. 하지만 패방의 편액은 '자유광장' 그대로 두었다. 패방과 기념당의 생김새는 변함없이 똑같은데 그 위에 새겨진 한 자만 바뀐 것이다. 그 앞은 예문광장(藝文廣場)인데, 괄호 속에 민주광장(民主廣場)이라는 이름이 병기되어 있

중정기념당의 패방 야경

다. 중정기념당으로 이어지는 길은 민주대도(民主大道)이다. 중정기념당과 절묘한 타협이다.

전철 중정기념당역의 이름도 건재하다. 이렇게 '독재'와 '민주'는 타협점을 찾았다. 명분과 명분이 충돌하는 지점에서 대만인들은 이렇게 '정답'을 찾아냈다. 극단적인 갈등의 타협점을 찾아가는, 찾아내는 이것이 대만의 유전자이다.

중정기념당을 방문하면 마찬가지로 기념품 가게를 놓치지 말아야 한다. 민주화 운동과 관련된 모든 기념품이 전시되어 있는데, 그것을 보면서 중정기념당도 대만 민주화 운동 기념관이라는 이름으로 바뀌어야 하는 것 아닌가? 라는 생각도 든다.

새로운 황제의 공간

어릴 때부터 대만은 '총통제'라는 사실을 알고 있었다. 총통은 무언가 무시무시한 권력의 소유자로 인식되었다. 아마 장제스라는 인물, 즉 장기간의 강력한 리더십을 떠올렸기 때문일 것이다. 심지어 '장씨(蔣氏)'만 총통을 할 수 있는 것으로 알고 있었다는 대만인들도 많다. 나도 어릴 때 '박정희'라는 사람만 대통령을 할 수 있다고 생각한 적이 있다.

자유광장 패방 앞은 작은 광장이고, 다시 광장과 기념당 본관 사이에는 거대한 전통건축물 두 개가 자리 잡고 있다. 국가희극원(國家戲劇院)과 국가음악청(國家音樂廳)이다. 기념당에서 볼 때 중국 황실 전통의 황금색 기와 건물로, 좌우 양쪽 대칭으로 배치되어 황제의 공간을 흉내 내고 있다. 그는 죽어서 황제가 된 것일까? 그토록 열망하던 대륙수복은 상징적으로나마 이렇게 실현된 것일까?

장제스는 살아 있을 때도 황제였다. 그의 생일인 10월 31일은 국정기념일이었고, 국민은 곳곳에 마련된 축수당에서 그의 장수를 기원했다. 중정기념당의 이미지처럼 죽어서도 신격화는 그치지 않았다. 역대 어느 황제보다 높은 반열에 올랐던 것이다. 살아서나 죽어서나 신격화되었다는 측면에서, 대륙의 마오쩌둥이나 대만의 장제스 모두 '새로운 황제'였다.

중산과 중정이 지배하는 대만

중정(中正) 장제스는 자신의 상관이었던 중산(中山) 손문을 시종일관 존경했다. 타이베이 공회당의 이름을 중산당(中山堂)으

로 바꾸고, 그 안에 있는 가장 큰 공간을 중정청(中正廳)이라고
이름 붙였다. '중산'과 '중정' 그렇게 두 사람은 함께하고 있다.

2024년 1월, 『자유시보』 보도에 의하면, 전국에 25개의 '중
정' 초등학교와 중학교가 있다. '중산'이라는 이름의 초등학교
와 중학교도 22개가 남아 있다. 여전히 중산로, 중정로가 전국
에 걸쳐 있음은 물론이다. 초등학교의 이름으로 보면 중정, 중
산, 성공(成功), 대동(大同), 신의(信義), 신흥(新興), 인애(仁愛), 부
흥(復興), 충효(忠孝), 태평(太平) 등의 순서였다. 중학교는 차례
로 중정, 중산, 충효, 삼민(三民), 성공, 자강(自強), 신의, 건국,
대성(大成), 인애 등이었다. 장제스의 국민당 정권은 학교 이름
뿐만 아니라 길 이름도 신의로(信義路), 인애로(仁愛路), 대동로
(大同路), 화평로(和平路), 광복로(光復路) 등으로 바꾸었다.

길 이름이나 학교 이름에는 온갖 좋은 말이 총출동하고 있다.
모두 유교의 가르침이라고 할 수 있다. 장제스는 유교를 대만에
정착시키고 싶어 했고, 지금까지 그것은 성공적으로 보인다. 결
국 유교가 장제스 통치철학의 출발점이자 종착점인 것이다. 게
다가 대만의 지도자는 '중산'과 '중정'이 지도자라는 점과 그들
이 궁극적으로 지향하는 목표가 광복, 평화, 부흥이라는 것을
알 수 있다. 두 명의 위인이 만들어내는 대만 유전자의 중요한
단면이다.

충효의 대만화

중정기념당을 오르는 화강암 계단은 89개로서, 장제스의 향
년을 나타낸다. 중정기념당 건물을 좌우로 대충문(大忠門)과 대

효문(大孝門)이 나누고 있다. '충'과 '효'는 전설상의 동물인 '낭(狼)'과 '패(狽)'와 같다. 앞발 두 개만 있는 '낭'과 뒷발 두 개만 있는 '패'는 언제나 함께해야 걸어 다닐 수 있는데, 잠시라도 떨어지면 그야말로 '낭패(狼狽)'가 된다. 충과 효는 각각 모두 질서를 의미한다.

대만에는 충효정신이 이런저런 형태로 구현되고 있다. 중학교부터 유교정신이 강조되었고, 고등학교에서는 3년 내내 『논어(論語)』, 『맹자(孟子)』, 『중용』, 『대학(大學)』 등 사서(四書)가 필수 과목이었다. 대만의 유교는 중국 대륙의 사회주의에 대항하는 이데올로기였다.

장제스는 유교를 통하여 사람이 사람답게 된다는 신념을 가지고 있었다. 그중에서도 '실용 이성'을 중시하는 양명학은 그를 지탱하는 이념이었다. 통치철학이자, 교육철학이자, 사회철학이었다. 중국대륙에서 문화대혁명 광풍이 불 때, 대만에서 국민당정부는 그것에 대항하는 차원에서 새마을운동과 비슷한 '신생활운동(新生活運動)'을 전개했다. 타이베이 전철의 충효신생역(忠孝新生站)은 '충효'와 '신생'의 만남이다. '충효'와 '신생'이라는 각기 다른 길 두 개가 만나는 곳이다. 전통적인 '충효(忠孝)'의 개념이 '신생'을 만나, 그야말로 '다시 태어난(新生)' 것이다.

장제스 동상의 의미

소련의 스탈린 시대에 어떤 사람들은 스탈린 동상을 지나쳐 갈 때 식은땀을 줄줄 흘렸다. 스탈린이 자신이 무슨 생각을 하는지 다 알 것 같은 공포감에 휩싸였던 것이다. 당시 장제스의 동상을 바라보는 사람들의 마음도 복잡다단했을 것이다. 지금도 곳곳에 남아 있는 동상을 바라보면서 누구는 존경의 마음이겠지만, 누구는 참을 수 없는 분노에 휩싸일 것이다.

민진당이 집권하고 어느 날부터 장제스의 동상이 끌려 내려오기 시작했다. 소련이 해체될 당시 청년들이 사다리를 놓고 올라가서 '소련 공산당 중앙위원회'라고 새겨진 글자를 떼어내고 밧줄로 레닌의 동상을 끌어내린 장면처럼 말이다. 대만에서는 그렇게 끌려 내려오는 장제스 동상을 모셔오는 사람이 있었다. 신주시의 국립칭화대학 앞에 있는 톈훙궁(天宏宮)은 그렇게 해서 모은 '장제스'를 모신다. 사회의 정체성은 이렇게 분화되면서, 새로운 정체성의 생성을 추동한다.

2016년 민진당의 차이잉원 총통이 집권하고 전국에 산재하는 장제스 동상 934개를 철거하기로 계획을 세웠다. 도대체 전국에 몇 개가 있었다는 말인가? 이런저런 반대로 지지부진하다가, 다시 민진당의 라이칭더 총통이 취임한 2024년 5월, 장제스 동상 760개 정도를 철거하는 데 박차를 가할 것이라는 발표가 나왔다.

물론 동상이 지금까지 당당하게 그 위치에 그대로 서 있는 경우도 많다. 타이베이 소재의 명문인 건국고등학교(建國中學) 앞마당에는 장제스 동상이 건재한다. 2023년 그 학교 졸업식에서 졸업생들이 그에게 선글라스와 찢어진 청바지를 입히고, 그의 손에 기타를 쥐어주었다. 이렇게 장제스는 신세대들과 화해하고 있는 중이다.

장제스와 삼민주의

중정기념당 중앙에 장제스 좌상이 자리 잡고 있다. 그 뒤에 윤리, 민주, 과학 등의 글자가 배치되어 있고 그 아래 각각 좀 더 자세한 설명이 붙어 있다. 기념당의 설계자는 이렇게 그의 정신을 정리하고 싶었을 것이다.

1. 윤리– 우리는 생명의 의미에 충실하기 위해 국족(國族)이 번영발전해야 하는바, 윤리로서 민족주의를 실현해야 한다.
2. 민주– 이 국가를 진정으로 국민이 주인이 되게 하기 위해 모든 사람으로 하여금 그 능력을 발휘하게 해야 하고, 주권이 국민에게 실제로 부여되게 해야 하는바, 반드시 민주로 민권주의를 실천해야 한다.
3. 과학– 민생문제를 해결하기 위해 민생을 풍요롭게 국력을 충족하게 해야 하는바, 반드시 과학정신과 방법으로 과학적인 민생주의를 실천해야 한다.

이를 통해서 손문과 후스와 장제스가 공동으로 대만을 건설했음을 알 수 있다. 후스의 민주와 과학 그리고 손문의 삼민주의와 장제스의 철학이 구현된 곳이 대만이다. 이제는 명분보다는 실리 쪽으로 무게중심이 이동된 것이다. '민주'와 '과학'을 중시하는 후스의 자유주의, 형이상학으로서의 유교보다는 '실용이성'을 강조하는 양명학 그리고 손문의 '민생'을 재해석한 장제스식의 '삼민주의'가 바로 그것이다.

민족의 영웅 또는 천하의 독재자

글도 글씨체도 바로 그 사람이다. 중정기념당 전시실에 걸린 그의 서예작품을 바라보면, 글씨는 그의 모습만큼이나 날카롭기 그지없다. 글씨 하나하나가 아니 한 획 한 획이 비수처럼 보인다. 외모는 남을 속일 수 있겠지만, 글씨는 그 사람의 진면목을 감출 수 없다. 그의 글씨체로 볼 때, 그는 털 하나 실 한 올도 용납하고 수용하지 못하는 사람이다. 그의 목소리도 들어볼 수 있다. 1960년대 연설을 들어보면 카랑카랑한, 히스테리가 폭발할 듯한 강한 절강성(浙江省) 사투리다.

2023년 1월, 러시아의 중국학학자 알렉산드 판초프(Alexander V. Pantsov)[6]는 장제스 전기 『장제스- 실패한 승리자』[7]를 펴냈다. 그에 의하면 장제스는 우울했고, 히스테리적이었으며, 충동적이었고, 피해망상 경향이 농후했다. 위법이나 규율을 어기는 것을 용납하지 않았다.

매일매일 자신의 말 한마디나 서명 한 번만으로 대량살상이 가능한 지도자가 어찌 우울하지 않았겠는가? 매일매일 올라오는 패전 보고에 어찌 히스테리를 부리지 않을 수가 있었겠는가? 군사력의 막강한 우세에도 불구하고 대륙에서의 '어이없는' 패배를 생각하면, 어찌 피해망상증에 시달리지 않을 수 있었을까? 판초프에 의하면, 장제스는 독재자로 폄하되는 것을 대단히 싫어했다. 판초프는 장제스를 매우 모순적인 인물로 평가하면서

6 　『마오쩌둥: 진실 스토리』, 『덩샤오핑: 혁명 인생』 등을 펴낸 바 있는 중국근현대사 전문가이다.

7 　『蔣介石-失敗的勝利者』(聯經出版社, 2023년 1월)

교활한 통치자이면서도, 위대한 혁명가였다고 했다.

'설치(雪恥)'와 '무망재거(毋忘在莒)'

장제스는 57년 동안 일기를 썼다. 그의 일기는 1915년(28세)부터 1972년(85세) 손 근육에 문제가 생겨 더 이상 쓸 수 없을 때까지 계속되고 있다. 대만에서의 일기는 매번 '치욕을 씻는다'는 '설치(雪恥)' 두 글자로 시작했다. 그가 최전방 진먼도를 시찰하면서 암벽에 새겨진, 자신이 쓴 '무망재거(毋忘在莒)'[8]를 배경으로 찍은 사진이 있다. 그것을 보는 그의 마음은 어땠을까? 팸플릿에 의하면, 1975년에 서거할 때까지 대만에서 26년을 보낸 그는 매번 '대륙 수복'이 '우리'가 끝까지 분투해야 할 첫 번째 목표라고 강조했다.

2023년 1월, 중정기념당에는 '자유의 영혼 대 독재자'라는 제목의 전시를 알리는 여러 개의 플래카드가 걸려 있었다. 전시실 앞에는 '장중정(蔣中正) 총통과 중화민국', 다른 쪽에는 '자유의 영혼 대 독재자'라는 거대한 플래카드가 마주하여 서로를 겨누고 있다.

마침 상설전시의 주제는 '대만 언론자유의 길'[9]이었는데, 그것보다는 "자유의 영혼 대 독재자"[10]라는 제목을 더 크게 부각시키고 있었다. 그것도 장제스 전용 전시실 바로 맞은편에 '언론자유의 길' 전시를 배치하여 관객들에게 상징적인 대비의 의미

8   임금이 된 이후에도 임금이 되기 전의 어려웠던 시절을 잊지 말라는 고사성어.
9   台灣言論自由之路(Taiwan's long walk to freedom of speech)
10 自由的靈魂vs獨裁者

가 더욱 강하게 다가가도록 했다.

세상과 사람을 바라보는 눈

세상만사 '명분'과 '실리'로 파벌이 나뉜다. 종교도 마찬가지이다. 누구는 영혼구제가 먼저라고 하고, 누구는 먹고살아야 종교도 가능하다고 말한다. 누구는 '도(道)'가 전해지면 먹거리가 생길 것이라고 하고, 누구는 먹거리를 해결해주면 도가 쉽게 전해질 것이라고 외친다. 물론 그 중간은 안 되냐고 묻는 사람도 있다. 명분도 챙기고 실리도 나누어주면 될 거 아니냐고 한다.

'독재자' 장제스는 국가체제라는 실리를 지키기 위해 노력했고, '자유의 영혼' 정난룽(鄭南榕)은 민주화라는 명분을 위해 목숨을 바쳤다. 장제스에게 민주화라는 명분보다는 공산독재로부터 국가를 지키는 것이 지상과제였고, 정난룽에게 민주화라는 명분이 체제안전이라는 실리에 우선했다. 이렇게 명분과 실리는 삶과 죽음을 가르는 기준이 되기도 하는데, 각자 두뇌가 결정하는 가치의 우선순위에 따라 그때그때 다르다.

나오는 길에 만난 플래카드는 중정기념당이 그렇게라도 존재할 수 있는 의미를 더듬게 했다. 양쪽 전시실에서는 정답을 제시하지는 않는다. 관람객들에게 '자유의 영혼 대 독재자'라는 선명한 대비구조의 질문을 하고 있는 것이다. 관람객에게 문제를 던져주고, 그들 스스로 대답을 구하게 만드는 형식이다. 답을 주는 것이 아닌, 답을 스스로 찾게 만드는, 내가 생각하는 가장 이상적인 박물관이다. 대만인들은 이렇게 답을 구해가고 있다.

원세개(袁世凱)와 장제스와 마오쩌둥

사상가 리쩌허우는 20세기 중국의 3대 정치 강자로 원세개, 장제스, 마오쩌둥을 꼽았다. 원세개는 마지막 황제 부의(傅儀)의 퇴위조서에 만(滿), 한(漢), 몽(蒙), 회(回), 장(藏) 5족 영토를 '대중화민국'이라고 명시하게 했다. 원세개가 영토를 분명하게 명문화했기 때문에 중국이 지금처럼 큰 영토를 유지할 수 있었다는 것이다. 그런 의미에서 역사학자 샤오루어위안(蕭若元) 같은 사람은 손문이 국부가 아니고 원세개가 국부라고 주장한다.

리쩌허우는 항일전쟁 승리 이후 최고의 권위를 얻는 장제스는 역사적인 기회를 놓쳤다고 평가했다. 그는 이 기회를 빌려서 현대화된 자본주의 강국을 건설할 수 있었다. 대만 접수 이후 그는 대만인들의 마음을 얻지 못했지만, 대만에서만큼은 이기고 싶었다. 그에게 대만은 이제 더 이상 물러설 수 없는 최후의 보루였다. 그는 더욱더 독하게 마음을 먹었을 것이다. 대륙에서의 실수를 피해를 곱씹으면서 애통하고 절통한 마음을 다지고 또 다졌을 것이다.

권력집중의 이유

장제스는 대륙수복 실패의 원인을 권력분산 때문이라고 보았다. 따라서 대만으로 와서는 권력을 자신에게 고도로 집중시켰다. 가깝게는 중국공산당, 멀리는 레닌주의 체제를 모방하여 당과 국가를 일체로 만들었다. 진정한 일당독재는 대만에서 실현되었다. 국민당 조직을 통해 군대와 정치 나아가서 민간단체까지 장악했다.

대륙에서 국민당은 이름만 전국 집권당이었을 뿐, 통제 범위는 일부에 불과했다. 현 단위 이하는 통제권이 없었다. 1949년부터 국민당정부는 대만에서 통치의 합법성은 중앙에 두었고, 지방은 유력인사를 통해 상명하달식 모델을 만들었으며, 각종 지방조직(정부기구, 민간조직) 직위를 포상식으로 하사했다. 중앙은 외성인인 국민당이 장악하고, 지방자치를 통해 본성인에게 권력을 이양하였다. 그렇게 해서 대만 농민들의 지지를 이끌어냈다.

스린 관저
士林官邸

台北市士林區福林路60號
타이베이시 스린구 푸린로 60호

　평가가 극단적인 지도자의 흔적은 남겨야 할까? 지워버려야 할
까? 또 대만이 부러운 이유는 장제스 총통의 관저가 남아 있기 때
문이다. 그것도 부부가 사용했던 가구부터 책까지 그때 그 자리
에서 관람객들을 기다리고 있다. 대만인들에게 관저는 그를 숭배
하는 곳은 아니다. 그저 '우리'의 역사로서, 한 세대 역사의 지도
자로서, 그를 사실대로 기록하겠다는 의지의 공간일 뿐이다.

　잘된 역사는 물론 잘못된 역사도 보존해야 한다. 국가 지도자
나 정치인의 기념관은 후세 사람들이 다시 생각해보는 공간이
되어야 한다. 잘한 일도 못한 일도 함께 전시하면 되는 것이다.
평가는 관람객과 후세에 맡기는 것이 옳다. 그렇게 해야 우리가
역사를 한번 더 생각해보게 된다.

　스린 관저는 일제시대 원예시험장이었다. 관저로 꾸미면서 화
초, 수목, 연못 등을 갖춘 유럽식 정원으로 거듭났다. 1996년부
터 일반에게 공개되었고 2005년에 국가유적으로 지정되었다.
계절별로 장미와 국화축제를 열어 시민들을 초대한다.

음식과 사람

'음식이 바로 그 사람이다'라는 말이 있다. 루소는 『누벨 엘로이즈』에서 그 사람이 어떤 음식을 좋아하는지를 보면, 그가 어떤 성격인지 단서를 읽어낼 수 있다고 했다. 유물론 철학자 루드비히 포이어바흐는 "인간은 바로 그가 먹는 것이다."라고 단언했다. 게다가 "감각기관을 따르라. 감각이 시작하는 곳에서 종교와 철학은 멈춘다."라고도 했다. 생리학자 브리야 사바랭은 "네가 먹는 것을 말해다오. 그럼 나는 네가 누구인지 말해주겠다."라고 했다.

관저 2층 식당 앞의 설명문을 보면, 장제스는 아침 식사로 중국 전통식인 죽이나 만두 그리고 파파야 등을 먹었고, 부인 쑹메이링은 토스트를 먹었다. 쑹메이링은 미국유학파에다 독실한 기독교신자니까, 외모만 제외하면 미국인인 것이다. 쑹메이링의 세계관을 살짝 엿볼 수 있는 메뉴이다. 두 사람은 점심에는 주로 서양식, 저녁에는 중국식 위주로 식사를 했다. 장제스는 평생 기름지지 않은 담백한 음식을 좋아했다.

장제스와 쑹메이링

장제스의 스린 관저는 정확하게 말하면, '장제스-쑹메이링의 스린 관저'라고 불러야 한다. 그만큼 중화민국 역사에서 쑹메이링의 위치는 중요하다. 아니 송씨(宋氏) 세 자매 즉 쑹아이링(宋靄齡), 쑹칭링(宋慶齡), 쑹메이링(宋美齡) 등과 중국현대사는 분리될 수 없다. 영향력으로 볼 때 쑹메이링은 미국과 중국의 가교,

중국전통과 서구적 근대의 가교였다.

국사관 2층에서 쑹메이링의 우아하면서도 권위적인 육성을 들었다. 20세기 중국에서, 아니 세계에서 가장 큰 영향력을 발휘했던 여인이다. 중국현대사 고비고비 그의 손길이 작용하지 않은 순간이 있었던가. 국민당 전당대회에 들어서면서 '동지들 안녕하세요'라는 인사에 '안녕하세요'라고 응답하는, 수백 명의 중앙위원 사이에 절절하고도 비장한 현대사가 녹아 있었다. "요즘 목이 안 좋아 사무총장이 대독해주면 좋겠다."라고 말하는 노구의 쑹메이링은 20세기 권위시대의 종말이 다가오고 있음을 보여준다.

장제스와 쑹메이링은 생활습관도 완전히 달라서 각방을 쓰는 게 자연스러웠다. 장은 군인 출신답게 일찍 자고 일찍 일어나고, 쑹은 그림 그리는 것이 취미인 사람답게 늦게 자는 스타일이었다. 미국 유학파인 쑹메이링은 영자로 된 신문과 잡지를 주로 읽었다. 당연히 국제정세에 대해서는 장제스보다 빨랐다. 쑹메이링은 중국화를 배워서 산수나 화조를 그렸고, 장제스는 그림에 제사(題詞)를 달았다. 2층에는 그녀의 거실 겸 작업실이 그때 그대로 남아 있고, 1층 응접실에는 그녀가 그린 그림 몇 점이 걸려 있다.

장제스와 기독교

쑹메이링의 부친 쑹자수(宋嘉澍)는 기독교 전도사였다. 장제스가 쑹메이링과 결혼하고자 할 때 부친은 이미 고인이었고, 어머니는 장제스에게 전처와 정식으로 이혼하고 올 것과 기독교

수용을 요구했다. 1927년 쑹메이링의 모친은 평생 사용하던 성경을 선물로 주었고, 장제스는 성경에 그 사실을 기록했다. 그때부터 장제스는 성경공부를 시작했고, 1930년 상하이 송가(宋家)에서 세례를 받았다.

장제스는 국민정부 주석 시절, 난징의 관저에 작은 방을 따로 예배장소로 두기도 했다. 그는 여기에서 당

스린 관저 정원에 있는 개가당 내부

시 주중 미국대사와 미국 군사고문 등을 초대하여 같이 예배하기도 했다. 예배 습관은 타이베이의 스린관저까지 계속되어 관저화원에 작은 예배당을 지었다. 대만으로 후퇴한 직후인 1950년 예배당인 개가당(凱歌堂)이 완공되었다. 서안사변 이후 그가 구금하고 있던 장쉐량 부부와 아이젠하워 대통령 및 닉슨 등 국빈들과 여기에서 예배를 보기도 했다.

장제스가 비록 부인의 설득으로 기독교를 수용하고 같이 관저 예배당에서 예배를 보았지만, 기독교인이면서 유교인일 수 있을까?

기독교인 또는 유교인

장제스는 1975년 4월 5일 사망했다. 중국국민당 당기와 중화

스린 관저 2층 장제스 침실에
전시되어 있는 애독서

민국 국기로 시신을 덮었
다. 평소 즐겨 보던 『삼민
주의(三民主義)』, 『사서집
주(四書集注)』, 『성경』, 『사
막에 샘이 넘쳐흐르리라』[1],
『당시평해(唐詩評解)』 등
책 5종을 관에 넣었다. 두
권은 기독교 관련 서적이
고, 나머지 세 권은 중국학
서적이다. 세 권 중 한 권은
그가 아버지처럼 따르던 손
문의 핵심사상인 『삼민주
의』이고, 다른 한 권은 송

(宋)대 사상가 주희(朱熹)가 사서(四書)[2]에 대한 뜻과 이치를 해설
한 『사서집주』이며, 나머지 한 권은 당(唐)대 명시(名詩)를 풀이
한 책이다.

그가 가장 자주 읽었다는 다섯 권의 책을 바라보면서 나는 고
개를 갸우뚱했다. 장제스는 30세에 기독교 세례를 받았다. 세례
는 자기검열 없이 받았을까? 이후 그의 정신은 쑹메이링처럼 서
구화되었을까? 그의 두뇌구조는 중국적 전통과 완전히 단절되
었을까?

중국근대사 역시 서구 기독교 전도사의 입장에서 서술될 수

1   L. B. 카우만의 저서, 중국어명 『荒漠甘泉』, 영문명 『Streams in the Desert』
2   논어(論語), 맹자(孟子), 대학(大學), 중용(中庸)

있다. 그만큼 기독교 확산속도와 폭은 빨랐고 넓었다. 특히 지식인 사회에서 십자가는 근대화의 상징처럼 강력한 영향력을 행사했다. 1928년의 국민당 내각 10인 중 8인이 기독교 신도였다는 기록도 있다.

초기 공산당 지도자들도 마찬가지였는데, '홍색 기독교도'라는 말이 있을 정도였다. 손문도 장제스도 기독교 신자였다. 『장제스 전기』의 저자 판초프는 장제스를 보편적인 평등을 꿈꾼 기독교도이면서 유교의 신봉자라고 했다.

기독교도와 유교 신도는 병행될 수 있을까? 기독교의 성악설과 유가의 성선설은 충돌되는 것은 아닐까? 상극이라고 할 수 있는 공자와 예수가 그의 머릿속에서 동거할 수 있었을까? 평생 '괴력난신'을 말하지 않았고, 삶도 모르는데 어찌 죽음을 말하겠느냐고 말한 공자였다. 그런데 죽음 이후의 세계에 무게중심을 두는 기독교와의 화해는 과연 가능했을까?

명분으로서의 기독교, 실리로서의 유교

역사학자 레이 황은 『장제스 일기를 읽다』에서 "기독교도로서 장제스는 자신의 죄를 인정한 적이 거의 없었다."라고 했다. 자신의 행위와 중국의 운명이 신의 눈에서 볼 때 불가분의 일체라고 생각했다. 악을 행한 것은 내가 아니라 사탄의 사주에 의한 것일 뿐이었다.

이런 식의 믿음이 비단 그에게만 해당될까? 이런 점에서 보면 그는 기독교의 보편타당한 합리보다는 극단적인 자아중심을 선호했던 것이다. 권력과 종교가 동맹을 맺고, 결합했을 때 어떤 식으로 구현되는지를 보여준 실례에 해당한다. 적어도 그는 자신의 잘못을 반성하는 인간은 아니었다. 남들의 충고를 듣지 않았고 대부분을 남 탓으로 돌렸다.

한편으로 생각하면 개인적 신앙으로서 기독교를 받아들인 것이고, 유교는 종교가 아니고 수신제가(修身齊家)와 내성외왕(內聖外王)을 추구하는 윤리체계이기에 가능했을 것이다. 종교는 어차피 이중 내지 다중적인 정체성을 요구하지만, 유교를 종교가 아니고 실천윤리로 본다면, 그가 기독교를 수용했다고 하더라도 종교 대 종교의 충돌로는 보이지 않는다. '명분'으로서의 기독교, '실리'로서의 유교를 선택했다고 보면 그를 이해하는 데 큰 어려움은 없다.

장제스의 어머니

1963년, 스린관저 내 작은 동산 위에 자운정(慈雲亭)이 완공되었다. 장제스는 이곳을 자모(慈母)를 그리워하는 마음으로 '자운정'이라고 했다. 어머니를 기리는 흔적은 또 있다. 신문을 보고, 일기를 쓰고, 공무를 처리하는 거실 책상 위에 어머니의 사진을 두었다. 거실 벽에는 예수 그림과 손문의 사진이 걸려 있다.

어머니의 사진은 또 작은 접객실 벽난로 위에도 걸려 있다. 뿐만 아니라 별장이라고 할 수 있는 양명산 양명서옥(陽明書屋)의 사무실에도 어머니와 함께한 그림이 걸려 있다. 이것도 부족하여 1966년에는 중부 명승지인 일월담(日月潭) 근처 해발 1천 미터 산 위에—어머니를 기념하는 9층의—자은탑(慈恩塔)을 세웠다. 이쯤 되면 어머니와 자아를 분리하지 못하는 어머니 콤플렉스가 아닐까?

반공 외교

관저 2층 서재는 주로 일가친척들에게 숙소로 제공되었다. 가끔 매우 특별한 외빈에게 제공되기도 했는데, 미국의 닉슨 부통령과 한국의 이승만 대통령도 이곳에서 묵은 적이 있다. 중국공산당에 대응하는 반공연대를 구축하기 위해 간절히 필요한 미국과 한국이었다. 장제스의 성의를 알 수 있다.

관저에서 제공되는 팸플릿에 의하면, 1949년 7월에 필리핀을 방문하여 키리노 대통령과 공동성명을 발표하여 '극동반공연맹' 성립을 선도했다. 8월에는 한국에서 이승만 대통령과 공동성명을 발표하였고, 1952년에는 일본과 평화조약을 체결하였으며, 1954년에는 미국과 '중미공동방위조약' 체결했다. 이렇게 대만을 아시아 반공보루로 만들었다.

장제스와 양명학(陽明學)

일본과 대만은 양명학을 중시하는 공통점이 있다. 나는 양명학이 일본과 대만식 자본주의의 중요한 사상적 배경이라고 생각한다. 윤리학과 방법론에 치중한 양명학은 주자학보다는 좀 더 '실용 이성'을 추구하는 것으로 평가된다. '지식과 실천의 일치'라는 '지행합일(知行合一)'은 양명학의 대표적인 강령 중의 하나이다. 일본에서는 메이지유신에 큰 영향을 주었고 이후 더욱 크게 발전했다. 양명학의 흐름이 강한 일본이 대만을 50년 동안 통치했다. 게다가 1945년 일제 패망 이후 대만을 접수한 국민당

정부의 수장인 장제스 역시 양명학 신봉자였다. 대만사회 곳곳에 합리적인 '실용 이성'이 넘쳐나는 이유를 짐작할 수 있다.

장제스는 일본 유학시절 양명학의 영향을 크게 받았다. 장제스가 일본에서 양명학을 만났다는 사실과 양명학의 세례를 받은 일본이 대만을 통치했다는 접점은 주목할만하다. 장제스는 타이베이의 초산(草山)을 양명산(陽明山)으로 개명했고, 양명대학(陽明大學)을 만들 정도로 양명학을 신봉했다.

양명학을 특별하게 강조한 이유는 무엇일까? 장제스와 양명학은 어떤 지점에서 조우했을까? 명(明)대 대유학자 왕양명(王陽明)은 당시 최고 권세를 누리던 태감의 미움을 받아 구이저우(貴州)로 귀양을 갔다. 세상과 완전히 격리된 3년 동안 그곳에서 그는 자신의 철학이념을 완성했다. 대륙에서 후퇴한 장제스는 자신의 처지가 왕양명과 똑같다고 생각했다. 대만에서의 이 수모와 고생을 이겨내고, 왕양명처럼 다시 세상에 당당하게 등장할 날을 학수고대했던 것이다.

장제스의 사상은 자본주의 기초에 유교가 결합된 모습을 보인다. 인간은 도덕적 판단기준으로서 타고난 '양지(良知)'가 발휘될 수 있도록 노력해야 한다는 것이다. 인간은 기본적으로 '양지'를 타고났다고 보는, 양명학에 대한 그의 인식은 살벌한 자본주의제도에 일정 부분 보완적인 작용을 했다. '유교 혁명가'로 불리는 장제스는 행동학으로서, 실천철학으로서 양명학을 수용했다. 그리고 대만에 적용했기에 대만은 양명학이 구현된 공간이라고 할 수 있다.

장제스의 공로

시장에서 '대만제'라고 외치는 경우가 많다. 큰 소리로 대만에서 만들었다는 것을 자랑한다. 중국에서 만든 제품이 아니라는 말이다. 상품에 따라 중국에서 만든 것도 있지만, 대만의 제조상이 감독했다는 것만이라도 꼭 밝혀둔다. 대만의 자부심이다. 실력에서 중국과 차별화된 출발점은 어디에 두어야 할까?

관저에서 제공된 팸플릿에는 장제스의 네 가지 공로가 강조되어 있다.

1. 토지개혁- '375' 감조정책을 밀어붙여 '경자유전(耕者有田)' 원칙을 실현했다.
2. 지방자치- 손문의 유훈대로 정치발전은 지방자치부터 해야 한다고 강조했고, 1950년 지방자치를 실시했다.
3. 경제발전- 1950년대에는 민생 필수품인 경공업을 발전시켰으며, 통화팽창으로 야기된 물가를 안정시켰다. 1960년대에는 공업화를 추진했으며, 수출확장 정책도 추진했다. 1970년대에는 경제구조를 개선하여, 1980년대 '아시아의 네 마리 작은 용'이 되는 기초를 닦았다.
4. 9년 의무교육- 1968년에는 의무교육을 6년에서 9년으로 연장했다.

1970년대 말에서 1980년대 초반, 한국과 대만의 대다수 국민은 중등교육 이상을 받았다. 교육학자 에릭 하누셰크(Eric Hanushek)는 정부 관리들은 교육에 대한 투자가 오늘날의 경제에 어떤 영향을 미칠지 물어서는 안 된다고 했다. 교육에 대한 투자는 20년 이후의 경제를 위한 것이라고 말했다.

대만의 비약적인 경제발전은 교육기초가 견인했다는 시각이 많다. 대만이나 한국이나 모두 교육투자 덕분에 세계가 주목하는 경제발전을 이루었다는 데는 이견이 없을 것이다. 아니 대만, 한국, 홍콩, 싱가포르 등 이른바 '아시아의 네 마리 작은 용'의 공통점이다.

1950~1970년대 대만은 잘 정비된 고등교육으로 3만 명 이상의 기술인력을 양성했다. 1950년대에는 면방직 공업을 중시했고 1960년대에는 수출주도형 산업구조로 개편했다. 1960년대 말에는 중화학 분야를 시작하면서 공업화의 초급단계를 완성했던 것이다.

1973년 '공업기술연구원'[3]을 설립했고, 그 안에 '전자공업연구발전센터'[4]를 출범시켰다. 지금 대만을 대표하는 세계 최대의 반도체 생산업체 'TSMC'[5]의 모태였다. TSMC는 대만 근대화의 상징이자 '나라를 지키는 신령스러운 산'이라는 의미의 '호국신산(護國神山)'으로 호명될 만큼 국민의 사랑을 받고 있다. 국가가 시작한 기업인데, 이제는 국가 자체가 된 기업이라고 할 수 있다.

통화개혁과 토지개혁

대만으로 '도망 온' 인구의 절반 이상이 군인이었다. 전쟁 중

---

3 工業技術研究院
4 電子工業研究發展中心
5 台灣集體電路製造

이었고 돈이 필요했으니 그냥 찍어낼 수밖에 없었다. 통화팽창에 따른 물가폭등은 당연한 결과였다. 물가가 1년 내 7천 배 올랐다. 4만 원을 1원으로 바꾸는 통화개혁을 단행했다. 대만인들은 돈이 종이가 되는 것을 경험했다.

이제 관건은 토지개혁이었다. 대륙에서 국민당의 패배는 토지개혁의 실패 때문이었다. 지주들의 눈치를 보느라 단행하지 못한 점이 두고두고 국민당의 발목을 잡았다. 이제 대만에서 그 실패를 되풀이할 수는 없었다. '228'사건의 여파로 살벌해진 사회 분위기 때문에 대만의 지주들은 아예 저항할 생각을 하지 못했다. 그렇게 토지개혁은 단행된 것이다. 역사의 아이러니라 할까? 세상만사 나쁜 점이 있으면 좋은 점도 반드시 있는 법이다.

1948년 천청(陳誠)은 대만성 책임자로 임명되고 나서 공산당의 침투를 방지하기 위해 출입국 제도를 실시하고 호구조사도 했다. 1949년 4월에는 임대료가 토지생산물의 '37.5%'를 넘지 못하는 '375감조'[6] 제도를 발표했다. 1949년 5월에는 계엄령을 선포했고, 1951년에는 '공유지 불하'[7], 1953년에는 '경자유전' 원칙 등 일련의 토지개혁 조치를 발표했다. 국민당이 농민의 지지를 받기 시작한 정책들이었다.

사상가 리쩌허우는 경전적인 마르크스주의 입장에서 보면 토지개혁이야말로 경제적인 개혁인데, 대만의 토지개혁이 비교적 잘 되었다고 보았다. 국민당의 방식이 오히려 경전 마르크스주의 토지개혁에 부합했다는 것이다.

6   三七五減租
7   公地放領

대만 토지개혁의 제일 중요한 조항은 37.5% 감세였다. 이제부터 소작농은 지주에게 수확물의 37.5%만 지급하면 되는 것이었다. 또 국유지를 소작농에게 10년 상환으로 불하했다. 대만과 한국은 토지개혁에 성공하였기에 공산당의 진입기회를 일찌감치 박탈했다는 공통점이 있다. 공산당이 발을 붙일 싹을 아예 잘라버렸던 것이다. 그만큼 혁명적인 조치였고, 효과적이었다.

또 '경자유전'의 원칙으로 지주들의 땅을 일부만 남겨주고 나머지는 정부가 징수했다. 국민당정부는 국영기업의 주식으로 지주들의 토지를 수용하고 보상했다. 장제스가 잘한 일 중의 하나는 천청을 기용한 것이다. 천청은 화폐개혁과 토지개혁을 단행했고 이는 장제스의 공로라고 할 수 있다.

장제스의 과오

장제스는 항일전쟁 당시 일본의 평화협상 요구와 국공내전 시 공산당의 협상요구를 모두 거절했다. 1971년 유엔에서 '중화민국'이라는 국호만 포기하면 유엔에 남을 수 있었던 상황도 거절했다. 미국이 '중화민국'을 '대만'으로 개명하라는 요구를 했을 때 개명을 했더라면 어땠을까? 지금 대만사회가 그토록 간절하게 원하는 대륙과의 분리는 자연스럽게 이루어지지 않았을까?

최근 연구[8]에 따르면, 항일전쟁 기간 일본은 무수하게 화해 제스처를 보내왔다. 매번 원칙을 고수한다는 장제스의 완강한 성격 때문에 결렬되었다. 그는 점령지를 포함 모든 상황을—

8   郭岱君 主編, 『重探抗戰史』

1937년 7월 7일 중일전쟁 발발의 도화선이었던―'77'사변 즉 노구교(盧溝橋) 사건 이전으로 되돌릴 것을 주장했다.

당시 그와 가까운 지식인들 즉 후스, 푸쓰녠 등은 모두 일본을 이길 수 없으니 화해를 주장했지만, 장제스의 고집 때문에 전쟁은 오랫동안 지속되었다. '명분'과 '실리'가 인생을 구성하는 양대 축이라면, 대만으로 오기 이전의 장제스는 '실리'보다는 '명분'에 집착하는 두뇌구조였다.

왕징웨이(汪精衛)를 위한 변호

일본은 다른 협상 상대를 찾을 수밖에 없었다. 일본으로서는 그만큼 절박했다. 그렇게 해서 찾아낸 대상이 왕징웨이였다. 역사적인 평가에 대해 다시 논하지 않을 수 없다. 일본과 협상한 왕징웨이는 이후 중국의 대표적인 '매국노' 즉 '한간(漢奸)' 중의 한 명이 되었다. 민족을 팔아넘긴 죄인으로 두고두고 기술되고 있다. 반면에 장제스는 끝까지 항일전쟁을 지휘하여 항일전쟁을 승리로 이끈 영웅으로 기록되고 있다.

중국현대사에서 왜 그렇게 왕징웨이를 배척하고 증오하는 역사가 완성되었는지 의문이다. 그는 정말 매국노일까? 그가 왜 그렇게 할 수밖에 없었는지? 그것이 무엇을 의미하는지? 등에 대해 우리에게 생각할 기회를 줄 수 있는 역사서술이 중요하다. 왕징웨이는 권력투쟁의 승자가 아니고 패자였기 때문이다. 따라서 이런 질문을 하고 싶다.

항일전쟁이 조금 더 일찍 협상단계로 진입하여 휴전 또는 종전되었다면 어떻게 되었을까? 그것은 누구의 공로이며, 누구의 과오일까? 조금 더 피부에 닿는 이야기를 해보자! 전쟁이 조금 더 일찍 끝나서 살아남을 수 있었던 사람이나 그 가족의 입장에서는 감사한 일일까? 아니면 증오할 일일까? 대충 잡아도 몇십만 또는 백만의 무고한 희생을 피해 갈 수 있었다면, 여러분은 협상을 지지했을까, 반대했을까?

장제스는 명분을, 왕징웨이는 실리를 중시하는 두뇌구조였다. 장제스의 경우를 보더라도, 명분과 실리가 교차하는 순간에 명분에 집착할 경우 큰 대가를 지불해야 한다는 것이 역사가 남긴 교훈이다. 개인의 역사든, 국가의 역사든, 유연함은 얼마나 중요한가?

순리런(孫立人) 장군

순리런 장군은 2차대전 기간에 버마에서 일본군에 포위된 영국군 7천 명을 구해내어 세계적으로 유명해졌다. 동북지역에서는 '전쟁의 신(戰神)'이라고 불리던 중국공산당의 린뱌오(林彪)를 크게 이긴 적도 있었다. 하지만 무능한 상사는 뛰어난 부하를 싫어하는 법이다. 그를 모함한 상사 때문에 그는 동북지역을 떠났고, 그렇게 해서 중국공산당은 쉽게 동북지역을 차지하여 전쟁의 승기를 잡았다.

장제스는 순리런에게 순차적으로 대만 방위사령관과 육군 총사령관을, 나중에는 대만으로 배치하여 군사훈련을 맡겼다. 최전방 진먼도에서 그가 지휘하던 군대는 바다를 건너서 쳐들어오던 인민해방군 9천 명을 섬멸하기도 했다.

그런데 그가 장제스에 반역의 마음을 품었고, 미국정부에 비밀편지를 보냈다. 미국정부가 무능한 장제스를 대신할 인물을 찾고 있었던 시점이었다. 미국에서 공부를 했던 순리런은 당연히 미국의 주목을 받았다. 하지만 장제스가 알게 되었고, 장제스는 순리런의 부하가 간첩이었고 그것을 신고하지 않았다는 죄명으로 그를 자택에 평생 연금했다. 그와 친한 군인 3백 명도 체포했다.

한국전쟁은 장제스와 국민당에게는 구원자였다. 미국은 중국을 포위하기 위한 방어선에 대만을 포함시켰다. 방어선은 일본, 한국, 대만, 베트남, 필리핀 등으로 이루어졌다. 중국을 가두기 위한 포위망이었다. 덕분에 미국과 중미공동방어조약을 체결하여 대만의 운명을 바꾸었다. 비록 방어만을 명시하고 있지만, 미국 7함대가 대만을 지켰다.

미국정부는 다시 장제스 정권을 지지하기 시작했다. 장제스는 수시로 대륙회복 욕심을 내비치기도 했지만 미국의 반대로 매번 주저앉았다. 당연히 대만의 정세안정이 필요했다. 미국의 군사원조가 속속 도착했다. 경제적으로 무한한 호경기가 보장되었던 것이다. 미국은 순리런에게 없던 일로 하자고 편지를 했다.

관련하여 순리런이 연금되었던 타이베이의 '순리런 장군 관저'[9]를 추천한다. 아름다운 집인 데다가 강절요리(江浙料理)와 일본요리를 맛볼 수 있는 식당과 카페를 겸하고 있다.

9   孫立人將軍官邸

타이베이 '228' 기념관
台北二二八紀念館

台北市凱達格蘭大道3號
타이베이시 케타갈란대도 3호

　'228'사건은 흔히 '대도살'이라고 서술된다. '도살'의 사전적
의미는 '사람이나 짐승을 함부로 참혹하게 마구 죽이는 것'이다.
공식적인 통계는 아니지만 학계에서는 1만 8천 명에서 2만 8천
명이 살해되었다고 추정한다.

　수도 타이베이의 중심에 '228' 평화공원이 있다. '228' 평화공
원 안에 타이베이 '228' 기념관이 있다. '228' 국가기념관과 함
께 '228' 사건을 기념하는 중요한 공간 중 하나이다. 수도 타이
베이에 '228' 관련 두 개의 대형 박물관이 있는 셈이다.

　평화공원은 앞에서 다루었던 국립 대만박물관도 있고, 야외
공연장도 있고, 작은 도교 사원도 있고, '228' 기념탑도 있는 시
민공원이다. 공원 이름에 원한의 '228'과 '평화'가 함께 들어 있
다. 게다가 국가가 '228'을 잊지 말자는 의미에서 지정한 공휴일
의 이름도 '평화기념일(和平紀念日)'이다.

　나는 평화라는 말에 주목하고 싶다. 내 부모가, 내 자식이, 내
가족이 도살당했는데 평화라는 말이 쉽게 나오겠는가? 대만인

타이베이 '228' 기념관 외관

들은 평화라는 단어를 사용해서 공원의 문패를 만들었다. 그 과
정이 어디 그렇게 수월했겠는가? '원한'에 대한 사회적 합의를
이끌어냈다는 뜻은 아닐까?

과거와 집단기억

미국 소설가 윌리엄 포크너는 "과거는 죽지 않았다. 과거는
심지어 지나가지도 않았다."라고 했다. 우리가 '한국인'이라고
말할 수 있는 이유는 집단기억을 공유하기 때문이다. 즉 한국인
은 한국전쟁, 광주민주화운동, 88 서울올림픽, 세월호 참사 등
을 같이 기억하고 있다. 집단기억이 모여서 문화적 유전자가 된
다. 물론 문화적 유전자가 다시 집단기억을 만든다. 그렇다면

역사 기록이 중요하다.

어떻게 기록해야 할까? 어떤 집단기억을 공유해야 하는가가
관건이다. 생생한 기억만큼 생생한 거짓말은 없다고 한다. 기억
중에서 어느 부분을 기억해야 하고, 어느 부분은 기억하지 말아
야 할까? 나는 우리의 기억이 도그마나 신화가 되어서는 안 된
다고 생각한다. 따라서 감성이 아닌 이성 중심으로 서술되어야
한다. 박물관은 상상이 아닌 사실만을 기록해주어야 한다.

정체성과 정체성의 만남

일본제국주의가 패망한 1945년 전후 대만의 인구는 약 6백만
명이었다. 1948년 가을부터 국민당정부는 패배가 불가피하다
고 보고, 공군 주요부대 등을 대만으로 옮기고 있었다. 1949년
12월 초까지 국민당정부는 주요 부서를 타이베이로 옮겼다. 중
국공산당이 승세를 굳히던 1949년 즈음에는 60만 명의 군대가
가족과 함께 들어왔다. 도합 2백만 명으로 기존 인구의 3분의 1
수준의 '다른' 사람들이 들어오게 된 것이다.

대만에서 사는 사람들을 본성인과 외성인으로 구별하기 시작
한 것은 1945년 즈음이다. 일본의 통치로부터 벗어나고, 국민당
의 통치가 시작된 시점이다. 본성인은 대만에서 이미 몇백 년 동
안 자리 잡은 토착민이었고, 외성인은 대륙에서 막 '굴러들어온'
돌이라고 할 수 있다. '본성인'과 '외성인'이라는 정체성의 만남
이었다.

외성인들은 길고 긴 항일전쟁에서 승리했다는 우월감을 지니
고 있었고, 본성인들은 일제 치하에서 '편안하게' 잘 살았다는

죄책감을 지니고 있었다. 게다가 외성인들은 스스로 중국문화의 적자라는 의식이 충만했기에, 본성인들을 무시하고 천시하는 언행을 숨기지 않았다. 박사반 연구생의 장인은 난징에서 들어온 '전형적인' 외성인인데, 최근 만났을 때도 "대만에는 문화가 없다."라는 말을 자주 했다.

정체성과 정체성의 충돌은 불을 보듯 뻔한 일이었다. 개인과 개인, 지역과 지역, 국가와 국가가 충돌하는 이유는 서로 다르기 때문이다. 먹는 것부터 입는 것 그리고 생각하는 방식까지 모두 달랐다. 우리는 자주 이 '다름'에 둔감하고, 그 '차이'를 무시하면서 살아간다.

기념관 팸플릿에 "시대 교체"라는 제목이 있다. 1937년 중일전쟁이 발발하고, '228' 사건이 발생한 1947년까지 10년 동안 대만인들은 "두 개의 정권, 두 개의 언어, 두 개의 문화, 두 개의 신분"을 경험했다. 결국 양자의 갈등이 "결코 피할 수 없는 비극"인 '228'사건을 일으켰다는 내용이다.

양자, 즉 일본통치와 국민당통치의 편차로 발생하였다는 것이고, 피할 수 없는 필연이라는 것이다. 그만큼 일본과 국민당 정부의 통치 스타일은 완연하게 다른 것이었다. 기념관의 서사로 볼 때 시민들의 반발을 불러 올 수밖에 없는 필연적 과정이라는 인식이다.

공원과 방송국

'228' 평화공원은 원래 1908년 '다이호쿠 신공원(台北新公園)'으로 출발했다. 일본 패망 이후 '타이베이 신공원'으로 불리다가 다시 '228' 평화공원이라는 이름이 붙었다. 전형적인 일본식 공원으로, 박물관, 공연장, 운동장, 동물원, 방송국 등이 배치되었다. 일본식 근대화와 함께 통치 권위를 상징하는 공간이었다.

기념관 건물은 1930년에 건설된 타이베이 방송국이었다. 일본총독부는 이곳에서 중국 화남(華南)지방이나 동남아에 대한 방송을 송출했다. 1945년에는 '대만방송국'이라는 이름으로, 1949년 국민당정부부터는 '중국 방송 회사'가 되었다. 1947년 '228' 사건이 발생하였고, 50주년인 1997년 2월 28일에 '228'기념관으로 다시 태어났다.

'228' 사건 발단

팸플릿 그다음 단락은 "사건 발단"이라는 제목이다.

1. 국민당정부가 대만을 통치할 때, 공무원들의 부패가 심각했다.
2. 군대와 경찰이 위법을 일삼았다.
3. 게다가 치솟는 물가에 높은 실업률 등 때문에 정부와 국민은 분리되었다.
4. 문화와 언어 차이 등 각종 상황이 맞물려 대만 사회 내 정서적 긴장감이 고조된 상태였다.

위의 내용으로 볼 때 팸플릿에서 주장하고 싶은 것은 바로 정체성 충돌이다. 당시 외성인들과 본성인들의 "문화와 언어 차이" 즉 정체성이 완전히 달랐음을 지적하고 있다. 대륙에서 건너온 국민당정부는 대만인들에게 대만어와 일본어 사용을 금지하고, '국어(國語)'라는 표준 중국어를 강요했다. 언어는 사람의 정체성을 구성하는 가장 중요한 요소인데, 강제한다고 쉽게 바뀌는 것은 아니다.

무릇 현재 정부의 정통성 확립을 위해서는 직전의 정부를 '악마화'해야 한다. 주(周)왕조는 상(商)왕조의 주왕(紂王)을 천하의 폭군 이미지로 만들었고, 중국공산당은 근대사의 서태후와 이홍장 그리고 원세개를 '악마화'했다. 대만을 접수한 국민당정부는 일본식민을 희생양으로 삼았다. 그 희생양에 평범한 서민들까지 포함시켜 '친일파'로 매도하는 어리석음을 범했다.

대만인 차별

일본항복 이후, 대만을 접수한 국민당정부의 대만성 행정장관 사무실(21명)의 고위관리 중 대만인은 단 한 명뿐이었다. 사무실 행정직 316명 중 대만인은 17명에 불과했다. 뿐만 아니라 중국인들은 사회 내 대만인들의 모든 자리를 차지했다. 게다가 과장, 주임 등의 자리에 대만인들의 상사로 앉았다. 그들은 친척들과 친구들을 끌어들여 주류를 형성했다. 같은 직위라도 월급은 대만인들의 두 배를 받았다.

국민당정부는 모든 이익을 독점하려고 했다. 술담배 전매도 모자라 이익에 관한 한 온갖 악행을 저질렀다. 대만인들에게 국민당정부는 일본총독부보다 더한 '악질'이었다. 이미 파국이 준비되고 있었다. 지룽항에 상륙한 국민당군은 완연한 패잔병의 모습이었고, 환영하러 나온 일본군의 군기와 선명한 대비를 이루고 있었다. 국민당군의 군기도 엉망이어서 식당에서 음식 값을 지불하지 않는다든지, 외상값을 갚지 않는다든지, 영화관에서도 요금을 지불하지 않는 일 등이 다반사였다.

중국에서는 '군인이 바로 도둑놈이다'라는 말이 내려온다. 대만에서도 군인들의 악행이 계속되었던 것이다. 국민당이 대륙에서 패할 수밖에 없었던 이유 중의 하나일 것이다. 정체성의 성장과 강화는 타자와 직접적인 관계가 있다. 국민당정부의 '악질' 행위 정도에 비례하여 대만인의 정체성은 강화되어 갔다. 대만사회를 파괴하는 '굴러온 돌'인 국민당정부는 '동포'일까? 새로운 착취 세력일까?

선진국 대만과 후진국 중국

팸플릿에 "대만인들의 자치 각성 및 의회 청원 활동, 시대 교체"라는 제목이 보인다.

1. 대만인들의 각성과 시대교체 등이 중요한 요인이었다.
2. 일본 통치시절 특히 1920년부터 1935년에 걸쳐 대만의 지식인들이 15차례나 의회를 설치해달라는 청원운동을 벌였다.
3. 의회 청원운동이 일련의 문화, 정치, 사회운동을 이끌었고,
4. 이것이 자유, 민주, 인권에 대해 대만인들을 계몽시켰으며,
5. 이런 활동들이 '228' 사건을 위한 사전 준비 작업이 되었다.

대만인들은 제한적이나마 일본식 근대를 체험했다. 일본식 근대는 '합리적인' 대만인을 길러냈던 것이다. 대만인들은 일본과 국민당정부를 병렬시켜놓고 도덕과 부도덕 그리고 합리와 비합

리를 비교하고 있었다. 당연히 국민당정부의 부도덕과 비합리에 분노하고 있었다. 중국에서 온 기자와 작가들 역시 대만사회 분위기와 관련하여 많은 기록을 남기고 있다. 유명 작가 샤오첸 (蕭乾)은 당시 대만과 중국을 이렇게 비교했다.

1. 대만과 비교하면 중국대륙은 문맹국이고,
2. 대만과 비교하면 중국대륙은 원시 농업국이고,
3. 대만과 비교하면 중국대륙은 외국 상품 소비국(대량의 물자 모두 수입에 의존하고 있다)인바,
4. 중국대륙은 근대화에 있어 대만보다 적어도 반세기 낙후되어 있다.

일본 통치 50년의 결과였다. 변경 대만이 50년 만에 중원의 근대화 정도를 훨씬 앞서고 있었다. 이제 중국과 대만은 누가 보더라도 '전근대'와 '근대', '선진'과 '후진'으로 나누어진 것이다. 대륙에서 온 지식인들은 일본이라는 타자에 의해서 이런 발전을 이루었다는 사실에 놀라고 있었다.

실리의 박탈

국민당이 대만을 접수한 이후, 민간물자는 모두 국영 무역국에서 구입해야 했다. 품질은 물론 저급했고, 물건은 제때 공급이 안 되었고, 게다가 가격은 납득하기 어려운 수준이었다. 대만의 민간경제는 무너지고 있었다.

일찍이 일본총독부는 1897년에 아편전매를, 1899년에는 장뇌전매를, 1899년에는 식염전매를, 1906년에는 연초전매를,

1922년에는 주류전매를 결정했다. 정부에게 그만큼 큰 수입을 보장해주는 아이템이기 때문이다. 하지만 국민당정부는 더 나쁜 이중플레이를 했다. 우선 좋은 연초를 몰래 민간회사에 팔아 1차 이득을 취했다. 그러고 나서 나머지 불량연초로 만든 담배를 시장에 유통시켰다.

그 담배는 피울 수 없는 지경이어서 애연가들은 사제 담배를 사는 수밖에 없었다. 부녀와 아동 그리고 실업자들이 가두에서 사제 담배를 팔았는데, 정부는 그것만을 단속하는 경찰관 제도를 만들었다. 팔다가 잡히면 현금과 함께 담배가 든 가방을 몰수당했다. 정부 공식담배가 안 팔리는 만큼 단속의 정도는 더욱 가혹해졌다. 국민당정부를 부정부패를 비유하는 '5자 등과(五子登科)'[1]와 '개가 가고 돼지가 왔다'는 말이 대만사회에 유행하게 된 배경이다.

'228' 사건 전말- 거듭 악화되는 장면

1947년 2월 27일, 타이베이에서 사제 담배를 팔던 여성이 잡혔다. 그녀는 몰수만은 하지 말아달라고 애원했다. 단속 경찰은 권총 손잡이로 그녀의 얼굴을 피가 나도록 때렸다. 주위 사람들이 몰려들었고 경찰은 공포탄을 쏘았지만, 더욱 많은 사람들이 다가오자 사람을 향해 총을 쏘아 한 사람이 죽었다.

이것이 바로 비극의 출발점이다. 첫 번째로 안타까운 지점이

---

1   광복 후 대만으로 와서 벼락출세한 국민당 인사를 풍자하는 용어. 그들은 여자(女子), 금(金子), 주택(屋子), 자동차(車子), 직위(位子) 등 다섯 가지(五子)를 부정부패로 얻었다는 의미이다.

다. 겁을 먹은 전매국 소속 경찰이 쏜 총에 사람이 죽은 것이다. 2월 28일, 오전에 시민들은 전매국으로 몰려갔다. 범인을 내놓으라 요구하고, 사무실에 난입하여 기물을 파괴하고, 문서를 소각하고, 직원을 폭행했다. 술과 담배를 가지고 나와 광장에서 불을 질렀다. 오후에는 피해자 가족들이 흥분한 시민들과 함께 대만성 책임자인 행정장관 천이(陳儀)의 사무실로 몰려가서 항의를 했고, 이에 옥상의 헌병들이 기관총을 난사하여 수십 명이 죽고 다쳤다. 두 번째로 안타까운 부분이다. 서로 냉정하게 대응할 수는 없었을까?

3월 1일, 상황은 더욱 불행한 쪽으로 흘러갔다. 시민들은 방송국(지금의 '228' 기념관)으로 몰려갔다. 대만 전국을 향해 사건 경과를 설명하고 본성인들의 궐기를 호소했다. 분노한 본성인들은 각 정부기관을 점거하고, 총기를 약탈하고, 중국대륙에서 온 외성인들을 구타했다. 대만어를 할 줄 모르는 외성인을 가려내어 폭행했다.

타이베이시 전체가 분노하여 철시, 수업 거부, 파업이 이어졌고, 정부는 타이베이시에 계엄을 선포했다. 시민군과 정부군이 대치하는 상황이 전개되었다. 상황이 악화되고, 전국적으로 확대되었다. 시민들이 관공서와 경찰서를 습격하기 시작했다.

계엄이 전국으로 확대되었다. 그날 '228'사건 처리위원회가 구성되었다. 오후 다섯 시 방송을 통해 계엄 해제, 체포된 시민 석방, 군경 사격 금지, 민관 합동 처리위원회가 구성되었음을 알렸다.

3월 5일, '228' 사건 처리위원회는 정식으로 조직 강령을 통과

시켰고, 대만성의 정치를 개혁하자는 목표를 내걸었다. 정치 개혁방안이 쏟아지기 시작했다. 공식적으로 행정장관이 각종 건의를 수용하겠다는 뜻을 밝혀 각지의 소동이 가라앉기 시작했다. 하지만 국민당정부의 장제스는 외국 대사들이나 대만 민간 단체 대표의 건의를 듣지 않고, 대만으로의 지원군 파병을 결정했다.

증원군의 보복

3월 7일, 처리위원회는 사건처리와 정치개혁 등의 내용이 담긴 32개조의 요구사항을 전달했다. 3월 8일, 증원군인 21사단이 북부 지룽항에 도착했다. 헌병 4여단의 2개 대대도 도착했고, 동시에 21사단의 부분 병력 3천 명이 남부 가오슝에 상륙했다. 21사단 간부의 기록에 의하면, 지룽항에 진입하면서 항구에 몰려 있던 비무장 군중을 향해 기관총을 난사했다. 타이베이로 가는 길목에서도 군중이 보이는 대로 난사했다.

본성인에 대한 외성인의 보복도 곳곳에서 자행되었다. 그들은 표준어인 '국어'를 하는지 못 하는지로 복수할 대상 즉 본성인을 찾아냈다. 가오슝에서는 군경이 집회를 하는 군중 1천여 명을 기관총으로 난사해서 살해했다. 게다가 눈에 보이는 대로 행인들을—심문이나 재판을 거치지 않고—잔인한 방법으로 도륙했다. 군대는 떼강도가 되어 훔치고 죽였다.

역사적 선택의 순간

안타까운 마음에서 몇 가지 전환점을 집어본다. 단속 경찰이 조금의 아량을 베풀었다면? 경찰이 권총을 쏘지 않았다면? 기관총으로 대응하지 않았다면? 시민들이 조금 냉정했더라면? 총기를 약탈하지 않았다면? 아니 그전에 중국대륙에서 온 사람들이 대만인들을 충분히 대우했더라면 어떻게 되었을까를 상상해본다. 그러니까 모든 사건 역시 인생과 마찬가지로 몇 번의 전환기를 맞이한다. 어떤 사건이든지 확대되는 길과 축소되는 길이 갈림길로 제시된다.

국민당을 위한 변명

살짝 국민당 정부의 입장에서 생각해볼까 한다. 누구든지 자신을 방어할 수 있고, 변호할 수 있어야 하기 때문이다. 역사평가에서도 모든 이들에게 방어권을 보장해야 한다는 것이 내 생각이다. '입장을 바꾸어 생각하는' 즉 '역지사지(易地思之)'할 수 있는 힘이 근대화의 선결조건이라고 생각한다. '바꾸어 생각할 수 있는 힘'은 그렇게 길러지고, 그 힘은 다시 건강한 역사발전의 동력이 되기 때문이다.

1928년 상하이에서 대만공산당이 창당되었다. 이후 당원들은 노동운동에 적극적으로 뛰어들어 농민조합과 신문화협회 등에서 주도적으로 활동했다. 대만공산당 정강에 '대만민족' 개념을 분명하게 명시했고, '대만인민 독립만세'를 구호로 내세웠고, '대만공화국'의 건국을 목표로 설정했다. 일본치하에서 명확하게 대만독립을 주장한 단체라고 할 수 있다.

1949년 국민당정부가 연전연패하고, 미국은 '중국백서'를 발표하여 더 이상 국공내전에 개입하지 않기로 했다. 이제는 홀로

서게 된 국민당정부가 대만에서는 버텨낼 수 있을지 바람 앞의 등잔불 신세였다. 일찍이 1946년에 중국공산당은 '대만성 업무위원회'[2]를 조직하고 책임자를 파견하였다. ('228' 이후 중국공산당은 '228' 사건으로 불만을 품고 있는 대만 지식인들을 적극적으로 포섭했다.) 대만사회에 학생 노동자운동이 점화되고 있었다. '228'의 배경을 따질 때, 단순하게 2만 명의 젊은이들이 국민당정부의 손에 죽었다고 하면 감성적인 분석이다. 국민당과 공산당이 내전 중이었다는 설명이 단 한 줄이라도 제공되어야 한다.

국민당정부의 위기의식

다시 국민당의 의식형태를 읽어보는 것은 어떨까? 국민당정부는 대륙에서 공산당에게 패배했다. 대륙을 송두리째 내주고 절체절명의 위기에서 대만으로 도망 온 것이다. 그들이 보기에 대만에 대륙만큼 '적색분자'가 없다고 누가 단정할 수 있겠는가?

흥분한 시민들은 몇 명의 선동에 의해 쉽게 폭도로 변하는 것을 역사를 통해서 잘 알고 있었다. 당시 국민당정부의 위기감은 그야말로 하늘을 찔렀을 것이다. 게다가 공산당과 내전 중이었다. 국민당 내부에 소요사태에서 밀리면 끝장이라는 분위기가 팽배했다. 실제로 최고 책임자 장제스는 기자회견에서 '228' 처리위원회가 불합리한 요구를 했고 또 관공서를 습격했기에 파병해서 진압한 것이라고 했다.

---

2   台灣省工作委員會

장면이 악화되는 순간들

오늘날까지 사망 인원에 대해서 일치된 견해가 없다. 43명에서 10만 명까지이다. 그런데 처음부터 끝까지 숨어 있던 의사, 변호사, 학자 등이 실종되었다. 이것은 대만 엘리트를 계획적으로 살해했음을 의미한다. 엘리트는 좌파일 확률이 높고, 좌파의 싹을 도려낸 조치일까? 나는 아래와 같이 확전되는 상황을 3단계로 나누어본다.

1. 2월 27일 담배 판매 단속에서 사람이 다치고, 이튿날 시민들의 항의에 기관총으로 대응했다.
2. 시민대표로 구성된 '228'사건 처리위원회가 정치교섭을 진행하면서, 다른 쪽으로는 군대를 만들어서 실력으로 정치개혁 요구를 달성하려고 했다. 이에 대만 행정장관은 타협하는 것처럼 하면서 대륙에 지원군을 신청했다.
3. 3월 8일 지원군인 21사단이 도착하면서 무자비한 진압이 시작되었고, 두 달간 이어졌다. 5월 16일 계엄이 해제되고, 토벌작전이 끝났다.

수습을 위해 국대 대표(國大代表)[3]와 대만성 참의원 등 정치인들이 움직이기 시작했다. 참사 조사위원회를 조직하고, 계엄 해제를 요구하고, 체포된 시민석방과 관민 합동 처리위원회 구성 등을 제의했다. 행정장관은 즉시 동의하고 진압을 중지했다.

---

3   국민대회 대표(國民大會代表). 총통과 부총통을 선출하는 것이 가장 중요한 기능이었다.

각계 대표로 '228'사건 처리위원회가 구성되었다. 시민들 사이의 구타사건 즉 본성인이 외성인을 골라내어 린치를 가하는 행위도 점차 줄어들었다.

정치 세력 간의 알력

시민대표로 구성된 처리위원회에는 수많은 종류의 단체가 가담하게 되었다. 심지어 평소 당시 대만성의 책임자인 천의를 반대하던 CC파와 삼민주의 청년단(三靑團), 대만성 정치건설협회[4] 등의 정치파벌이 참가하였고, 그들은 처리위원회를 통해 영향력을 행사하고자 무리한 요구를 하기 시작했다.

이미 처리위원회가 각 지방의 실질적인 권력을 장악한 상태였기 때문에 정부의 긴장도는 더욱 높아졌다. 처리위원회 요구사항의 수준은 점점 높아져서 대만성 책임자가 일하는 장관공서(長官公署)[5]에 대만 출신을 절반 이상 임명하고, 현(縣)과 시(市)의 책임자인 현장과 시장의 직선을 요구했다. 그리고 공공사업은 본성인이 담당하게 해달라는 요구까지 했던 것이다.

최악의 상황으로 치닫게 되는 이유

이런 내용은 일반 대만인들에게 잘 전달되지 않고 있다. 일반 민중은 자세한 과정에 대해 알기를 원하지 않는다고 해야 정확한 표현일 것이다. 역사는 어디에서 방향을 바꾸었는지가 중요하다. 왜 좋은 결말로 향하지 않고 도리어 최악의 상황으로 치

---

4   台灣省政治建設協會
5   台灣省行政長官公署

닫게 되었느냐는 것이 역사의 급소이다. 왜 그렇게 나쁜 상황에 이르게 되었는지를 공부하고 이해시키는 것이야말로 역사교육의 관건이라고 생각한다.

하지만 언제나 선택의 순간에는 명분을 중시하는 강경파가 이기게 되고, 나머지도 크게 반대하기 어려운 상황에 다다른다. 즉 '228'사건 처리위원회에 각종 정치파벌이 참가하면서, 이제 '228' 처리 문제가 정치적 투쟁의 장으로 변질된다. 게다가 군부는 처음부터 공산당이 개입한 사건이라고 단정하여, 국민당정부로 하여금 상황을 더욱 나쁜 쪽으로 판단하게 만들었다.

역사를 살펴보면 중도입장의 의견은 늘 무시하고, 무시된다. 최종적으로 강경한 대응을 주장하는 일파가 주도권을 잡게 된다. 이제 남은 것은 강경한 진압 그것도 철저한 학살이었다.

세계관의 변화

'228' 사건을 공부하면서 내 세계관은 세 번 바뀌었다. 처음에는 상당히 오랫동안 일방적인 학살사건으로 알고 있었다. 국민당정부가 자신들에게 저항했다는 이유로 대만 엘리트들을 일방적으로 도살한 사건이라는 것이었다. 내가 만난 대부분의 대만인들은 일방적으로 '228'을 전달했다. 시민들이 무조건 당했다는 이야기뿐이었다.

대학원 학생들을 비롯한 대만인 친구들 중에는 대만정체성을 중요하게 생각하는 사람이 많다. 대만의 문학과 문화적 정체성을 매우 중시하고, 궁극적으로 대만독립을 지향한다. 자신들에게 유리한 스토리를 공유하고자 하는 욕구, 즉 '내집단 편향'이 강하다. 이데올로기 앞에서 진실이 존재하기가 쉽지 않은 까닭이다. 그들은 대만독립이라는 이데올로기를 위해 '진실'의 일부를 감추고 싶은 것이다.

나의 옳음과 그들의 옳음은 왜 다른가

조너선 하이트는 『바른 마음: 나의 옳음과 그들의 옳음은 왜 다른가』에서 우리는 왜 선악 이분법을 쉽게 수용하는가? 라는 질문을 던졌다. 정치적 견해가 다른 사람을 이해하기보다는 적으로 생각하는 것이 가장 편한 해결방식이기 때문이라고 했다.

인지심리학에 '확증편향(確證偏向)'이라는 개념이 있다. 평소 자기 가치관이나 신념에 반하는 정보를 철저하게 거부하고, 보고 싶은 것만 보고, 듣고 싶은 것만 듣는 경향을 말한다. 대학원생들은 적극적으로 숨기려고 했던 것이 아니라, 제기하고 싶지 않은 마음이 무의식적으로 작동했을 것이다. 적어도 적극적으로 공유하고 싶은 생각이 없었다. 절대적으로 국민당정부의 잘못이라는 정보만 수용하고 공유해야만 '대만독립'이라는 궁극적인 목표의 순수성을 인정받을 수 있을 것이기 때문이다.

그다음 내 두뇌에서는 안티테제(반대 명제)가 만들어지기 시작했다. 내 생각은 절반의 긍정과 절반의 부정이었다. 그러니까 국민당정부를 위한 변명도 하고 싶었다. 전쟁 중이니까, 공산당과 치열한 내전 중이니까, 다시는 실패를 되풀이하고 싶지 않으니까 과잉 대응한 것이겠지, 했다. 그런데 이 책을 쓰면서 새로운 사실을 알게 되었던 것이다.

내 생각이 다시 바뀌는 순간을 체험했다. 어쩌면 결정적인 사실이다. 배후에는 일정 부분 공산당이 개입하기 시작했고, 빨치산부대가 조직적으로 대응하고 있었다. 대만역사 공부를 많이 하고 나서야 이런 사실이 있었다는 것을 알게 되었다. 이렇게 지식의 폭에 따라 내 세계관은 춤을 추었다. 비단 나뿐이겠는가? 한 사람의 세계관은 이렇게 생성과 변화를 반복한다. 나는 어느 시점에서 내 확신을 선언해야 할까?

역사는 어떻게 기록되어야 할까?

'228' 사건의 발생 원인에 대해 여섯 가지가 있다고 한다. 공산당의 책동, 경제상황, 사회문제, 정치차별, 정치부패, 문화 차이 등이다. 1987년 계엄해제 전까지 국민당정부는 공산당의 책동과 문화 차이(대만의 노예화)를 주로 들었다. 중국공산당과 '228' 사건의 관련성은 조금 있으나 개입방식이나 시기, 정도 등으로 볼 때 책동 수준은 절대 아니었다. 시기별로 역사는 천양지차로 해석되고, 수용된다.

타이베이 '228' 기념관의 팸플릿에는 광복 이후 국민당정부가 통치하는 대만사회에 대해 자세하게 언급하고 있다. 대만 본토의 상류층은 정치경제적으로 기회가 박탈되었고, 중하류층은 치안 악화와 경제적 빈곤에 직면했고 심지어 이미 사라진 지 오래된 장티푸스까지 다시 창궐했다.

일본 통치시기 대만인들로서는 경험하지 못했던 받아들이기 어려운 난맥상이었다. 사회 정체성의 '재편', 그것이 초래하는 갈등은 나날이 증폭되고 있었고, 비등점을 행해 달려가고 있었다. 팸플릿이 소개하고 있는 당시 신문은 물가폭등, 백성들의 기아 현상, 끊임없는 부정부패 등의 기사로 넘쳐났다. 탐관오리를 숙청하고 자치를 실시하라는 등의 의견도 넘쳐났다.

시민들의 반격

지룽에서 시민들이 요새와 부두를 공격하였고, 요새사령부가 반격하여 수많은 사람들이 사망했다. 신주(新竹)에서는 경찰서와 시청을 공격했다. 자이(嘉義)에서는 시민들이 비행장과 무기고를 점령했다. 아리산(阿里山)의 원주민들도 하산하여 저항대열에 합세하는 움직임도 나타났다. 가오슝(高雄)에서도 지룽처럼 요새사령부를 공격하였고, 시민들의 피해가 매우 크게 발생했다.

더욱 심각했던 상황은 '27'부대였다. 빨치산 활동이었다. 시민들이 일방적으로 당했다는 것과 당시 시민들이 무기고를 습격하고 빨치산들이 활동했다는 이야기는 완전히 별개의 역사를 쓰게 만든다. 스토리는 이렇게 달라지고, 집단기억은 이렇게 만들어진다.

처리위원회는 몇 가지 정치 개혁방안을 제출했다. 중요 공무원의 절반을 본성인이 담당하게 하고, 공공사업도 본성인이 책임지게 하고, 전매국과 무역국을 철폐하고 시장과 현장을 즉각 민선으로 선출하고, 언론 출판 집회의 자유를 보장하고, 시민생명과 재산권을 보장하라는 것이었다.

행정장관 천이는 이런 요구를 수용한다고 발표했다. 계엄도 즉각 해제했다. 하지만 난징의 국민당정부가 보낸 지원군인 21사단이 도착하자 천이는 약속을 바로 번복하여 계엄을 선포하

'228' 관련 행사를 보여주는 비디오 아트

고 전면진압하고 체포령을 내렸다.

대만독립을 위한 역사

'228' 사건은 대만인들의 정체성에 큰 변화를 초래했다. 지식인들은 각자의 두뇌구조에 따라 달리 반응했다. 반정부의 길을 가고, 지하에서 공산당 활동을 시작하고, 상하이나 홍콩으로 가서 '대만 민주 자치 동맹'[6]을 결성하고, '대만독립'을 주장했다.

1950년대 좌익분자들이 국민당 정부의 박해를 받을 즈음, 따로 '대만독립'을 목표로 하는 무리들이 나타났다. 1948년의 '대

6   台灣民主自治同盟

만 재해방 연맹'[7], 1956년의 '대만공화국 임시정부'[8] 등이었다. 1960년대에는 '대만 민족주의'를 선도한 『대만 청년(台灣青年)』을 발행하고, '대만인민 자구운동 선언'[9] 등을 발표하여 대만인들의 자결을 강조했다.

장제스의 국민당정부를 무력으로 전복시키기 위한 시도로는 1960년의 '쑤둥치(蘇東啟) 사건'과 1970년의 '타이위안(泰源) 감옥 사건'이 있었다. 일련의 운동으로 고양된 '대만독립' 의식은 해외 대만인들을 자극하여 미국에서는 '전미 대만독립 연맹'[10], 일본에서는 '독립 대만회'[11]가 결성되었다.

박물관의 전시와 권력

2025년 5월 다시 찾은 타이베이 시립 '228' 기념관의 전시구조는 많이 바뀌어 있었다. 특히 결론 부분에서는 백남준식의 비디오 아트에서 '228' 관련 행사를 보도하고 있었다. 여러 개의 텔레비전 중 중심에 있는 것에서 현 타이베이 시장인 장완안(蔣萬安)의 얼굴이 쉼 없이 재생되고 있었다. 박물관의 서사는 권력과 밀접한 관계가 있다는 것을 보여주는 장면이었다.

---

7   台灣再解放聯盟
8   台灣共和國臨時政府
9   台灣人民自救運動宣言
10   全美台獨聯盟
11   獨立台灣會

'228' 국가기념관
二二八國家紀念館

二二八國家紀念館)-台北市中正區南海路54號
타이베이시 중정구 난하이로 54호

2024년 7월, 우정 박물관을 다시 가기 위해 그 동네를 들렀던 날이었다. 우연히 길 건너편에 있는 '228' 국가 기념관을 한번 가볼까 하는 마음이 들었다. 그런데 정말 신기하게도 마침 그날 그 시각에 제주도 '43'사건과 대만 '228'을 비교연구하는 세미나를 하고 있었다. 제주도 기념사업회 측과 여러 번 교류가 있었던 듯 상호 간 소통이 자연스럽게 이루어지고 있었다.

역사적 트라우마에 대한 양국의 시야가 다르기에 어떤 식으로 논의가 진행될까 궁금하여 끝까지 지켜보았다. 특히 대만과 한국의 교과서를 비교하는 발표가 흥미로웠는데, 사실을 중시하는 대만과 가치를 중시하는 한국의 경향이 뚜렷하게 다르다는 것을 눈치 챘다. 우리는 어디에서 접점을 찾아야 할까?

반성과 기록

2019년 '228' 국가기념관을 참관했을 때 어두운 분위기와 살벌한 총소리의 배경음악은 시종일관 나를 압도했던 기억이 있

'228' 국가기념관에서 열린 제주도 '43' 사건과
대만 '228' 사건을 비교하는 세미나 장면

다. 총소리는 관람객의 '슬픔' 또는 '분노'를 유도하고 있었다. 계속 들려오는 총소리가 오히려 진실에 접근해보겠다는 관람객의 의지를 방해하는 것은 아닐까? 하는 생각을 했다.

2024년 7월에 다시 방문했을 때는, 총소리와 함께 전시실을 짓누르고 있던 그 음산한 배경음악은 사라졌다. 이렇게 박물관의 환경도 우리 인생과 마찬가지로 변화한다. 역사가 서술하는 사람에 따라 달라지듯이 박물관도 책임자의 시각에 따라 자주 바뀐다. 그 '바뀜'은 관람객에게 고스란히 영향을 준다.

'228' 40주년인 1987년에 길고 긴 계엄이 해제되었다. 1949년 5월, 계엄 실시와 더불어 금기가 된 '228'은 1987년 계엄 해제와 더불어 진상규명 활동이 시작되었다. 피해자 가족들의 활동으로 정부와 사회각계가 주목하기 시작했다.

집단기억은 정체성의 중요한 조성 부분이다. '우리'가 '우리'인 이유는 '집단기억'을 공유하기 때문이다. '228'은 대만인들의 중요한 '집단기억' 중의 하나이다. 2000년부터는 정부가 관련 자료를 수집하기 시작했고, 동시에 그 자료들이 공개되었다. 총통의 사과와 함께 현대사의 가장 중요한 기억이 되었다. 이제 남은 것은 기록이고, 사회적 합의이다. 어떻게 기록할 것인가? 어떻게 합의를 이끌어 낼 것인가? 그런 노력들이 다시 집단기억을 만들기 때문이다.

'228'에 대한 '정확한' 정의

2019년 2~7월까지 '비정한 기차역[1] 228'이라는 제목의 특별전이 열렸다. 바두(八堵), 자이, 가오슝 등 세 개 기차역과 주변에서 발생한 사건을 중심으로, 이 지역 '228' 사건의 경과를 문헌과 이미지 또 사람들의 구술로 역사면모를 더욱 뚜렷하게 만들어본다는 취지였다. 팸플릿에서는 '228'에 대해 이렇게 정의하고 있다.

1. 담배로 야기된 유혈사건이며,
2. 관의 핍박으로 민중이 저항한 사건이며,
3. 정체성[2] 간 충돌에 그친 것이 아니라,

---

1   悲情車站
2   원문에는 '족군(族群)'이라고 되어 있다. 같은 정체성의 무리라는 뜻이다.

4. 그 과정은 사회문화 전체상황과 개인 및 단체의 행동, 결정, 생각
　에 영향을 주었다.

더 이상 정확할 수 없는 정의라 하지 않을 수 없다. '228'은 유
혈사건이며, 민중이 저항한 사건이며, '외성인'과 '본성인'이라
는 정체성 충돌 사건이며, 대만의 사회문화를 비롯한 모든 분야
에 큰 영향을 미친 사건이었다. 역사사건의 해법은 이렇게 정확
하게 정의를 내린 이후에야 가능하다.

진실로 들어가는 문- 정부와 민간의 시각 비교

'228' 국가기념관은 『228 통신』이라는 잡지도 부정기적으로
내고 있다. 2018년 12월호에는 "228 사건진상과 정의구현"이
라는 제목의 연구특집이 실려 있었다. 발표문 중에는 '228' 사건
의 원인을 탐구하는 문장도 있는데, 1947년 "정부와 민간의 견
해"라는 부제가 달려 있다. 내용을 보기 전에 미리 칭찬을 해주
고 싶었다. '정부'와 '민간'의 견해를 비교하겠다는 것이기 때문
이다.

완전히 다른 관점을 비교하는 것이야말로 진실로 들어가는
가장 편리한 대문이다. 모든 역사 이슈는 비교하면서 더욱 실체
적인 진실에 접근할 수 있고, 더불어 해법을 자연스럽게 찾을 수
있다. 의견이나 관점을 서로 비교하는 그 과정이야말로 역사공
부의 요체다. 원인과 책임의 요점을 이렇게 제시하고 있다.

1. 우선 천이가 이끄는 대만성 정부는 '228'의 원인을 자신들의 실

정을 가리기 위해 공산당에게 미루고 있다.

2. 하지만 '228'에 대한 중국공산당의 개입과 영향력은 '228' 사건을 책동 또는 주도할 정도는 아니었다.

3. 국민당 당국은 '문화 차이'를 들어 그 책임을 회피하려고 한다. 대만 동포들이 조국의 우량문화를 이해하지 못해서 발생했다는 것이다.

4. 하지만 문화 차이는 그 원인 중의 하나일 뿐, 그것이 동란을 야기할 정도는 아니었다.

5. 정치적인 차별에 경제와 사회문제가 자극한 배경에서, 문화 차이가 종족 갈등으로 변했으며, 관민(官民) 갈등을 정확하게 읽지 못했다는 것이 사건의 주요문제였다.

6. '228' 사건 중에서 장제스와 천이의 책임문제가 중요한데, 부하가 명령을 어겼다는 식으로 돌려서는 안 된다.

7. 사건이 끝난 이후 군인들을 수사하고 처벌했다는 소식을 들어본 적이 없기 때문이다.

8. 오히려 헌병 제4단 단장이 포상을 받았고 승진했다.

비교했기에 '정확한' 결론도출이 가능해졌다. "정치적인 차별에 경제와 사회문제가 자극한 배경에서, 문화 차이가 종족 갈등으로 변했으며, 관민 갈등을 정확하게 읽지 못했다."라는 것이 특집에 실린 논문이 내린 결론이다.

2018년 11월부터 2019년 7월까지 '228' 국가기념관에서는 "그들의 시대, 시대 사진전(1930~1960)" 제목의 이벤트가 열렸다. 행사 팸플릿의 프롤로그에는 이렇게 기술되어 있다.

1. 1930~60년대, 대만사회은 일본 통치시기, 2차대전, 국민당정부
   의 대만접수 등 여러 사건으로,
2. 사람들의 정체성 인식이 혼란에 빠졌다.

'문화 차이', '종족 갈등', '관민 갈등' 등 결국 외성인과 본성인
즉 정체성과 정체성이 만나는 충돌의 현장이었다. 정치와 경제
그리고 사회문제라는 서술은 대륙에서 '굴러들어온' 외성인이
본성인의 '실리'를 박탈했다는 뜻이다. 역사를 살펴보면 언제 어
디서나 이해관계는 정체성이라는 '명분'의 배후에 도사리고 있
는 실력자였다.

'228'과 '518'- 교류의 의미

『228 통신』에는 한국 '전남대학교 5·18 연구소' 및 '부마민주
항쟁기념재단' 대표단과의 교류활동 소식도 있었다. 연구소와
대표단 일행이 박물관을 참관하고 학술교류 협정도 체결했다
는 소식이었다. 일찍이 2008년 대만에서 '대만-한국 인권 논단'
이 개최된 적도 있다. 앞으로도 더욱 많은 교류를 통해 대만과
한국이 역사적인 비극을 해석하고 수용하는 방식의 '같음'과 '다
름'에 대해 토론하면 좋겠다.

'228'의 교훈

기념관 2층 전시실 끝에 작은 집이 하나 있다. 일본식 지붕의
빨간 벽돌로 지은 창고 모형인데, '스루전(施儒珍)의 벽'이라는
이름이 붙어 있다. 창고 끝의 벽 넘어 한 사람이 간신히 누울 수

있는 공간이 있는데, 가족
의 도움으로 그곳에서 스루
전은 17년 동안 살았다. 아
니 누워 지냈다고 해야 정
확할 것이다. 공무원이었던
그는 국민당의 외곽조직인
삼민주의 청년단에도, 중국
공산당 대만 지하조직에도
가입한 적이 있다.

'228' 사건 이후 지명수배
된 그는 친인척의 집을 전
전하다가 마지막에는 자기

스루전의 벽

집의 창고에서 숨어 지냈다. 황달에 걸려 55세를 일기로 사망했
고, 가족들은 그의 시신을 후원에 몰래 매장했다. 그가 숨어 지
냈던 곳과 똑같이 만들어놓은 구조물은 대만 민주화의 역사에
'228'이 있고, '228'에 대한 이해 없이 대만현대사를 이해한다는
것은 불가능하다는 것을 보여주는 기념탑 같다.

영화 〈비정성시(悲情城市)〉

1987년 계엄이 해제되고, 1989년에서야 '228'을 다룬 영화
〈비정성시(悲情城市)〉가 나오게 되었다. 그 영화는 베니스 영화
제에서 최고영예인 '황금사자상'을 받았다. 그제서야 금기가 깨
지게 된 것이었다. 1990년에 정부가 정식으로 '228'에 대해 조
사를 했다. 1995년 리덩후이 총통은 정부를 대표하여 '228' 피

해자들에게 사과했다.

1996년 당시 천수이벤 타이베이 시장은 사건 발생지인 '타이베이 신공원'을 '228' 평화기념공원으로 개명했다. 그해 정부는 2월 28일을 국정공휴일인 '평화기념일'로 지정했다. 하지만 '228'은 아직 끝나지 않았다. 역사의 수용과 해석은 후손들의 몫이기 때문이다.

역사적 원한의 해법과 그 차이

팸플릿의 열한 번째 '반성과 희망'이라는 단락의 내용은 아래와 같다.

1. 1987년 계엄령이 해제된 이후 '228' 정의 평화 운동이 시작되었다.
2. 민간과 정부가 힘을 합쳐 역사적 진상을 규명하였고,
3. 희생자들의 명예를 회복하였으며, 정부의 사과를 이끌어냈고,
4. 기념비와 기념관 건립을 추진했다.
5. 또 '대만독립' 운동가 정난룽의 조각상이 전시되어 있다.
6. 대만은 언론자유와 민주발전을 추구할 결심이 서 있다.

주목해야 할 점은, 기념관 소개 팸플릿에 '진상'과 '원흉'이 아직 판명되지 않았으며, '정의 구현'은 계속 추진되어야 한다고 명시되어 있다는 점이다.

2023년 2월, 타이베이의 장완안(蔣萬安) 시장은 '228' 피해자 가족을 만났다. 문화국장은 가족들이 시장에게 '228' 강의를 했

다고 표현했다. 장(蔣)씨 집안의 제4대[3]로서 회피할 수 없는 의제라고 했다. 민진당은 기다렸다는 듯이 '백색테러'의 가해자가 누구인지 밝히라고 요구했다.

사민당(社民黨) 소속의 시의원은 "하루 빨리 권위주의 상징을 해체하고, 불의의 흔적을 지켜야 하고, 권위주의 역사를 어떻게 구체적으로 드러낼 것인지 밝혀라. 안 한다면 장씨 가문의 정치 쇼가 될 것"이라고 비판했다.

오랫동안 '228' 의제를 연구한 대만교수협회[4] 회장 천리푸(陳俐甫)의 의견은 아래와 같다.

1. 장완안 시장은 기왕에 장씨 신분으로 정치를 시작했기에, 그 가문의 장점과 단점을 모두 짊어져야 한다.
2. (장씨 집안이라는 이유로) 시장선거에서 이익을 보았다면, '228'도 물론 회피할 공간이 없다.
3. 하지만 그는 '228' 사건 중에서 장씨 가문의 역할 언급을 피하고 있다.

오랫동안 타이베이시와 협조하여 '228' 기념활동을 해온 진보 입장의 대만국가연맹(台灣國家聯盟)[5]은 2024년의 활동에는 참여하지 않기로 했다. 장씨 가문 4대손인 시장과 한자리에 서는 것

---

3   장제스의 증손이다.
4   '대만독립'을 주장하는―민진당을 지지하는―대표적인 세력이다.
5   2008년 대만 본토 사단(社團)의 연합으로 출범된 비영리 사회단체이다. '정부감독, 주권수호, 대만발전' 등이 3대 목표이다.

을 꺼린 것이다.

'228'에 대한 보수의 입장

이런 논란에 대해 보수성향의 『연합보』는 조금 부드러운 입장으로 논평을 실었다. "역사의 무거운 짐을 내려놓을 수 있을까"라는 제목이었다.

1. 대만 민주화 이후 국민당은 '228' 사건이라는 역사 비극을 마주하게 되었다. 총통부터 타이베이 시장까지 전전긍긍하지 않는 사람이 없었다. 장완안은 민진당이 '228'의 원흉으로 규정한 장제스의 증손이다. 4대가 이어지는 동안 장완안이 직면한 각종 의문과 비난은 아마 역대 국민당 소속 시장 중 최고일 것이다.

2. 당시 마잉주 시장은 '228' 관련 세미나를 여러 번 개최하였다. 처음에는 많은 피해자 가족들이 국민당 출신의 마잉주에게 호감이 없었지만, 일부 가족들이 그를 신임하기 시작했다.

3. 장완안의 부담은 더욱 크다. '228' 유족들의 인정을 받고 싶다면 국민당의 역사 이미지를 전환해야 한다. 무슨 다른 선택이 있겠는가?

4. 대만은 '정의구현'으로부터 아직 멀리 떨어져 있다.

5. 역사적 진실을 보여주어야 하는데, 오랫동안 막혀 있다. 민진당이 집권한 후 많은 문건이 비밀해제 되었고, 역사 사건의 내용과 가족 진술, 기록 등이 서로 달라 진상을 모르니 책임추궁과 사죄가 없는데, 어떻게 화해하고, 어떻게 공생하겠는가?

6. '228'은 오랫동안 금기였으나 토론이 시작되고, 정부도 자료를 공개했고, 잘못을 인정했고, 사과했고, 기념일을 지정했고, 쉬는

날이 되었다. 하지만 피해자 가족들은 1갑자(甲子-60년)를 기다렸다. 정당이 교체되고, 국민당과 민진당 모두 정치적으로 입속의 침만 남겼다.

7. 장완안은 가족들에게 장씨 가문의 후예로서, 반드시 '228'에 대한 소감을 밝혀야 한다. 그것이 진정한 정의의 실천인 동시에, 장씨 집안의 부담을 내려놓을 수 있는 조치인 것이다.

8. 장완안이 국민당을 설득하여 주동적으로 협조하고, 진상을 제공하고, 성실하게 사과해야만 한다. 그래야 피해자들의 용서를 받을 수 있다. 용서가 있어야 화해가 있을 수 있고, 진정한 공생을 할 수 있고, 정체성 간 화해를 할 수 있다. 보수와 진보 누구에게라도 반박권을 부여해야 하고, 자료를 제공하고 연구해야 한다.

'228'에 대한 입장이라기보다는 '228'의 원흉으로 지목되는 장제스의 후손 장완안 시장에 대한 요구사항이다. 시장은 '가해자' 가족으로서 '피해자' 가족에게 사과해야 한다는 입장이다. 한마디로 '정의구현'은 아직 완성되지 않았기에 마잉주 시장처럼 세미나를 개최하는 등 적극적으로 노력하라는 것이다.

무엇보다도 내 눈에 들어온 문장은 "보수와 진보 누구에게라도 반박권을 부여해야 하고, 자료를 제공하고 연구해야 한다."였다.

'228'과 국민당

2023년 2월 28일, '228' 76주년 기념활동에서 국민당의 마잉주(馬英九) 전 총통도 한마디를 보탰다.

1. 현재 유행하고 있는 '정의구현' 운동은 사실 30년 전에 이미 완성된 것이다.
2. '228'에 대해 충분히 복권하고 재평가했다.
3. 그리고 가족에게 충분한 배상과 보상을 했다.
4. 그래서 대만사회 정체성 간 단결을 꾀했고, 사회 안정에 큰 도움을 주었다.
5. 중국대륙의 천안문 사건처리는 대만과 큰 차이가 있다.

역시 진보계열과는 완전히 다른 시각이다. '228'은 "충분히 복권되었고, 재평가되었다."라고 보는 것이다. 피해자 가족에게 "충분한 배상과 보상"을 했기에 이미 완전하게 해결되었다는 인식이다. 국가 내 정체성과 정체성의 분열은 이제 그만두고 단결해야 한다는 것인데, 최종적으로 '사회 안정'에 초점을 맞추고 있다. 아직도 중국공산당은 민주화운동인 '64' 천안문 사건을 공식적으로 제기하는 것을 금지하고 있다. 그것과 비교해 볼 때, 대만은 할 일을 충분하게 했다는 점을 강조하고 있는 것이다.

보수와 진보 그리고 중도

이런 수용과 해석에 대해 나는 '334 구조'라는 가설을 가지고 있다. 사회나 국가의 정체성 분석에 적용한다. 두뇌과학이나 사회심리학을 공부하면서 내가 얻은 잠정적인 결론이다. 사회적으로 남녀인구가 정확하게 절반을 점유하고 있듯이, 기본적으로 보수성향의 두뇌는 30%이고, 진보성향도 30%, 중도성향은

40%이다. 30%는 주로 '실리'에 반응하고, 30%는 '명분'을 더욱 중시한다. 40%는 이도저도 아니거나, 명분과 실리 모두 중요하다고 여긴다.[6] 중도성향은 그때그때의 분위기와 상황에 따라 이쪽으로도 가고, 저쪽으로도 간다. 그래서 선거운동은 중도를 분열시키거나 아군으로 끌어들이는 게임이다.

상황을 인식하고 수용하는 정도와 방식은 그 사람의 두뇌구조에 따라 다르다. 물론 유전자와 환경의 소산이다. 누구에게는 부족하고, 누구에게는 충분하다. 누구에게는 웃고 지나갈 상황이 누구에게는 치욕적인 것이 된다. 누구에게는 '정의'라는 두 글자가 뼛속에 사무치고, 누구에게는 '화해'라는 두 글자가 뇌리에 박힌다. 이런 것들이 하나하나 모여서 사회와 국가의 정체성은 결정된다. '228' 관련하여 대만사회의 의견분화로부터 우리는 무엇을 배울 수 있을까?

'228'과 민진당

2024년 7월, 기념관에서는 대만 민주화운동의 상징인 정난룽 (鄭南榕)의 특별전이 열리고 있었다. 타이틀은 "정난룽의 자유시대와 100%의 언론자유"였다. "자유가 없다면, 진상도 없다"는 등의 부제들이 보였다. 그가 제창했던 대만독립을 위한 '신국가운동' 관련 시위 사진도 보였다.

전시실 벽에 몇 개의 작은 플래카드가 걸려 있었다. "대만은 우리의 대만이다", "우리는 대만인이기에 여러분은 대만독립을

---

6   대만의 경우 특히 양안관계에서 국민당은 '경제'라는 실리, 민진당은 '독립'이라는 명분을 중시한다. 민중당은 중도성향이다.

위해 분투해야 한다"라는 내용을 보면서, '228'의 정신은 '대만 독립'이고, 그것은 다시 오늘의 대만정체성과 연결되고 있다는 것을 깨달았다.

왜 이런 전시를 할까? 하는 의문이 드는 순간, 2024년 5월에 민진당의 라이칭더 총통이 취임했고, 그와 민진당의 정체성이 바로 '대만독립'이라는 것을 눈치 채는 데 오랜 시간이 걸리지 않았다. 역사는 이렇게 승자가 기록하는 것이다.

2024년 12월 '228' 국가기념관을 방문했을 때, 2층 왼쪽 전시실에서 목각전시회가 열리고 있었다. 입구에 장제스의 얼굴을 이미지로 처리한 작품이 걸려 있었다. 작가는 장제스의 눈동자를 핏빛으로 칠해놓았다. 그것을 보는 순간 내 머리에는 정치는 갈등의 해결을 위한 것이 아니고, 갈등을 재조립할 뿐이라는 담론이 떠올랐다. '228'에 대한 해법 역시 영원히 재조립되는 것은 아닐까?

국가 인권박물관
國家人權博物館

新北市新店區復興路131號
신베이시 신뎬구 푸싱로 131호

2024년 1월, 타이베이에 도착한 이튿날이었다. 박사반 학생들이 내 숙소로 온다고 하면서 멀지 않은 곳에 인권박물관이 있다고 했다. 인권이라는 말을 듣는 순간 나는 인권? 인권을 어떻게 전시하지? 하는 의문과 함께 인권 관련 자료들을 전시해둔 딱딱한 곳이라는 생각이 들었다. 선뜻 결정을 못했다. 하지만 그들의 정성이 고마워서 가보자고 했다. 그동안 왜 그런 박물관이 있다는 것을 몰랐을까? 박물관으로 가는 도중 그들은 '백색 테러'의 피해를 기록해 놓은 곳이라고 몇 번이나 되풀이했다.

당국(黨國)체제와 계엄

1945년 중화민국 정부는 대만을 접수했다. 1947년 대만에서 '228 사건'이 폭발했다. 1949년 이후 연달아 '당국(黨國)체제'라는 권위주의 통치를 위해 「대만성 계엄령」, 「반란 처벌법」, 「공비 간첩 조례」 등의 법령으로 반대파를 진압했다. 상술한 법령을 위반했다는 이유로 사람들은 체포, 조사, 기소, 심판, 감금

되었고, 심지어 처형되었다. 그 과정에서 인권을 심각하게 훼손했다. 이러한 고압적인 통치는 '40여 년(1949~1992)'간 계속되었다. 이를 '백색테러 시기'라고 한다.

해설자 또는 전달자

직원이 '조금만 기다리면 도슨트가 해설을 해준다'고 했다. 나타난 도슨트는 백색테러 피해자의 가족이거나 후손으로 보였다. 그는 안내센터 바로 앞 건물인 당시 법정으로 우리를 데리고 갔다. 당연하겠지만 도슨트는 사명감에 불타는 사람이었다. 백색테러에 당한 피해자들의 원통함과 가해자들의 폭력성을 설명하기 위한 사명감이 하늘을 찔렀다. 점점 증폭되는 그의 감정에 나는 힘들었다.

어느 사건심리의 부당성과 불법성을 길게 길게 이야기했다. 정치범으로 장기간 구금되었다가 출옥했을 때 사회의 이상한 시선, 경찰의 관찰, 취업제한 및 무단해고 등을 마주하게 되었기에 생존이 극히 쉽지 않고, 오명과 배척으로부터 벗어나지 못했을 것이다. 그의 가족이라는 이유로 수많은 고통을 겪었을 것이니, 그는 얼마나 할 말이 많겠는가?

하지만 내 인내심은 점점 희박해져 갔다. 이렇게까지 자세하게 설명하는 이유는 무엇일까? 내가 왜 이렇게까지 자세하게 그 사건에 대해서 알아야 할까? 그는 나한테 무엇을 원하는 것일까? 그는 그 사건이 지금 일어나고 있는 것처럼 전달하고자 애를 썼다. '당장 같이 뛰어나가서 시위를 하자'는 분위기의 말투를 이어갔다.

역사는 어떻게 전달되어야 할까? 일반 관람객은 특정 사건의 연구자가 아니다. 이곳에서 부당한 심리와 판결이 많이 있었다는 사실만 알면 된다. 지나침은 모자람만 못하다. 한 시간쯤 듣다가 나는 더 이상 참지 못하고 법정을 슬그머니 벗어나 혼자 인권박물관, 즉 구치소 구석구석을 샅샅이 살펴보기 시작했다.

정치범과 현대사

인권 박물관 건물은 원래 정치범 수용소인 징메이 간수소(景美看守所)였다. 정식재판을 받기 전에 감금해 놓는 곳이다. 구치소 메인 건물 인애루(仁愛樓)는 1967년 건설되었다.

감방을 둘러보는 내내 음산하고 서늘한 기운을 느꼈다. 그 기운은 길고 긴 감방을 둘러보는 내내 나를 따라다녔다. 조금씩 다르게 생긴 교실 절반 정도의 크기의 방에는 세면대와 변기가 하나씩 있었다.

대만 현대사의 민주인사 대부분이 이곳을 거쳐 갔다. 유명 작가 천잉전(陳映真), 리아오(李敖), 보양 등, 정치인 뤼슈롄(呂秀蓮), 스밍더, 천쥐(陳菊) 등도 있다. 우선 이런 공간이 이렇게 완벽하게 보존되어 있다는 사실에 다시 한번 탄복하게 된다. 2001년, 전 부총통 뤼슈롄의 건의로 개축계획이 중단되고 보존계획을 추진했다. 2018년 5월 정식으로 오픈되었다.

백색테러의 피해자들

'228 사건' 이후 곧 계엄령이 선포되었고, 이른바 '백색테러' 또는 '백색공포' 시대가 시작되었다. 장장 38년(1949~1987) 동안

의 계엄이었다. 38년 동안의 '백색테러' 기간 동안 2만여 명이
정치범으로 체포되었고 1천 명 이상이 사형당했다. 주로 중국
공산당의 '간첩'이거나 '대만독립'을 주장하고 모의했다는 것 등
두 개의 죄명이었다. 게다가 신고하는 사람에게 큰 보상을 했기
때문에 간첩이 맞든 아니든 우선 신고하는 바람에 억울한 경우
가 끊이지 않았다.

보존과 홍보의 방법

박물관학자 황전옌(黄貞燕)은 대만의 박물관과 역사학의 발전
이 1980년대 정치 즉 계엄해제와 밀접한 관계가 있다고 본다.
대만역사를 다시 찾겠다는 행동이 대만 전체를 휩쓸었는데, 그
것이 계엄해제 이후 대만사회의 뚜렷한 특징이라는 것이다. 그
는 당대 사회에서 역사가 이만큼 중요하게 인식된 적은 없었고,
대만의 역사 맥락과 사회 발전은 공공 역사학의 온상이 되었다
고 덧붙였다.

나는 대만의 정체성이 재편되고 있었고, 공공 역사학은 그것
의 결과물이라는 데 동의한다. 특히 박물관은 문화적 유전자를
확인할 수 있는 현주소일 수밖에 없다. 황전옌에 의하면, 1980
년대 이래 정부의 지방박물관 정책에 따라 2백 개 이상 박물관
이 생겼다. 특히 '신박물관학'의 영향으로 '물건 위주에서 사람
위주로'의 서사전환이 이루어졌다는 것이다. 그렇게 해서 대만
에서 박물관은 역사서사의 중요한 기지가 되었으며, 역사와 당
대 관계를 재구성하는 중요한 플랫폼이 되었다고 했다. 나아가
서 역사문화에 대한 해석권의 개방은 대만사회의 공식이 되었

다고 한다. 특히 최근 대만에서 '박물관은 일종의 사회적인 도구'라고 인식되고 있다는 것이다.

인권박물관의 팸플릿에서는 인권기념관을 세운 이유도 설명하고 있다. 우선 과거 반성으로, 과거의 인권피해 역사를 깊게 이해하는 것이다. 두 번째 교훈은 다짐이다. 더 이상 신체자유를 박탈하고 인권을 침해하는 전철을 밟지 않도록 하는 것이다. 세 번째는 할 일이다. 각종 인권의제를 지지하고, 인권이념을 널리 홍보하며, 인권의 보편적인 가치를 구현한다는 것이다.

정의구현 – 전형정의(轉型正義)

'백색테러' 징메이 기념원구(景美紀念園區) 주제전을 소개하는 또 다른 팸플릿의 '대만에서의 정의구현' 항목은 이런 설명을 달고 있다. '정의구현'은 중국어로는 '전형정의(轉型正義)'라고 표현하고, 영어로는 'Transitional Justice'인데, '변천하는 정의' 또는 '과도적인 정의', '정의로의 이행'이라고 번역될 수 있다. 위키피디아에서 '전형정의'의 의미를 찾아보았다.

1. 민주국가가 과거 독재국가가 실시한 불법과 부정행위에 대한 보완작업을 가리킨다.
2. 통상적으로 사법, 역사, 행정, 헌법, 배상 등을 지향한다.
3. 그것의 근본적인 기초는 역사의 진상을 밝히는 것이다.

'공평'과 '정의'는 2012년 대선에서 민진당의 후보 차이잉원이 꺼낸 카드였다. 그는 그 개념을 바로 대만원주민에 적용시켰다.

원주민 개념과 연결시켜 최대한 진정성을 가진 것으로 보이게 만들었다. '원주민족 전형 위원회'[1]와 '정의구현 위원회'[2]가 함께 출발된 까닭이다. 원주민이야말로 대만역사에서 장기간 불공평하고 불공정한 대우를 받았으니, 그들의 문제를 우선 해결하는 것이야말로 명실상부한 '정의구현'일 것이다. 원주민 문제는 대만의 마지막 남은 '불공평'과 '불공정'의 영역이었다는 의미도 된다.

잡지 『메이리도(美麗島)』 사건과 민주투사 스밍더(施明德)

2024년 1월 13일 대선이 끝나고 이틀 뒤 민주투사 스밍더가 사망했다. 총통 당선자 라이칭더는 그를 기려 "민주선행자, 인권수호자, 지혜롭고 용감한 정치가"라는 수식어를 붙여주었다. 차이잉원 총통은 그를 가리켜 "대만 민주와 인권의 선구자"라고 했다. 장제스, 옌자치(嚴家淦), 장징궈, 리덩후이 등 네 명의 총통 임기 내 정치범이었고, 반란죄로 두 번은 무기징역형을 선고받았다.

그는 세 차례 25년 동안 감옥생활을 해서 '대만의 만델라'로 불린다. 1962년부터 시작된 감옥생활은 1977년까지 이어졌고, 1980년에 다시 시작되어 1990년에 출옥했다. 청말의 입헌 혁명가 담사동(譚嗣同)은 도망갈 기회가 충분히 있었음에도 혁명을 위해 피를 뿌리는 사람이 있어야 한다면서 체포를 기다렸다. 그는 "각국의 혁명을 살펴보면, 피를 흘리지 않고 된 적은 없다.

---

1   原住民族轉型委員會
2   轉型正義委員會

중국에서는 그 피를 내가 흘릴 것이다."라는 유언을 했다.

스밍더는 『메이리도』 사건의 책임자였다. 『메이리도』 사건은 대만현대사가 민주화로 전환되는 하나의 큰 기준점이다. 1979년 12월, 가오슝에서 잡지 『메이리도』 구성원을 중심으로 계엄해제 등 민주화를 요구하는 시위를 벌였다. 주동자 스밍더는 반란죄명으로 사형을 선고받았으나, 인권정책을 표방하던 미국 카터정부의 압력 덕분에 무기징역으로 감형되었다.

『메이리도』 사건은 오직 집권당인 국민당만 존재하는 현실 속에서, 대만에도 다른 정체성이 존재한다는 것을 외친 것이다. 1990년 리덩후이 총통이 취임하고 나서야 비로소 『메이리도』 사건에 판결무효가 선언되었고, 스밍더는 무죄석방될 수 있었다.

스밍더는 이뿐만 아니라 2006년에는 천수이볜 총통의 부패에 분노하여, 탄핵시위인 '백만인 빨간 티셔츠 운동'을 주도했다. 역사적으로 첫 번째 '시민 불복종 운동'이었고, 운동의 3주년 기념식에서 "민주주의는 영원히 마침표가 없는 수업인바, 반드시 한 세대 한 세대가 노력해야 한다."라는 말을 남겼다. 스밍더가 일으킨 탄핵운동의 대상자였던 천수이볜 전 총통 역시 "선각자는 고독하다."라고 그를 기렸다.

스밍더가 사망했다는 기사를 읽는데, "낭만적인 혁명가"라는 단어에 눈이 쏠렸다. 그는 그 이름에 걸맞게 툭하면 우는 '울보'였다. 용감하지만 감성적이었다. 어른이었지만 어린이 같은 성정이었다. 혁명은 '낭만'인바, 낭만을 중시하는 사람만이 혁명가가 될 수 있다.

잡지 『자유중국』

일찍이 1949년 4월 6일, 후스는 외국으로 피하라는 정부의 요구에 응해 미국으로 떠났다. 그는 선상에서 「자유중국의 목표」[3]라는 글을 작성했고, 1949년 11월 『자유중국(自由中國)』 창간호에 실렸다. '자유'와 '중국'이라는 후스의 염원이 서로 만났고, 대륙의 사회주의 중국에 대항하는—자유를 최우선하는— 보루가 탄생된 것이다. 이것이 대만이라는 공간의 의미이자 존재 이유였다.

후스의 기억에 의하면, 당시 천하대사를 근심하는 지식인들의 우국충정 의식이 결집되어 '자유'라는 하나의 이념으로 특화되었다. 중국대륙에서 온 자유주의파 인물들의 생각들이 모여서 잡지로 구체화된 것이었다. 역사학자 쿠링이 보기에 후스가 생각한 대륙의 '공산 중국'에 대항하는 유일한 길은 중화민국이 '자유 중국'이 되는 것이었다.

한국인들에게 대만은 한동안 '자유중국'이라고 호명되었다. 그것은 대륙의 사회주의 중국과는 다른 자유국가라는 점을 강조하기 위해서였을 것이다. 자유는 대륙에서 철수해 온 수많은 지식인들에게도 매우 소중한 가치였다. 그들은 '자유' 이 한마디로 모든 상황을 이해하고 인내했다. 하지만 언젠가는 더 이상 참을 수 없는 시간이 오기 마련이다. 대만지식인들은 이제 더 이상 '자유'가 유보될 수는 없다는 생각을 하기 시작했다. 국내외적으로 상황이 안정되고 경제도 비약적으로 성장하기 시작한

---

3 「自由中國的宗旨」

시점이었다.

레이전(雷震) 사건

당초『자유중국』은 반공과 장제스 옹호를 구호로 내걸었는데, 미국에 있던 후스가 발행인이었고 레이전이 실질적인 책임자였다. 1960년 '레이전(雷震) 사건'이 발생했다. 마침내 장제스 총통의 '3연임' 계획과 충돌했던 것이다. 레이전은 여러 번에 걸쳐 민주화를 위한 충언을 하다가, 결정적으로 장제스의 연임을 반대했다. 더불어 야당 창당을 주장했다. '당이 곧 국가'라는 국민당정부의 '당국체제'에 도전한 것이다.

잡지는 2월에 "장총통에게 드리는 마지막 충고"를 발표했고, 5월에 다시 "우리는 왜 강력한 야당이 절실하게 필요한가"를, 9월에는 "도도한 강물을 막을 수는 없다"는 제목의 사설을 발표했다. 5월부터 '중국민주당' 창당을 준비해오던 레이전은 9월에 반란죄로 체포되었고, 10년 형을 언도받았다.

후스는 행정원장에게 편지를 쓰기도 하고, 귀국해서 장제스에게 직접 레이전에 대한 용서를 구했지만, 장제스는 들어주지 않았다.『자유중국』사건을 보면, 후스는 강력하게 자신의 뜻을 관철시키는 투쟁형의 인간이 아니었다. 후스는 끝까지 장제스에 대한 지지를 포기하지 않았고, 레이전은 장제스의 특별명령대로 10년 형을 정확하게 채우고 1970년에 석방되었다.

장제스의 총통 3연임을 앞두고 대만 전국의 주요 건물에 "영명하고 위대한 지도자께서 우리를 계속 영도해 주시기를 청합니다."라는 플래카드가 나붙었다. 어느 정신병원에서도 같은 내용의 플래카드를 붙였는데, 장제스를 놀렸다는 혐의로 원장이 감옥살이를 하기도 했다. 진융(金庸)의 무협지 『녹정기(鹿鼎記)』가 금서가 되기도 했는데, 장제스를 무림의 교주에 빗대어 간접 풍자했다는 것이 그 이유였다. 그렇게 우습고 무서운 시절이었다.

인권기념관에서는 인권교실 프로그램을 다양하게 운영하고 있다. 청년VR 체험 계획, 정치사건 독해연습 및 독서활동, 인권 스토리 차량 캠퍼스 순회 등과 함께 뤼도—정치범 수용소였던 뤼도(綠島)의 이름을 내건—인권 예술 계절, 인권 예술 생활제, 대만 국제 인권 사진전 등을 개최한다. 자이 원주민 인권 사적 답사, 인권 유적 탐방, 뤼도 청년 인권체험 캠프 등 인권 문화여행 프로그램도 있다.

적색테러와 백색테러

중국어로는 '백색공포(白色恐怖)'인데, 한국어 안내 팸플릿에는 '백색테러'로 번역하고 있다. 대만 어딜 가나 일본어 안내서는 반드시 있는 듯하고, 더불어 한국어도 대부분 준비되어 있다. 한국인 관광객이 그만큼 많이 온다는 뜻일 게다. 어디 그뿐인가, 2023년부터는 주요 지하철역 이름에 한국어가 병기되고 한국어 안내방송도 나온다.

홍색 또는 적색이 좌익을 상징한다면, 백색은 우익을 상징한다. 좌익세력에 의해 저질러진 정치적인 폭력은 '적색테러(red terror)'가 되고, 우익의 그것은 '백색테러(white terror)'인 것이다. 같은 시기 중국 대륙에서는 '적색테러'가 유행했다. 국가 인권박물관의 편제는 두 개로 나누어져 있다. 하나는 '백색테러 징메이 기념원구'[4] 다른 하나는 '백색테러 뤼도 기념원구'[5]이다.

1945년 8월에 일제가 무조건 항복하고, 중국국민당이 대만을 접수했다. 미국은 국공내전을 평가한 『중국백서』를 펴냈다. 장제스의 독재, 정부의 부패 등을 지적했다. 국민당정부는 패배 원인을 분석하고 나서 아래와 같은 조치들을 취했다.

1. 국방부에 '총정치작전부'를 설립하여 아들 장징궈에게 맡겼다.
2. 공산당과 마찬가지로 당이 군대를 지휘하는 시스템이었다. 모든 군대조직의 책임자를 감시하는 조직이다. 대륙에서 통한의 패배를 당한 경험의 결과였다.
3. '대만 정보 공작 위원회'를 설립했다.

대만의 모든 정보관련 업무를 통합했다. 모든 정보 라인의 마지막 책임자는 총통이 되도록 했다. '대만 정보 공작 위원회'의 책임자는 '228' 사건의 배후 중의 하나인 펑멍지(彭孟緝)였다. 당연히 무소불위의 권력을 휘둘러 닥치는 대로 잡아들였다. '백색테러'의 주체였다.

블랙유머 시대

'백색테러'로 드디어 장제스가 대만을 전면 장악했다는 평가가 있다. 그래서 아들 장징궈까지 총통으로 일하게 될 기초를 마련했다. 대만의 어떤 작가는 어릴 때 장래 희망으로 '장총통'

4   白色恐佈 景美紀念園區
5   白色恐佈 綠島紀念園區

인권박물관 전시실
-1996년 첫 번째 총통 직선

이 될 것이라고 대답했단
다. 장제스에서 장징궈까지
길고 길었던 장씨 집안의
통치역사 때문에 장총통을
직업의 하나로 알았다는 말
이다.

웃을 수도 슬퍼할 수도 없
는, 이른바 '웃픈' 사건이 많
았다. 적성국가인 소련의
음악가 차이코프스키의 음
반을 소장했다는 이유로 체
포되고, 마르크스와 비슷한
이름인 마크 트웨인의 소설
을 읽었다는 이유로 체포되고, 텔레비전 프로그램에서 실수로
중국 국가인 '의용군행진곡'을 틀었다는 이유로 체포되었다. 커
치화(柯旗化)는 '깃발(旗)이 바뀐다(化)'는 의미의 이름 때문에 반
란예정죄로 체포되어 15년간 옥살이를 했다. 또 집에서 『변증
법적 유물론』이라는 책이 발견되어 1년 8개월간 구금된 경우도
있다.

대만의 좌익

"대만의 좌익"이라는 제목의 설명문이 보였다. 읽어 내려가다
가 깜짝 놀랐다. 우선 '좌익'의 존재를 인정한 것이고, 그것 때문
에 국민당정부가 나섰다는 것을 인정하는 언급이기 때문이다.

국민당의 입장을 대변한 것으로 해석될 수도 있기 때문이다. 앞에서 살펴본 바와 같이, '228'의 사회문화적인 원인은 명확하다. 군인들의 횡포, 관리들의 부패, 물가폭등, 대만인 차별 등이다. 하지만 인권탄압을 고발하기 위해 설립한 인권박물관에서 탄압의 동인을 분명히 인정한 것에 새삼 감탄했다.

1. 좌익숙청이라는 것이 대만 '백색테러'의 시작인데, 더불어 국제냉전, 국공내전과 불가분의 관계가 있다.
2. 일본투항 이후 대만인들은 정권교체를 맞이하면서, 억압에서 해방되기를 기대했다.
3. 군기는 엉망이었고, 대만을 접수하러 온 관리들은 바르지 못했기에 물가가 폭등했고, 교육은 단절되었고, 국영산업의 출신지역 차별채용 등의 사회문제를 야기했다.
4. '228' 사건 발발 이후 청년세대가 대규모로 지하당에 가입했다. 노동자, 농민, 학생, 원주민운동 등이 각지에서 전개되고 있었다.
5. 1949년 가을, 조직이 드러나기 시작했고 지하당의 핵심간부가 속속 전향하여 다음 해 전면적으로 와해되었다.
6. 한국전쟁 발발 이후의 미국원조는 국민당정부에게 자신감을 주었기에 반공(反共)결심을 추진하여, 참여자 다수가 중형을 선고받았고, 참여하지 않는 사람들까지도 연루되었다.

대만정체성의 대두

원주민과 관계되는 사건도 소개하고 있다. 제목은 "원주민 사건"이다. 내용 중에는 "'228' 당시 고도자치의 성과로 대다수 원주민들은 '228'에 참여하지 않았다. 하지만 1948년 이후 중국공산당 지하조직이 부락과 관계 건립을 시도하였고, 그 영향으로 사형 등 중형을 받기도 했다."라는 내용이 있다. "대만 주체성을 찾아서"라는 제목의 게시판도 돋보였다.

1. 1950년대 좌익분자들이 국민당정부의 박해를 받을 즈음, 따로 대만독립을 목표로 하는 무리들, 즉 1948년의 '대만 재해방 연맹', 1956년의 '대만공화국 임시정부' 등이 나타났다.
2. 1960년대에는 사상 제창 및 무장혁명 등으로 권위주의에 반항하기 시작하였고, (중략)
3. 『대만 청년』을 발행하고, '대만 인민 자구 운동 선언' 등을 발표하여 대만인의 자결을 강조했다.
3. 무장혁명으로는 1960년 쑤둥치 사건과 1970년 타이위안(泰源) 감옥 사건이 있다.
4. 대만 주체의식의 고양은 해외의 대만인들이 속속 미국, 일본에서 '전미 대만독립 연맹' 및 '독립 대만회'를 결성하는 데까지 나아갔다.

물론 민주화 운동을 소개하는 설명문도 있다. 1954년의 만년 국회법 발효로 정당정치는 실현될 수 없었고, 1960년에는 『자유중국』 잡지를 발행하여 야당결성을 시도했으며, 1977년에는 지방선거 부정의 여파로 야권세력이 확대되었고, 1979년에는 『메이리도』 잡지 관련인사들이 시위를 감행하여 경찰과 충돌했다. 국제적인 압력 덕분에 처음으로 재판이 언론에 공개되었다는 내용이다.

인권박물관 정문 인근에 맛집이 하나 있다. '화덕만두(胡椒餠)'를 파는데, 가게 외벽에 살코기(赤肉) 화덕만두(胡椒餠)라고 쓴 빨간색의 글자가 보이면 바로 그 집이다. 부부가 일하는 모습을 보면서 나는 다시 대만인들의 열의와 성의를 새삼 느꼈다.

대만 박물관,
대만 정체성을
말하다

5부

국립 고궁박물원
國立故宮博物院

台北市士林區至善路二段221號
타이베이시 스린구 즈산로 2단 221호

'고궁박물원에 가보셨나요?'보다는 '몇 번 가보셨나요?'라는 질문을 대만인들로부터 많이 받는다. 가봤느냐가 아니고, 몇 번이냐고 묻는 것이다. 중요한 보물들이 교대로 전시되기 때문이고, 중요한 것만 본다고 하더라도 평생이 걸리기 때문이다. 그 보물들에 정신을 빼앗기면 눈에 삼삼해서 정기적으로 가게 된다. 갈 때마다 새로운 보물이 눈에 들어오고 내 지식과 미학은 확장된다.

유물 파손 사고

2022년 11월, 고궁박물원에서 큰 사고가 터졌다. 각각 10~22억 원 가치의 명청(明淸)대 그릇 세 개가 박물관 연구원들의 부주의로 깨진 것이다. 당연히 관장의 책임문제가 제기되었다. 심지어 관장이 '사비로 배상해야 한다.'라는 의견까지 대두되었다.

어떤 사람은 "문명을 파괴했다."라고까지 비판했다. 원장은 실수로 발생한 사고에 대해 사과하고, 훈련을 강화할 것이며 새로운 관리시스템을 도입할 것이라고 했다. 이렇게 된다면 한걸음 더 나아가기 위한 과정으로 해석될 수 있다. 대가를 지불한 근대화인 것이다.

강호 제현

고궁박물원은 평일에 가야 한다. 주말에는 국내외에서 오는 관광객들로 그야말로 인산인해다. 고궁박물원에 가면 고수를 많이 만난다. 또 사람들이 나를 고수로 여기는 듯하는 체험을 하기도 한다. 매번 그렇듯이 그날도 어떤 단체의 뒤를 따라가며 가이드의 설명을 듣고 있었다. 그런데 그날따라 유달리 자신감 넘치는 자세와 목소리의 주인공을 보게 되었다. 순간 고수임을 눈치 채고, 귀를 더욱 쫑긋 세우고 주의를 기울였다. 각종 보물 앞에서 그녀는 노래하듯, 춤추듯 설명했다. 그 모습이 아름다워서 입신의 경지라는 생각이 들 정도였다. 자신감 없이는 나올 수 없는 춤사위 같은 자세였다.

외표는 내면의 발로이자 구현이다. 나는 언행으로 그 사람을 평가한다. 신앙이나 학식이 아무리 깊더라도 언행이 엉망이라면 그의 신앙도 학식도 거짓이라고 생각한다. 그날 그렇게 좡차오이(莊喬伊) 교수를 알게 되었다. 그녀는 나를 '라인'의 단톡방으로 이끌었다. 비정기적으로 고궁박물원을 견학하고 고궁 유물 관련 정보를 공유하는 모임이다. 또 고궁박물원 바로 앞에 있는 자신의 사무실로 초대해서 차 대접을 하고, 저명 화가 장다첸(張大千)의 산수화 등 자신의 컬렉션을 보여주었다.

'우리' 중국인의 보물

입신의 경지에서 보물을 설명하던 쟝 교수는 시종일관 '우리' 중국, '우리' 기술, '우리' 수준이라는 말을 했다. '우리'라는 말이 계속 들렸다. '우리'는 누구일까? 대만일까? 중국일까? 알다시피 고궁박물원의 유물은 대만의 것이 아니고, 중국대륙에서 건너온 것이다. '우리'는 양안의 중국인 또는 해외 화교까지, 또는 그들이 늘 말하는 보편적인 중국인이라는 '염황자손'일 수도 있다. 이때 '우리'는 정치적인 중국이 아니라 문화적인 중국을 말하는 것이다.

나는 고궁박물원이 '우리' '중국'이라는 개념을 나누고, 그것에 공감하고 동의하는 하나의 훈련장이라고 생각한다. 언젠가 고궁박물원에서 만난 말레이시아 화교대학생처럼 세계 '중국인'이 자랑스러워하는 공통의 문화유산인 것이다.

같은 민족은 같은 문화를 공유하는 사람을 가리킨다. 문화가 다르다면 같은 민족이 아니다. 청명절(清明節) 즈음 텔레비전 광고에서 쌀과자 '왕왕(旺旺)'으로 제사를 지내라고 했다. 조상에 대한 제사도 문화적인 '중국'의 상징이다. 음식습관이나 예절 등의 세시풍속 그리고 춘절(春節) 등을 중시하는 흐름은 당연히 '중화적'이라고 할 수 있다. 그렇다면 대만인은 대륙과 같은 '중화민족'이 맞다.

하지만 사상으로 들어가면 대만과 대륙은 완전히 다른 정체성이라고 할 수 있다. 이제는 도저히 같은 '민족'이라고 말할 수 없을 만큼 사상적으로 이질적이다. 한 사람의 정체성을 따질 때 혈통보다는 세계관이 중요해지고 있다. 대만인들 중 누구는 자신을 '중국인'이라고 생각하고, 누구는 '중국인'이 절대 아니고 '대만인'이라고 대답한다. 누구는 대륙 중국인을 가리켜 '피는 물보다 진한' 동포라고 하고, 누구는 이미 '피'가 완전히 다른 민족이라고 생각한다. 정체성은 이렇게 시시각각 변화한다.

5천 년 중국역사의 상징

고궁박물원은 중국의 보물 67만 점을 보유하고 있다. 지금은 대만이 소유하고 있기에 '중국의'라는 표현보다는 중국문화가 남긴 보물이라고 해야 정확한 표현일 것이다. 친구들과 학생들에게 제일 소중한 것이 무엇이냐는 질문을 자주 한다. 목숨보다 소중한 것이 무엇인가를 물어보면 그 사람과 그 조직의 정체성을 알 수 있다. 누구는 가족이라고, 누구는 친구라고, 누구는 사랑이라고 대답한다. 조선의 왕들은 종묘사직이라고 대답했을 것이다.

그렇다면 피난 갈 때 제일 먼저 챙겨야 하는 것은 무엇일까? 조상이 물려준 소중한 족보와 가보도 챙겨야 할 것이다. 국가지도자의 생각도 우리 서민들의 생각과 비슷했다. 가장 소중한 것이 무엇이냐는 질문에 당시 국민당정부의 최고지도자 장제스는 중앙은행의 황금과 고궁박물원의 유물 그리고 국가정신을 대표하는 지식인이라고 대답했을 것이다. 그는 대륙에서 '쫓겨 나오면서' 이 세 가지에 집착했다.

베이징 고궁박물원의 유물들은 한밤중에 베이징역으로 운반되었다. 베이징부터 상하이까지 군경이 철도 경비를 맡았다. 기차 양쪽으로 마차들이 따라붙어서 기차속도에 맞추어 호위했다. 보물들은 3개 방면으로 나누어 남쪽으로 이동했다. 폭격, 토비, 열차 전복 등을 이겨내면서 목적지에 도착했다. 상하이 문물창고에서 4년 동안 보관했다. 그 기간에 80개 상자의 보물을 골라서 런던의 '중국 예술 국제 전람회'로 보내 전 세계를 놀라게 하기도 했다.

고궁박물원의 손문

고궁박물원의 지하에는 '손문'의 동상이 있다. 왜 고궁박물원에 그의 동상이 있을까? 고궁박물원에 그의 동상이 있다는 것은 무슨 의미일까? 중국의 역사적 정통성이 지금 대만에 있다는 것을 나타내고 싶기 때문이다. 고궁박물원의 기능이 단순한 박물관에 머무는 것이 아니다. 장제스는 고궁박물원의 손문에게 중차대한 사명을 부여한 것이다.

2016년 EBS의 〈세계테마기행〉 고궁박물원편을 찍을 때, 박물원의 직원은 내게 속말로 고궁박물원 앞에 '국립'이라는 두 글자를 꼭 붙여달라고 부탁했다. 대만이 얼마나 '국가'로 인정받고 싶은지, 대만인들이 얼마나 그것에 목말라 있는지를 보여주는 작은 행동이었다. 그렇게 대만은 당당한 '국가'이며, 대만은 '중국'의 적통이라는 고궁박물원의 염원을 살짝 보여주었다.

해석과 전달

고궁박물원에 갈 때는 하루를 통째로 빼두는 것을 추천한다. 하루 종일 그 안에서 머물면서 느긋하게 보기를 권장한다. 사실 왔다 갔다 하는 시간, 점심 먹는 시간을 빼면 그 안의 보물에 집중할 수 있는 시간은 그렇게 많지 않다. 그렇게 많은 보물 중 하나에라도 정신을 빼앗기면 한두 시간은 그냥 흘러가 버린다.

국보 전시실은 따로 있는데, 기간을 정해 단 하나의 보물만 전시한다. 그달에 전시된 소동파(蘇東坡)의 글씨는 한 글자 한 글자가 빈틈이 없었는데, 허세를 부리지도, 의기소침하지도 않았다. 하염없이 바라보았다.

1층에는 모든 관람객이 주목하는 상아구, 즉 '상아투화인물동심구(雕像牙透花人物套球)'가 있다. 3층에는 고궁 3대 보물이라는, 전 세계 관람객 모두가 알고 있는 듯한 청대 '취옥배추(翠玉白菜)'[1]와 서주(西周) 시기 '모공정(毛公鼎)'이 있다.

대만 고궁박물원은 한국 단체팀의 필수 코스이다. 지켜보고 있으면 눈앞에서 수십 팀이 순식간에 왔다가 사라진다. 한번은 회소(懷素)의 글씨와 송 휘종(徽宗)의 글씨를 감상했다. 초서에서도 광초(狂草)의 달인인 회소의 글씨는 이미 전시기간이 끝났기에 진품이 아닌 디지털로만 감상할 수 있었다. 뜻밖에도 휘종의 글씨는 참관 타이밍을 잘 맞추어 보게 되었다. 그의 독특한 학무릎체(鶴膝體)는 볼수록 신기하고 아름다웠다.

---

1   평소에는 자이(嘉義)에 있는 고궁박물원 남원(南院)에서 전시되고, 특별한 경우에만 타이베이 본원으로 온다고 한다.

송 휘종의 학무릎체

그 자리를 떠나지 못하고 한참 동안 머물렀다. 몇 명의 해설
사 또는 각기 다른 가이드의 설명을 듣고 다시 글씨를 바라보는
재미가 특별했다. 내 옆으로 다가와 서는 친구들도 있었다. '도
대체 무엇이 그렇게 훌륭합니까? 가르쳐 주세요' 하는 표정으로
나를 쳐다보는 시선을 느끼고, 서로 인사를 나누었다. 그렇게
말레이시아에서 온 대학생, 일본에서 온 화교 등의 도반을 만나
는 것도 매우 자연스러운 고궁박물원이다.

제국의 영광

고궁박물원이 추진하는 각종 이벤트는 중국 대륙문화의 우수
함과 화려함을 역설적으로 홍보하고 있다. 고궁박물원의 보물들

이 대만과 관계가 있든 없든, 대만은 문화적으로 대륙과 불가분의 관계가 있음을 각성시키는 중요한 장치이다. 당연히 대만독립을 상상하는 데 장애물이 될 수밖에 없다. 고궁박물원을 통째로 중국에 돌려주자는 의견이 일정 부분 정당성을 가지는 것이다.

'청제국 다원통치의 축영'[2]이라는 제목으로 피서산장(避暑山莊)을 소개하는 특별전이 있었다. 명(明) 말기의 중요한 역사가이자 문화인인 왕세정(王世貞, 1526~1590)과 그의 사업에 관한 전시를 통하여 16세기 발전을 관찰하고 기록했다.

팸플릿에서는 창의가 충만하고 다원경쟁하는 만명(晚明)의 문화를 살펴본다는 취지라고 했다. 청대 역사문헌 전시도 하는데, 2023년과 2024년에는 자금성의 오문(午門)부터 천안문(天安門), 정양문(正陽門)까지의 보수도면 등 황궁의 건축설계도를 전시했다. 특별히 주목할 만한 것은, 황궁 건축설계도 팸플릿에는 청대부터 민국까지 연결하여 서술하고 있다는 점이다. 예를 들면 건륭 43년(1778) 적광전(迪光殿)을 수리했다는 내용부터, 도광(道光) 14년(1834) 피서산장 사원 철거공정을 거쳐, 광서(光緒) 12년(1886) 이화원(頤和園)의 인수전(仁壽殿)을 완공했다는 내용까지는 자연스럽다.

중국(대륙)과의 연결고리

그런데 갑자기 '민국(民國)'이 등장한다. 그것도 '대만'에서의 '민국시기'가 등장하고 있다. 1911년 신해혁명이 '민국'의 원년

2   清帝國多元統治的縮影

이다. '민국' 44~48년(1955~1959)에 중앙도서관과 대만과학관을 완공했고, '민국' 53년(1964)에는 국립 역사박물관을, '민국' 54년(1965)에는 국립고궁박물원을 완공했다는 내용이다.

주최 측의 '속'이 환하게 들여다보이는데, 바로 대륙에서의 역사를 대만역사와 연결시키겠다는 뜻이다. 중국의 역사는 중화인민공화국이 아닌 '중화민국' 즉 대만으로 이어지고 있음을 강조하고 싶은 것이다. 역사도 팸플릿도 권력을 가진 쪽에서 서술하는 것이다. 누가 고궁박물원 원장이 되더라도 고궁박물원의 특수성을 간과할 수 없는 것이다. 어쩌면 대륙과의 연결을 자신들의 사명으로 알고 있을 것이다.

대만사회에 '민국' 연호에 대한 논쟁도 이어지고 있다. 중화민국 시기는 1949년에 대륙이 공산화되면서 끝났으니까 당연히 '민국' 연호는 폐지되어야 마땅하다고 대만독립파는 주장한다. 명분과 실제가 어긋난다는 의미이다.

계속되는 기획전시를 보면 고궁의 역할을 알 수 있다. 2023년 9월부터는 연적, 2023년 12월부터는 고대 무기 특별전시가 열렸다. 기원전 17세기의 하대(夏代) 만기부터 사용되기 시작했다는 청동기 등을 전시했다. 대만의 고궁박물원이 의외로 '중국 대륙'문화를 선양하고 있다는 사실에 대륙에서 온 관람객들이 놀란다고 한다. 아니 대륙에서 온 관람객들은 대만 고궁박물원의 유물을 통해서 대만 역시 '중국' 정체성을 자랑스러워하고 있다고 생각한다. 나아가서 '우리' 양안은 통일되어야 한다는 의지를 다지는 것이다.

고궁박물원의 분원과 지역 정체성

이런 대륙과의 관계를 강조하는 전시 흐름은 민진당 집권 이후 많이 달라지고 있다. 민진당의 당헌은 대만독립을 명시한다. 문화적으로 '탈중국화' 노력을 하면서 대만의식의 확산을 꾀하고 있다. 민진당 정부는 우선 국민당정부가 건립해온 '민국문화' 제거에 앞장서고 있다. 민진당 정부는 고교의 고문(古文) 교육 비중을 축소하고, 국가 공무원 시험인 '국고(國考)'에서도 형식을 중시하는 공문(公文) 과목을 폐지한다고 발표했다. 이런 조치들 역시 중국대륙과의 단절을 꾀하기 위함이다.

민진당정부의 궁극적인 목표는 '중화 문화' 대표로서의 고궁박물원 이미지를 약화시키는 것이다. 유물을 중국대륙의 것이 아닌 동아시아 문명의 소산이라고 강조하고 있다. 그래서 탄생된 것이 자이현(嘉義縣)의 고궁남원[3]이다. 대륙과는 다른 '남도문화(南島文化)' 즉 대만문화 전시를 위주로 한 고궁박물원의 분원이다.

정치뉴스를 볼 때마다 남색(藍色)이니 녹색(綠色)이니 하는 단어가 자주 귀에 들어왔다. 정당의 깃발 색깔로써 정치색을 가리키는 말이다. 보수적인 국민당은 남색 깃발이고, 진보적인 민진당은 녹색 깃발을 사용한다. 심지어는 '짙은 녹색(深綠)'과 '옅은 녹색(淺綠)'이라는 말도 있다. 얼마나 강한 지지층이냐 하는 말이다. 지역성에 따라 '남녹북남(南綠北藍)'이라는 말을 하기도 한다. 남쪽은 민진당을, 북쪽은 국민당을 지지하는 경향을 보인다. 따

---

3 國立故宮博物院南部院區

라서 고궁박물원 분원이 자이현에 들어선 것은 우연이 아니다.

민진당을 지지하는 지역에 고궁박물원 분원을 설립한 이유는 지역 정체성을 강화하면서 표를 얻겠다는 의지의 발로인 것이다. 지역 정체성과 정치는 불가분의 관계를 가지고 있다. 서로 가장 중요한 '공생' 관계인지도 모르겠다.

원주민 '순화(馴化)'

2022년 4월, 고궁박물원에서 특별전이 열렸다. 제목은 "'번(番)'이란 무엇인가?"였다.

1. 생번, 화번, 숙번 등으로 나누었다.
2. '번(番)'은 외국이나 외족을 의미한다.
3. 문제는 생(生)과 화(化) 그리고 숙(熟)이다. '생'은 우선 '화'되어야 하고 최종적으로 '숙'이 되어야 마땅한 운명이다.

완전히 생소한 단계(生)에서, 변화하고 있는 중간단계(化)를 거쳐, 최종적으로 익숙한 단계(熟)로 진입하는 것이다. 순전히 중원의 기준이고 잣대였다.

'번(番)'은 중앙에서 변경의 소수민족을 낮추어 부르는 말로서 대만의 원주민도 그에 속한다. 원(元)이나 청(淸) 역시 소수민족 출신의 정권이었지만 마찬가지로 대만을 '번'이라고 호명했다. 대만의 원주민들은 반란 진압 등의 공로로 베이징으로 가서 황제를 배알하는 기회를 얻기도 했다. 건륭 53년(1786) 42명(원주민 30명, 한족과 핑푸족 12명)의 원주민들이 8월 대만을 출발하여

12월에 베이징에 도착했다.

나는 '순화(馴化)' 즉 '길들이기'라는 단어를 떠올린다. 원주민의 한화(漢化)에는 접촉, 교류, 통혼 등 외에도 학교, 풍속, 성씨하사 등의 방법이 동원되었다. 옹정제는 60만 명에게, 건륭제는 90만 명에게 성씨를 하사했다. 그렇다면 지금 대만인들 중 상당수는 원래 한족 성씨가 없던 원주민으로 보아야 한다.

1758년 건륭제는 원주민들에게 변발을 강제했다. 건륭제 때 이미 학교가 50개 이상이 되었는데, 전통적인 서당처럼 『삼자경(三字經)』과 사서(四書)를 위주로 교육했다. 원주민들은 이른바 유교화 즉 '유화(儒化)'의 대상이 된 것이다. '한화'되고, '유교화'된 원주민들은 동족은 물론, 이제 한화되지도 유교화되지도 못한 다른 원주민들을 비하하기 시작했다. 원주민의 정체성도 이렇게 명분과 실리에 따라 '순화'되고 '분화'되어 갔다.

염황(炎黃) 자손과 대만의 분화

21세기 양안의 화해와 협조는 '황제(黃帝)'로부터 시작된다. 고대 황제가 양안의 화해 분위기 조성에까지 영향력을 발휘하고 있는 것이다. 사실 그동안 중화권에서 황제의 위력은 그뿐만이 아니었다.

대륙, 홍콩, 대만 등 양안삼지(兩岸三地)를 포함해서 세계 '중국인'의 모임에서는 매번 중화민족 특히 '염황자손'이라는 단어가 반드시 제기된다. 중국인이라는 정체성을 확보해야 할 필요가 있는 곳이라면, 염제(炎帝)와 황제(黃帝) 즉 '염황자손'이라는 네 글자는 반드시 함께한다. 특히 '국가의 치욕을 잊지 말라'고

당부하는 표지판 등 중국인의 단결을 호소해야 하는 자리에는 염황자손이라는 어휘가 빠지지 않는다.

천하제일릉(天下第一陵)이라고 불리는 섬서성(陝西省) 황제릉(黃帝陵)은 1992년부터 '해외 중국인'을 포함한 '중국인'들의 헌금으로 단장되었다. 2004년부터 중국정부가 공식적으로 제(祭)를 올렸는데 그해의 참배객만 50만 명을 기록했다.

"조상의 큰 덕은 만고(萬古)에 끼치니…, 염황(炎黃)의 자손은 그 뿌리를 잊지 않고 양안의 일가가 친목을 이룬다." 2005년 5월 6일, 황제릉에서 이런 축문이 울려 퍼졌다. 대만의 소수당인 친민당(親民黨)의 쑹추위(宋楚瑜) 총재가 중국을 공식 방문하여 직접 읽은 내용이다. 그는 중화의 자손을 내내 강조하면서 대륙과 대만 양안 모두가 중화인의 기상을 21세기에 드높이자고 했다. 이날 행사는 중국 전역에 생중계되었다.

2024년 4월에는 전 총통 마잉주가 황제릉을 참배했다. 친중국 성향인 국민당의 전 주석인 마잉주가 황제릉을 참배했다는 것은 그렇게 이상한 일은 아니다. 그는 "황제 헌원씨(軒轅氏)는 중화민족 공통의 시조"라고 했다. 섬서성 성장은 제문에서 "대만섬은 조상과 마음으로 연결되어 있으며, 양안이 하나가 되는 것은 역사의 필연"이라고 했다. 마잉주는 2024년 대선유세에서 "시진핑은 믿을 만한 사람"이라고 해서 여론의 질타를 크게 받은 적도 있다.

피는 물보다 진하다?

'고궁박물원의 보물들이 우리 대만과 무슨 상관이 있느냐?'

'원래 중국대륙의 것이니 대륙으로 돌려주자'는 사람이 많다. 명분을 중시하는 사람들이다. '그걸 왜 돌려주느냐? 하루 입장료 수입이 얼마인데 그것을 포기하자는 말이냐?'고 외치는 사람도 많다. 실리를 중시하는 사람들이다.

대만뿐 아니라 세상은 지금 이 순간에도 이렇게 명분과 실리를 두고 다투고 있다. 역사는 명분과 실리의 투쟁일 뿐이다. 누구는 명분이 불편하고, 누구는 실리만 챙기는 게 천박하다. 모두 두뇌구조가 다르기 때문이다.

흔히 유통되는 '피는 물보다 진하다'라는 슬로건이 있다. 중국공산당이나 중국인들이 대만을 향해 일관되게 사용하는 말이다. 중국이나 대만이나 같은 핏줄이라는 말이고 따라서 합치는 것이 타당하다는 말이다. 하지만 그 피가 같은 피라야 하는데, 이미 같은 피가 아닐 수 있다. 사는 곳이 다르고 마시는 '물'이 다르면 '피'도 달라지는 법이다.

하나의 뿌리?

2023년 춘절 기간 중국을 방문한 국민당 의원 천위전(陳玉珍)이 국무원 대만 사무 사무실 책임자인 쑹타오에게 전먼도의 특산인 약용식물 '진먼 뿌리 하나'[4]를 선물해서 양안의 '뿌리'가 '하나'라는 뜻을 전달했다. '염황자손'이나 '뿌리'는 중국과 대만, 즉 양안이 한 가족이라는 통합의 상징이다. 이렇게 양안 사이에는 '한 뿌리'라는 이 약용식물이 수시로 등장한다.

---

4   金門一條根

하지만 이 '뿌리'를 바라보는 대만인들의 심사는 복잡하다. 중국과의 통일지향이냐, 아니면 대만독립 지향이냐에 따라 반응은 극명하게 엇갈린다. 중국대륙에서는 우리와 대만은 한 가족이어야 한다는 염원이 강하다면, 대만에서는 우리가 왜 중국과 한 가족이어야 하느냐하는 의문이 더 강하다. 통일지향이냐, 독립지향이냐, 이것이 대만의 양당 즉 국민당과 민진당의 철학이고 존립기반이다.

판다와 통일전선전술

세계에서 가장 정치적인 동물은 무엇일까? 중국이 자랑하는 동물인 판다를 볼 때마다 덩샤오핑이 생각난다. 불경스럽지만 둘은 너무 닮았다. 거므스레한 눈자위 하며, 귀여운 몸집 하며 이미지가 비슷하다. 아니나 다를까 둘의 고향도 모두 사천성(四川省)이다. 중국인들은 희귀동물인 판다를 매우 자랑스러워하고 세계인들도 좋아한다. 그런데 이 귀여운 동물이 내뿜는 아우라는 그렇게 간단하지 않다. 중국이 외교적으로 활용하는 정치적인 동물이기 때문이다.

중국의 판다외교는 어제오늘의 일이 아니다. 역사적으로 보면 당(唐)대 여황제 무즉천(武則天)이 일본천황에게 한 쌍을 선물한 적도 있고, 1941년 항일전쟁 시기 최고지도자 장제스의 부인 쑹메이링이 미국에 선물한 적도 있다. 1957년 마오쩌둥은 소련혁명 40주년에 판다를 선물하기도 했다.

2005년 대만 국민당의 주석 롄잔(連戰)이 중국을 방문했다. 이름하여 '평화의 여행'이었다. 중국 국가주석 후진타오(胡錦濤)는 판다 한 쌍을 대만에 선물하겠다고 했다. 하지만 대만의 민진당 정부는 중국의 통일전선전술 도구라고 하면서 거부의사를 밝혔다. 트로이목마처럼 적진 깊숙이 투입되는 '직항 목마'로 지칭되기도 했다. 중국공산당의 이미지가 판다를 통해서 대만인들에게 부드럽게 각인될 수 있기 때문이다.

2024년 한국에서 벌어진 판다 '푸바오(福寶)' 열풍을 떠올려보면 쉽게 이해된다. 푸바오는 2014년 시진핑 주석이 방한한 이후 대여형식으로 들여온 부모 사이에서 태어났다. 방송을 탄 이후 '푸바오'는 한동안 '신드롬'의 주인공이 되어 한국사회를 들었다 놓았다. 중국 출신의 동물 한 마리를 통해 한국사회 정체성 분열(분화)의 현실이 고스란히 드러났던 것이다. 물론 중국이라는 국가의 나쁜 이미지도 판다의 귀여운 이미지 덕분에 상당부분 희석되었다. 중국공산당이 기획한 것처럼 말이다.

중국공산당의 선물

중국공산당은 판다 한 쌍의 이름까지 지어서 대만에 선물하기로 했다. '퇀퇀(團團)'과 '위안위안(圓圓)'. 둘의 이름을 합치면 '퇀위안(團圓)'으로 '가족이 함께한다'는 뜻이다. 중국과 대만은 가족이니 함께 해야 마땅하다는 의미까지 확대될 수도 있다. 그 이름을 두고 대만사회는 다시 분화되었다.

1. 왜 대만과 중국이 한 가족이냐?
2. 중국의 통일전선전술에 넘어갈 필요가 있느냐? 차라리 받지 말자.
3. 양안화해의 상징인데, 귀여운 동물에 왜 그렇게 민감하게 반응하

느냐?

　등의 논쟁이 이어졌던 것이다. 양안 간 가장 대표적인 정체성 충돌장면 중의 하나였다. 2008년 국민당이 집권하고 나서야 판다 선물을 받기로 했다. 2009년 설날에 공개되었는데, 35일 동안 50만 명이 구경할 정도로 주목을 받았다. 2022년 '퇀퇀'이 병에 걸린 적이 있다. 대만의 판다 치료를 위해서 중국에서 전문가 두 명이 파견되었다. 민진당은 '퇀퇀'을 대륙으로 돌려줌으로써 관계단절의 상징으로 삼고 싶어 했다. 당연히 한쪽에서는 애완견을 기르다가 아프면 파양하는 것과 같다는 논리로 정부를 공격했다.

　2022년 11월 '퇀퇀'은 결국 사망하였고, 대만사회는 다시 판다를 표본(박제)으로 만들어서 영원히 기념하자는 쪽과 동아시아 전통대로 매장해야 한다는 쪽으로 갈라졌다. 가치 판단에 의해서 나누어지는 사회 정체성 분화의 장면이다. 즉, 교육적인 가치를 중시하는 두뇌와 안식이라는 가치를 중시하는 두뇌의 다툼인 것이다. 이성과 감성으로 구분되는 두뇌구조의 또 다른 모습이다.

　최종적으로 '퇀퇀'은 박제로 만들어졌고, 2024년 5월 17일 '국제 멸종 위기 동물의 날'에 타이베이 동물원 '멸종 위기 동물 스토리관'[5]에 안치되어 교육적인 사명을 담당하고 있다.

5　瀕危動物故事館

우정 박물관
郵政博物館

台北市重慶南路2段45號
타이베이시 충칭난로 2단 45호

우정 박물관은 지하철 중정기념당역에서 국립 역사박물관을 갈 때 반드시 지나가야 하는 곳에 있다. 처음에 눈에 들어오기는 했지만, '우습게' 보았다. 그저 예전 우표를 수집해 놓은 곳이라는 이미지가 나를 지배했다. 아마 우표에 대한 내 관심이 식어버린 것도 한몫했을 것이다. 어릴 때부터 열심히 모았던 우표들이 가치, 즉 돈이 얼마 되지 않는다는 사실에 우표에 대한 내 '사랑'은 완전히 식어버렸다.

얼마 지나지 않아 식어버린 그 옛사랑은 곧 박물관에 한번 들어가 봐야 하지 않겠느냐는 일말의 책임감으로 바뀌었다. 박물관에 관한 책을 쓰겠다는 사람이 단 한 개의 박물관이라도 무시하면 되겠느냐는 생각도 들었다.

손문과 우정 박물관

'우정 박물관'이라는 다섯 개의 글자는 손문의 글씨로, 그의 글자를 여기저기서 모은 것이다. 국부 손문이 가지고 있는 이미지를 빌려와 우정 박물관의 권위를 높이고자 한 것일까? 아니면 손문이 세운 중화민국과 우정은 밀접한 관계가 있다는 말일까? 대만 우정의 역사를 중국고대부터 청대를 거쳐 전시하고 강조하고 있어 눈치를 챘다. 우정 박물관도, 대륙과의 연결 또는 대륙역사를 대만역사로 끌어들이고 싶은 욕망의 공간이다.

우정 박물관은 1965년에 개관했다. 우표 외에도 우정 관련 문물과 각종 사료를 전시하고 있다. 다매체 기술을 도입하여 어린이들의 학습장으로서의 기능이 특별히 많이 보인다. 세계 각지의 우표 8만여 장을 검색창과 수동으로 쉽게 찾아볼 수 있게 정리해두고 있다. 특히 중국의 역사문화, 풍속, 자연 생태 등의 우표를 항목별로 구분해두었다.

민족이라는 정체성

우정 박물관에서 볼 만한 것은 고대와 근대의 우정 관련 전시이다. 고대 주(周)나라와 진(秦)나라의 무역체계를 소개하고, 근대화된 우정창립과 발전을 소개하고 있다. 특별히 군부대 우정의 특수성을 소개하고 있다.

우표는 지역과 국가의 정체성과 직결된다. 우표를 연구하면 그 지역과 국가의 역사와 문화를 잘 알 수 있다. 기념할 만한, 찬양할 만한, 자랑할 만한 소재로 우표를 만들기 때문이다. 우정 박물관에서도 대만의 우표를 민속, 문화예술, 자연생태 등 세 가지로 분류해서 전시하고 있다.

1. 음악극-거자이시(歌仔戲), 인형극-부다이시(布袋戲) 등 대만 지

방연극 및 민간 제사, 영신의전(迎神儀典) 등 민속활동 관련 우표.

2. 춘절, 원소절(元宵節), 단오절 및 중추절 등 4대 전통명절과 객가
마을(客庄) 명절 관련 우표.

3. 마조, 문창제군(文昌帝君), 주생냥냥(註生娘娘) 등 민간신앙 관련
우표.

대만 지방연극 관련 우표

1878년(광서 4년)에 나온 중국 최초의 우표는 중국문화와 황제권위를 상징하는 용(龍)이 구름을 나는 도안이다. '대룡표(大龍票)'라고 불렀다. 1894년(광서 20년)에는 '서태후'의 회갑과 통상 개방 50주년을 기념하는 우표를 만들었다.

거자이시 등 대만 지방연극 관련 우표들은 대만인들 역시 연극을 좋아하는 '중국인'들이라는 것을 알게 한다. 거자이시는 20세기 초 이란 지역에서 발흥된 것으로 대만 한족의 대표적인 표현예술 중 하나이다. 중국 전통의 문언문(고문)[1]과 대만어(민남어) 위주로 충효 관련 고사를 주제로 한다. 경극(京劇) 등의 중국 연극전통을 볼 때 그렇게 낯선 방식은 아니다. 이렇게

1   文言文

전통문화적으로 보면 대만인은 '중국인'이 맞다.

문화로서의 '중화민족'

우정 박물관 전시실에 "대청(大淸)의 우체통"이라는 제목도 보인다. '우리나라' 최초의 우체통은 1906년(광서 32년) 12월에 설치되었다고 했다. 그런데 '우리나라(我國)'라고 표기하고 있었다. '중화민국'의 영토는 물론 역사범위를 대륙까지 확대하고 있는 것이다. 대만섬만을 하나의 정체성으로 해서 독립해야 한다는 대만독립파로서는 용납할 수 없는 어휘이다. 우정 박물관 서사주체는 자신이 '중국인'임을 나타내고 있다.

물론 대만인들은 4대 명절을 중시한다. 그런 세시풍속은 중국 대륙과 똑같고 마조 등 민간신앙 역시 중국대륙의 흐름과 맥을 같이하고 있다. 대만에서 혼자 서너 번 정도 춘절(구정)을 보낸 적이 있는데, 그때 나는 대만인들도 철저하게 '중국인'이라는 것을 알게 되었다.

친구들은 일주일 정도의 연휴 기간 내내 그동안 만나지 못했던 일가친척들과의 만남을 소화하느라 매우 빡빡한 일정을 보냈다. 내가 알고 지내던 모든 대만인들이 그렇게 연휴를 보냈다. 그런 만남을 회피하면 손가락질을 당한다고 한다. 뿐만 아니라 '돈봉투'인 '훙바오(紅包)'도 빠짐없이 준비해서 위아래로 나눠주어야 한다.

친인척들과의 식사를 회피하고 '훙바오'를 나누지 않는다면, '사람구실'을 못하고 사는 사람으로 공인되는 사회이다. 또 그렇게 낙인찍히는 것을 두려워하는 사회인 것이다. 그렇다면 대만사회를 지배하는 틀은 전형적인 '유교'라고 할 수 있다. 질서로서의 유교는 대단히 강한 형태로 남아 있다. 대만인들 역시 전통문화적으로는 '중화주의'에 공감하여 '문화중국'에 대한 자부심이 매우 높다. 그렇다면 대만인은 '중국인'이 맞다.

그런데 조금 더 들어가 보면, 어느 나라나 마찬가지겠지만, '중국인'이라는 정체성은 단순하지 않고 복잡하다. 양계초가 처음 사용한 '중화민족'이라는 용어의 역사는 이제 1백 년 좀 넘었다. 그는 '중화민족'은 단일민족이 아니라 다민족이 혼합되어 형성된 것이라는 점을 분명히 했다.

중화민족 또는 대만민족

1895년부터 1945년 50년 동안 진행된 일본통치는 대륙과 다른 대만의 정체성, 즉 대만문화가 만들어지기 시작했던 시점이다. 그렇다면 일본은 대만정체성의 생성에 주도적인 역할을 한 것이 된다.

이것이 대만의 고유한 일본 콤플렉스 출발점이라고 할 수 있다. 대만문화는 대륙과 비교해서 상대적 우위에 대한 자부심이 팽배했다. 하지만 국민당정부와 함께 들어온 외성인들은 대만인들이 '일본화' 동시에 '탈중국화'되었다고 비난했다. 대만인들이 '조국'의식도 희박하고 표준어 실력도 부족하다는 등의 이유였다.

1945년 광복 이후 대만문화는 '탈일본'과 더불어 '탈중국'을 시도하는 과정이었다. 그 과정에서 대만정체성은 대륙의 좌경화에 반발하여 더욱 강화되었고 심화되었다. 이제 '중화민족'이 아닌 '대만민족'이 탄생하고 있었다.

역사 인물은 어떻게 기록되어야 할까?

'유명전의 근대화 우정'이라는 전시 제목이 보였다. 청제국은 1880년 서쪽의 신강(新疆)과 동쪽의 대만에 성(省) 정부를 설치했다. 1885년(광서 11년) 대만은 대만성으로 승격되었다. 청(淸)의 스무 번째 성이 된 것이다. 유명전은 대만성의 초대 순무(巡撫)였다. 순무는 청대 성급 최고책임자이니 성장(省長)이라고 할 수 있다. 그 위에는 두세 개 성을 책임지는 총독(總督)이 있다.

유명전은 대만의 근대화 기초를 다진 인물로 평가받기에 지금도 대만 조야의 존경을 받고 있다. 명전초등학교(銘傳國小), 명전중학교(銘傳國中), 명전대학(銘傳大學) 등 그의 이름으로 된 각종 교육기관이 있음은 물론 명전함(銘傳艦), 유명전로(劉銘傳路) 등도 있을 정도이다.

대만성의 최고 책임자 유명전은 근대화에 매진하여 해운과 항운으로 타이베이시를 신속하게 발전시켰다. 그는 조정과 민간 모두의 반대를 무릅쓰고 철도를 건설했다. 전체 중국을 통틀어 첫 번째 시도였다. 모든 경비를 민간에서 조달하고 민간에게 경영권을 맡겼을 정도로 당시로서는 파격적이었다. 아울러 독일 군사고문의 협조를 받아 상무국(통상), 전기 전보국(전보) 등을 설치했다. 대만은 당시 청에서 가장 선진적인 성으로 평가받았다.

한족의 입장

1980년대까지만 해도 대만의 교과서에는 '목단사' 사건 이후 대만에 파견된 흠차대신 심보정과 초대 순무인 유명전에 대해 이렇게 서술되어 있었다.

1. 심보정의 주요 성과는 산지를 개발하고,
2. 산포(山胞) 즉 산지 동포를 위로하며,
3. 한족의 이민과 개간을 도운 것이다.
4. 초대 순무인 유명전은 번학당(番學堂)을 설립해 산지동포를 교화했다.

순전히 한족의 입장을 대변한 것이다. 원주민의 입장에서는 이런 반박이 가능하다. '산지'를 누구 마음대로 개발했는가? '산포'인 원주민을 위로했다고? 한족의 이민과 개간을 방조하고 부추긴 것은 아닐까? 이민과 개간으로 파괴된 원주민사회는 누구의 책임인가? 한족 이데올로기를 주입하는 학당을 설립해 원주민 정체성을 박탈한 것은 아닐까?

대만의 근대화는 중국인이 시작했고, 서양화는 일본이 완성했다는 말도 있다. 하지만 앞에서 제기한 바와 같이 '대만 근대화의 아버지'로 추앙받는 대만순무 유명전은 한족의 착취에 저항한 원주민들을 스무 번 넘게 진압했다. 저항하는 원주민들을 철저하게 응징하고 학살했다. 역사는 어떻게 기록되어야 할까?

대만 최초의 공화국- 대만민주국

1894년(광서 20년)에 '청일전쟁'이 발발했다. 1895년 3월에 일본 시모노세키에서 일본의 이토 히로부미와 청의 이홍장이 강화 조약에 서명했다. 대만과 그 부속도서를 일본에게 영구 할양하기로 했다. 소식이 전해지자 대만 조야는 비분강개하여 할양을 반대하고 저항에 나섰다.

1895년 5월 25일, 대만인들은 '대만민주국' 수립을 선포했다. 표면적으로는 청제국으로부터 독립한 새로운 국가가 탄생한 것이다. 독립을 선포해서라도 일본에 항거하고자 하는 시도와 '민주'를 국명에 넣었다는 사실이 놀랍다. 일본이라는 타자에 대항해야 한다는 '대만다움' 즉 대만정체성이 이미 형성되어 있다는 것을 증명한다. '대만민주국'을 선포해서 우리는 중국과 다른 나라이며, 중국 마음대로 할 수 없다는 점을 분명히 했다.

호랑이 국기의 의미

우정 박물관에서는 '대만민주국'을 상징하는 호랑이를 크게 확대해서 벽에 붙여두고 있다. 처음 호랑이 국기를 보았을 때는 왜 호랑이일까? 조금 의아했다. 황룡기가 청(清)을 상징하는 국기이기에, '용'에 대응하는 '호랑이' 국기를 만들어서 상호의 밀접한 관계를 나타내고자 했다. 완전히 독립한 것이 아니라 편의상 독립했다는 의미에서 '호랑이 국기'를 만들었다.

타이난을 지키던 '흑기장군(黑旗將軍)' 유영복(劉永福)은 대만 순무 당경송을 대총통으로 추대하고, 자신은 대장군이 되었다. 당경송이 바로 도망가자 자신이 대총통이 되어 일본군에 저항하다가 샤먼으로 건너갔다. 그는 상인들과 해외 화교들과 연락하고, 군사비용을 조달하기 위해 1895년 7월 31일에 '독호우정(獨虎郵政)'이라는 우정기관을 설립했다.

향신과 지식인들, 즉 기득권층이 자신들의 이익을 지키기 위해 독립 국가를 선포했다는 분석도 있다. 비록 정부는 우왕좌왕하다가 제대로 저항 한 번 못 해보고 해산되었지만, 민간에서는 수개월을 저항하였다. 토착 원주민들 역시 수많은 인명피해를 감당해가면서 '우리' 땅에 들어온 '타자'에 항거했다.

진먼도 '823' 포격전

우정 박물관에 "대륙 국토를 광복하자"라고 쓰인 우표가 보인다. 국민당정부 최고지도자 장제스가 대만으로 후퇴한 이후 평생 외쳤던 구호이다. 전시실 안쪽에는 우편가방과 함께 군인 밀랍인형이 앉아 있다. 그 옆 유리창에는 아래와 같은 설명이 쓰여 있다.

1. 1958년 8월 23일, 중국은 대만 진먼도를 향해 세계를 뒤흔든 포격전을 시작했다.
2. 44일 동안 포격이 이어졌는데, 47만여 발의 포탄이 150평방미터의 진먼도에 떨어졌다.
3. '823' 포격전 중에 영용한 3군은 침착하게 적군에게 대응을 하는 것 이외에,
4. 우리 군대의 우편요원들은 안위를 무릅쓰고 맹렬한 포화 속에서도 우편물을 정상적으로 배달하여, 전쟁 중에도 통신을 유지하고,

커다란 우편가방을 옆에 두고 앉아 있는 군인

사기를 고무하여, 군과 민의 사랑을 받았다.

8월 23일, 그날 네 시간 동안에만 중국 측은 포탄 5만 7천 발을 발사했다. 이에 대만 측은 3천 발로 반격했다. 대만 측의 사상자는 4백 명 이상이었다. 1979년 중미(中美)수교까지 이후 20년 동안 하루 건너 하루 홀수 날만 포격하는 상황이 지속되어, 세계에서 가장 이상한 전쟁으로 기록되고 있다.

미국은 진먼도를 포기하라고 했고 장제스는 거부했다. 대륙에서 계속 포격하자 장제스는 마오쩌둥에게 "우리에게 진먼도 포기를 원하느냐?", "대만이 진먼도를 포기할 경우 대륙과 대만은 영원히 단절될 것"이라 경고했다. 진먼도가 대륙 즉 복건성의 샤먼(廈門) 코앞에 있으면서도 지금까지 대만 영토로 남아 있게 된 사연이다.

고량주와 식칼의 탄생

오늘날 진먼도는 세계적으로 전쟁 스토리보다는 두 가지 상품으로 유명하다. 고량주와 식칼인데, 모두 아픈 역사의 흔적이다. 진먼도의 척박한 환경에서는 고량(수수) 농사만 가능했고, 포격전의 불발탄은 쌓여갔다. 그렇게 해서 세계 최고 품질의 고량주와 식칼이 탄생되었다. 특별히 포격이 시작된 1958년을 기억하자는 의미에서 진먼(金門) 고량주는 58도 위주로 생산되고 있다.

이제 불발탄으로 만든 주방용 칼 공장[2]은 평화의 상징으로서 대륙은 물론 세계에서 오는 관광객들의 필수코스가 되었다. '823' 전쟁과 관련하여 더 알고 싶다면 진먼도에 있는 '823 전사관(八二三戰史館)'을 추천한다.

---

2   진허리 강철칼(金合利鋼刀).

대만 객가문화관
台灣客家文化館

苗栗縣銅鑼鄉銅科南路6號
먀오리현 퉁뤄향 퉁커난로 6호

'객가(客家)'는 누구일까? '객(客)'은 손님, 외지인이라는 뜻이다. '객가'는 '다른 곳에서 이주해 온 사람들'이다. 대만에서는 '객가', '객가인', '객가어'라는 말을 자주 듣게 된다. 버스나 전철에서는 네 가지 언어로 안내방송이 나온다. 표준어, 대만어, 객가어, 영어의 순이다.

대만인들에게 자주 질문했다. 객가문화를 왜 홍보해야 하는가? 객가 정체성을 왜 계속 강조해야 하는가? 아무도 속시원하게 대답해주지 않았다. '객가인'으로 지목되는 대상은 누구일까? 왜 한족과 다를까? 무엇 때문에 소수일까? 왜 그들은 자신의 정체성을 고집할까?

객가인의 뿌리를 찾는 연구는 매우 많다. 중앙아시아의 유목민족이 화북지방에 자리 잡았다는 설도 있다. 정주함으로써 유목민족이 농업민족이 된 것이다. 객가인이 객가인으로서 한족과 다른 삶을 살아온, 살아가는 이유는? 정체성이 다르기 때문이다.

소수로서의 객가

소수였기 때문이다. 약자였기 때문이다. 그렇다면 소수의 정체성은 강화되어야 할까? 아니면 소멸되어야 할까? 어느 것이 공동체인 국가의 화합에 도움이 될까? 오랫동안 나의 고민거리이다. 2019년 처음 참관했을 때, 내 손에 들어온 대만 '객가문화발전센터'가 발행한 팸플릿은 이렇게 묻고 대답한다.

1. 객가를 어떻게 인식해야 하고, 좋아해야 할까?
2. 대만이 다원문화적 정체성으로 나아가게 하는 것이 시종일관 객가업무의 핵심 과제였다.
3. 다년간 민간과 객가위원회(정부)가 노력하여 지금은 사회가 보편적으로 온화하고 존중하는 태도로 객가 종족을 대하고 있다.
4. 객가업무는 이제 점차 생활환경 구축과 문화자산 보존이라는 공공의제까지 확대되고 있다.

좋아해야 하는 것이다. 다원문화적 정체성을 인식시켜야 하는 것이다. 거꾸로 말하면 과거에는 객가종족에 대한 인식이 좋지 않았다는 것이다. 하지만 객가위원회 등 사회 각 방면의 노력으로 좋아졌다는 점을 강조하고 있다.

행정부에 장관급 조직으로 객가위원회가 있다. 객가위원회에 '객가문화 발전센터'가 있고, 그 아래 '대만 객가 문화관'과 '류두이 객가문화 원구'[1]가 있다. 북쪽의 '대만 객가 문화관'과 남

---

1   六堆客家文化園區

쪽의 '류두이 객가문화 원구'는 각각 2012년과 2011년에 개관했다. '대만 객가 문화관'은 세계 객가문화 및 산업교류를 연구하는 플랫폼이다. '류두이 객가문화 원구'는 생활체험을 위주로 객가인의 개척 정신을 자랑하고 있는 공원이다.

객가연구와 박물관

1989년에는 민남인(閩南人) 중심 문화에 반대하는 정서가 고양되어 객가 정당을 따로 창당하자는 움직임도 있었다.

1991년부터 객가연구와 관련하여 세 개 단과대학 그리고 열세 개의 학과와 대학원이 설립되었다. 원주민 관련학과와 대학원 수가 열네 개이니 비슷하다. 1987년 오랫동안 강요되었던 계엄이 해제되고 나서 대만정체성이 재편되었다. 그 상징 중의 하나가 바로 소외되고 무시되었던 객가인과 원주민에 대한 연구였다.

왜 객가문화관이라는 박물관이 필요할까? 사회나 국가에 나와 다른 그 어떤 정체성을 가진 사람들이 있다는 사실만 알고 있으면 되는 것 아닌가? 하는 질문이 연속해서 고개를 든다. 객가인들이 본인들의 다름을 알리고 싶은 걸까? 소리 높여 외치고 싶은 걸까? 우리 객가인이 엄연하게 존재함을 잊지 말아라 하는 것일까? 우리를 무시하지 말라는 외침일까? 아니면 그 흔한 현실정치, 즉 득표 전략에 따른 배려 때문일까?

정체성의 정치

객가인들의 아픔은 오늘날 그들의 보수적인 정치적인 성향에까지 영향을 주었다. 객가인들은 대만사회에서 첨예하게 대립되고 있는 양안문제 즉 통일이냐 독립이냐 라는 쟁점에 대해 대륙과의 통일을 지지하는 입장이다. 객가인들은 대륙에서 이미 현지인들에 의해 배척당해 온 역사를 가졌기에 대만독립을 기본적으로 동의하지 않는다. 중화인민공화국(대륙)으로부터 독립할 경우 다시 업신여김을 받는다고 생각하기 때문이다.

철학자 마르쿠스 가브리엘은 이상적인 정치란 '차이에 얽매이지 않는 정치'[2]라고 했다. 그것에 도달하기 위해서는 먼저 민족적 소수파가 존재한다는 사실을 이해해야 한다고 했다. 그리고 같은 민족이라고 해도 제각각 다르다는 사실을 인식해야 한다고 했다.[3]

대만인들은 소수와 약자로서 원주민과 객가인의 아픔을 알고 있다. 대만이 하고 싶은 말은 소수와 약자라고 무시하지 말자는 것이다. 소수와 약자의 정체성도 매우 중요하다는 것이다. 다수가 정답이 아니라는 말이다.

1990년대부터 불기 시작한 민주화 바람으로 원주민과 객가 등 소수의 인권을 중시하기 시작했다. 실제로 민진당의 천수이벤 총통 당시 대학 내에 객가문화 대학원을 설립해주었다. 실제로 총통은 객가문화 연구의 활성화를 언급했다. 하지만 어떤 사람들은 진보세력의 득표 전략이라고 말한다. 모든 사안은 이렇게 보는 각도에 따라 이중적이거나 다중적이다.

---

2   Politics of Indifference
3   마르쿠스 가브리엘 지음, 『차이와 분열을 극복하는 철학 VS』(사유와공감, 2022년), 108쪽, 110쪽.

객가인과 종족 공존

객가인들은 자신이 객가인이라는 사실을 계속 강조하고 싶을까? 나는 객가인을 생각할 때마다 '타자화'라는 말을 함께 떠올린다. 사람은 나와 다른 사람을 타자화한다. 동서고금을 막론하고 사람들은 서로 타자화했고 지금도 하고 있다. 강과 산을 경계로 저쪽 사람들을 '오랑캐'와 '상놈'으로 호명했다. 말이 다르고, 피부색이 다르고, 복장이 다르고, 먹는 것이 다르기 때문이다.

흔히 객가인들은 '원향의식(原鄕意識)'이 강하다고 평가받는다. '고향의식', '고향을 아끼는 마음'으로 이해할 수 있겠다. '향수'는 객가인 작가들을 관통하는 특징이다. 객가인들은 무장하여 내 땅에 들어온 일본에 저항했다. '원향 민족주의'라고 불리는 그들의 정체성은 남다르다. 다른 종족들과 비교해보면 그 특징이 뚜렷하게 부각된다.

'애매한' 균형

대만 교통수단의 안내방송은 표준어, 대만어(민남어), 객가어, 영어 등 네 가지 언어로 한다. 매번 타자의 현존을 일깨워준다. 대만인들은 그렇게 해서 '소수'가 존재한다는 것을 깨닫게 되고, 다시 그 깨달음은 그런 안내방송을 만들어내고 있다. 그렇게 해서 대만 특유의 '밈(문화적 유전자)'이 생성되고 있는 것이다.

대만에서의 객가인 정체성도 마찬가지인데, 소수의 정체성을 부정할 경우 소수는 영원히 피해자일 수밖에 없다. 반면에 자신의 정체성을 지나치게 추구하거나, 그것에 안주하거나, 그것을

통해서 이익확대를 꾀할 경우 갈등은 피할 수 없게 된다. 말레이인, 중국인, 인도인 등 '3대 종족'이 모여 사는 말레이시아 사회가 그나마 안정을 유지하고 있는 이유는 '애매한 긴장상태'를 유지하고 있기 때문이다. 역사적으로 수많은 갈등 끝에 얻은 답안이다. 대만도 이미 '애매한' 균형 상태를 찾았다. '4대 종족' 즉 원주민, 민남인, 객가인, 외성인 등의 존재를 인정하면서 공존하고 있다.

정체성의 생성

중국에서 객가인의 기원은 남송(南宋)에 두기도 하고, 명말청초(明末淸初)에 두기도 한다. 새로운 왕조를 싫어하는 이들이 객가 정체성의 시초라는 해석이다. 왕조가 바뀌면 다른 생각을 가진 사람들은 숙청되기 마련이다. 외딴 곳으로 도망가고 숨어야 목숨을 부지할 수 있었다.

팸플릿에 의하면 명말(明末)과 청초(淸初)에 복건성과 광동성에서 대만으로 이민이 시작되었고, 건륭(乾隆) 황제 연간에 절정을 이루었다. "객가종족은 대만의 각종 지형, 기후, 풍토와 인문에 순응하고, 다른 종족과의 '호동(互動)'을 통하여 독특한 문화를 형성했다." '호동'은 '상호작용', '상호영향'을 의미하지만, 갈등과 마찰 그리고 알력의 다른 표현이기도 하다. 그만큼 치열하게 살아왔다는 의미를 완곡하게 표현한 것이다.

소수는 그렇게 해서 다수에 의해, 주류에 의해 타자화되었다. 척박한 곳에서 살아남아야 하니 이를 악물어야 했다. 근검절약은 생존비결이었고, 점차 그들의 정체성이 되었다. 정치학자 새뮤얼 헌팅턴은 『문명의 충돌』에서 자신의 정체성을 찾고 민족성을 재창조하려는 민족에게는 반드시 적수가 필요하다고 했다. 한번 형성된 정체성은 다른 정체성을 타자화하고, 그렇게 상호 타자화의 정도는 커지고 깊어진다. 객가인은 그렇게 생성된 것이다. 동시에 객가인을 타자화하는 흐름 역시 그렇게 생성되었다.

'대만 객가 문화관'에서는 세계적으로 분포된 객가인구를 지도로 보여주고 있다. 객가의 다양성이나 세계 객가와의 연결을 위한 노력을 주제로 전시를 하고 있다. 객가인들이 '내집단 편향'의 '속좁은' 정체성이 아니라는 것을 설명하고자 하는 것이다.

타이베이시 객가문화 주제공원
台北市客家文化主題公園

台北市中正區汀州路三段2號
타이베이시 중정구 딩저우로 3단 2호

　　수도 타이베이에도 객가 관련 박물관이 있다. 택시를 타고 지나가다가 타이베이 공관(公館) 지역에 있는 객가박물관의 존재와 규모를 보고 놀랐다. 아니 또 있단 말인가? 이미 먀오리(苗栗)에서 매우 큰 규모의 객가 문화관을 가보았는데 말이다.

　　객가문화 주제공원은 2012년에 설립된 거대한 규모로, 모두 다섯 개의 전시실로 구성되어 있다. '전승과 창신'이라는 주제의 제1전시실, '전 세계 객가'의 제2전시실, '객가 마을 오락'의 제3전시실, '대만 객가와 다원문화'의 제4전시실, '객가 마을 미술 공예생활'의 제5전시실 등이다.

　　농사 체험을 할 수 있는 논밭이 있는가 하면, 객가인들이 '백공(伯公)'이라고 부르는 토지신을 모신 '백공정(伯公亭)' 등이 있다. 물론 전시관인 객가문화센터[1]도 있다. 객가 박물관이 저렇게 큰 규모로 존재하는, 존재해야만 하는 이유가 무엇일까를 자

1　　客家文化中心

꾸 되뇌게 된다.

팸플릿의 설명에 따르면, '백공'은 토지를 관장하는 '복덕정신(福德正神)'을 일컫는 말이다. 인류는 일찍이 천지만물은 신령이 통제한다고 믿었다는 설명이 뒤따른다. '백공'은 지방의 수호신으로 여겨지는데, 시골 이장(里長)과 같은 것으로 마을을 수호한다. 이렇게 모든 단위를 수호하는 신령이 있다. 골목을 지키는 신령에, 도시를 지키는 신령에, 마을을 지키는 신령까지, 대만전체를 지키는 신을 모신 곳이 타이베이의 '대만성황묘(台灣城隍廟)'다.

객가공원 내에 글자를 존경한다는 의미의 '경자정(敬字亭)'이 있다. 설명에 따르면 객가인은 주경야독하는데, 종이를 아끼는 미덕이 있다. 모든 가정의 '신을 모신 탁자'인 '신탁(神桌)' 밑에 종이 휴지통을 둔다. 휴지가 모이면 경자정에 가서 태우는데, 독서인과 지식에 대한 존경을 뜻한다. 따라서 경자정은 교육을 소중하게 여기는 객가 종족의 정신적인 상징이다.

객가인 스스로의 정의

팸플릿에는 타이베이로 이주한 객가 종족 스스로의 특징을 '나대지 않는' 또 '내향적'으로 표현하고 있다. 이어서 '빛(光)'이 객가의 체현이라면, '용(容)'은 객가의 함의라고 정의하고 있다. 빛의 배후에는 강대한 '용(容)'이 있다는 것이다. '용'은 포용의 '용'이니 품는다는 의미이고, '응변'하고 '탈변'하는 것으로 나타난다. 객가인 스스로 자신들의 정체성을 포용하고 변화에 유연하게 대처한다는 것으로 정의하고 있다. 적어도 그렇게 인식되고 싶다는 바람일 것이다.

타이베이시 객가문화 주제 공원 내에 있는 '객가문화 센터' 팸플릿에도 객가의 '포용'과 환경과의 '공용(共容)' 특징을 보여주고자 한다고 덧붙였다.

1. 객(客)과 용(容)은 문자 형태상 비슷할 뿐 아니라,
2. 종족의 천성과 문자 의미가 서로 상응한다.
3. 객가 종족은 객장(客庄)[2]에서 인생의 이상을 추구하기 위해 타이베이로 이주하였다.
4. 이주 이후 종종 응변(應變)하고 탈변(脫變)하는바, 모두 '포용'과 '공용'이라는 심성과 밀접한 연관이 있음을 보여준다.
5. 그 성취는 모두 객가의 '은미(隱美)'[3]인 동시에 '유용(有容)'이라는 근본으로 돌아온다.

시종일관 '포용'을 강조한다. 자신의 정체성에만 집착하는 편협함을 추구하는 것이 아니라, '포용'과 '공용'이라는 가치를 추구할 줄 안다는 것이다. '포용'은 너그럽게 감싸고 받아들이는 것이고, '공영'은 인간관계의 가장 기본으로서 수용하고 이해한다는 의미이다. '응변'할 뿐만 아니라 획기적으로 '탈변'하는 삶을 추구하는 점도 강조하고 있다. 모든 것이 '숨겨진 아름다움(은미)'과 '넓은 마음(유용)'으로 귀납되고 있다고 주장한다. 마찬

---

2   농촌의 객가마을
3   '숨겨진 아름다움'이라는 의미일 텐데, 대만인들도 처음 보는 단어라고 했다. 따라서 설명문을 작성한 작가의 미사여구라고 보아야 할 것이다.

가지로 객가인들의 염원인데, 남들로부터 그렇게 인식되고 평가되고 싶다는 것이다.

'내집단 편향'과 기득권 보호

팸플릿의 내용으로 볼 때, '객가주제 공원'을 만드는 일에 참여한 사람들은 정체성의 장점과 단점을 잘 알고 있다. 정체성에 대한 사회적인 인식이 반드시 우호적인 것만은 아니라는 것을 알고 있다. 그래서 이렇게 자신들을 변호하는 내용을 빠뜨리지 않고 기록하고 있다. 객가인들은 '포용'할 줄 알고, '공용'할 줄 알고, 변화에 따라 변화할 줄 아는 존재라는 것이다.

강과 산을 경계로 한 지역 갈등은 어제오늘의 일이 아니다. 수천 년의 역사가 만들어 낸 '자연스러운' 결과물이라고 할 수 있다. 베이징인이 다르고, 상하이인이 다르고, 홍콩인이 다르고, 대구인과 부산인이 다르다. 그들은 지역과 문화가 다른 곳에서 각기 다른 정체성으로 성장한다. 강 건너 저쪽에 살고 있다는 이유만으로 '다름'과 '차이'가 생긴 것이다.

다르기에 서로 불편하다. 서로 다른 정체성은 불편하다. 우선 말이 다르거나 생활양식이 다르거나 예법이 다르니 서로 불편하다. '우리'와 다르기 때문이다. '우리'라는 정체성은 기본적으로 '다름'을 배척하는 유전자를 가지고 있다. 불편하니 자주 만나기가 꺼려지고, 자주 만나지 못하니 시간이 흐를수록 상호부정의 깊이와 넓이는 더욱 깊어지고 넓어지기 마련이다.

문제는 그것을 자꾸 조장하거나 부각시키는 언행이다. 더 큰 문제는 언제나 우리 편이 옳다는 '내집단 편향'이다. '남' 눈의

티끌은 보면서 '내' 눈의 대들보는 못 본다. 그래서 '남'의 사소한 잘못은 사사건건 물고 늘어지면서 '나'나 '우리'의 잘못은 쉽게 용서하는 것이다.

지도를 통해서 보는 객가인

청대 대만의 한족과 원주민의 경계는 평지와 산지로 나누었다. 대만을 남북으로 잘라서 절반쯤에 경계선을 그었다. 이른바 좁고 용맹한 방어선인 '애용선(隘勇線)'이다. 대만 남북으로 이어져 있는 중앙산맥을 동서로 반으로 나눈 것이다. 요충지는 '애구(隘口)'이며, '애구'를 지키는 병사들 숙소가 '애료(隘寮)'이며, 일정한 구간마다의 애료를 연결한 것이 '애용선'이다. 애구와 애료는 지금도 지명으로 곳곳에 남아 있다. 택시를 타고 이동하는 도중에 '애구일가(隘口一街)'라는 길 이름을 발견했다. 따라 읽었더니 외국인이 그것까지 아냐면서 기사가 깜짝 놀랐다.

청대 관청은 평지까지만 관할하는 것을 원칙으로 삼았다. 청나라가 만주족이라는 소수민족의 정권이기에 자신과 같은 처지의 대만원주민을 알게 모르게 도와주려고 했다는 시각도 있다. 직접적으로 통치권에 넣지 않고, 대만의 한족 즉 민남인이나 객가인을 견제하기 위해 활용했다는 것이다. 오랫동안 원주민사회는 '치외법권'의 특권을 누렸다. 지금까지도 원주민들은 우리는 우리 식대로 살고 싶다는 의식이 매우 강하다.

한족의 입장에서 보면 원주민과 싸워서 살아남아야 했고, 같은 한족과도 살벌한 경쟁을 해야 했다. 한족과 원주민의 경계는 평지의 끝이었다. 청조의 관할은 한족의 끝 즉 객가인 마을까지였다.

그러니까 객가인들의 부락은 대부분 애용선 끝에서 원주민 부락과 경계선을 마주하고 있다. 한족과 원주민의 경계선이 대만 객가인의 신세를 여실히 보여준다. 객가인은 한족의 '끝'에 원주민의 '끝'에 위치하고 있는 것이다. '다수' 한족도 아니었고, '소수' 원주민도 아니었다는 말이다.

을미전쟁(乙未戰爭)과 베이푸(北埔)사건

'공관(公館)'이라는 지명이 전국 곳곳에 있다. 한족과 원주민의 교역문제를 처리하고 토지세도 받는 등의 공무를 처리하는 곳이다. 고속도로를 달릴 때도 '공관'이라는 표지판이 보이고, 지하철을 타도 '공관'이라는 역 이름이 보인다. 아름답고 역사적인 흔적이 많아서 내가 특별히 좋아하는 '공관' 마을이 있다. 타이베이에서 한 시간 정도의 거리에 있는 마을 '베이푸'다. 마을이 너무 예뻐서 자주 가고 싶은데 교통이 불편하여 그렇게 하지는 못했다.

신주현(新竹縣) 베이푸향(北埔鄉)은 원주민과 객가인 등이 가장 첨예하게 충돌한 지역으로 유명하다. 그중에서도 진광푸(金廣福) 공관은 공관으로서는 가장 완전하게 보존된 곳이다. 1835년(道光 15년)에 건축된 사합원식인데, 1972년에 국가 1급 유적으로 지정되었다. 1895년 대만이 일본에게 할양되자, 이에 대항하여 '대만민주국'이 수립되었다. 전국 각지에서 의병이 일어났고, 이들은 정규군과 함께 일본군에 저항했다. 비록 반년 동안의 저항이었지만, 이름하여 '을미전쟁(乙未戰爭)'이었다. 베이푸

의 객가 세가인 강(姜)씨 집안에서도 강소조(姜紹祖)를 중심으로
의병을 조직하여 일본군에 대항하였으나, 압도적인 무력 차이
로 실패할 수밖에 없었다. 포로가 되었으나 투항을 거부하고 아
편을 먹고 자살했다.

명분과 명분의 조우

1945년 대만을 접수한 국민당정부는 강소조를 국가 충렬사
(忠烈祠)에 배향했다. 이렇게 명분과 명분은 다시 만나게 된다.
1937년부터 항일전쟁을 치러온 국민당정부라는 권위는 다시
항일투사라는 권위에 힘입어 한층 더 강화된 권위를 얻게 되는
것이다. 동서고금을 막론하고 '국가체제'가 '영웅'을 홀대할 수
없는 배경이다. 국가는 쉬지 않고 자신의 권위를 더해줄 '명분'
을 찾아야만 간신히 유지되는 틀이다.

1907년, 일제시대 대표적인 항일사건 중의 하나인 '베이푸 사
건'이 터졌다. 객가인인 순사보 채청림(蔡淸林)은 승진 등에 불
만을 품고 이탈했다. 대청제국 군대가 대만에 곧 상륙한다는 거
짓 정보로 원주민부락의 두목을 끌어들여 150명의 인원으로 베
이푸 지청과 파출소 등을 습격하였다. 지청장, 우체국장, 경찰
등 일본인 57명을 살해했다. 사망자 속에는 어린이 5명도 포함
되어 있다.

나중에 속았다는 사실을 알게 된 원주민들은 채청림 등의 수
급(머리)을 가지고 와서 자수했다. 이후 1백여 명이 체포되었고,
9명이 사형선고를 받았다. 마찬가지로 일제가 떠나고 국민당정
부가 들어온 이후, 채청림은 국가영웅을 모시는 충렬사에 배향

되었다. 이렇게 역사는 변화한다. 역사의 평가는 고정됨이 없이 늘 변화한다.

이 두 개 사건을 통하여 우리는 객가인의 원향의식과, 객가인과 원주민 부락의 위치, 국민당정부와 객가인의 밀접한 관계를 알 수 있다. 지금도 객가인은 국민당의 중요한 지지세력 중의 하나이다.

국립 대만역사 박물관
國立台灣歷史博物館

台南市安南區長和路一段250號
타이난시 안난구 창허로 1단 250호

'대만'박물관도 아니고, '역사'박물관도 아니고, '대만역사' 박물관이다. 이제 타이베이역에서 고속열차를 타고 '타이난(台南)'으로 가야 한다.

대만섬은 한국의 경상남도와 전라남도를 합쳐놓은 크기라고 한다. 작다고 생각되지만 부산에서 목포까지 이동한다고 생각해보면 그렇게 만만한 거리가 아니다. 대만섬을 남북으로 절반을 나눈다면 서쪽은 평야, 동쪽은 고산지역이다. 타이베이에서 타이난까지 고속열차로 두 시간을 달리는 동안 넓은 평야만 보인다.

대만에서 기차를 타면 마음이 편안해진다. 아마 대만사회 특유의 안정감 때문일 것이다. 플랫폼과 열차의 높이가 같아서 휠체어도 누구의 도움을 받지 않고 그냥 객실 내로 들어갈 수 있다. 이어서 승무원들의 인사, 승객들의 온화한 태도와 표정, 좌우로 펼쳐지는 아름다운 풍경 등에 마음이 따뜻해진다.

세계 최고의 박물관

국립 대만역사 박물관은 '대만의 역사'를 기록하겠다는 박물관이다. 당연히 대만정체성을 자랑하고 싶은 박물관이다. '대만다움'을 자랑하고 싶어 특별히 준비된 공간인 것이다. 대만역사 박물관을 참관한 이후 나는 대만인이나 한국인을 막론하고 만나는 사람들에게 그 박물관을 추천하고 있다. 심지어 대만인들에게 대만에 세계 최고의 박물관이 있는데 어디인 줄 아느냐고 묻기도 한다. 원주민과 일본통치 시기의 역사를 있는 그대로 서술하고 있다.

특히 나는 대만역사 박물관의 건축구조를 좋아한다. 박물관 전체가 단 하나의 전시실로 구성되어 있다. 들어서면 거대한 공간 속에 내가 우뚝 서 있다는 느낌을 받게 된다. 대만의 역사가 통째로 나에게 다가오는 것 같다.

국립 대만역사 박물관

대만을 구성하는 3대 문화

2023년 1월, 보수 즉 친중국 성향의 『중국시보(中國時報)』는 논평에서 대만문화에 대해 아래와 같은 내용을 실었다. 대만문화에 대해 나름대로 정리가 잘 되었다고 생각해서 인용해본다. 보수성향이라 함은 중국과의 관계, 즉 뿌리를 중시하는 경향이다. 즉 대만문화는 하늘에서 떨어진 것이 아니고 중국이라는 뿌리에서 나온 것이기에 중국이라는 근원을 항상 생각해야 하고, 결국 해협양안은 '통일(통합)' 등의 방향으로 함께 가야 한다는 생각이다. 논평의 내용은 아래와 같았다.

1. 대만문화는 우선 해양문화이다. 원주민 문화에 이민문화가 더해진 것이다. 이민문화는 복건성과 광동성에서 건너온 민남인과 객가인들이 가지고 온 종교신앙, 사상전통, 민속예술, 가요속담 등 민중의 생활풍속을 말한다. 이것이 대만문화의 주류이다.

2. 두 번째는 중화문화이다. 민남의 '하락문화(河洛文化)'[1]와 객가의 객가문화는 중원문화의 혈맥이다.

3. 세 번째는 '민국문화(民國文化)'이다. 이것은 중화문명의 정수로서, 1949년 국민정부가 이식했다. 민국문화 즉 '중화문화'의 정수로 상징되는 것은 장제스 총통이 가져온 고궁박물원의 문물 그리고 대륙에서 함께 철수한—군인과 군속 130만 명 중의—문화인과 지식인이 가지고 온 사상문화 등이다. 더불어 대륙 각지에서 온 군민들의 언어, 생활, 음식 등이다.

---

[1] 황하(黃河)와 낙하(洛河)가 교차되는 곳으로, 지금 락양(洛陽) 지역의 문화를 지칭한다. 중원문화의 중요한 부분이자, 중화문화의 핵심이다.

4. 이 세 가지 '3대 문화'가 융합하고 교류하여 대만의 풍부하고 다원
   적인 문화를 창조했다.
5. 그런데 최근 흐름으로 볼 때, 대만문화가 '뿌리 없는 난'이 되었다.

대만문화의 3대 특징은 해양문화, 중화문화, 민국문화 등이
다. 다시 말하면 이 세 가지를 벗어나서 대만문화를 이해한다는
것은 불가능하다. '3대 문화'가 융합해서 지금의 다원적인 문화
를 창조했다. 그런데 최근 이런 조합을 부정하는 흐름이 등장하
고 있음을 우려하고 있는 것이다.

'대만문화'의 창조

'뿌리 없는 난'이 되고 있는 현실을 아쉬워하는 친중국계 신문
의 지적은 사실에 가깝다. 보수적인 흐름에 대해 대만역사 박물
관은 전시물을 통해 일일이 대응하는 것처럼 보인다. 문화를 그
렇게 단순화해서는 안 된다는 것이고, 정체성은 항상 변화하고
있다는 것이다. 더 이상 '중화문화'가 아니고, 이제 '대만문화'가
창조되었다는 것이다. 한 세대를 30년으로 계산하는데, 새로운
정체성이 생성되는 시간으로 충분하다고 본다. 양안이 정치적
으로 완전하게 갈라진 1949년부터 따지면 이제 두 세대도 훨씬
지나갔다.

특히 젊은이들을 중심으로 대만정체성이 강화되고 있다. 중국
이 뿌리라는 의식으로부터 점점 이탈하고, 중국과 대만은 '완전
히' 별개 국가라고 생각한다. 그들은 1949년 국민당정부가 대만
으로 후퇴하면서 '중화민국'은 망했기에, 그것을 계기로 중화문

화와는 완전히 단절되었다는 시각이다. 국민당이 대만으로 옮겨온 이후부터는 중화민국이 아니고, '대만'이라는 이름으로 호명되어야 타당하다는 것이다.

대만, 만남의 공간

"대만, 만남의 섬"[2]

대만역사 박물관 들어서면 이 제목의 플래카드가 관람객을 맞이한다. 대만은 '만남'과 '교류'의 섬이었다. 환경이 우리의 유전자를 만들고, 다시 우리 유전자가 우리의 환경을 만든다. 그렇게 본다면 유전자는 환경이고, 환경이 유전자가 된다. 유전자와 환경을 따로 논한다는 것은 무의미한 것이다. '교류'와 '만남'이 지금의 '대만'을 만들었다.

"당산에서 대만으로 넘어오다(唐山過海)"

박물관의 전시 제목들 중 눈에 들어오는 것 중의 하나다. 이소룡(李小龍)의 영화 중 〈당산대형(唐山大兄)〉이 있다. 당대(唐代) 주로 한족을 일컫는 호칭은 당인(唐人)이었는데, 이후 해외에서 '당산(唐山)'은 중국대륙을, '당인(唐人)'은 보편적인 중국인을 가리키게 되었다. 대만섬은 대청제국 판도에 편입된 이후 합법, 불법 등의 방법으로 이민이 끊이지 않았다.

애매한 정체성

초기 대만인들의 정체성은 어민일까? 상인일까? 해적일까?라

---

2   台灣, 交會之島(Taiwan An Island on the Crossroads)

는 의문이 있었다. 때로는 그런 구분법도 아예 소용없이 어부, 상인, 해적을 겸했던 것이다. 따라서 대만인은 시종일관 '애매한' 정체성이었다고 할 수 있다.

물론 그전에도 대륙으로부터의 유입은 있었다. 박물관은 대체로 이렇게 서술하고 있다. 15~16세기부터 대륙 복건성의 어민들이 '흑수구'[3]를 건너와서 대만 서남부에서 물고기를 잡았다. 대만 서남부 해역은 오징어의 회유지로서 중요한 어장이었다. 뿐만 아니라 대만으로 와서 어장 부근에 집을 짓고 살았다. 점차 소형 어촌을 형성했다.

어민 이외에도 대만 서해안의 각 항구는 해적이나 밀수꾼의 근거지였다. 대만으로 건너온 한족들은 풍어기에는 물고기를 잡고, 아닐 때는 원주민들이나 남하한 일본인들과 교역을 했다. 그 당시 대만섬은 국가의 간섭으로부터 벗어나려는 사람들이 찾는 이상향이었다. 자의나 타의 그리고 자의반 타의반으로 국가권력을 부담스러워하고, 세금조차 내고 싶지 않은 사람들의 공간이 되었다.

대만과 조선의 식민체제

박물관은 전시 설명문에서 전체적으로 '일본시대(日本時代)'로 표현하고 있다. 대만에서 '일본 통치시기(日治時期)'라는 표현에 익숙해져 있었기에, '일본시대'라는 표현을 보고 다시 한번 놀랐다. 새삼 내가 대만에 있다는 사실을 깨달았다. 아울러 대만에

---

3   黑水溝(the Black Ditch)

서도 일본통치 역사와 관련된 평가에 다양한 편차가 있음을 눈치챘다. 호칭의 변화는 정당교체 등 정치권력과 밀접한 관계가 있다. 국민당과 민진당 등 정당 간에는 물론 총통 간에도 온도차이가 존재하는 것이다.

대만과 조선에 대한 일본 제국주의의 통치방식은 여전히 쟁점이다. 대만과 조선에 각기 다른 통치방식, 즉 대만에는 '유화된' 방식, 조선에는 '경직된' 방식의 통치가 적용되었다고 하는 논리가 있다. 분명한 것은 조선총독의 입법 범위는, 대만보다 넓었다는 점이다. 조선총독은 내각도 아니고, 군대도 아니고, 천황에 직속되었다. 당시 총독[4]은 조선이 '동화'되기 전까지는 일본과 다른 특별한 규칙을 적용해야 한다고 했다.

나는 대만과 조선의 식민정책을 비교하는 것도 중요하지만, 식민방식보다는 피식민주체, 즉 대만문화와 조선문화에 대한 분석이 우선되어야 한다고 본다. '해도(海島)'로서 대만정체성과 '반도(半島)'로서 조선정체성은 완전히 달랐다. 대만은 무역국가라고 할 수 있고, 조선은 대대로 농업국가였다. 이미 유전자와 환경이 다르기에 외부, 즉 타자로부터의 충격에 대한 수용과 해석도 완전히 다를 수밖에 없었다. 이 점을 놓친다면 대만과 조선에 미친 일본 식민통치의 영향을 제대로 분석할 수 없다.

'시민' 양성과 박물관의 임무

1907년 도쿄제국대학에 궁극적으로 '동화(同化)'를 목표로 하

4　寺內正毅

는 '외지식민학과'가 설치되었다. 물론 당시 일본에는 대만과 조선에 의회를 설치하고 자치를 보장해야 한다는 요구를 하는 지식인들도 많았다. 일본의 급진적인 동화정책을 반대한 학자도 있었다. 상당히 많은 지식인과 정치인이 조선의 독립이나 자치권 보장을 주장했다. 우리는 당시 일본에 이런 지식인이 있었다는 것을 기억해야 한다.

역사는 합리적인 세력과의 연대를 통해서 한 걸음 한 걸음 나아갈 수 있다. 상대의 정체성을 인정해야만 대화를 나눌 수 있고, 합의를 도출해낼 수 있다. 그렇게 하기 위해서는 우선 사실에 대한 정확한 인식과 수용이 전제되어야 한다.

예를 들면 조선은 국명, 왕의 등극이나 세자 책봉 등에 대해 중국의 허락을 받았다. 중국의 연호를 사용했고, 매년 조공도 했다. 그렇다면 중국의 개념으로는 '번속국(藩屬國)'이 맞다. 상대적으로 자주권이 보장되었다는 것은 그다음에 논의해야 할 문제인 것이다. 박물관학자 카바나흐(Gaynor Kavanagh)는 "역사박물관은 과거가 얼마나 힘들었는지와 관계없이 과거의 증인이 되어야 한다."라고 했다. 가공된 역사가 아닌 있는 그대로의 역사서술을 말하는 것이다.

일본국민 만들기- 행정, 경찰, 교화

박물관에는 "일본국민이 되었을까?"라는 제목의 설명문이 보인다.

1. 교육을 통해서 대만인을 '이상적인 일본국민'으로 만들기 위해 일

본 식민자는 교육으로 일본의 역사, 가치, 정체성을 주입했다.

2. 기술과 지식을 갖춘 개체로 만들어 식민통치를 위해 복무하게 만들었다.

3. 하지만 근대교육은 통치자의 도구였을 뿐만 아니라, 동시에 대만인들의 시야와 자각을 일깨웠다.

부정과 긍정을 병렬시켰다. 냉정한 평가다. 대만총독부가 행정체계의 정점으로서 위로는 일본제국 중앙정부를, 아래로는 대만 각 지역의 관료를 장악했다. 경찰로서 치안과 법령을 집행했다. 소학교와 공립학교 중심의 '동화', '교화' 체제를 구축했다. 대만인들의 무장 반항사건이 발생하면, 그에 따라 정책을 조정해나갔다.

일본은 원주민들에게 점진적으로 접근했다. 여러 부족들을 완전히 다른 정체성으로 인식했다는 뜻이다. 부락별로 귀순식을 거행했다. 어느 부락은 무력으로, 어느 부락은 평화적으로 귀순되었다. 하지만 원주민들의 이익과 직결된 장뇌로 인한 충돌이 많았다. 실리가 얼마나 소중한지 알 수 있다. 애용선을 넘어 그들의 실질적인 이익을 침해할 때는 어김없이 무력충돌이 발생했다. 정체성 충돌은 명분충돌로 보이지만, 사실은 실리충돌인 경우가 대부분이다.

경찰을 동원하여 계몽하고 질서를 유지하게 된 배경이다. 산지(山地) 경찰은 사법, 교육, 사회교화, 공공위생, 산업발전 등의 임무를 맡았다. 반감을 줄이기 위해 일본인 경찰은 소수였다. 1930년대 경찰 중 5분의 1만 일본인이었고, 나머지는 대만 한족과 원주민이 각각 절반씩 담당했다.

1904년부터 1929년의 25년 동안 원주민이 살해한 경찰 및 관리 그리고 가족 등이 2천6백 명이라는 통계가 있다. 일본통치 초기에 원주민들이 얼마나 치열하게 저항했는지 알 수 있다. 장뇌 생산을 위한 삼림 파괴와 '사람 머리' 사냥 금지 등 전통 생활 양식 변화요구에 대한 저항이었다.

영토주권 개념의 등장

1874년 대만사건(목단사 사건)에서 보여준 일본의 군사행동은 청조를 바짝 긴장시켰다. 원래의 '화외(化外)' 공간이라는 개념을 조정할 수밖에 없었다. 흠차대신 심보정은 '개산무번(開山撫番)'[5]을 주장했다. 전국에 걸쳐 도로를 내고 동쪽지역으로 진출하여 이란 등에 행정구역을 설치했다. 150여 년간 이어온 '번계(番界)' 정책을 폐지했다. 학계에서는 중국이 전통적인 조공체계로부터 근대국가 영토주권 개념으로 '전환'되는 계기였다고 평가한다.

접촉과 충돌

"접촉과 충돌"이라는 제목의 설명문도 눈에 확 들어왔다. 대만역사를 한마디로 정리한다면, '접촉'과 '충돌' 이 두 개의 단어 밖에는 없을 것이다.

---

5   1874년의 목단사 사건 이후 청조가 대만에 적용한 정책. 적극적으로 대만동부의 원주민 지역으로 들어가서 토벌하거나 무마했다.

1. 지역, 언어, 신앙, 문화가 다른 여러 종족이 대만으로 이민을 왔다.
2. 공동생활 중에서 서로 접촉하는 과정에서 왕래와 협조가 있었다.
3. 갈등도 있었고, 심지어 무력충돌도 발생했다.
4. 충돌한 쌍방은 원주민과 한족, 한족과 청(清)의 관청이었는데, 심지어는 한족사회 내의 다른 무리도 있었다.
5. 충돌의 도화선은 자원, 이익, 세력경쟁 등이었고, 충돌한 후 정부의 시정방침도 바뀌었고, 세력의 소멸과 성장이 있었다.
6. 모든 충돌은 대만 지방사회의 발전과 변화를 가져왔다.

사람들은 왜 싸울까? 지역과 지역은 왜 충돌할까? 국가와 국가는 왜 전쟁을 할까? 정체성이 다르기 때문이다. 정체성은 명분과 실리로 구성되는데, 그 속에 이해관계가 착종되고 중첩되어 있다. 우선 자원, 이익, 세력 경쟁이 도화선이 된다. 대만에서 여러 정체성은 '먹고살기' 위해서 목숨을 걸고 싸웠다. 대만의 개척사는 한족들이 원주민 토지를 뺏는 역사였다. 평지에 사는 원주민인 '핑푸족'과 한족의 토지분규가 다시 한족 내부충돌로 확대되기도 했다.

게다가 모든 충돌은 "사회의 발전과 변화를 가져왔다."라는 서술은 탁월하다 하지 않을 수 없다. 역사를 긍정적으로 발전적으로 바라보고 있기 때문이다. 피해자 논리를 확산하려 들지도 않고, 가해자를 가려내자는 강요도 없이, 그것이 그저 역사발전의 일부라는 서술이다.

따라서 대만에서는 누가 가해자인지 누가 피해자인지 구분하는 것은 불가능할 뿐더러 의미도 없다. 대만인들은 스스로가 가해자인 동시에 피해자임을 잘 알고 있다. 이것이 대만역사의 가장 큰 특징 중 하나이다.

분류계투(分類械鬥)

"분류계투"[6]라는 제목이 보인다. 대만역사는 식민과 전쟁의 연속이었다. 다른 정체성 즉 네덜란드, 청(淸), 일본, 국민당 등이 교대로 대만을 통치했다. 다시 내부적으로도 각종 정체성들끼리 전쟁을 했다. 평지인은 산지인과 싸우고, 객가인은 민남인과 싸우고, 다시 민남인들끼리, 즉 장저우인(漳州人)은 촨저우인(泉州人)과 싸웠다. 뿐만 아니라 같은 촨저우인이라도 퉁안(同安)과 후이안(惠安)/난안(南安) 출신 사람들이 서로 싸웠다.

'분류' 즉 지역과 종족이 다른 정체성이 서로 싸우는 이른바 '계투(械鬥)'였다. '무기(械)'를 가지고 '싸우는(鬥)' 명실상부한 전쟁이었다. 통계를 보면, 1722년 시작되어 1894년까지 170년 동안 1백 회 이상 발생했다. 일본식민이 시작되고서야 멈췄다.

중국대륙은 그 넓이만큼 사투리 간의 편차가 매우 커서 서로 외국어와 다름없다. 같은 성, 즉 복건성의 경우에도 사투리의 편차가 매우 크기에, 남부의 장저우와 촨저우의 말도 서로 달랐다. 두 지역 출신들은 대만에서 장기간 전쟁상태였다. 정체성과 정체성이 만나는 지점에 전쟁이 도사리고 있다.

---

6 分類械鬥(Different Types of Armed Conflict). 분류는 '아군'과 '적군'으로 나누는 개념을 말한다.

전쟁의 이유

역사학자 스밍은 그 이유를 구체적으로 이렇게 말했다.

1. 대륙에서 대만으로의 대량 이민으로 토지와 수로확보가 관건이었다.
2. 게다가 관청은 통제력이 부족했는데, 방관하고 있었다고 하는 것이 정확하다.
3. 왜냐하면 그들끼리 싸움으로써 반청세력의 약화를 꾀할 수 있기 때문이다.
4. 그 이면에는 동향인들의 집단거주가 있었다.
5. 자연히 타향 출신 거주지와 이익이 충돌되었다. 떠돌이 유랑민의 증가도 한몫 거들었을 것이다.

"토지와 수로확보"와 "이익이 충돌" 즉 '실리'를 위한 전쟁이었다. 이렇게 대만인들은 자신들의 실리를 위해 '지독하게' 투쟁했던 경험이 있다. 나는 이 사실이 매우 중요한 집단기억으로 남아 이후 대만의 유전자 형성에 큰 영향을 미쳤다고 생각한다. 명분보다는 실리가 중요하다는 생각을 유도하는 힘이 되었던 것이다.

출신지역 간의 전쟁뿐만 아니고, 성씨 간의 충돌도 있어 리(李)씨와 랴오(廖)씨 문중이 싸웠다. 물론 직업군 사이에도 충돌이 그치지 않았다. 비단 대만에서만의 현상은 아니고, 대륙에서도 이미 오래전부터 싸워왔다. 1854~1867년 사이 대륙에서는 생활자원, 습관 등의 문제로 '토객(土客)'이 충돌했다.

'토(土)'는 주강(珠江) 삼각주의 광동인들이고, '객(客)'은 객가인이다. 수백만의 사상자가 발생한 명백한 전쟁이었다. 그들은 사로잡은 포로들을 서로 해외로 팔아넘겼다. 이른바 '쿨리(苦力)'라고 불리는 해외 노동자 상당수는 종족 정체성 충돌의 희생자들이었다.

거변과 신질서

대만의 박물관들은 원주민 또는 일본에 대한 서사는 의심을 허용하지 않는 철저함을 보이고 있다. 과거를 잊는 민족에게 미래는 없다고 할 때, 과거는 어떤 과거이며 미래는 어떤 미래일까? 서술해야 역사가 된다는 실증주의 입장에서 볼 때 서술되지 않는 것은 역사가 아니다.

"우리 땅 우리 사람- 대만이야기"라는 제목의 팸플릿에 "거대한 변화와 신질서"라는 제목이 보인다. 거대한 변화라니 무엇일까? 게다가 새로운 질서라니 더욱 큰 호기심을 유도한다. 살펴보니 바로 일본식민지가 된 사연이었다. 지금의 대만인들은 일본의 식민통치를 '거대한 변화'로 또 '새로운 질서'로 이해하고 있다는 말이다. 일본 통치에 대한 대만의 기본적인 인식을 매우 압축적이고도 분명하게 보여주기에 그 내용을 옮겨본다.

1. 일본 제국은 근대국가의 강대한 정치역량으로
2. 중앙집권적인 통치를 통하여 경찰행정과 학교체제를 결합하고
3. 계통적인 식민경제와 교육을 추진했다.
4. 이와 동시에 일본통치는 대만을 위하여 서구사상, 신식교육 및 근대화 생활을 들여왔다.

5. 이해득실 측면의 어려움은 대만인들이 식민 불평등에 대해 저항을 고민하는 것과 근대화를 영접하려는 간절한 희망 사이에서
6. 자신의 정체성을 모색하면서 반세기라는 '일본시대'를 지내게 했다.

식민과 근대화

내용은 1895년 청과 일본의 '갑오전쟁(甲午戰爭)'에서 청이 패배하여, 대만은 일본의 식민지가 되었다'로 시작한다. 일본통치에 대한 대만의 기본적인 인식을 매우 압축적이고도 분명하게 보여주고 있다. 일본제국은 중앙집권적인 통치를 통하여 경찰행정과 학교체제를 결합하고, 체계적인 식민경제와 교육을 추진했다. 이와 동시에 일본은 대만을 위하여 서구사상, 신식교육 및 근대화 생활을 들여왔다는 것이다.

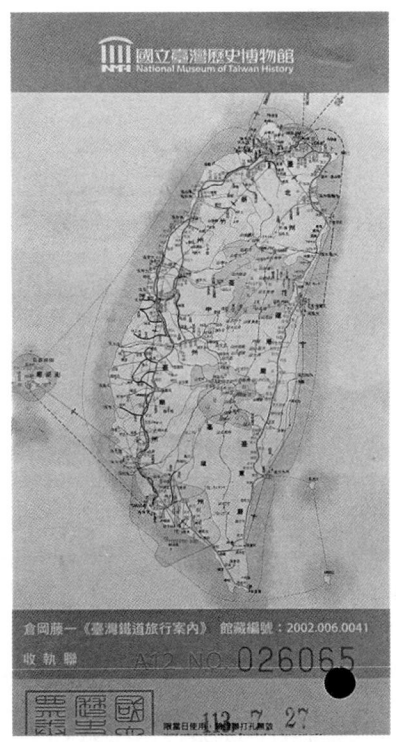

국립 대만역사 박물관 입장권.
대만섬의 철도 여행지가 안내되어 있다.

대만인들은 식민불평등에 대한 저항을 고민하면서 근대화를 영접하려는 간절한 희망 사이에서 지냈다는 것이다. 긍정적인 측면과 부정적인 측면을 하나도 빼지 않고 냉정하게 기록했

다. 인간은 '저항'과 '희망' 사이에서 산다. 이것이 비단 어느 특정시대라고 달라지겠는가?

이해득실 측면의 어려움이 있었다는 사실을 밝히고 있다. 식민불평등에 저항할 것인가? 근대화를 수용할 것인가? 선택을 강요당했을 것이다. 이런 상황은 자신의 정체성, 즉 '나는 누구인가'에 대해 지속적으로 생각하도록 유도했던 것이다. '타자'의 존재는 주체의 자기인식으로 이어지는데, '타자' 일본은 대만이라는 정체성을 확립시킨 또 다른 정체성이었다.

대만인들은 '일본시대'를 인정하고 고민하는 그 과정에서 자아를 모색했다. 힘에 의한 통치였지만, 그와 더불어 새로운 사상, 교육, 근대화가 함께 들어왔음을 분명하게 인정하고 있다.

국정 고적 타이난 지방법원-사법박물관
國定古蹟臺南地方法院-司法博物館

台南市中西區府前路一段307號
타이난시 중시구 푸첸로 1단 307호

지방법원 역시 탐나는 건축물이다. 주머니에 넣고 다니면서 가지고 놀고 싶은 그런 감성의 건물이다. 그래서 국가 지정 고적으로 지정되었나 보다. 2024년 5월 방문했을 때 정문에는 "권리, 당신은 누구냐"라는 플래카드가 걸려 있어 관련 특별전이 열리고 있음을 짐작했다.

일본통치 시기 타이난 지방법원장 특별전을 알리는 팸플릿은 주권이 일본으로 넘어간 1895년부터 1945년 일본 패망까지 복심 법원(覆審法院)[1]과 고등법원의 일본인 법원장 15명을 순서대로 소개하고 있다. 근대적인 사법체제도 일본 통치와 더불어 구축되었다는 뜻이다.

동성혼과 원주민 권리

팸플릿에 의하면 다섯 개 주제가 전시되고 있다. "가정 구성

---

1   일본통치 시기 지방법원과 고등법원 사이에 위치한 제2심 재판소를 말한다.

국정 고적 타이난 지방법원-사법박물관

의 재 상상", "자유롭게 생각할 수 없다면, 자유롭게 말하지 못
한다", "우리의 기본 권리는 어떻게 실현되었는가?", "헌법은
어떻게 민주사회를 공고히 하는가?", "'기본권' 세 글자를 들어
보았는가?" 등이 보인다. 각각 설명이 붙어 있다.

1. '기본권' 세 글자를 들어보았는가?- 동성혼은 과거에는 불가능했
   으나 2017년 대법관의 새로운 해석으로 모든 것이 바뀌었다. 모
   든 사람들이 혼인의 자유라는 기본권리를 누리게 되었다.
2. 자유롭게 생각할 수 없다면 자유롭게 말하지 못한다.- 계엄시기
   권력자와 다른 의견을 피력하면 비난을 받거나, 범죄가 되거나, 심

지어 사형을 언도 받았다.

작은 제목이나 설명문에 "양성 평등", "부계 중심의 법률 패러다임이 점차 해체되고 있다", "과거 우리는 언론자유를 얼마나 갈망했던가", "언론자유의 중요성에 대해 다시 생각해보자", "과거 우리의 기본권리가 국가나 타인에 의해 침해당했다"는 내용이 보인다.

제목이 다른 작은 상자를 예쁘게 붙여주고, 그것을 열어보면 설명이 보이는 식으로 관심을 유도하고 있다. 종교자유, 거주자유, 혼인자유, 성 자주권, 원주민 문화권 등의 제목도 보인다.

1. 원주민 문화권– 우리의 전통문화와 생활권리는 마땅히 국가제도의 보장을 받는다.
2. 성(性) 자주권– 내가 다른 사람과 성관계를 할 때, 쌍방이 동의하기만 하면 된다.
3. 원주민 신분 정체성– 나는 원주민이라는 신분을 헌법으로 보장받는다.

결국 사법제도의 발전은 동성혼과 원주민 권리라는 소수의 권리가 신장되는 것이 아닐까? 그것이 중점이다. 여러 개의 작은 플래카드로 설치작품을 만들어 두고 있다. "계엄 해제만 필요할 뿐, 국가안전법은 필요 없다", "학술자유를 보장하라", "정치적 박해를 반대한다", "노동권의 헌법명문화를 쟁취하자" 등이 보인다.

국민 법관제도와 관련한 특별전시도 있다. "나는 국민이면서, 법관이다"라는 제목이다. 2023년부터 23세 이상이면 법정에서 공동으로 사건을 심사하고, 판결에 참여할 수 있다.

'애매한' 국가

한국과의 인연도 소개하고 있다. 2010년 5월에 서울에서 국제 여성법관 회의가 개최되었는데, 대만의 호칭 때문에 갈등이 발생했다는 것이다. 주최 측은 대만을 영어로 'Taiwan, Province of China'(대만, 중국의 성)이라고 표기하였고, 이에 대만 대표단은 차라리 올림픽의 공식 명칭인 'Chinese Taipei'로 변경해달라고 요구했다는 것이다.

대만을 어떻게 호명할 것인가? 대만인의 가장 큰 콤플렉스라고 할 수 있다. 국제적으로 대만인들이 받은 상처는 헤아릴 수 없이 많다. 대만의 정식 국호는 '중화민국(中華民國)'이다. 하지만 국제적으로는 '타이완(Taiwan)'[2]으로 표기되고 호명될 뿐이다.

중국 즉, 중화인민공화국이 대만의 정식국명인 '중화민국'의 사용을 허용하지 않기 때문이다. 국가로 인정하지 않고, 중국에 소속된 일개 '성(省)'으로 간주하는 것이다. 뿐만 아니라 중국은 국제적인 행사에서 '타이완'이라는 호칭도 불허하고 있다. '대만 독립'을 인정하는 것처럼 보이기 때문이다. 이른바 강대국의 논리에 당하는 약소국의 설움인 것이다.

이 문제를 잘못 처리해서 난리 나고 낭패를 당한 경우가 한두

2   한국에서는 '대만' 또는 '타이완'으로 호명된다. '대만'은 국가, '타이완'은 중국의 일개 성이라는 함의가 있다.

번이 아니라서 일일이 열거하기도 어렵다. 걸그룹 트와이스의 쯔위가 인터넷 방송에서 중화민국 국기를 흔들었다가 중국 쪽의 거센 항의에 고개 숙여 사과를 했고, 이후 10년 동안 중국을 방문하지 못했다고 한다. 2022년의 베이징 올림픽에서는 대만 선수가 선물로 받은 중국 국가대표팀의 체육복을 입고 훈련하는 사진을 SNS에 올렸다가 양쪽의 비난을 받았던 적도 있다.

국가와 비(非)국가

나는 대만인들에게 굳이 대만의 국가적 정체성을 강조해서 중국을 자극할 필요가 없다고 말해준다. 그것은 국가의 진정한 자존심과 관계가 없다. 아니 굳이 자존심 문제로 연결시킬 필요가 없는 것이다. 이미 국제적으로 대만은 하나의 국가로 인정받고 있다. 그것이 '사실'이기 때문에 따로 '명분'에 사로잡힐 필요가 없는 것이다. 비록 국제적으로 대만과 국가급 외교관계를 맺고 있는 나라는 십수 개에 불과하지만, 그것도 해마다 축소되는 추세에 있지만, 대만이라는 '국가'의 존재를 사실로만 바라본다면 걱정하고 아파할 일은 아닌 것이다.

사법과 역사

"사법과 역사적 변혁"이라는 제목에 아래와 같은 설명이 달려 있다. 박물관 전시물의 끝에 배치되어 있어 결론 부분에 해당할 것이다.

1. 일본통치 시기 초에 통치자는 서구적인 정치체제를 가지고 왔다.

2. 사법제도는 점차 대만에 도입되고, 웅장한 법원을 건설하여 사법
   권위를 수립했다.
3. 하지만 반항사건을 빨리 진압하고자 했기에, 권력견제가 부족한
   상황에서
4. 총독부는 가혹한 형벌을 제정하고, 특수한 법원을 설치하여
5. 사법권은 총독부가 대만인들의 저항운동을 진압하는 도구가 되
   었다.
6. 민주시대에 국민의 정치권리가 충분히 보장받고, 사법권이 독립
   되어 부단히 변혁과 조정이 지속되고 있다.
7. 자오빠녠 사건 심판 중 제기된 사법권 문제는 여전히 시대를 뛰어
   넘는 의미가 있다.

이 내용도 모두 사실에 가깝다. 웅장한 건축물로서 권위를 획
득하고자 하는 조직은 어디에나 있지만, 주로 정통성이 취약하
다는 공통점을 가지고 있다. 하지만 총독부가 사법권으로서 저
항운동을 진압했다는 것은 다툼의 여지가 있어 보인다. 국가 내
저항운동을 강 건너 불 보듯 할 수 있는 정권이 존재할 수 있겠
는가? "권력의 견제가 부족했다는" 말로써 이 사법박물관은 권
위를 회복하고 있다. 일본총독부 시절 권력 상호간의 견제부족
으로 생긴 행정의 공백이 민중들의 저항을 야기했을 것이다.
대만의 거리가 그러하듯 지방법원의 전시도 아기자기하게 예
쁘다. 관람객의 호기심을 불러일으키기에 부족함이 없다. 지루
하다는 느낌이 들지 않는다. 배치와 전시가 무료하지 않기 때문
일 것이다. 게다가 내게 강요하는 그 무엇이 보이지 않는다. 뒤

에서 나를, 내 의식을, 어디로 데리고 가겠다는 특별한 장치도
보이지 않는다.

대만(臺灣)과 대만(台灣)

대만의 신분증에서 중화민국 국기를 없애자는 사람들의 문제
의식은 이제 배우자의 이름까지 없애자는 주장으로까지 이어진
다. 신분증에 기록하는 배우자의 이름을 삭제하자는 것이다.

대만이라는 한자표기도 국민당은 대만(臺灣)으로, 민진당은
대만(台灣)으로 표기하는 고집도 있단다. 즉, 통일을 지향하는
국민당은 그것을 지향하는 의미에서, 독립을 지향하는 민진당
은 자신의 의지를 나타내는 의미에서 각자 달리 표기하는 것이
다. 국립칭화대학에서도 학교 차원에서는 '대만(臺灣)'으로, 하
위 조직인 대만문학연구소에서는 대만의 정체성을 중시하는
'대만(台灣)'으로 표기하는 묵계가 있단다.

지방법원에서 '대만 시민 참여 협회'[3]와 '대만 배심단 협회'[4]
그리고 '대만 동물보호 행정감독 연맹'[5] 등의 진보단체가 연합
으로 시민강좌를 연다는 소식지를 보았다. 3월부터 5월까지 두
달에 걸쳐 매주 화요일 저녁에 두 시간씩 하는 무료강좌다.

'사계절 민주'라는 프로그램을 살펴보면, 대만의 시민사회도
─국민갈등은 국민에게 물어보는─국민투표법, 배심제도, 애완
견 보호 등의 화두에 대해서 고민하고 있음을 알 수 있다.

---

3 台灣公民參與協會(Taiwan Citizen Participation Association)
4 台灣陪審團協會
5 台灣動物保護行政監督聯盟

갈등과 국민투표

2021년 12월의 국민투표가 기억난다. 대만 민진당 정부는 노후한 제4원자력발전소의 가동재개를 묻는 안건을 국민투표에 부쳤다. 노후된 핵발전소의 폐쇄와 재개를 둘러싸고 사회적으로 첨예한 갈등이 날로 증폭되고 있었다. 대만인들은 원전 가동을 재개하지 않는 쪽으로 의견을 모았다. 사회적인 갈등의 조기 수습은 국가지도자의 의무일 것이다. 국가지도자는 사회적인 갈등을 정치적으로 이용하거나 지켜보는 것이 아니라, 그것의 배경과 이유에 대해 국민에게 설명해주고, 그것을 조기에 해소시켜주어야 한다.

당시 차이잉원 총통은 국민투표를 통해 국민의 통합을 이끌어냈다. 대만정부는 원자력발전소를 순차적으로 폐쇄하고 신재생에너지를 확대하는 정책을 지속적으로 추진하기로 했다.

쮀잉 군사구역 스토리관
左營軍區故事館

高雄市左營區實踐路202號
가오슝시 쮀잉구 스젠로 202호

박물관 관련 책을 쓰고 있다고 말하면 가끔 대만친구들은 이렇게 물었다. 대만에서 제일 좋은 박물관은 어디인가? 정답이 없다는 것을 알면서 하는 질문일 것이다. 고백하자면 나도 대만의 박물관 전문가에게 이런 '바보 같은' 질문을 던진 적이 있다.

2022년 가을쯤 코로나 사태가 막 진정되고 대만이 다시 대문을 열었을 때, 연구년 기간의 방문목표로 국립대만대학을 선택했다. 타의에 의해 막힌 3년이라는 시간은 자의에 의해 칩거한 시간보다는 훨씬 길고도 길게 느껴졌다. 대만의 대학들은 그동안 미뤄두었던 숙제를 한꺼번에 해치우는 것처럼 특강을 자주 열었다. 특강 공지를 하면서 예약을 받는 것이 한국과 달랐다. 어느 날 학교 게시판을 들여다보는데 '박물관 강의'라는 글자가 눈에 번쩍 들어왔다.

박물관 전문가가 추천하는 박물관

어느 교수의 오픈 강의였다. 자신의 강의에 전문가를 초청하여 학생들에게 또 하나의 특강을 열어주는 것이다. 그날은 대만 해군의 박물관 전문가 특강이었던 것으로 기억한다. 강의가 끝나고 "전문가로서 당신은 대만의 어떤 박물관을 추천하고 싶은가?"라고 질문했다. 그의 대답이 바로 남부 최대 도시 가오슝에 있는 '쭤잉(左營) 군사구역 스토리관'이었다.

밖에서 볼 때는 박물관치고는 규모가 크지 않았다. 들어서니 질서정연하고 일목요연하다는 느낌이 들었다. 전시실에서 보이는 주요제목들은 초기 쭤잉, 을미할양, 일본 통치형태, 전쟁세월, 미군족적, 광복중건, 자제학교(子弟學校), 군속 가족(軍眷一家), 방향 창신(創新啟航) 등이다.

메이지유신과 대만 할양

'을미 할양' 전시실의 내용은 아래와 같다.

1. 일본이 메이지유신 이후 비약적인 경제발전을 했고,
2. 자원의 수요로 대만의 물산에 주목했다.
3. 1874년 '목단사 사건'으로 일본군과 대만민중은 처음 충돌했다.
4. 1894년 청일전쟁이 발발했고,
5. 이듬해 '마관조약'으로 대만이 일본에게 할양되었다.
6. 의외로 대만민중들은 격렬하게 저항했고, 항일운동은 지속되었다.

더 이상 명쾌할 수 없는 정리이다. 철저하게 사실에 입각하여 요점만 기술했다. 감정은 최대한 배제되었다. "충돌했고, 저항했다." 그리고 "항일운동은 지속되었다."라는 서술에 이의를 제

기할 수 있겠다. 대만역사를 잘 모르는 관람객들에게는 오해를
불러일으킬 수 있는 내용이다. 이른바 항일운동이 대단히 오랫
동안 지속되었을 것이라는 왜곡을 심어줄 수 있다. 따라서 무엇
을 '항일운동'이라고 하는지? 지속되었다면 어느 정도 지속되었
는지? 등에 대한 서사가 부족하다.

2차대전과 대만

일본 통치기간 주제의 제3전시실은 2차대전 기간 일본이 대
만을 동남아로 진출하는 남진기지로 삼았음을 보여주고 있다.
총독부는 1937년에 가오슝 서우산(壽山) 북쪽의 작은 어항을 군
사기지로 확대했다. 숙소, 공장, 군수부, 해병단, 병원, 연료 공
장 등이 쥐잉 지구가 된 것이다.

전쟁을 전시하는 제4전시실은 1941년 일본이 미국의 진주만
을 공습한 이후 대만은 동남아시아로 향하는 일본의 남진 기지
였기에 미국 등 연합군의 주요 공습목표가 되었다고 말한다.
1943년부터 미군은 항구, 비행장, 연료공장, 군수공장 등을 목
표로 공습하였고, 46,318개의 건물이 파손되었으며, 15,772명
의 사상자가 발생했다는 내용이다.

한국전쟁과 대만의 운명

제5전시실은 '미군 족적'에 관한 것이다.

1. 1949년 8월 미국은 '중미관계 백서'를 발표하고, 더 이상 국민정
   부를 지지하지 않기로 했다.

2. 세계는 미국이 국민정부를 포기했으니 오래가지 못할 것이라고 보았다.

3. 뜻밖에 1950년 6월 '한국전쟁'이 발발했다.

4. 미국은 공산세력의 확산을 막기 위해 부득불 대만을 동맹관계로 격상시켰다. 제7함대를 파견하여 보호했다.

5. 이듬해 5월 미국은 군사고문단을 파견 대만의 방어를 도왔다.

6. 그중 해군 팀은 쮀잉 군구를 만들어 인사, 정보, 작전, 훈련, 교육, 병참, 의료 등의 체계와 시설건립을 지원했다.

7. 1979년 대만과 미국의 단교로 고문단이 떠날 때까지 양국 간 28년 동안 협조가 잘 이루어졌고, 미군은 이 군구에 '공헌'을 했다.

미국정부는 전후 중국원조법(1948)에 의해 1950년부터 1960년대까지 대만에 재정, 전문가, 기술 등을 지원했다. 심지어 농작물과 가축의 품종개량까지 지원할 정도였다. 미국고문단을 파견하여(1951~1979) 한국전쟁 발발 이후 경제, 기술, 군사 등의 부문에 원조를 강화했다. 더불어 대규모 차관을 제공하여 악성 인플레이션을 억제했다. 전력, 교통, 댐 등 사회 기반시설 건설을 통해 산업발전을 이끌었다.

한국전쟁이 발발하자 미국은 동아시아의 중요성을 새삼 인식해서 대만을 전폭적으로 지원했던 것이다. 따라서 한국전쟁은 대만을 살리는 직접적인 계기가 되었다는 데 이견이 없다.

제6전시실은 '광복 중건'이다.

1. 항일전쟁 승리 이후 해군 제2함대가 일본해군으로부터 접수 업무

를 담당했다.

2. 당시 군항은 엉망이어서 기초시설이 철저하게 파괴되었으며, 항구에 수뢰가 가득했다.

3. 1949년부터 재건에 치중하여 같은 해 해군사령부가 진주하였다.

제7전시실은 '자제 학교'다. 1949년 정부가 대만으로 옮겨오면서 군인 자제들의 교육문제를 해결하기 위해 '해군 자제 학교'를 설립했다. 1951년에 중학교를 설립하고, 1966년에 자제학교를 초등학교로 바꾸었다.

외성인과 권촌(眷村) 문화

제8전시실은 '군속 일가'로서 권촌문화에 관한 내용이다. '권(眷)'은 '가족'을 뜻하니, '권촌'은 가족 마을이다. 군인, 경찰, 교직원, 공무원 등과 그 가족이 사는 마을이다. 당연히 주요도시와 군사시설 부근에 분포했다. 거주민의 절대다수는 중국대륙의 각 성에서 온 외성인과 그 가족이었다.

1945~1950년 사이 중국대륙에서 2백만 명(육군 50만 명, 해군 5만 4천 명, 공군 4만 5천 명, 도합 60만 대군)이 유입되었다. 당시 대만 인구의 35%에 해당할 만큼 거대한 이민이었다. 이른바 '외성인'이다.

정부는 거주문제를 해결하기 위해 주택을 신축했고, 일제가 남기고 간 숙소를 개축했다. 학교, 시장, 상점, 운동장 등 이른바 생활편의 시설도 함께 필요했다. 권촌은 이제 법정 유적, 역사건축물, 문화경관으로 보존되고 있다.

권촌에 거주하는 사람들에게 권촌은 영구적인 거주지가 아니었다. 대만의 국민당정부는 "1년 내 준비, 2년 내 반격, 3년 내 소탕, 5년 내 성공"이라는 구호를 외쳤다. 곧 대륙을 수복할 것임을 매순간 강조하고 있었기에, 권촌에 거주하는 사람들은 내일이라도 당장 대륙의 고향으로 돌아갈 것이라는 꿈과 긴장감을 함께 안고 살고 있었다.

권촌- '고립된 섬'

권촌은 문화적으로 '고립된 섬'이라고 불리기도 한다. 이른바 '그들'만의 세상이었다. 그들은 몇백 년 전부터 대만에서 살아온 본성인들에 의해서 타자로 취급받았기 때문에 강렬한 응집력으로 대응할 수밖에 없었다. 군인 권속이 모여 산다는 의미의 '권촌'이라는 이름을 볼 때, 당시 그들이 얼마나 절박한 심정이었는지 짐작할 수 있다. 모여 살았기에 어느 집에서 무슨 일이 있는지 무슨 반찬을 해 먹는지 알 수 있었다.

주로 권촌에서 살았던 외성인들은 대륙 각지에서 들어온 신분이기에 음식습관과 문화습속 모두 대만과는 달랐다. 특히 외성인들이 가져온 만두와 면 등 대륙의 분식문화는 쌀 위주의 대만 음식문화에 큰 영향을 주었다. 대만 곳곳에는 여전히 권촌 음식 전문식당이 영업을 하고 있다. 오늘 대만의 다양한 음식문화는 이렇게 외성인 정체성과 본성인 정체성이 만나서 '호동(互動)'하여 만들어낸 결과물이다. 전쟁은 이렇게 문화와 문화, 정체성과 정체성의 '만남'과 '교류'를 위한 거대한 교량이 되기도 한다.

식민과 전쟁은 '호동'의 다른 형태인데, 대만사회의 유전자를

외성인들이 대륙에서 들여온
음식들을 보여주는 전시물

생성한 가장 중요한 수단이라고 할 수 있다. 대만의 박물관에서는 이 '호동' 개념을 수도 없이 되풀이 설명하고 있고, 그렇게 해서 관람객의 두뇌를 다시 한 번 자극한다. 대만인들에게 '만남'과 '교류'는 피해 갈 수 없는 운명인 것처럼 말이다.

새로운 정체성의 생성

대륙 각지에서 들어온—대만 본토문화와는 완전히 다른 문화—외성인 종족은 시간이 가면서 대만사회로 융합되었다. 정체성과 정체성이 만나는 지점에서 대만은 또 하나의 경험을 쌓아 새로운 대만정체성을 확립하게 된 것이다. 팸플릿의 설명은 아래와 같다.

1. 원래 일본 장교숙소 지구였으나, 규모가 작았다.
2. 1949년 12월부터 해군사령부는 자치, 자립, 자조, 창조, 부흥 등의 이름으로 권촌을 속속 만들었다.
3. 1956년 5월부터 장제스의 부인 쑹메이링 여사가 '권촌 건설운동'을 호소하여 전국적으로 모금운동이 전개되었다.
4. 군구와 권촌이 일체화되는 대만 특유의 권촌문화를 만들어냈다.

스토리관 바로 인근에 당시 해군 권촌이 잘 보존되어 있다. 그 중 어느 제독의 집은 전시실로 활용되고 있었다. 방 안에는 마오쩌둥 사진도 전시되어 있었다.

어린이용 팸플릿은 어느 박물관이나 반드시 준비되어 있었다. 스토리관의 어린이용 팸플릿은 어른용과 똑같은 내용이지만, 대만에서만 사용하는 중국어 발음기호인 '주음부호(注音符號)'와 함께였다. '쭤잉 군사구역 스토리관'의 어린이용 팸플릿은 '바다와 변방을 지킨다'는 의미의 '진해정강(鎮海靖疆)'이라는 제목을 달고 있다.(왜 이렇게 어려운 이름을 달았을까.) 팸플릿 첫 장에는 "군구와 권촌이 한 가족이 되고, 장병과 권속이 한마음이 된 시대에 경의를 표한다"는 구호가 보였다. 특별히 어린이용 팸플릿에는 쭤잉의 역사가 설명되어 있다.

1. 명나라의 복원을 위해 노력한 정성공이라는 의미의 '명정(明鄭)' 기간에는 정성공의 군대가 주둔했고,
2. 청나라 영토로 편입된 의미라는 '청령(清領)' 시기에는 대만 첫 번째 토성을 쌓았다.
3. '일본 점거 시대(日據)'와 '일본 통치 시기(日治)'라는 용어를 놓고 교과서 논쟁이 전개되었다.
4. '일본 점거 시대'에는 남진기지가 되어서 한때 연합군의 공습 주요목표가 되었다.

여기에서는 꼭 '일본 점거 시대'라고 표현하고 있다. 동시에

'점거'와 '통치'가 한때 쟁점이 되었음도 밝히고 있다.

외성인들의 심리상태

정부가 대만으로 옮긴 이후 당연하겠지만 '후퇴'나 '패퇴'라고 하지 않고, 반드시 정부가 대만(台)으로 옮겼다는(遷) 의미의 '정부 천대(政府遷台)'라고 표현한다. 정부가 대만으로 옮긴 이후 쯰잉은 해군의 가장 중요한 기지가 되었고, 이곳에서 주둔하는 장병들은 '바다 강역(海疆)'을 지킨다는 중임을 맡았다고 표현하고 있다.

장병들과 권속은 일심동체 노심초사 특별히 1950~60년대를 지켜냈다. 그들은 모두 스스로를 '과객(過客)'으로 생각하며 쯰잉은 잠시 발을 디딘 곳이라고 생각했으나, 시대의 거대한 변화로 인해 점차 이 땅에 정을 붙이게 되었다고 했다. 이런 '과객 심리'는 비단 쯰잉 권촌만의 정서는 아니었을 것이다. 대륙에서 후퇴해서 대만으로 온 외성인 전체의 정서였다. 잠시 생소한 대만에 머물고 있지만, 다시 고향으로 돌아갈 것이었다. 이것이 국민당정부의 마음이었다.

우연과 필연

마지막 단락에 다시 힘주어 말하고 있다. "쯰잉 군구의 발전은 시대 흐름 속의 '필연'과 '어쩔 수 없음'을 증명하고 있다." 결국 '필연'과 '어쩔수 없음'이야말로 역사나 개인사의 결론이 될 수밖에 없다. 그것을 이길 '우연'이 있겠는가? 우연이냐 필연이냐의 문제는 우리 인생을 관통하고 있는 화두이다.

제9전시실은 '방향 창신'이다.

1. 수십 년의 노력을 거쳐 현대화된 해군기지로 변모했다.
2. 미래를 위해 군구는 설비를 확충할 것이고, 제2항구를 기획할 것이다.
3. 새로운 도전을 맞이할 준비가 되어 있다.

계속해서 스토리관 팸플릿에는 시간을 '경(經)'으로 삼고, 해군과 권속과 토지를 '위(緯)'로 삼아서 아홉 개의 주제로 나누고 쥐잉 군구와 권속의 스토리를 교차시켜 다시 그 시대 우리가 알고 있던 기억으로 돌아가게 한다는 내용이 보였다. 경도와 위도, 날줄과 씨줄은 일이 진행되어온 과정을 이르는 말로서 스토리관은 시간과 공간을 같이 엮어서 자세하고 보여주고 싶다는 의지를 드러냈다.

군인과 가족이 함께 견딘 '고생'와 '자랑'을 대대로 이어나가고 싶다는 의지도 보였다. 여기까지 정리하는 순간 나는 그 해군 박물관 전문가가 왜 이곳을 추천했는지 알게 되었다. 그는 자신이 군인임을 잊지 않았고, 군인의 입장에서 대만이 오늘의 정체성을 확보하기까지 걸어온 '고단한' 과정을 보여주고 싶었던 것이다.

국립 대만도서관
國立台灣圖書館

新北市中和區中安街85號
신베이시 중허구 중안가 85호

　도서관도 박물관인가? 이런 질문이 바로 나올 것 같다. 어느 날 대만도서관을 들어서는 순간, 로비 벽면에 전시된 대만스토리를 보고 내심 놀랐다. 그들은 전시물을 통해 대만의 역사를 기록하고 있었다. 아니 대만이 자랑하고 싶은 스토리를 전시하고 있었다. '이게 우리야 이게 바로 우리 대만이야' 하는 것처럼 대만의 정체성에 대한 강렬한 애착과 자존을 읽을 수 있었다.

　뿐만 아니라 도서관 자료실에 전시되고 있는 각종 서적들을 보면서 도서관이지만 하나의 서적 박물관이라고 해도 손색이 없었다. 그래서 대만도서관을 이 책의 마지막에 넣어서 대만 정체성에 대한 내 생각을 정리하고 싶었다.

　처음에는 '국립 대만도서관'이 '국립 도서관'의 분관인 줄 알았다. 국립 대만도서관의 이름을 발견하고 도서관에 들어서는 순간에도 그 둘의 다름을 눈치 채지 못했다. 입구 벽면의 전시물을 보면서 '이곳은 대만의 정체성을 강조하는 도서관이구나' 하는 생각을 하게 되었다. 또 대만자료 코너를 보고 나서야 대만도서관의 정체를 알 수 있었다. '국립 박물관'과 '국립 역사박물관'의 차이를 눈치 챌 때까지 시간이 좀 걸린 것처럼 말이다.

대만의 모든 박물관은 친절하다. 대만 곳곳이 그렇지만 대만 박물관의 매표소 직원들이 가족처럼 반긴다. 불친절에 익숙한 나는 그 친절의 대상이 내가 아닌 다른 사람이 아닌가 하면서 뒤를 돌아보게 된다. 직원은 물론 자원봉사자인 도슨트도 먼저 다가온다. 대만도서관도 마찬가지였다. 자료에 관해 질문을 던지는 순간부터 직원들은 끝까지 최선을 다했다. 대만도서관의 에디터(編輯) 천스룽(陳世榮) 선생은 앞으로 한국의 친구들이 대만도서관을 방문하거나 자료를 찾을 때 편하게 자신을 찾아달라고 몇 번이나 당부했다.

대만총독부 도서관

국립 대만도서관의 전신은 일제시대의 '대만총독부 도서관'이었다. 총독부가 1914년에 설립했다. 1945년 그들이 퇴각하면서 말살한 자료 외에 모든 자료가 남아 있다. 당연히 일제시대의 신문, 잡지, 관보, 연감, 조사서, 보고서 등 관련 자료가 제일 많은 곳으로 꼽힌다. 그런 점에서 특별히 이 도서관을 소개하고 싶었다. 2007년부터 도서관 측은 일제시대 도서, 사진, 지도와 잡지 전산화 작업을 추진했다. 지금까지 '대만학(台灣學)' 디지털 도서관을 설치하여 대만학 플랫폼 역할을 담당하고 있다.

남아 있는 자료를 살펴보면, 대만을 접수한 일본 식민당국은 통치를 위해 먼저 대만을 이해하기 위한 노력을 했음을 알 수 있다. 인구, 토지, 풍속 습관 등을 조사했는데, 그 결과물이 바로

『일본 지리 풍속 대계– 대만편』,『대만 통계 도표』[1],『대만 통치 개요』[2],『대만 통치사』[3] 등이다.

1908년에 출판된『대만 통치 종람』[4]에서는 군사, 경찰, 위생, 재정, 토지, 산업, 전매, 규범, 교통, 무역, 교육, 복권, 사법, 감옥, 습관 조사, 공공 도서 등 16개로 분류된 그들의 실적을 볼 수 있다.

자료를 살펴보면 총독부가 전매사업을 얼마나 중시했는지 알 수 있다. 1924년 출판된『대만 총독부 전매 사업』[5]에서는 아편, 장뇌, 소금, 연초, 술 등의 전매에 관해 소개하고 있다. 아편은 여전히 총독부의 중요한 사업의 일환이었음을 알 수 있다. 『대만 장뇌 전매지』[6]를 보면, 장뇌는 원주민과의 이해관계에서 가장 첨예하게 대립된 것이었다.

국민당정부 도서관

1945년 일본 제국주의가 항복한 이후 대만을 접수한 국민당 정부는『대만성 일본 재산 처리 법령 휘편』[7] 등 적산처리와 일본인 환송 문제 등에 관한 많은 자료를 남겼다. 특히『대만의

1　台灣統計圖表
2　台灣統治概要
3　台灣統治史
4　台灣統治綜覽
5　台灣總督府專賣事業
6　台灣樟腦專賣志
7　台灣省日產處理法令彙編

국어운동』[8], 『대만은 일문과 일어를 사용해서는 안 된다』[9] 등의 책을 볼 때, 국민당정부가 일본어를 금지하고 중국어 표준어인 '국어'를 보급하는 데 얼마나 큰 노력을 기울였는지 알 수 있다.

1951년 대만에서 처음으로 지방자치 제도가 시행되어 제1기 대만성(台灣省) 의원을 선출했다. 『대만 지방자치』[10] 등의 관련 서적을 찾아볼 수 있다. 국민당정부가 대만을 접수한 이후 일본인들이 남긴 전매제도를 그대로 이어받았다. 다만 아편전매는 제외하고, 장뇌와 담배/술 등 전매를 위한 대만성 전매국을 설치했다.

대만도서관의 팸플릿에 중요한 서술이 보였다. 공업과 광업의 경우 자원위원회가 일본이 남긴 소금, 주정, 전력, 알루미늄, 금, 동 등의 산업을 접수하고 국영산업을 수립했다는 설명이었다. 대만을 접수한 국민당정부는 일본이 만들어놓은 산업의 토대위에서 국영산업을 건설했다.

대만도서관 전시실에서 『현재 대만 농촌문제와 장래전망』, 『대만 토지개혁』, 『경자유전 실시 문답』 등의 자료를 볼 수 있다. 1948년 국민당정부는 대륙에서 토지개혁을 위한 '중국 농촌부흥 연합위원회'를 구성했지만, 이미 너무 늦어 실패를 만회할 기회가 없었다. 바로 그다음 해 대륙이 공산화되었고, 국민당정부는 대만으로 건너와 토지개혁부터 단행하였다. '375' 감조와

8   台灣之國語運動
9   台灣現在還是不應該用日文日語
10   台灣地方自治

'경자유전' 등 대만에서의 토지개혁 등 농업개혁을 추진하였다. 덕분에 다수의 농민이 자경농이 되었다.

대만도서관에는 '대만 여성 등산사'나 '대만 자연생태의 아름다움' 같은 '대만학' 관련 강좌가 꾸준하게 열리고 있었다. 물론 작가 초대나 독서모임 등의 교류도 활발하게 이루어지고 있다.

'대만학' 연구센터

대만도서관에는 '대만연구' 전문코너가 있다. 대만학과 관련되는 모든 자료를 한자리에 모아두고 있다. 민진당의 천수이볜 총통 임기 중인 2007년 교육부는 대만도서관에 '대만학 연구센터'를 설치했다. 대만정체성을 중시하는 민진당과의 고리를 짐작할 수 있다.

대만학 연구센터는 국내외 학계에서 이미 상당한 권위를 확보하고 있다. 매년 한두 차례 『대만학연구』[11] 논문집을 발행하는데, 논문투고자 중에 일본인 학자의 이름이 많이 보인다. 일본 학계의 대만학 연구, 나아가서 중국학 연구의 역량이 보인다.

특이한 점은 문창(文創), 즉 문화 창의 제품을 생산판매한다는 것이다. 내가 보기에 대만의 가장 큰 자랑거리가 아닐까 한다. 그들의 아이디어가 총출동하고 있다. 판매하고 있는 머그컵, 에코백, 역사 관련 그림엽서 등 각종 제품을 살펴보면, 그들이 대만의 존재감 확산을 위해 얼마나 열심히 노력하고 있는지 알 수 있다. 더불어 최근 대만 내부의 이슈를 짚어보면 아래와 같다.

---

11   台灣學研究

사회주의 '동반자(同路人)'

2022년 11월, 대만정체성을 중시하는 『자유시보』는 국민당 등 친중세력의 "홍색 동반자(紅色同路人)가 대만의 운명을 장악하게 해서는 절대 안 된다."라는 내용의 사설을 실었다. 최근 대만 언론에 '동반자'라는 용어가 자주 등장하고 있다. '동반자' 이슈는 방송토론에서도 등장하고 있었다.

내 눈과 귀를 의심했다. '동반자'는 사회주의 논쟁에서 중요한 위치를 차지하고 있는 어휘이기 때문이다. 그런 학술용어가 왜 대만사회에서 광범위하게 인용되고 있는 것일까? '동반자'는 30년 전 내 박사논문의 중요한 키워드였다. 학위논문인 『중국 사회주의 혁명문학 논쟁(1928~30)』에서 나는 루쉰 등을 중국공산당의 '동반자'로 분류했다. '동반자'의 사전적인 의미는 어느 정치조직의 정책이나 주장을 동정하거나 찬조하고 원조하지만, 아직 조직원은 아닌 사람이다. 나는 학위논문에서 루쉰은 사회주의자가 아니고, 단지 사회주의에 공감하는 '동반자'임을 강조했다.

중국학계에서는 물론 정치계에서도 루쉰의 사상적 정체성에 대해 오랫동안 논의되어왔다. 최종적으로 국민당정부는 그를 '사회주의자'라고 못박고, 대만에서 그의 모든 저작을 금서로 지정했다. 반면에 사회주의 중국은 루쉰을 '우군'으로 간주하고, 아니 필요성에 따라 중국공산당을 지지한 인물로 선전했다.

하지만 시진핑 집권 이후, 루신의 작품은 교과서에서 퇴출되고 있다고 한다. 그를 상징하는 '반골정신'과 '반항정신'이 장기

집권을 하고 있는 현재의 중국공산당과 시진핑정부에 부담을 주기 때문이다. 이를 통해서 우리는 루쉰의 사상사적 위치를 짐작할 수 있다.

대만에서 나는 두 가지에 놀랐다. 하나는 '동반자'라는 단어가 대만에서 아직 통용되고 있다는 점이고, 다른 하나는 그것도 신문과 방송에서 버젓이 등장한다는 점이었다. 그것도 대륙이 아닌 대만에서 상대를 공격하기 위한 용도로 사용되고 있다는 점에서 놀라웠다.

사회주의와 동반자

사회주의 국가의 역사를 살펴보면, 중간지대인 '동반자'에 대한 해석이 각각 다르다. 사회주의에 대한 공감을 동조로 해석하여 그들을 공산당의 우군으로 해석하기도 하고, 언제든지 적이 될 수 있는 회색분자로 해석하여 탄압하고 숙청하기도 한다.

학습이나 노동을 통하여 정체성의 전환, 즉 사상이 교정된다고 생각되면 목숨을 부지할 수 있지만, 절대불가하다고 판단되면 제거해야 하는 것이다. 후자의 대표적인 예가 킬링필드의 캄보디아였다. 부르주아를 포함 회색분자라고 의심되는 쁘띠부르주아 2백만 명이 학살되었다.

소련의 경우도 마찬가지여서 '10월 혁명' 직후 레닌은 사상이 의심되는 수십만 명을 재판 없이 처형했다. 이런 흐름은 스탈린 시대에도 크게 달라지지 않았다. 개조될 기회를 주기도 했는데, 시베리아 수용소로 보내는 것이었다. 소련의 고려 한인들이 극동지역에서 중앙아시아로 강제 이주된 경우도 마찬가지였다. 처음부터 끝까지 스탈린의 목표는 고려인의 '이주'가 아니라 고려인의 '소멸'이었다. 스탈린은 외국인을 믿을 수 없었기 때문이다.

학습이나 노동을 통하여 사람의 두뇌구조가 전환될 수 있다고 믿는 경우의 대표는 '사회주의 중국'이라고 할 수 있다. 농촌으로 '하방(下放)'시키고 간부학교로 보내어 재교육의 기회를 주었으니 비교적 관대한 경우라고 할 수 있다. 하지만 중간지대로서 '동반자'는 중국에서도 평생 의심받고 수시로 숙청되는 운명을 피해 갈 수 없었다.

대만사회와 동반자 논쟁

대만에서도 '동반자'는 정치적으로 매우 수세적인 위치에 처해 있다. '동반자'는 이제 독립을 추구하는 민진당이 친중성향의 국민당을 비판할 때 수시로 동원하는 도구가 되었다. '국민당 너희들은 중국공산당을 동정하고, 찬조하고, 원조하는 세력 아니냐'라고 비판하고 있다. 중국과 친하게 지내자고 하는 것 자체가 중국공산당을 도와주는 행위라는 것이다.

2025년 4월 『자유시보』에서도 '동반자 신드롬'[12]이라는 제목의 사설을 실었다. 국공합작을 원하는 세력은 모두 사회주의 동반자라고 비판했다. '동반자 신드롬'은 상대를 내부의 적이나 배신자로 낙인찍는 심리적 단절 현상이다. 사회가 이성보다는 감정적으로 재편되고 있다는 뜻인데, 감정은 감정으로 증폭되기

---

12 同路人 症候群

에 그만큼 위험하다.

'동반자'라는 말이 대만사회에 횡행하다는 사실은 지금 대만사회가 분화되고 있다는 방증이다. 중국공산당 그리고 중국과의 유대 강화에 공감하는 사람이 많이 있다는 것이다. 중국공산당의 통일전선전술이 제대로 효과를 발휘하고 있다는 뜻도 된다. 중국공산당은 대만의 중도를 분열시켜 친중국 성향으로 만들어야 한다. 앞으로 대만의 중도층 분열을 획책하는 통일전선전술은 더욱 강화될 것이고, 대만사회에서 동반자 논쟁은 더욱 빈번해질 것이다.

대만사회의 양극화

국가 내부에는 다양한 정체성이 공존한다. 국가는 다양한 정체성이 얼기설기 엮여 있는, 일시적으로, 그것도 간신히 유지되고 있는 하나의 공동체이다. 따라서 국가는 영원하지 않다. 언제든지 나누어지고 깨질 수 있다. 세계역사를 살펴보면 고대부터 지금까지 변함없이 지속된 국가는 없다. 길게 보면 '국가'라는 공동체는 어쩌면 나누어지고 깨지는 것이 당연한 것이다. 지금 대만사회는 어느 지점에서 분화되고 있을까? 크게 세 가지로 나눌 수 있다.

첫째는 정치적 양극화인데, 정체성 정치가 강화되고 있다. 민진당은 국민당을 중국의 동반자로 규정하면서 대만 정체성에 위협이 된다고 비난한다. 국민당은 민진당이 전쟁을 소환하고 있다고 비난한다. 정책 논의가 아닌 도덕성 결여나 국가 충성심 부족 등 명분으로 다툰다. 상대는 대화의 상대가 아니라 제거되어야 할 대상으로만 존재한다. 정치적 분화가 다시 사회적 분화를 야기하여 공동체적 신뢰가 파괴되고 있다. 신뢰의 붕괴는 다시 상호적대의 이유가 되어 악성순환을 추동할 것이다.

둘째는 경제적 양극화이다. 부동산 소유와 비소유 계층의 격차, 청년실업과 불안정 노동(저임금 장기화) 구조, 산업구조의 편중(첨단산업의 혜택은 소수에게) 등이 심화되고 있다.

셋째는 사회문화적 양극화이다. 세대 간 갈등(독립 의제에 대한 인식 차이), 도농 격차(교육, 의료, 문화 인프라 불균형), 정보 환경의 분화(정보 편식) 때문에 진영논리가 확대되고 있다.

끊임없는 분화- 사회도 국가도 영원하지 않다

마오쩌둥은 '끊임없는' 혁명을 주장했다. 그는 1949년 중화인민공화국을 수립한 이후—단 하루도 평온한 날이 없을 정도로—1976년까지 시종일관 혁명을 시도했다. 사회 기득권은 제거되는 것처럼 보이지만 새롭게 생성될 수밖에 없고, 인간은 결국 다시 '분화'될 수밖에 없는 존재라는 것을 마오쩌둥은 잘 알고 있었다. 하지만 그의 '영구 혁명론'은 매우 자가당착적이다. '완전한', '완벽한' 사회는 오지 않는다는 것을 스스로 인정하고 있기 때문이다.

세상만사 모든 것은 변화할 뿐이다. 사회와 국가는 망하지 않는다. 그저 사회와 국가의 정체성이 변화할 뿐이다. 사회나 국가의 정체성은 끊임없이 변화하는데, 사회 구성원들의 두뇌가 어느 날은 명분에 어느 날은 실리에 경도되기 때문이다. 따라서 사회나 국가의 변화는 슬퍼할 일도, 기뻐할 일도 아니다.

대만과 신이민(新移民)- 정체성의 재조립

세계적으로 '신이민'[13] 문제가 국가의 가장 큰 화두가 된 지 오래이다. 이에 대한 입장도 명분과 실리에 따라 나누어진다. 누구는 오겠다는 사람들을 무조건 받아들여야 할 뿐 아니라, 내국인과 똑같은 대우를 해주어야 한다고 한다. 명분을 중시하는 입장이다. 누구는 우리가 그동안 힘써 만들어놓은 사회와 경제체제를 일거에 무너뜨릴 수도 있는 만큼 신중하자고 한다. 실리를 중시하는 입장이다.[14] 대만에 동남아시아로부터 신이민이 꾸준하게 유입되고 있다. 이와 관련하여 대만사회도 명분과 실리로 나누어졌고, 나누어지고 있다. 대만의 정체성이 전환되거나 재조립되고 있는 장면이다.

홍콩사회가 극단적으로 분화되면서 2020년 6월 『홍콩보안법』 발효를 전후하여 해외로 떠난 사람은 수십만을 넘어 1백만 명에 이른다는 통계가 있다. 그들은 영국, 캐나다, 호주 등지로 이주했다. 대만도 같은 중화문화권이며 중국어가 통한다는 이유로 홍콩을 탈출하고자 하는 사람들의 중요한 선택지 중의 하나였다.

게다가 홍콩의 분위기가 험해질수록 대만 정치지도자나 언론들이 홍콩인들의 불안한 상황을 언급하는 빈도수가 많아졌다.

---

13   신주민이라고도 한다. 다른 국가 또는 지역으로 막 이주한 사람을 가리킨다.
14   필리핀 출신 가사 도우미의 월급과 관련된 논쟁을 생각해보면 좋겠다. 한국인과 동등하게 책정해야 한다는 입장도 있고, 필리핀 현지의 물가 수준을 생각해야 한다는 입장도 있다.

모두 '자유로운' 대만의 이미지에 편승해 자신들의 존재감을 드러내고자 함이었다. 더불어 언제든지, 얼마든지 우리 대만으로 오라는, '자유로운' 대만이 여러분을 환영한다는 립서비스와 함께였다.

2023년 1월 『연합보』는 사설에서 '중화민국' 헌법상 홍콩인 역시 대만의 국민이라고 했다. 대만 호적만 없는 상태라는 것이다. 물론 헌법이 규정한 국민은 중국대륙에 거주하는 중화인민공화국 국민까지 포함된다.

홍콩인의 대만 이민은 외국인의 귀화 절차가 아닌, 그저 간단하게 호적을 취득하는 절차만 통과하면 된다는 홍보도 이어졌다. 하지만 실제 홍콩인들이 이민 절차를 밟으면서 겪은 스토리가 공유되면서 대만정부가 말처럼 환영하는 분위기만은 아니라는 소문이 났다. 행정적으로 '된다 안 된다'가 불투명했던 것이다.

알려진 바에 의하면, 대만 이민을 신청한 홍콩인들 중에서 중국대륙에서 출생했거나, 중국자본의 기업[15]에서 일했거나, 공공기관에서 일한 사람들은 모두 이민 결정이 보류되었고, 관찰의 대상이 되었다. 대만 정부의 고민을 알 수 있는 대목이다. 누구나 다 받을 수는 없었던 것이다.

중국공산당이 파견하여 대만사회 곳곳에서 활동하고 있는 '간첩'이 매우 많다고 한다. 그들은 대만 내부에 정착해서 친중국 분위기를 조성하고 대만정체성의 분화를 꾀하는 '통일전선

15　中資企業

전술'을 수행하고 있다.

대만과 과학

2022년 대만에서 논문표절 사건이 크게 터졌다. 최고학부인 국립 대만대학의 교수이자 당시 국가안전국장인 천밍퉁(陳明通)이 지도했던 학생 아홉 명의 논문자료가 일치했던 것이다. 사회 전체가 논문 표절과 대만의 근대화 정도 등에 대한 토론에 빠져들었다. '우리가 이 정도밖에 안 되나' 할 정도로 대만사회는 큰 충격을 받았다.

대만 학계의 권위가 크게 손상되었을 뿐만 아니라, 상아탑으로서 대학위기를 표출한 것이고, 사회가치관과 사회신뢰 붕괴였기 때문이다. 이 나라 저 나라 할 것 없이 사회의 '근대화', 즉 '합리화'는 멀고 먼 길인 것만은 분명한 것 같다. 나도 실망해서 대만사회의 '근대화' 정도를 다시 생각해보는 계기가 되었다. 평소 대만을 대표하는 연구기관인 '중앙연구원'의 존재를 무척 부러워하고 있던 차였다. 학술권위의 보루로서, 국가미래 방향을 제시하는 센터로서, 사회정보의 집합점으로서 중앙연구원이 너무 부러웠다. 그런 연구기관을 만들었고 운영하고 있는 사회에서 논문표절이라니, 어디까지, 어느 정도까지 표리부동하다는 말인가?

대만인들의 영혼을 지배하고 있는 것처럼 보이는 특유의 '마조현상'이 근대화를 방해하고 있는 것은 아닐까? 마조묘와 지방조직폭력배의 자금과 정치의 상관관계가 자주 언론에 등장하고 있다. 마조의 전근대성을 사회의 '과학화'가 견제할 수 있을까?

대만에서는 마조 덕분에 또는 때문에 무속논쟁이 불가능하다. 마조로 대표되는 대만인들의 신앙은 대만사회의 영원한 숙제일 수 있다.

2023년 1월, 전철 객실 출입문에 쓰인 문구가 눈에 들어왔다.

1. 과학에 뿌리를 내리고, 대만의 지속 가능성을 확보하자
2. 과학참여의 포용성을 확대하고, 과학인재 육성을 중시하며,
3. 전국민이 공동으로 창조하고, 그 성과를 누리자
4. 대만의 국제 파트너십을 구축하자

는 것이 4대 핵심주제이다.[16]

2022~23년은 유네스코가 정한 '기초과학 촉진과 지속가능 발전을 위한 국제 해'[17]였다. 이를 맞이하여 '대만 국가과학 및 기술위원회'가 추진하는 활동의 일환이었다. 이것뿐만 아니라 대만의 이미지가 '과학화'라고 할 만큼 내게 강하게 어필되고 있다. 여기저기 다닐 때 내 앞으로 순간순간 다가오는 '합리' 때문일 것이다. '4대 핵심주제'가 무심하게 보이지 않는 이유이다.

홍콩을 바라보는 대만인들의 심정

2022년 7월 1일, 홍콩반환 25주년 기념식에서 시진핑은 "'일국양제'가 '세계적으로 공인된 성공'을 거두었고 장기적으로 견지될 것"이라고 했다. 이에 같은 날 대만 행정원의 '대륙위원회'

---

16 扎根科學 永續台灣 - 科學平權, 科學啟蒙, 全民參與, 國際鏈結
17 基礎科學促進永續發展國際年

홈페이지에는 시진핑을 반박하는 글이 올라왔다.

- 홍콩의 민주주의, 인권, 자유, 법치는 25년 전에 비해 심각하게 후퇴했다.
- 중국공산당이 홍콩에서 시행한 '일국양제'의 본질은 인류 보편적 가치와 상충한다는 것을 보여주었다.
- 대만은 보편적 가치와 제도, 생활양식을 지속적으로 수호하고, 국제사회와 함께 민주적 방어선을 확고히 지킬 것이다.
- 2019년 수백만 홍콩인들이 자유 민주주의를 쟁취하려 하자 중국공산당은 2020년 6월 『홍콩보안법』을 도입해 홍콩을 강압적으로 통치하고, 홍콩인들의 기본권을 제한했다.
- 홍콩의 민주인사들이 감옥에 갔고, 시민사회가 붕괴되었으며, 언론매체는 재갈이 물렸다.
- 대만인들은 민주적 선거를 통해 전세계와 중국공산당에 '일국양제'를 거부한다는 확고한 입장을 거듭 표명했다.
- 자유민주주의 헌정, 대만과 중국의 상호 비예속, 주권침해 및 병탄불용, 대만인들 스스로에 의한 대만미래 결정 등 '4대 견지'가 우리의 기본원칙이다.

대만사회, 특히 민진당 정부는 중국 사회주의와 차별화되는 완전한 민주를 실행하여 중국인들에게 선택지를 제공해야 한다는 사명감을 가지고 있다. 홍콩에 『홍콩보안법』이 도입되면서 '자유'로 대표되는 홍콩의 정체성이 사라져 이제 자유민주주의 대만이라는 공간이 더 소중해졌기 때문이다.

중국공산당이 대만에 대해 지속적으로 제안하는 '일국양제' 역시 완전히 실패했음을 현재 홍콩의 상황이 보여주고 있다는 지적이다. '자유로운' 대만을 특히 자랑스러워하는 대만인들이 차이잉원 전 총통이 제창한 '상호 비예속' 등의 '4대 원칙'을 더욱 강조하고 있는 배경이다.

세계 신문명의 중심 - 대만

2022년 11월, '제1회 세계 종교 평화 포럼'[18]이 대만에서 개최되었다. 그 성과를 신문에 크게 홍보하고 있었다. 대만의 가치를 압축적으로 정리하고 있기에 눈에 쏘옥 들어왔다.

1. 대만에는 경제기적, 정치기적, 종교기적 등이 있다.
2. 충돌하지 않고, 합작교류하고, 상호존중하고,
3. 대만문화의 가치는 '구동존이(求同存異)'[19], '동체공생(同體共生)'[20], '피차화해(彼此和諧)', '화평공영(和平共榮)' 등이고,
4. 앞으로 대만이 세계 신문명의 중심이 될 것이다.

이 뉴스를 접하는 순간, 대만이니까 이런 대회가 열리는 것이 당연하고 자격이 있다는 생각을 했다. 나는 상호존중이야말로 대만사회의 가장 큰 장점이라고 인정한다. 대만에서의 매순간은 직접 내 피부로 그런 장점을 확인하는 과정이다. 세계 신문명

18　世界宗教和平論壇
19　같은 점을 찾고, 다른 점을 인정하며, 공존한다.
20　서로 한 몸처럼 여기며 함께 살아간다.

의 중심이 되어야 할 충분한 이유가 된다.

종교 평화 포럼에서 각 종교 단체와 학계의 지도자급 원로들은 문명과 문화 측면에서 세계평화 방안을 논의했다. 독특한 종교 평화라는 대만의 문화 현상과 대만의 가치가 지구 곳곳에 전해지는 것이 목표라고 한다. 이후 매년 개최되고 있다.

일찍이 1990년에 사상가 첸무는 대만의 종교 현상은 인류문화의 집대성으로, 다원적이고 포용적인 인문 경관은 세계적으로 유일한 문화 현상이라고 했다. 심리학자 황광궈(黃光國)는 대만을 중국보다 더 중국적인 '문화 중국'이라고 표현했다. '문화 중국'의 영혼이 중국 문화 발전을 견인할 것이라고 했다. 대만 사회는 유가 문화, 인간 불교, 서방 개인주의가 합쳐진 결과물이라는 것이다. 비록 종교단체들이 모여서 얻은 결론이라고 해도 '대만의 가치'에는 누구라도 공감할 것이다. 더 이상 적절한 표현이 없을 정도로 네 가지로 정리하고 있다.

1. 대만의 역사는 '같은 것을 구하고 다른 것은 그대로 두는' '구동존이(求同存異)'의 과정이었다.
2. 어차피 같이 할 수밖에 없다는 '동체공생(同體共生)'의 가르침을 배우는 과정이었다.
3. 아무리 심한 갈등을 겪었더라도 결국 피차 화해할 수밖에 없다는 것을 아는 '피차화해(彼此和諧)'의 길이었다.
4. 그렇게 하는 것이야말로, 그렇게 해야만 우리 모두에게 이롭다는 '화평공영(和平共榮)'을 터득하는 구도의 과정이었다.

책을 써낸다는 것의 의미

아무리 작은 책이라도 처음부터 끝까지 일맥상통하는 그 무엇이 있어야 한다. 이 책을 기획하면서부터 나는 박물관의 서사를 통해 대만사회의 어제와 오늘을 알고 싶었다. 궁극적으로 오늘날 우리가 느끼는 '대만의 가치'는 역사적으로 어떻게 형성되어왔을까를 탐구하는 것을 목표로 했다. 결과적으로 역사를 정체성의 분화와 재조립 과정으로 보는 평소 내 생각은 더욱 확고해졌다.

후스는 써내지 못한다면 자신의 지식이 아니라고 했다. 써낼 수 없다면 자신의 지식이라고 할 수 없다는 것인데, 그만큼 글로 써낸다는 행위의 중요성을 강조한 말이다.

가해자와 피해자

대만역사를 공부하면서 대다수 대만인은 '혼혈'이라는 것을 알게 되었다. 원주민의 입장에서 보면 네덜란드, 복건인, 객가인, 일본인, 외성인 등의 '신이민'이 이어졌다. '단일민족'이라는 말이 아예 불가능한 다원적인 정체성인 것이다.

'나는' 또는 '우리는' 가해자일까? 피해자일까? 우리는 피해만 입은 것일까? 우리는 한 번도 가해자였던 적은 없는 걸까? 역사에 관심을 가지기 시작하면서 언제나 내 머릿속을 맴돌고 있는 질문이다.

2024년 7월, 타이난시 문화국의 특강에서 나는 대만인들의 의식형태 특징이 '가해자 겸 피해자'라는 인식에 있다고 했다. 나아가 이것이 대만문화의 특징이자 장점이라고 해서 많은 대만학자들로부터 공감을 이끌어낸 적이 있다. 대만인들은 모두가 '가해자'인 동시에 '피해자'이다. 지나친 우월감도 지나친 열패감도 없다. 역사적으로 '누가 잘했느냐, 잘못했느냐'를 따진다는 것은 불가능할 뿐만 아니라 의미도 없다.

'대만의 가치'는 대만정체성이라는 말로 대체할 수 있다. 처음에 언급했던 것처럼, 무릇 정체성은 유전자와 환경의 결과물이다. 유전자가 환경을 만들고, 그 환경이 다시 유전자를 만든다는 점에서 양자는 분리될 수 없는 일체이다. '건강한' 대만 박물관의 '서사'라는 환경을 통해 대만사회의 유전자는 더욱 건강해지고 있다. 다시 건강한 문화적 유전자는 더욱 건강한 대만 박물관의 '서사'를 만들어낼 것이다.

역사는 '우리'가 만들기에 그것이 바로 '우리'의 현재가 되는 것이다. 대만의 역사는 '대만인'이 만들었고, 그것이 바로 '대만인'의 현재인 것이다. 그렇게 본다면 백 년 전이나 천 년 전의 역사는 오늘의 역사와 직결된다.

참고문헌

F. 카울바흐, 백종현 옮김, 『임마누엘 칸트-생애와 철학 체계』(아카넷, 2023년 3월 3쇄)

F.M. 왓킨스, 李洪九 옮김, 『이데올로기의 時代』(을유문화사, 1995년 9월 18쇄)

G.W.F. 헤겔, 권기철 옮김, 『역사철학강의』(동서문화사, 2020년 1월 2쇄)

가라타니 고진, 고아라시 구하치로 들음, 조영일 옮김, 『6 정치를 말하다』(도서출판b, 2010년 3월 4쇄)

가라타니 고진, 김경원 옮김, 『마르크스 그 가능성의 중심』(이산, 1999년 5월)

가라타니 고진, 이신철 옮김, 『9 트랜스크리틱-칸트와 맑스』(도서출판b, 2017년 3월 2쇄)

가라타니 고진, 조영일 옮김, 『1 세계공화국으로』(도서출판b, 2014년 3월 4쇄)

가라타니 고진, 조영일 옮김, 『10 세계사의 구조』(도서출판b, 2017년 3월 6쇄)

가라타니 고진, 조영일 옮김, 『14 제국의 구조-중심, 주변, 아주변』(도서출판b, 2016년 8월 2쇄)

가라타니 고진, 조영일 옮김, 『2 역사와 반복』(도서출판b, 2013년 1월 2쇄)

가라타니 고진, 조영일 옮김, 『3 네이션과 미학』(도서출판b, 2009년 8월)

가라타니 고진, 조영일 옮김, 『힘과 교환양식』(비고, 2023년 11월)

가라타니 고진, 최혜수 옮김, 『12 「세계사의 구조」를 읽는다』(도서출판b, 2014년 3월)

가야트리 스피박, 태혜숙 옮김, 『다른 세상에서』(여이연, 2004년 7월)

강상중, 노수경 옮김, 『떠오른 국가와 버려진 국민』(사계절, 2020년 6월)

강상중, 이경덕 옮김, 『고민하는 힘』(사계절, 2017년 12월 22쇄)

강상중, 이경덕·임성모 옮김, 『오리엔탈리즘을 넘어서』(이산, 2004년 1월 6쇄)

게오르그 짐멜, 김덕영·윤미애 옮김, 『짐멜의 모더니티 읽기』(새물결, 2005년 2월)

고부응 엮음, 『탈식민주의-이론과 쟁점』(문학과지성사, 2003년 5월)

고부응, 『초민족 시대의 민족 정체성』(문학과지성사, 2002년 10월)

고자카이 도시아키, 방광석 옮김, 『민족은 없다』(뿌리와이파리, 2003년 8월)

곤자 다케시, 이신철 옮김, 『헤겔의 이성, 국가, 역사』(도서출판b, 2019년 1월)

구춘권 외, 『지구화시대의 국가와 탈국가』(한울, 2009년 10월)

기타무라 미노루, 김동욱 외 옮김, 『사회주의 중국은 행복한가』(한울, 2014년 4월)

김광억 외, 『종족과 민족』(아카넷, 2006년 9월 2쇄)

김남혁, 『메리 루이스 프랫, 제국의 시선』(커뮤니케이션북스, 2016년 4월 초판)

김병준·고일홍 엮음, 『아시아를 상상하다-닫힘과 열림』(진인진, 2023년 1월)

김성기 편, 『모더니티란 무엇인가』(민음사, 1995년 10월 2쇄)

김종호, 『화교 이야기』(너머북스, 2021년 1월)

金學主 譯, 『朱子·王陽明』(新華社, 1983년 9월)

나데쥬다 만델슈탐, 홍지인 옮김, 『회상』(한길사, 2009년 8월)

나은영, 『조지 허버드 미드』(커뮤니케이션북스, 2017년 10월)

나카노 노부코, 김현정 옮김, 『정의 중독』(시크릿하우스, 2021년 6월 2쇄)

나탈리 하이니히, 임지영 옮김, 『정체성이 아닌 것』(산지니, 2021년 5월)

남회근, 신원봉 옮김, 『주역계사 강의』(부키, 2020년 4월 6쇄)

노먼 도이지, 김미선 옮김, 『기적을 부르는 뇌』(지호, 2008년 7월)

니니안 스마트, 김윤성 옮김, 『종교와 세계관』(이학사, 2002년 3월 2쇄)

니시카와 나가오, 윤해동·방기헌 옮김, 『국민을 그만두는 방법』(역사비평사, 2009년 11월)

니시카와 나가오, 한경구·이목 옮김, 『국경을 넘는 방법-문화, 문명, 국민국가』 (일조각, 2006년 9월)

다니엘 G. 에이멘, 안현숙 옮김, 『그것은 뇌다』(브레인월드, 2008년 8월)

다치바나 다카시, 이규원 옮김, 『뇌를 단련하다』(청어람미디어, 2011년 6월 9쇄)

데이비드 무어, 정지인 옮김, 『경험은 어떻게 유전자에 새겨지는가』(아몬드, 2024년 7월 5쇄)

데이비드 이글먼, 김소희 옮김, 『인코그니토』(쌤앤파커스, 2011년 6월 3쇄)

데이비드 하비, 구동회·박영민 옮김, 『포스트모더니티의 조건』(한울, 2000년 10월 3쇄)

데이비드 허다트, 조만성 옮김, 『호미바바의 탈식민적 정체성』(앨피, 2011년 11월)

도리스 메르틴, 배명자 옮김, 『아비투스』(다산북스, 2021년 5월 13쇄)

량치차오, 강중기 외 옮김, 『음빙실자유서』(푸른역사, 2020년 1월 2쇄)

레몽 아롱, 변광배 옮김, 『지식인의 아편』(세창출판사, 2022년 10월 2쇄)

레스리 A. 화이트, 이문웅 옮김, 『文化의 槪念』(일지사, 1996년 12월 11쇄)

레이황, 구범진 옮김, 『장제스 일기를 읽다』(푸른역사, 2009년 12월)

로자 룩셈부르크, 김경미·송병헌 옮김, 『사회 개혁이냐 혁명이냐』(책세상, 2002년 1월)

로저 스크루턴, 강문구 옮김, 『신좌파의 사상가들』(한울아카데미, 2004년 5월)

롤프 도벨리, 비르기트 랑 그림, 두행숙 옮김, 『스마트한 생각들』(걷는 나무, 2020년 2월 52쇄)

뤄트허르 브레흐만, 안기순 옮김, 『리얼리스트를 위한 유토피아 플랜』(김영사, 2017년 10월 2쇄)

뤼시앙 골드만, 박영신 외 옮김, 『문학 사회학 방법론』(현상과인식, 1984년 3월)

뤼트허르 브레흐만, 안기순 옮김, 『리얼리스트를 위한 유토피아 플랜』(김영사,

2017년 10월)

류(유)영하, 『이미지로 읽는 중화인민공화국』(소명출판, 2012년 6월 2쇄)

류영하, 『방법으로서의 중국-홍콩체제』(소명출판, 2020년 9월)

류영하, 『대만 산책』(이숲, 2024년 5월 개정판 1쇄)

류영하, 『사라진 홍콩』(산지니, 2023년 9월)

류영하, 『중국 민족주의와 홍콩 본토주의』(산지니, 2014년 11월)

리사 펠드먼 배럿, 최호영 옮김, 『감정은 어떻게 만들어지는가?』(생각연구소, 2018년 2월 4쇄)

리쉬, 박희선 옮김, 『인간 공자, 난세를 살다』(메디치미디어, 2020년)

리쉬(李碩), 홍상훈 옮김, 『상나라 정벌』(글항아리, 2024년 2월)

리오 칭, 유정완 옮김, 『안티-재팬, 탈식민 동아시아의 감정의 정치학』(소명출판, 2023년 4월)

리쩌허우, 이유진 옮김, 『중국 사상의 기원』(글항아리, 2024년 8월)

리쩌허우, 황희경 옮김, 『역사본체론』(들녘, 2004년 12월)

리처드 니스벳, 이창신 옮김, 『마인드웨어-생각은 어떻게 작동하는가』(김영사, 2016년 8월 2쇄)

리처드 니스벳, 최인철 옮김, 『생각의 지도』(김영사, 2004년)

리처드 니스벳, 최인철 옮김, 『생각의 지도』(김영사, 2021년 8월 68쇄)

리처드 니스벳·리로스, 김호 옮김, 『사람일까 상황일까』(심심, 2022년 2월 6쇄)

리처드 도킨스, 홍영남 외 옮김, 『이기적 유전자』(을유문화사, 2023년 1월)

리처드 프랜시스, 김명남 옮김, 『쉽게 쓴 후성유전학』(시공사, 2024년 8월 9쇄)

마르쿠스 가브리엘, 김윤경 옮김, 『왜 세계사의 시간은 거꾸로 흐르는가』(타인의 사유, 2021년 4월)

마르쿠스 가브리엘, 김희상 옮김, 『왜 세계는 존재하지 않는가』(열린책들, 2021년 8월 6쇄)

마르쿠스 가브리엘, 노경아 옮김, 『Markus Gabriel VS』(사유와공감, 2022년

10월)

마르쿠스 가브리엘, 이진아 옮김, 『지나치게 연결된 사회』(베기북스, 2022년 8월)

마크 슈미트 글 그림, 김지양 옮김, 『이상한 대중문화 읽기』(인간희극, 2010년 11월)

막스 베버, 박성수 옮김, 『프로테스탄티즘의 윤리와 자본주의 정신』(문예출판사, 2018년 2월 3판 8쇄)

미셸 옹프레, 변광배·김중현 옮김, 『아리스토텔레스의 악어』(서광사, 2022년 12월)

미셸 세르 외, 이효숙 옮김, 『정체성, 나는 누구인가』(알마, 2013년 4월)

박노자, 『당신들의 대한민국』(한겨레신문사, 2006년 1월 25쇄)

박유하, 『제국의 위안부-식민지지배와 기억의 투쟁』(뿌리와이파리, 2013년 11월 2쇄)

박종성, 『탈식민주의에 대한 성찰』(살림, 2012년 11월 6쇄)

밥 제솝, 남상백 옮김, 『국가 권력-마르크스에서 푸코까지, 국가론과 권력 이론들』(이매진, 2021년 1월)

베네딕트 앤더슨, 윤형숙 옮김, 『상상의 공동체-민족주의의 기원과 전파에 대한 성찰』(나남출판, 2005년 5월 4쇄)

비교역사문화연구소 기획, 권형진·이종훈 엮음, 『대중독재의 영웅 만들기』(휴머니스트, 2005년 8월)

빠르타 짯떼르지, 이광수 옮김, 『민족주의 사상과 식민지 세계』(그린비, 2013년 3월)

삐에르 부르디외 외, 최종철 옮김, 『구별짓기-문화와 취향의 사회학 上』(새물결, 2006년 12월)

사마천, 김원중 편역, 『사기선집』(민음사, 2014년 11월)

사사키 아타루, 안천 옮김, 『야전과 영원-푸코, 라캉, 르장드르』(자음과 모음, 2016년 2쇄)

샤리췬, 홍상훈 옮김, 『시간의 압력』(글항아리, 2021년 4월)

서경식, 김혜신 옮김, 『디아스포라 기행–추방당한 자의 시선』(돌베개, 2006년 2월)

서동욱, 『차이와 타자』(문학과지성사, 2004년 10월 5쇄)

서유현, 『뇌의 비밀』(살림, 2013년 12월)

송두율, 『역사는 끝났는가』(당대, 1996년 4월 6쇄)

슈테판 츠바이크, 정민영 옮김, 『광기에 맞선 이성–에라스무스 평전』(원더박스, 2022년 10월)

스베틀라나 알렉시예비치, 김하은 옮김, 『세컨드 핸드 타임』(이야기가있는집, 2016년 1월)

스콧 로젤·내털리 헬, 박민희 옮김, 『보이지 않는 중국』(롤러코스터, 2022년 4월)

스티븐 핑커, 김한영 옮김, 『빈 서판–인간은 본성을 타고 나는가』(사이언스북스, 2006년 1월 6쇄)

스티븐 핑커, 김한영 옮김, 『지금 다시 계몽』(사이언스북스, 2021년 12월 2쇄)

신경란, 『오래된 미래도시, 베이징』(보고사, 2020년 11월 2쇄)

싯다르타 무케르지, 이한음 옮김, 『유전자의 내밀한 역사』(까치, 2017년 3월)

쑨거, 김항 옮김, 『중국의 체온』(창비, 2016년 7월)

쑨꺼, 김민정 옮김, 『왜 동아시아인가』(글항아리, 2018년 3월)

쑨꺼, 류준필 외 옮김, 『아시아라는 사유공간』(창비, 2003년 10월)

쑨리핑, 김창경 옮김, 『단절』(산지니, 2007년 8월)

쑹녠선, 김승욱 옮김, 『동아시아를 발견하다』(역사비평사, 2022년 1월 2쇄)

아르준 아파두라이, 차원현 외 옮김, 『고삐 풀린 현대성』(현실문화연구, 2004년 3월)

아리프 딜릭, 황동연 옮김, 『포스트모더니티의 역사들』(창비, 2005년 10월)

아마티아 센, 원용찬 옮김, 『센코노믹스』(갈라파고스, 2014년 2월 4쇄)

아민 말루프, 박창호 옮김, 『사람 잡는 정체성』(이론과 실천, 2006년 1월)

아사드 하이더, 권순욱 옮김, 『오인된 정체성』(장원, 2021년 11월)

악셀 호네트, 문성훈·이현재 옮김, 『인정투쟁』(사월의책, 2011년)

알랭 루, 정철웅 옮김, 『20세기 중국사』(책과함께, 2010년 11월)

알베르 카뮈, 김화영 옮김, 『이방인』(민음사, 2020년 3월 2판 3쇄)

앤서니 새턴, 이순호 옮김, 『노마드-문명을 가로지르는 방랑자들, 유목민이 만든 절반의 역사』(까치, 2024년 6월)

앤서니 스미스, 이재석 옮김, 『민족의 인종적 기원』(그린비, 2018년 2월)

에다 샌트 외, 심성보 외 옮김, 『세계 시민 교육』(다봄교육, 2021년 5월)

에르네스트 르낭, 신행선 옮김, 『민족이란 무엇인가』(책세상, 2008년 2월 6쇄)

에릭 R. 캔델, 전대호 옮김, 『기억을 찾아서』(알에이치코리아, 2017년 12월 2판 4쇄)

오구라 기조, 조성환 옮김, 『한국은 하나의 철학이다』(도서출판 모시는 사람들, 2022년 7쇄)

오노데라 시로, 김하림 옮김, 『중국 내셔널리즘-민족과 애국의 근현대사』(산지니, 2020년 2월)

오오쯔까 히사오, 임반석 옮김, 『베버와 마르크스』(신서원, 1999년 3월 3쇄)

오쿠무라 사토시, 박선영 옮김, 『새롭게 쓴 중국 현대사』(소나무, 2001년 1월)

옹자인·조밍쭝, 박우재 옮김, 『먹는 타이완사』(글항아리, 2024년 5월 2쇄)

와카모리 미도리, 김영주 옮김, 『지금 다시 칼 폴라니』(생각의 힘, 2017년 2월)

왕단, 송인재 옮김, 『왕단의 중국현대사』(동아시아, 2021년 9월 5쇄)

왕푸창, 지은주 옮김, 『갈등의 정체성-현대 대만사회의 에스닉 상상』(나남, 2008년 10월)

왕후이, 송인재 옮김, 『아시아는 세계다』(글항아리, 2011년 10월)

요시자와 세이이치로 외, 정지호 외 옮김, 『중국근현대사(1-5)』(삼천리, 2012년~2016년)

요시자와 세이치로, 정지호 옮김, 『애국주의의 형성』(논형, 2006년 3월)

요시자와 세이치로, 정지호 옮김, 『애국주의의 형성-내셔널리즘으로 본 근대중국』(논형, 2006년)

요아힘 바우어, 장윤경 옮김, 『공감하는 유전자』(매일경제신문사, 2022년 6월)

우이룽, 박소정 옮김, 『드디어 만나는 대만사 수업』(현대지성, 2024년 10월)

유발 하라리, 조현욱 옮김, 『사피엔스』(김영사, 2021년 9월 185쇄)

이매뉴얼 월러스틴, 나종일·백영경 옮김, 『역사적 자본주의/자본주의 문명』
　(창작과비평사, 2014년 4월 15쇄)

이보아, 『박물관학 개론』(김영사, 2007년 10월 2쇄)

이사야 벌린, 안규남 옮김, 『칼 마르크스-그의 생애와 시대』(미다스북스,
　2014년 개정판 4쇄)

이영훈 외, 『반일 종족주의』(미래사, 2019년 9월 10쇄)

이정우, 「삶/죽음/운명」(거름, 1999년 초판)

이중톈, 강경이 옮김, 『제국의 슬픔』(라의눈, 2015년 8월)

이중톈, 박경숙 옮김, 『이중톈, 중국인을 말하다』(은행나무, 2014년 2월 8쇄)

이진우, 『지상으로 내려온 철학』(푸른숲, 2000년 4월)

이현재, 『악셀 호네트』(커뮤니케이션북스, 2019년 1월)

임마누엘 칸트, 이한구 옮김, 『영구 평화론』(서광사, 2021년 3월 개정판 6쇄)

임상선 외, 『중국과 타이완/홍콩 역사교과서 비교』(동북아역사재단, 2008년
　5월)

자크 모노, 김진욱 옮김, 『우연과 필연』(범문사, 1985년 8월)

정혜윤의 「새벽세시 책읽기」, 한겨레, 2019년 7월 26일자 「책과 생각」

제롬 케이건, 김성훈 옮김, 『무엇이 인간을 만드는가』(책세상, 2020년 4월
　4쇄)

조너선 펜비, 노만수 옮김, 『장제스 평전-현대 중국의 개척자』(민음사, 2019년
　4월 2쇄)

조너선 하이트, 왕수민 옮김, 『바른 마음-나의 옳음과 그들의 옳음은 왜 다른
　가』(웅진지식하우스, 2022년 1월 28쇄)

조셉 나이, 「중국의 도전과 역사의 교훈」, 최종현학술원, 『Trans-Pacific
　Dialogue 2021 결과보고서』, 2022년 2월 28일

조셉 윌리엄스·그레고리 콜럼, 윤영삼 옮김, 『논증의 탄생』(크레센도, 2023년
　9월 3쇄)

조슈아 그린, 최호영 옮김, 『옳고 그름』(시공사, 2017년 3월 2쇄)

조지 엘리스 버코, 양지연 옮김, 『큐레이터를 위한 박물관학』(김영사, 2005년 5월 3쇄)

조지 허버트 미드, 나은영 옮김, 『정신, 자아, 사회:사회적 행동주의자가 분석하는 개인과 사회』(한길사, 2011년 10월 2쇄)

존 스토리, 박이소 옮김, 『문화연구와 문화이론』(현실문화연구, 1999년 9월 3쇄)

주디스 버틀러, 가야트리 스피박의 대담, 주해연 옮김, 『누가 민족국가를 노래하는가』(산책자, 2008년 7월)

지그문트 바우만·슬라보예 지젝 외, 박지영 외 옮김, 『거대한 후퇴』(살림, 2017년 6월)

지은주, 『또 다른 중화, 대만』(김영사, 2015년 5월)

천꽝싱, 백지운 외 옮김, 『제국의 눈』(창비, 2003년)

최연호, 『기억 안아주기』(글항아리, 2020년 12월)

崔完植·李炳漢 譯, 『康有爲/梁啟超』(新華社, 1983년 9월)

최혜실, 『문화 콘텐츠, 스토리텔링을 만나다』(삼성경제연구소, 2011년 4월 8쇄)

최호림 엮음, 『동남아시아의 박물관-국가 표상과 기억의 문화정치』(이매진, 2011년 7월)

카토 슈이치, 이목 옮김, 『양의 노래-가토 슈이치 자서전』(글항아리, 2015년 10월 2쇄)

칼 포퍼, 이한구 옮김, 『추측과 논박 1』(민음사, 2021년 7월 13쇄)

콜린 크라우치, 박상준 옮김, 『사회적 유럽 선언-만국의 시민이여, 연대하라』(페이퍼로드, 2021년 5월)

쿠르트 레빈, 정명진 옮김, 『사회적 갈등 해결하기』(부글, 2016년 7월)

클로드 레비-스트로스, 류재화 옮김, 『레비-스트로스의 인류학 강의』(문예출판사, 2018년 3월 2쇄)

클리퍼드 기어츠, 문옥표 옮김, 『문화의 해석』(까치, 2012년 10월 6쇄)

탕누어, 김영문 옮김, 『역사, 눈앞의 현실』(흐름출판, 2018년 10월)

통합유럽연구회, 『박물관 미술관에서 보는 유럽사』(책과함께, 2018년 10월 2쇄)

파트릭 사비단, 이산호·김휘택 옮김, 『다문화주의』(도서출판 경진, 2012년 9월)

페르낭 브로델, 주경철 옮김, 『물질문명과 자본주의Ⅰ-1:일상생활의 구조 上』(까치, 2007년 3월 8쇄)

폴 존슨, 조윤정 옮김, 『모던 타임스Ⅰ』(살림, 2020년 5월 16쇄)

폴커 게르하르트, 김종기 옮김, 『다시 읽은 칸트의 영구평화론』(백산서당, 2018년 4쇄)

프라센지트 두아라, 문명기·손승희 옮김, 『민족으로부터 역사를 구출하기』(삼인, 2006년 11월 3쇄)

프란츠 파농, 이석호 옮김, 『검은 피부 가얀 가면』(인간사랑, 2003년 5월 2쇄)

프랜시스 젠슨·에이미 엘리스넛, 김성훈 옮김, 『10대의 뇌』(웅진지식하우스, 2019년 4월 6쇄)

피에르 부르디외, 유민희 옮김, 『자기분석에 대한 초고』(동문선, 2008년 6월)

피에르 부르디외·로제 샤르티에, 이상길·배세진 옮김, 『사회학자와 역사학자』(킹콩북, 2019년 5월 2쇄)

피터 차일즈·패트릭 윌리엄스, 김문환 옮김, 『탈식민주의 이론』(문예출판사, 2004년 8월)

필립 쇼트, 양현수 옮김, 『마오쩌둥 1, 2』(교양인, 2019년 1월)

하워드 아일런드·마이클 제닝스, 김정아 옮김, 『발터 벤야민 평전』(글항아리, 2018년 4월)

한스 로슬링 외, 이창신 옮김, 『팩트풀니스』(김영사, 2019년 6월 28쇄)

한스 울리히 벨러, 이용일 옮김, 『허구의 민족주의』(푸른역사, 2007년 6월 2쇄)

해리슨 E. 솔즈베리, 박월라·박병덕 옮김, 『새로운 황제들』(다섯수레, 1994년 3월 3쇄)

허자오톈, 임우경 옮김, 『현대 중국의 사상적 곤경』(창비, 2018년 11월)

헬레나 노르베리 호지, 양희승 옮김, 『오래된 미래』(중앙북스, 2017년 8월 8쇄)

호미 바바, 나병철 옮김, 『문화의 위치』(소명출판, 2012년 9월 수정판)

홉스봄, 강명세 옮김, 『1780년 이후의 민족과 민족주의』(창작과비평사, 2003년 2월 6쇄)

홍성민, 『피에르 부르디외와 한국사회-이론과 현실의 비교정치학』(살림, 2020년 8월 9쇄)

황준걸, 정선모 옮김, 『대만의 역사와 정체성을 찾아서-대만의식과 대만문화』(성균관대학교출판부, 2021년 1월)

후카마치 히데오, 박제이 옮김, 『쑨원−근대화의 기로』(AK, 2018년 6월)

『图说中国』(中国地图出版社, 2004年 1月 5刷)

『蔣經國日記 1978-1979』(國史館, 2023年 12月)

『台灣學 通訊 130』(國立台灣圖書館 發行, 2023年 1月 10日出刊)

『台灣學 通訊 96』(國立台灣圖書館 發行, 2016年 11月 10日出刊)

葛兆光 著, 『宅茲中國-重建有關中國的歷史論述』(聯經, 2013年 5月 2刷)

江燦騰·陳正茂 著, 『現代台灣史新文化史』(元華文創, 2024年 2月)

苦苓著, 『台灣史必修』(新北 : INK, 2023. 02)

顾长声著, 『传教士与近代中国』(上海人民出版社, 1981年 4月)

龔良 著, 『和谐博物馆论』(文物出版社, 2012年 12月)

孔復禮 著, 『華人在他鄉』(台灣商務印書館, 2019年 3月)

孔捷生, 「負劍愁人多背井」, 『明報月刊』 2022年 9月號

郭和烈 著, 『馬偕傳』(主流出版社, 2019年 9月)

喬安娜 麥斯基爾 著, 王淑玲譯, 『霧峰宮保第』(蒼璧出版, 2021年 7月)

邱貴芬 著, 『看見台灣-台灣新紀錄片研究』(臺大出版中心, 2016年 7月 2刷)

邱瑞杰 著, 『清末關西地區散村的安全與防禦』(新竹縣文化局出版, 民94年 3

月 2刷)

歐素瑛 著,『百年台灣大地』(野人, 2023年 8月 2刷)

歐素瑛 著,『百年台灣大地』(野人文化, 2023年 8月 2刷)

邱顯洵 繪著,『手繪台灣人四百年史』(INK, 2017年 3月)

國立台灣歷史博物館 導覽手冊,『斯土斯民-台灣的故事』(國立台灣歷史博物館, 2015年 12月 3刷)

國立台灣歷史博物館,『台灣歷史地圖』(國立台灣歷史博物館·遠流出版, 2018年 11月 6刷)

宮脇淳子 著, 王章如 譯,『這才是真實的中國史-來自日本右翼史家的觀點』(八旗文化, 2016年 3月 9刷)

纪录片'故宫'节目组 编著,『故宫』(中国工人出版社, 2018年 10月)

紀紅,「不曾遠去的背影」,『明報月刊』2020年 12月號

金耀基 著,『中國的現代轉向(增訂版)』(Hong Kong: Oxford, 2013年)

金耀基,「余英時與中國文化的人文精神」,『明報月刊』2021年 11月號

乃南亞沙 著, 沈玉慧·蕭家如 譯『日本統治台灣五十年』(五南出版, 2017年 12月)

魯迅,〈關於翻譯的通信〉,《二心集》(人民文學出版社, 1980年)

单霁翔 著,『博物馆的文化责任』(天津大学出版社, 2017年 9月)

单霁翔 著,『博物馆的学术研究』(天津大学出版社, 2017年 10月)

唐光華,「林毓生思想的社會啟蒙意義」,『思想：48』(聯經, 2023年 11月)

戴維理 著, 堯嘉寧 譯,『成為台灣人』(臺大出版中心, 2021年 7月 2刷)

陶方宣 著,『历史的辫子-陈寅恪与王国维』(新华出版社, 2016年 9月)

董橋 著,『讀胡適』(香港: 牛津大學出版社, 2019)

董芳苑 著,『台灣宗教大觀』(前衛出版社, 2013年 11月 2刷)

杜福安 繪著,『古早的台灣』(玉山社, 2016年 7月 4刷)

鄧津華 著,『公共人文學的反思與實踐-以台灣為場域』(臺大出版中心, 2023年 12月)

鄧津華 著,『台灣的想像地理』(臺大出版中心, 2021年 7月 4刷)

羅志平 著, 『民族主義與當代社會』(獨立作家, 2016年 7月)

羅欣怡 著, 『地方, 文化, 博物館-博物館的社會關懷與實踐』(國立台灣歷史博物館, 2016年 12月)

呂大樂, 「社會運動不能轉化-其實是一個問題」, 『思想：40』(聯經, 2020年 6月)

呂正惠 著, 『殖民地的傷痕』(人間, 2002年 6月)

廖炳惠 主編, 『關鍵詞200』(麥田出版, 2013年 11月 2刷)

廖為民 著, 『美麗島後的禁書』(前衛出版社, 2019年 10月)

廖為民 著, 『嬗變與歸途-深一度看台灣』(九州出版社, 2023年 9月)

廖宜方 著, 『圖解台灣史』(易博士文化, 2015年 8月 42刷)

劉紀蕙 主編, 『文化的視覺系統, 帝國-亞洲-主體性』(麥田出版, 2006年 9月)

劉紀蕙 著, 『如何面對當代 如何理解歷史』(時報出版, 2023年 12月)

劉亮雅 著, 『後殖民與日治記憶-二十一世紀台灣小說』(台大出版中心, 2020年 9月)

柳書琴 主編, 『日治時期台灣現代文學辭典』(聯經, 2019年 6月)

劉益昌 著, 『史前人群與文化』(玉山社, 2020年 7月 初版4刷)

劉再復, 「李澤厚先生對我的五項思想影響」, 『明報月刊』2021年 12月號

劉青峰 編, 『胡適與現代中國文化轉型』(中文大學出版社, 1994年)

陸傳傑 著, 『舊城尋路』(木馬文化, 2017年 12月)

李乾朗 著, 『台灣古建築圖解事典』(遠流出版, 2018年 11月 4版 12刷)

李乾朗, 俞怡萍 著, 『古蹟入門』(遠流出版社, 2018年 11月 二版)

李福鐘, 「甲午戰爭與台灣大歷史」, 『明報月刊』2014年 7月號

李鵬 主編, 『台灣研究四十年』(九州出版社, 2020年 10月)

李筱峰, 『台灣史100件大事(上)』(玉山社, 1999年 10月)

李筱峰 著, 『台灣史101問』(玉山社, 2013年 3月)

李筱峰, 薛化元 等著, 『戰後台灣史』(玉山社, 2020年 8月 初版3刷)

李敖·汪荣祖 著, 『蒋介石评传上下』(中国友谊出版公司, 2004年 8月)

李靜/陳芳 訪問, 夏陽 整理, 「諦聽邵老一席話」, 『明報月刊』2020年 12月號

李春生 編,『中國博物館巡覽』(和平圖書有限公司, 2003年 7月)

李澤厚 劉再復對話錄,『告別革命』(香港天地, 2015年 2月 8版)

李劼 著,『歷史輪迴中的百年中國』(允晨文化, 2019年 1月)

林崗,「王德威『五史自傳』序文讀後」,『明報月刊』2020年 1月號

林媽利 著,『圖解台灣血緣』(前衛出版社, 2018年 12月)

林徐達,「後殖民台灣的懷舊想像與文化身分操作」,『思想：14』(聯經, 2010
    年 1月)

林偉盛 著,『大航海時代』(玉山社, 2021年 1月 初版4刷)

林毓生 著,『中国传统的创造性转化』(北京：三联书店, 1992年 3月 2刷)

林呈蓉 著,『19世紀強權競逐下的台灣』(玉山社, 2020年 10月 初版3刷)

林泉忠,「甲午戰爭與東亞秩序之變遷」,『明報月刊』2014年 7月號

林泉忠,「明治維新對日本及東亞的革命性影響」,『明報月刊』2018年 5月號

林泉忠,「習近平統一台灣路線圖(上)」,『明報月刊』2019年 2月號

林泉忠,「習近平統一台灣路線圖(下)」,『明報月刊』2019年 3月號

林泉忠,「我能阻止兩岸戰爭」,『明報月刊』2024年 5月號

林泉忠,「蔣經國影響台灣半世紀的三大因素」,『明報月刊』2018年 2月號

林泉忠,「哈日, 親日, 戀日？ '邊陲東亞'的'日本情結'」,『思想：14』(聯經,
    2010年 1月)

笠原政治 著, 陳文玲 譯註,『日治時期台灣原住民族研究史-先行者及其台灣
    調查』(臺大出版中心, 2021年 8月 二刷)

馬玲,「孫中山是怎麼樣成為一個叛逆者的」,『明報月刊』2021年 11月號

馬玲,「重新審視東亞-在中美關係緊張狀態下」,『明報月刊』2022年 9月號

莫達明, 郭亮廷·周伶芝 譯,「台灣本土史學的建構與發展(1972-2004)」,『思
    想：16』(聯經, 2010年 10月)

萬國報館 編,『甲午-120前的西方媒體觀察』(楓樹林出版, 2016年 7月)

萬必文·陳志輝 主編『讀圖識中國』(香港：商務印書館, 2013年 5月 2刷)

蜜兒(曾春滿) 編著, 李竹旺 攝影,『原飾那麼美』(木果文創, 2023年 6月 2刷)

范明煥 著,『新竹地區的人與地』(新竹縣文化局出版, 民95年 7月)

本书编写组, 『中华民族共同体概论』(高等教育出版社, 2023年 12月)

史明 審訂, 邱顯洵 繪著, 『手繪台灣人四百年史』(INK, 2017年 3月 初版)

謝仕淵 著, 『府城一味』(蔚藍文化, 2023年 10月)

謝仕淵 著, 『台灣棒球一百年』(玉山社, 2017年 11月)

史書美 著, 『反離散-華語語系研究論』(聯經, 2018年 4月 2刷)

史書美, 梅家玲, 廖朝陽, 陳東升 主編, 『台灣理論關鍵詞』(聯經, 2019年 3月)

謝宜文 著, 『客家還神祭典與客家八音運用』(高雄市立歷史博物館, 2017年 12月)

徐新建 著, 『全球語境與本土認同』(四川出版集團, 2008年 12月)

石文誠 主編, 『看得見的台灣史 人間篇』(聯經, 2023年 8月)

蘇峰楠 主編, 『看得見的台灣史 空間篇』(聯經, 2022年 12月 2刷)

蕭新煌 主編『客家研究與客家學』(國立交通大學出版社, 2019年 1月)

蕭阿勤, 「追求國族 : 1980年代台灣民族主義的文化政治」, 『思想22』(2012年 11月)

蕭阿勤·汪宏倫 主編, 『族群民族與現代國家-經驗與理論的反思』(中央研究院社會學研究所, 民105年 4月)

蕭若元 著, 『前大中華膠懺悔錄 』(掬貝爾國際有限公司, 2023年 9月)

孫歌 著, 『思想史中的日本与中國』(上海交通大學出版社·東京大学出版会, 2017年 7月)

孫中山研究学会·孟庆鹏 編著, 『孫中山文集上下』(团结出版社, 1997年 12月)

宋仲福 外 著, 『儒學在現代中國』(中州古出版社, 1991年 6月)

水瓶子 著, 『台北漫步』(玉山社, 2018年 7月)

矢內原忠雄 著, 林明德 譯『日本帝國主義下之台灣』(吳三連台灣史料基金會, 2014年 11月)

施益堅 著, 『台灣使用指南』(玉山社, 2024年 1月)

施益堅, 「歷史哲學與儒家現代化 : 論牟宗三思想從黑格爾到康德的轉折」, 『思想 : 13』(聯經, 2009年 10月)

新竹縣政府文化局, 『風味新竹』(新竹縣政府文化局, 2018年 11月)

亞歷山大 潘佐夫 著, 梁思文 等譯, 『失敗的勝利者-蔣介石』(聯經出版, 2023年1月)

阿里夫 德里克 著, 馮奕達 譯, 『殖民之後』(偉成出版, 2018年 5月)

顏玉露/甘村吉 著, 『澎湖的年節』(澎湖縣政府文化局, 民103年 11月)

楊孟軒 著, 蔡耀緯 譯, 『逃離中國』(臺大出版中心, 2023年 9月 3刷)

楊儒賓 著, 『1949 禮讚』(聯經, 2015年 9月)

楊儒賓 著, 『思考中華民國』(聯經, 2023年 7月)

楊天石 著, 「台灣時期蔣介石的思想變化及其革新實踐」『21世紀』(香港中文大學 中國文化研究所) 2017年 8月號

杨天石 著, 『找寻真实的蒋介石-上下』(东方出版社, 2018年 8月)

楊天石, 「孫中山與第一次世界大戰」, 『明報月刊』2019年 1月號

楊天石, 黃克武, 王奇生 等, 「社會改良與社會革命: 國共競爭下的道路選擇」, 『二十一世紀』(香港中文大學 中國文化研究所, 2017年 8月號)

余英時 著, 『歷史人物與文化危機』(三民書局, 2013年 1月 2版3刷)

余英時 著, 『中國與民主』(天窗出版, 2015年 5月)

余英時 著, 『重尋胡適歷程』(聯經, 2014年 8月)

余英時 著, 『重尋胡適的歷程增訂版』(中央研究院·聯經出版公司, 2016年 初版2刷)

余英時, 「中國史研究的自我反思」, 『明報月刊』2015年 1月號

余英時, 「中國自由知識人」, 『明報月刊』2018年 5月號

葉高樹 著, 『首崇滿洲的多民族帝國-清史』(聯經, 2024年 7月)

葉高華 著, 『台灣族群史解謎 (春山, 2024年 7月)

葉蔭聰, 「直面香港這場'不知節制'的運動」, 『思想: 40』(聯經, 2020年 6月)

榮劍, 「從革命史觀到領袖史觀: 劉小楓聖王革命論批判」, 『思想: 48』(聯經, 2023年 11月)

吳翎君 著, 『跨國交織下的帝國命運-近代史』(聯經, 2024年 7月)

吳密察, 翁佳音 審訂, 黃清琦 地圖繪製, 黃驗, 黃裕元 撰文, 『台灣歷史地圖』

(國立台灣歷史博物館, 遠流出版公司, 2018年 11月 6刷)

玉崇山 著, 『博物館蒐藏學』(原點, 2012年 8月)

溫振華, 戴寶村 等著, 『漢人社會的形成』(玉山社, 2020年 4月 初版3刷)

翁佳音·黃驗 合著, 『解碼台灣史1550-1720』(遠流出版, 2019年 1月 5刷)

王柯 著, 『消失的國民』(中文大學出版社, 2017年 2刷)

王賡武, 「19, 20世紀新加坡华人的身分认同與忠诚」, 『华人研究国际学报』第八卷 第二期(2016年 12月)

汪宏倫,「我們能和解共生嗎？-反思台灣的轉型正義與集體記憶」, 『思想：42』(聯經, 2021年 4月)

汪宏倫,「走出認同困境, 重建共同體論述」, 『二十年民主路, 台灣向前行』(聯經, 2016年)

王德威,「山頂獨立, 海底自行-劉再復『五史自傳』序」, 『明報月刊』2019年 7月號

王明嘉, 李宗焜, 李歐梵 等著, 『漢字的華麗轉身』(大塊文化, 2018年 8月)

王文基·巫毓荃主編, 『精神科學與近代東亞』(聯經, 2018年 12月)

王甫昌 著, 『當代台灣社會的族群想像』(群學, 2015年 10月 5印)

王本壯 外 著, 『落地生根-台灣社區營造的理論與實踐』(中華民國社區營造學會, 2015年 4月 2刷)

王御風 著, 『圖解 台灣史』(好讀出版, 2017年 5月 3版)

王毓正,「原住民族傳統文化尊重與野生動物保育交錯下之正念場」, 『思想：33』(聯經, 2017年 6月)

王向远 著, 『日本对中国的文化侵略』(昆仑出版社, 2005年 6月)

王惠君 著, 『台北歷史/空間/建築』(遠足文化, 2019年 7月)

王曉藍,「孩子, 你不懂-與‘自由中國’一起度過的童年」, 『明報月刊』2016年 9月號

遠足地理百科編輯組, 『一看就懂台灣文化』(遠足, 2018年 10月 2刷)

應鳳凰 選編, 『胡適語錄』(漢藝色研文化事業有限公司, 民80)

伊東貴之 著, 『中國近世的思想典範』(臺大出版中心, 2016年 9月 2刷)

张经纬著, 『博物馆里的极简中国史』(北京联合出版公司, 2018年 12月)

張崑振 文, 曹筱苹圖, 『傳家-新埔宗祠的故事』(新竹縣文化局出版, 2015年 6月)

張驥, 「甲午戰爭與中華民族意識的誕生」, 『明報月刊』2014年 7月號

張隆志 編, 『台灣史論叢-島史的求索』(臺大出版中心, 2024年 2月 2刷)

張隆志, 「序」「迎接台灣公眾史學的新紀元」, 黃貞燕, 謝仕淵 主編, 『博物館歷史學1-2』(國立台灣歷史博物館 國立台北藝術大學 博物館研究所, 2022年 11月 出版2刷)

章立凡, 「輪迴 : 甲午一百二十年祭」, 『明報月刊』2014年 7月號

蔣孟岑 外 著, 『台灣百年好店』(原點, 2011年 4月 2刷)

張茂桂 主編, 尚道明 外 著, 『國家與認同-一些外省人的觀點』(群學, 2010年 2月)

張社生 著, 『袁世凱』(大地, 2011年 5月)

張淑卿 外 著, 『看見台灣歷史 : 國立台灣歷史博物館館藏綜覽圖錄』(國立台灣歷史博物館, 2013年 10月)

張婉真著, 『當代博物館展覽的敘事轉向』(國立台北藝術大學, 2015年 8月 2刷)

張耀杰 著, 『胡適評議 卷123』(秀威資訊科技, 2018年 8月)

張越 著, 『五四時期中國史坛的学术论辩』(百花洲文艺出版社, 2004年 12月)

張尊禎 主編, 『逛博物館-全台灣博物館知性探索之旅』(上旗文化, 1999年 3月)

鄭睦群 著, 『大中華台灣國』(國史館/政大出版社, 2017年 10月)

程美宝著, 『地域文化与国家认同 : 晚清以来广东文化观的形成』(北京 : 三联书店, 2006年 6月)

丁威仁 著, 『編年台北』(允晨文化, 2021年 2月)

鄭涵 著, 『中國的和文化意识』(学林出版社, 2005年 1月)

齐玫 著, 『博物馆陈列展览内容策划与实施』(文物出版社, 2009年 4月)

赵春晨 外 著, 『基督教与近代岭南文化』(上海人民出版社, 2002年 8月)

周婉窈 著, 『轉型正義之路』(玉山社, 2022年 12月)

周婉窈 著, 『台灣史論集一』(聯經, 2024年 6月)

朱增宏,「狩獵與動物保護」, 『思想 : 33』(聯經, 2017年 6月)

曾國棟 著, 『歷史軌跡』(台南市政府文化局, 2023年 11月)

陳佳利 著, 『邊緣與再現-博物館與文化參與權』(臺大出版中心, 2017年 11月 2刷)

秦家懿·孔汉思 著, 『中国宗教与基督教』(北京 : 三联书店, 1997年 7月 3刷)

陈菊隐 著, 『袁世凱演义』(中华书局, 1985年 3月 3刷)

陳履生 著, 『博物館之美』(香港 : 中華書局, 2023年 5月)

陳培豐著, 『同化的同床異夢』(麥田出版社, 2021年 12月 2版)

陈蘊茜 著, 『崇拜与记忆-孙中山符号的建构与传播』(南京大学出版社, 2009年 8月)

陳怡宏 主編, 『看得見的台灣史 時間篇』(聯經, 2023年 7月 2刷)

陈平原 著, 『神神鬼鬼』(复旦大学出版社, 2005年 11月 2刷)

陳瀅巧 著, 『圖解文化研究』(易博士, 2006年 11月)

陳虹因 著, 『台灣神明』(好讀出版, 2017年 5月)

蔡子強 著, 『大人們的居所』(台北 : 時報出版社, 2023年 12月)

蔡珮著, 『台灣新移民族群傳播的現實與未來』(臺大出版中心, 2023年 8月)

川島真,「‘傳統’與‘現代’的戰爭?-日本視覺下的甲午戰爭」, 『明報月刊』2014年 7月號

川島真,「明治維新與新世紀國家認同」, 『明報月刊』2018年 5月號

詹素娟 著, 『台灣原住民史』(玉山社, 2023年 6月 初版7刷)

崔末順 著, 『海島與半島』(聯經, 2013年 9月)

沈秀華 編, 『國與家-戰火陰影下的外省人故事』(台晨文化, 2024年 2月)

湯錦台 著, 『大航海時代的台灣』(如果, 2022年 9月)

台北觀光傳播局, 『台北觀光資訊』(2017年 7月 發行)

彭莉 主編, 『台灣研究新跨越/兩岸觀察』(九州出版社, 2010年 6月)

鞭神老師 著, 『餐桌上的台灣史』(任性出版, 2024年 7月)

包亚明 主编,『城市文化』(上海教育出版社, 2016年 4月)

何碧琪,「記余英時先生講座」,『明報月刊』2015年 1月號

何義麟, 蔡錦堂 等著,『台灣人的日本時代』(玉山社, 2020年 10月 初版3刷)

許雪姬 編,『台灣史論叢-來去台灣』(臺大出版中心, 2020年 12月 2刷)

許雪姬,「台灣史研究三部曲：由鮮學經顯學到險學」,『思想：16』(聯經,
　2010年 10月)

許倬雲 著,『華夏論述-一個複雜共同體的變化』(天下文化, 2015年 3月)

胡明 著,『胡适思想与中国文化』(广西师范大学出版社, 2005年 8月)

胡盈 著,『世界博物馆导读』(华东师范大学出版社, 2018年 11月)

洪子偉·鄧敦民 主編,『啟蒙與反叛-台灣哲學的百年浪潮』(臺大出版中心,
　2018年 12月)

華安瀾 著, 蔡耀緯 譯,『為什麼是台灣？』(臺大出版中心, 2023年 12月)

黃鳳祝,「激情與身分政治」,『明報月刊』2019年 3月號

黃仁宇 著,『近代中國的出路』(香港：中華書局, 1995年 4月)

黃仁宇 著,『黃仁宇的大歷史觀』(聯經, 2019年 1月)

黃貞燕,「前言」「Curator, 博物館的靈魂：為什麼要談博物館歷史學？」, 黃
　貞燕, 謝仕淵 主編,『博物館歷史學1-2』(國立台灣歷史博物館·國立台北藝
　術大學 博物館研究所, 2022年 11月 出版2刷)

黃貞燕, 謝仕淵 主編,『博物館歷史學1-2』(國立台灣歷史博物館·國立台北藝
　術大學 博物館研究所, 2022年 11月 出版2刷)

黃肇松,「從歲月軌跡看蔣經國與台灣」,『明報月刊』2018年 2月號

黃智慧,「台灣的日本觀解析(1987-)：族群與歷史交錯下的複雜系統現象」,
　『思想：14』(聯經, 2010年 1月)

黃兴涛著,『重塑中华-近代中国'中华民族'观念研究』(北京师范大学出版社,
　2018年 3月 4刷)